编委会

主　　编：何梅琴

副 主 编：孙振杰

组织策划：张大可

编　　委（以姓氏笔画为序）：

　　　　马宝记　邓瑞全　孙振杰　何梅琴　张大可

　　　　张新科　陈　曦　吕幼樵　杨宁宁　杨　波

　　　　赵　婕　俞樟华　侯洪梅　栾继生　康清莲

《史记》导读

SHIJI DAODU

何梅琴 主编

人民出版社

序

　　《史记》是中国古典文史名著,一部国学精品根柢书,可以说是人人必读之书。20世纪初,倡导新史学的思想大家梁启超十分推崇《史记》。后来他走上讲堂就曾向学生宣讲过《史记》,并倡言大学课堂应有《史记》的一席之地。20世纪30年代,陈垣大师开设"中国历史名著选讲",即后来的《中国历史文选》课,《史记》是一部重要的讲读书。20世纪80年代以来,《史记》研究步入黄金时代,研究队伍迅猛发展,研究成果以加速度的趋势递增。据不完全统计,1980年以来至2020年,四十年间,全国报刊发表《史记》论文6000余篇,出版《史记》论著200余部,论文、论著作者达1400余人,真是盛况空前。全国有十多所高校开设了《史记》课,有的高校还成立了《史记》研究室,培养《史记》研究生。例如国家人文社会科学重点科研基地北京大学中国古文献研究中心在20世纪90年代就培养了多位《史记》研究博士生;这一期间,北京师范大学文学院也培养了多位《史记》研究博士生。在如此形势下,却没有一本通用的《史记》课教材。若干高校开设《史记》课,大体均采用开课教师的个人论著,或选讲若干《史记》篇目,百花齐放,没有规范,这一现状,必须改变。

　　2001年4月,全国三十余所高校和研究单位五十余位《史记》研究学者在无锡江南大学聚会,成立了中国史记研究会,加强了《史记》研究学者之间的交流,有力地推动了《史记》研究的发展。同时,规范《史记》课教学,协作编写一部《史记》课的通用教材提上议事日程。于是在成立大会上由中国史记研究会发起组织,在2002年推出了普通高校专修课选修教材,题名《史记教程》,于2003年在华文出版社推出。该书署名中国史记研究会编,有十多所高校教师协作,编委20余人,笔者受学会委托为组织策划,制定提纲,审读定稿,是为第一版,只有通论,没有选文。2011年,进行修订,分设上下两编,上编通论,下编文选,由商务印书馆推出,是为第二版。平顶山学院文学院何梅琴教授,当年还是一位青年教师,积极参与编写,持续不断地在平顶山学院开设《史记》专修课,既有文学院学生的《史记》研究课,又有面向全校开设的《史记》导读通识课。二十年来不间断,她一个人使用两版《史记教程》四千余册,说明她一人就培养了四千多位高校本科生专修了《史记》,对《史记》的推广做出了重大贡献。何梅琴教授现今是中国史记研究会常务理事,她仍孜孜致力于《史记》专修课教学,精神可嘉。何梅琴教授致函笔者,询问由她再一次修订《史记教程》列入平顶山学院专修课教材规划,同时有两位后起之秀博士老师,平顶山学院文学院副教授孙振杰博士与赵婕博士参与写作,共同从事《史记》教学,可以说平顶山学院对《史记》的推广后继有人,欣欣向荣,这是一件使人欣慰的事。笔者十分高兴地回函何梅琴教授,欢迎她再次修订《史记教程》,更名为《〈史记〉导读》,对内容做了较大调整。笔者所出《史记》论著提供何梅琴教授参考采录,最后定稿仍由笔者过目,保留组织策划名义于编委会。编委会也有较大调整,长期在教学第一线的教师保留其中。何梅琴教授索序于笔者,趁此把此书的缘起、修订过程及题名如上作一交代。

今本《〈史记〉导读》仍作上下编结构,上编为"《史记》通论",共十章;下编为"《史记》选读"选文25篇,五体皆备,充分体现《史记》特点。这部教材,经过反复锤炼,应该说是一部较好的教材和可资阅读的好书。

学术的生命力就在于有争鸣,有争鸣才能不断地探索与开拓。因此,许多学术观点是不可能统一的。例如司马迁的生年就有王国维和郭沫若两大家考证的不同观点,《史记》研究界习惯称王说、郭说。再如司马迁的历史观,有人说是朴素唯物史观,有人说是唯心史观,或二元论史观;司马迁的天命观,有人说司马迁不信天命,有人说司马迁时而相信、时而否定。如此等等,不一而足。但一部通用教材,不是百家争鸣的阵地,它要选取一个主流的说法,才能有条理地叙述。本书对争鸣的问题,对《史记》疑案,不做讨论,涉及了的只取主流说法。交代这一点,便于各位教师在采用本教材时,对于争论问题,可以在课堂上自由发挥,可以对本教材提出商榷,这是很正常的。也就是说,持不同观点的教师,不会受本教材论述的局限,这一点高校学生,以及广大读者也自然理解。

下面按扉页编委会列名的全书作者顺序,括注参编作者的单位,表达本书团队协作的精神。主编何梅琴教授、副主编孙振杰副教授(河南平顶山学院文学院),组织策划张大可教授(中央社会主义学院)。编委共十五人,另十二人:马宝记教授(河南许昌学院)、邓瑞全教授(北京师范大学历史学院)、张新科教授(陕西师范大学文学院)、陈曦教授(国防大学)、吕幼樵教授(贵州师范大学)、杨宁宁教授(广西民族大学)、杨波教授(吉林北华大学)、赵婕讲师(平顶山学院文学院)、俞樟华教授(浙江师范大学)、侯洪梅教授(山西师范大学)、栾继生教授(哈尔滨师范大学)、康清莲教授(重庆外国语学院)。

本书《〈史记〉导读》主编平顶山学院何梅琴教授,是河南省教学名师,中国史记研究会常务理事,平顶山市三苏文化研究会会长。何梅琴教授在高校从教38年,一直从事《史记研究》《史记鉴赏》《史记典故讲读》《中国古代文学》的教学和研究工作,主持三门省级精品在线开放课程、线上一流本科课程、省级课程思政样板课程。发表学术论文30余篇,主持完成《司马迁思想与史记艺术研究》等省部级科研、教研项目10余项,多项获省部级教科研一、二等奖。主编出版《中国古代文学教程》(高等教育出版社)、《中国古代文学二十讲》等著作7部,其中教材《中国古代文学教程》获全国首届教材建设省级二等奖。她本人曾获河南省文明教师、河南省师德先进个人、平顶山学院首届教学杰出贡献奖等荣誉。

笔者受何梅琴教授诚挚邀请,为本书《〈史记〉导读》组织策划,参与定稿,作序以推助弘扬《史记》传播,是义不容辞的责任。笔者也从事《史记》专修课教学多年,并长期从事《史记》研究,现忝列中国史记研究会会长,十分高兴看到后继者的兴起和作出的贡献。

以上是为序言,谨借以向何梅琴教授祝贺。

张大可

2022 年 5 月 1 日

目　录

上编　《史记》通论

下编 《史记》选读

上　编

《史记》通论

【说明】《〈史记〉导读》上编"史记通论",共十章。吸收了《史记》研究学术前沿的研究成果,对司马迁其人和《史记》其书,做了系统的评价,对司马迁思想和《史记》内容作了深入的探讨与评析,对《史记》问世两千多年来的研究成果做了总结和评价,对《史记》研究现状和发展趋势做了评述,对《史记》版本以及在国外的流传与影响作了明晰的解读,是一部内容丰富而又深入浅出的学术论著,既可以供作普通高等院校本科教材,也可以供《史记》爱好者阅读。

第一章 《史记》产生的历史条件

在两千年前,中国就产生了《史记》这样一部具有世界影响的历史学和文学巨著是人类文化史上的奇观。探索《史记》成书的历史条件,对于深入研究司马迁的思想和《史记》的价值,具有十分重要的意义。

一、汉武盛世

《史记》产生在西汉盛世汉武帝时代,这不是偶然的。东汉史学家班固对这一时代曾做了高度的理论概括。写下了一段精彩的议论:

> 汉兴六十余载,海内艾安,府库充实,而四夷未宾,制度多缺。上方欲用文武,求之如弗及。始以蒲轮迎枚生,见主父而叹息。群士慕响,异人并出。卜式拔于刍牧。弘羊擢于贾竖,卫青奋于奴仆,日磾出于降虏,斯亦曩时版筑饭牛之已。汉之得人,于兹为盛……是以兴造功业,制度遗文,后世莫及。[1]

汉武帝是西汉第五代皇帝。西汉经过高、惠、文、景四代人的治理,中央集权的统治日益巩固。全国一统,国力充实,"蓄积岁增,户口寝息"[2]。政治稳定,经济繁荣,必然带来文化学术的高涨。武帝即位,深感"四夷未宾,制度多缺",为了适应大规模的用兵和上层建筑的改革,不拘一格录用人才,所以"群士慕响,异人并出"。范文澜指出:"西汉一朝各方面的代表人物如大经学家大政论家董仲舒,大史学家司马迁,大文学家司马相如,大军事家卫青、霍去病,大天文学家唐都、落下闳,大农学家赵过,大探险家张骞,以及民间诗人所

---

① 《汉书》卷五八《公孙弘卜式兒宽传·赞》。
② 《汉书》卷二三《刑法志》。

创作经大音乐家李延年协律的乐府歌诗,集中出现在武帝时期。这是历史上非常灿烂的一个时期,汉武帝就是这个灿烂时期的总代表。"①

首先,如何巩固西汉王朝的统治,需要总结历史的经验,做出学术的综合。早在高祖即位之初,这位马上得天下的开国皇帝,就让陆贾总结"秦所以失天下,吾所以得之者何,及古成败之国"②的历史经验,寻求长久之术。陆贾总结亡秦的教训是:秦代"事逾烦天下逾乱,法逾滋而奸逾炽,兵马益设而敌人逾多。秦非不欲为治,然失之者乃举措暴众而用刑太极故也。"③针对秦政之失,汉王朝要做到徭役不烦,刑法不滋,兵马少设,减轻对农民的压迫剥削,才能巩固政权。这一套治国理论,刘邦"称善",左右呼"万岁"④,从而确立了汉初的无为政治。孝惠皇帝和高后继续执行这一治国方针,"君臣俱欲休息乎无为",天下晏然,"民务稼穑,衣食滋殖"⑤。到了武帝即位的时候,民则人给家足,而府库余货财。农业生产技术提高了,手工业发展了,城市兴起,商业发达,全国一片欣欣向荣。可是,若把时钟拨回一百年,在秦汉之际,"三十年之间,兵相骀藉","死人如乱麻"⑥。陈涉发难,项羽灭秦,刘邦兴起,"五年之间,号令三嬗,自生民以来,未始有受命若斯之亟也"⑦。翻天覆地的历史变化是怎样发生和发展的? 这需要学术对其历史演变过程做出综合的研究来回答。与司马谈同时而与司马迁相及的淮南王刘安,就纠集学者编撰了一部"观天地之象,通古今之事"⑧的《淮南子》,进行学术综合的工作。董仲舒倡导"罢黜百家,独尊儒术",治《公羊春秋》,宣扬大一统,也是做学术综合的工作。司马谈、司马迁对这一问题有着深刻的认识,追溯到春秋战国之世。《十二诸侯年表序》云:

> 是以孔子明王道,干七十余君,莫能用,故西观周室,论史记旧闻,兴于鲁而次《春秋》,上记隐,下至哀之获麟,约其辞文,去其烦重,以制义

---

① 范文澜:《中国历史简编》第二编,第39页。
② 《史记》卷九七《郦生陆贾列传》。
③ 《新语·无为》。
④ 《史记》卷九七《郦生陆贾列传》。
⑤ 《史记》卷九《吕太后本纪·赞》。
⑥ 《史记》卷二七《天官书》。
⑦ 《史记》卷一六《秦楚之际月表序》。
⑧ 《淮南子》卷二一《要略》。

法,王道备,人事浃。……鲁君子左丘明……因孔子史记具论其语,成《左氏春秋》。铎椒为楚威王傅,为王不能尽观《春秋》,采取成败,卒四十章,为《铎氏微》。赵孝成王时,其相虞卿上采《春秋》,下观近势,亦著八篇,为《虞氏春秋》。吕不韦者,秦庄襄王相,亦上观尚古,删拾《春秋》,集六国时事,以为八览、六论、十二纪,为《吕氏春秋》。①

这段议论把学术总结与现实的政治紧密相连,表明了司马谈、司马迁的学术思想,效《春秋》拨乱反正,综合学术为治政服务。司马谈临终执迁手而泣曰:"余先周室之太史也。自上世尝显功名于虞夏,典天官事。后世中衰,绝于予乎?汝复为太史则续吾祖矣。"又说:"自获麟以来,四百有余岁,而诸侯相兼,史记放绝。今汉兴,海内一统,明主贤君忠臣死义之士,余为太史而弗论载,废天下之史文,余甚惧焉,汝其念哉!"司马迁也说:"余尝掌其官,废明圣盛德不载,灭功臣世家贤大夫之业不述,堕先人所言,罪莫大焉。"②历史使命感,使司马谈、司马迁父子自觉地肩负起述史的任务,并且确定了"究天人之际,通古今之变,成一家之言"③的述史原则,探究历史之变,回溯以往,推察未来,用以回答汉朝之所以兴以及如何巩固、发展的问题。清代学者钱大昕说,《史记》的"微旨"有三,"一曰抑秦,二曰尊汉,三曰纪实"④,这正是司马迁所处时代的精神和时代的使命。

其二,西汉的文化发展提供了修史条件。司马迁修纂《史记》,"是长期的历史研究成果的集中体现"⑤。如果没有《春秋》《尚书》《左传》《国语》《世本》《战国策》等史书的先后问世,"就不可能凭空冒出《史记》这样的巨著"⑥。司马迁能够运用这些典籍,是西汉的文化发展提供的条件,因秦汉时代,书籍的传播主要用简策书写,得书十分困难,昂贵的缣帛书更非一般人所能得。秦始皇焚灭诗书史记,以愚黔首,还不准民间读书、藏书,制造了人为的困难。《汉书·叙传》云:"(班)斿以选受诏,进读群书。上器其能,赐以秘书之副。时书不布,自东平思王以叔父求《太史公》诸子书,大将军白不许,语在《东平

---

① 《史记》卷一四《十二诸侯年表序》。
② 《史记》卷一三〇《太史公自序》。下引《自序》不再注。
③ 《报任安书》,载《汉书》卷六二《司马迁传》。
④ 《潜研堂文集》卷三四《与梁耀北论史记书》。
⑤ 白寿彝:《史记新论》,求实出版社1981年版。
⑥ 朱仲玉:《评中国古代史学史简编》,《光明日报》1983年8月24日第3版。

王传》"。成帝之时,尚且如此,何况武帝之世。但司马迁却能"绌史记石室金匮之书",即皇室官家的藏书。这些图书是西汉王朝长期收聚起来的。班固说:"汉兴,改秦之败,大收篇籍,广开献书之路。迄孝武世,书缺简脱,礼坏乐崩,圣上喟然而称曰:'朕甚闵焉!'于是建藏书之策,置写书之官,下及诸子传说,皆充秘府。"颜注引刘歆《七略》云:"外则有太常、太史、博士之藏,内则有延阁、广内、秘室之府。"①早在惠帝四年,汉朝就废除了挟书律,奖励献书,提倡讲学。汉文帝曾派晁错到济南记录整理九十余岁老人,故秦博士伏生口授《尚书》。汉武帝即位之初就"征天下举方正贤良文学材力之士,待以不次之位"②。汉武帝还下令,"天下计书,先上太史公,副上丞相,序事如古春秋"③。所谓"序事如古春秋",就是进行年月日的编纂整理,使天下计书皆为有用史料。成帝时刘向校书,国家更投入了大量的人力物力。汉武帝"建藏书之策,置写书之官",实际上就是进行文化整理。这个工作由太史主持。司马迁说:"百年之间,天下遗文古事靡不毕集太史公。太史公仍父子相续纂其职。"也就是司马谈、司马迁相继主持文化典籍的整理工作,得以阅读秘籍图书,成为最博学的人。太史府等于是国家给司马迁设立的书局。

其三,雄才大略的汉武帝,加强了中央集权的统治。宏阔昂扬的时代,是《史记》成书的直接背景。汉武帝击胡攘越,开拓疆土;内兴功作,改革了上层建筑,加强了大一统的皇权统治,造成了西汉王朝的博大气象。司马谈、司马迁父子,原本是汉武帝身边的亲信,积极参与了汉武帝事业的兴作。司马谈对封禅制礼起了重要作用。司马迁从巡武帝,目睹各种盛大的典礼场面、阅兵仪式,以及游猎活动,领受了宏阔昂扬的时代精神。司马迁还奉命出使西南夷设郡置吏。《报任安书》说:"绝宾客之知,忘室家之业,日夜思竭其不肖之材力,务壹心营职,以求亲媚于主上。"这是青年时期司马迁思想的真实记录。"汉兴五世,隆在建元,外攘夷狄,内修法度,封禅,改正朔,易服色,作《今上本纪》第十二。"司马迁充分肯定了汉武帝的事业。他在答壶遂问中说:"余闻之先人曰:伏羲至纯厚,作《易·八卦》。尧、舜之盛,《尚书》载之,礼乐作焉。汤、武之隆,诗人歌之。春秋采善贬恶,推三代之德,褒周室,非独刺讥而已也。"

① 《汉书》卷三〇《艺文志》及注。
② 《汉书》卷六五《东方朔传》。
③ 《太史公自序·集解》引如淳所述卫宏说。

司马谈计划述史至于麟止,鲜明地表现了这一思想倾向。司马迁继承这一思想,认为"汉兴以来,至明天子,获符瑞,封禅,改正朔,易服色,受命于穆清,泽流罔极,海外殊俗,重译款塞,请来献见者,不可胜道。"《史记》载武帝一朝史事,篇目和字数均占五分之一。许多篇章都有司马迁活动的足迹。《史记》的体大思精,是和司马迁直接参与汉武帝宏伟事业的活动分不开的。也就是说,武帝一朝的宏伟气象是《史记》成书的直接背景。

其四,汉武帝后期阶级矛盾尖锐化,为司马迁"原始察终,见盛观衰"的方法论提供了现实的依据。"原始察终",指历史研究,要考察其发展变化的因果关系;"见盛观衰",指洞察历史的变化,要能在鼎盛之时看到它衰败的征兆。司马迁用这样的方法,认识到汉朝的统一和制度,是继秦朝历史的发展,从而肯定了秦朝的统一之功。同时,从秦朝覆亡的原因,又看到了当代政治的危机。例如他在《平准书》中就指出汉武帝步秦始皇的后尘,"竭天下之资财"以恣其欲,并不以为怪。因为皇帝视"天下子民"为一人之私产,毫无节制地挥霍,把天下人民推入了火坑,其源盖出于皇帝高度集权之弊。"事势桩流",就是指汉武帝效秦始皇专制纵欲,带来了社会危机。他从各个方面揭露了当时的社会矛盾,得出"物盛而衰,固其变也"①的结论。当汉武帝和臣僚们正在弹冠相庆的时候,司马迁却看出了汉王朝统治的危机,在《酷吏列传》中直言不讳地批评严刑峻法激起了农民起义,敲响了警钟,这实在是了不起的识见。可以说,"原始察终,见盛观衰",具有辩证法的思想光辉。司马迁既尊汉而又批判,既看到它的鼎盛而又看到它的弊病。两千年前的司马迁有如此不凡的识见,来源于他对现实社会演变的深刻观察。西汉社会在"文景之治"的升平时期,就已隐伏着对立的阶级矛盾。贾谊、晁错在政论中就发出了呼喊。到武帝之世,矛盾有了进一步的激化。"当此之时,网疏而民富,役财骄溢,或至兼并豪党之徒,以武断于乡曲。"②到了武帝后期,由于汉武帝过度使用民力,造成了"海内虚耗,户口减半"的残破局面,阶级矛盾日趋尖锐,各地爆发了农民起义,动摇着汉王朝的根基。司马迁目睹这一事势的变化,不能不对天命论产生怀疑,不能不对"今上圣明"的述史主题进行修正。所以《史记》内容呈现出

---

① 《史记》卷三〇《平准书》。
② 《史记》卷三〇《平准书》。

尊汉与暴露的矛盾,正是司马迁所处时代巨变的反映。

其五,文景之世开明政治的流风余韵,启迪了司马迁自成"一家之言"。汉文帝即位,发动了对秦王朝暴政的批判,吸取"雍蔽之伤国也"①的历史教训,鼓励臣民直言极谏。举贤良方正的基本条件就是"直言极谏"。汉武帝专制有别于秦始皇的根本之点,就是还能容忍臣下直言,故有晚年悔征伐之事。汲黯在廷对时说:"陛下内多欲而外施仁义,奈何欲效唐虞之治乎!"②汉武帝怒而不罪。所以在汉武帝时代,虽罢黜百家,而文网未密,臣工士庶,尚能直言议政。故司马迁述史,汉武帝未予干涉。尽管卫宏记载了武帝削除景纪、今上纪的流言,但未禁司马迁著书。在这一环境下,司马迁才敢于直言,实录史事,虽有忌讳之辞,而能终成一家之言。

以上各点,是为《史记》成书的客观条件。换句话说,《史记》产生是时代提出的要求,在汉武盛世,应运而生。

二、史官世家

本节谈司马迁的家世、交谊、少年时代及其相关内容。

1. 源远流长的世系

《史记》一百三十篇,最后一篇《太史公自序》,是司马迁写的一篇自传体学术论文,它既是作者的传略,又是《史记》一书的总序。《史记》原题《太史公书》,故总序称为《太史公自序》。

司马迁追述司马氏世系,源远流长,始祖为唐虞之际的重黎氏。《自序》云:

> 昔在颛顼,命南正重以司天,北正黎以司地。唐虞之际,绍重黎之后,使复典之,至于夏商,故重黎氏世序天地。其在周,程伯休甫其后也。当周宣王之时,失其守而为司马氏。司马氏世典周史。惠襄之间,司马氏去周适晋。晋中军随会奔秦,而司马氏入少梁。

司马迁自述远祖为唐虞之际的重黎氏。再上溯至颛顼之世,重、黎为二

---

① 贾谊:《过秦论》。
② 《史记》卷一二〇《汲郑列传》。

人。重为南正,黎为北正。正,就是长官的意思。南正,古代天官,观星象,定历法。北正,古代地官,执掌农事。先秦典籍《尚书·吕刑》《左传》《国语》等书都记载有关重、黎二人在颛顼时代分司天地的传说。而到唐虞之际,"绍重黎之后,使复典之",说明中间曾有一度失职。这复司其职的"重黎之后"四个字比较含混,是重之后,还是黎之后?是绍承天官,还是地官?使得后人争论不休。其实司马迁对远祖的追溯,如同屈原在《离骚》中的自述,"帝高阳之苗裔兮,朕皇考曰伯庸",再上溯根本,都是黄帝子孙。《五帝本纪》说黄帝二十五子,得姓者十四人。有官职的贵族谓之得姓。从屈原到司马迁,追祖溯源,均标示为古代名贤之后以自重,激发志气,这是古人树立自信的必要条件。在这个意义上,对于古代传说史影,既不可否定其无,亦不可全信其有。司马迁对远祖的追溯,是否为信史,则是无须考实的,也是不可能考实的。司马迁既区别重与黎为二人,又合重黎之后为一人,都有传说史影,也就不难理解了。

司马迁对远祖的追述更富有一层深意,即强调司马氏为史官世家。到了周代,司马氏祖先程伯休甫因军功显赫而姓司马,但司马氏仍世典周史。春秋战国之际的大变动,导致了周王室世袭史官的司马氏再度失职,同时发生了大分化。"惠襄之间,司马氏去周适晋"。惠襄两王是东周第五、第六两代国君。惠王时有子颓作乱,襄王时有叔带作乱。史官职掌机要,并对朝政重大变易提供解释,所以必然要卷入王室内乱的旋涡中。周襄王十六年,即公元前636年,襄王弟叔带作乱,襄王出奔郑。这一年晋公子重耳归国为君,结束了晋乱,是为晋文公。晋文公招贤纳士,标榜尊王攘夷,诛叔带恢复了襄王之位。司马氏反对叔带作乱,"去周适晋",是迎着时代的潮流走向进步。晋文公之后,晋公室也经历了一系列的动乱,而后演成了三家分晋。去周适晋的司马氏也随着时势的变动,东西分散,各奔前程,或在卫,或在赵,或在秦。在卫国的一支司马氏,后代中有人做了中山国的相。《太史公自序·集解》引徐广曰"名喜也。"《战国策·中山策》记载有司马喜的活动。在赵的一支司马氏,名司马凯,其后司马卬在秦末战乱中被项羽封为殷王。殷王司马卬就是西晋开国之主司马懿的先祖。入秦的一支司马氏定居少梁,今陕西韩城市。三百年后,秦人司马氏出了一个名将叫司马错,他是司马迁的八世祖。司马迁祖上从司马错起才有确切的世系。《太史公自序》载其承传世系从远古祖先至司马迁世系总表如下。

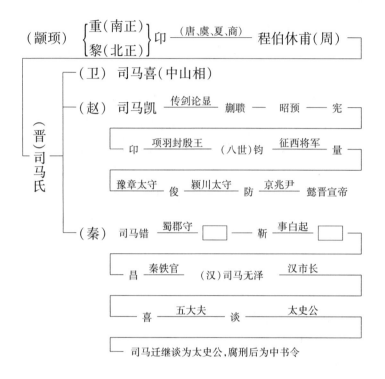

从司马氏世系总表可以看出，世典周史的司马迁自春秋中叶去周适晋以来，已中断史官家学四百余年。在春秋战国及秦汉之际，司马氏家族适应时代的大变革，从事政治、军事、剑客、经济的活动，在各个领域都产生了司马氏家族显赫人物。秦国司马氏有名将司马错，为秦国开拓了巴蜀大片领土，又东伐败楚，与秦将白起比肩。司马昌、司马无泽两代分别在秦、汉两朝做经济高官。这些是司马迁承继兵学、经济学的家学渊源。

2. 慈父司马谈的特殊培养

给予司马迁影响最大的是其父司马谈。

司马谈是汉武帝时代的太史令，仕于建元元封之间。虽然太史令厕于下大夫之列，秩比六百石，仅与一个博士官的俸禄相等，但司马谈十分珍惜这一职掌，把它视为自上古以来的世传祖业。司马谈重视这一职掌，为的是完成他的修史理想，所以遗命司马迁必为太史。司马谈用"世典周史"这一光荣家谱来教育司马迁，启发他肩负历史的使命，成长为一个自觉的历史学家。司马迁从小受到严格的教育，十岁时就能诵读《左传》《国语》《世本》等古代史籍了。司马谈出仕在京师，而司马迁"耕牧河山之阳"，这是司马谈特意让少小的司马迁受社会熏陶，成长为自己修史接班人。司马迁少年时期未在父亲身边而能"十岁诵古文"，由此可见司马氏之家规家教的谨严。当青年司马迁来到父亲身边，成为他的修史助手的时候，老人的思想品格和学问所给予的影响更是不可估量的。元朔二年（前127年），司马迁十九岁。这一年汉武帝徙郡国豪杰及訾三百万以上于茂陵。司马迁一家也徙移到茂陵，属籍显武里。司马迁来到了父亲的身边。

司马谈卒于元封元年（前110年），生年不详。他是一个学识渊博的学者，学天官于唐都，受《易》于杨何，习道论于黄子。唐都、杨何、黄子这三个人都是西汉前期活跃于朝廷的大学问家。天官是天文学，由于古人观测天上的日月星辰，赋以君臣、尊卑、百官之称，所以称天文学为天官。唐都是著名的天文学家。《史记》卷二六《历书》说："至今上即位，招致天下方士唐都，分其天部。"晚年他还和司马迁、落下闳一起参与了太初历的改制工作，也是司马迁的师长。《易》讲阴阳吉凶，杨何是汉初著名的《易》学专家，字叔元，菑川（今山东寿光县）人，在《史记》《汉书》两书的《儒林传》中均有传。司马谈学天官和《易》，这是史官必备的知识和职掌。这些知识又传给了司马迁。所以司马迁对历法、天文、阴阳等专门知识也十分精通。道论是文景时期的官方哲学。黄子就是景帝时的博士黄生，他曾在汉景帝面前与儒生《诗》博士辕固生展开了一场汤伐桀、武王伐纣的辩论。黄生认为"汤武非受命，乃弑也"，意在禁绝一切臣民暴动，维护汉家政权。辕固生鼓吹汤、武革命，是为刘邦取得天下而辩护。所以文景时期的儒道之争并非正统思想与异端思想之争，而是统治集团内部不同的思想派别之争。汉武帝初年，司马谈《论六家要旨》与董仲舒的独尊儒术思想相对立，也是这样的。《论六家要旨》十分推尊道论，表现了成长于文景时期的司马谈所受黄老思想的影响很深，但并不能据此证明司马谈是一个道家的信徒。效《春秋》而作《史记》就是司马谈的理想。他还指导司马迁广博地学习百家之学，特别是把儒学放在首位。司马迁在京师拜了两个儒学大师为老师。一个是今文学大师董仲舒，司马迁向他学习《公羊春秋》，接受大一统思想；再一个是古文学大师孔安国，司马迁长期向他学习《古文尚书》,《史记》中多所征引。司马迁在这样的家学和师承熏陶下,成长为一个博学的历史学家,这是别人所不能具备的主观条件。

3. 司马迁的少年时代

这里讨论司马迁十九岁以前在故里的乡间生活。《太史公自序》郑重地作了记载,说:"迁生龙门,耕牧河山之阳,年十岁则诵古文。"这三句话言约义丰,可以说每一句话都是一道中国古代史传中的哥德巴赫猜想。解题方法,可引用《公羊传》的解经方法,用"曷以书",而"书之者为曷"的方式提出问题,就可层层深入。"迁生龙门"讲出生地。这里只阐释"年十岁诵古文"与"耕牧河山之阳"。

用《公羊传》解经方法,我们对"年十岁则诵古文"可以提出一连串的问题。什么是古文?司马迁读了哪些古文书?在什么地方读古文书?读了多长时间?古文程度达到何种水平?司马迁曷以书"年十岁则诵古文"?这与修史有什么联系?回答了这些问题,也就阐释了这句话的深微大义。

司马贞《索隐》给我们留下了唐人的"猜想"。司马贞说:"迁及事伏生,是学诵《古文尚书》。刘氏以为《左传》《国语》《系本》著书,亦古文也。"司马贞认为"古文"是指《古文尚书》。刘氏亦唐人,即《史记音义》作者刘伯庄。刘氏认为"古文"是指《左传》《国语》《世本》等书。唐人避唐太宗李世民之讳,称《世本》为《系本》。

伏生是秦博士,年龄与司马迁不相及,"迁及事伏生"是想当然的推论。西汉《古文尚书》未立于学官,传《古文尚书》者为孔安国。司马迁曾问故于孔安国,那是私淑弟子,且在成年之后,受学于京师,将在本章下一节论及。"年十岁诵古文"是司马迁记少年时之所学,恰恰与《古文尚书》没有关系。因此刘氏的解释才是正确的。

《史记》中多次提到古文,《五帝本纪》:"总之不离古文者近是",指《春秋》《国语》。《三代世表序》《十二诸侯年表序》提到古文,也是指《春秋》《国语》等书。这当是刘伯庄注释的根据。

单说"古文"二字,可以有两解,一指先秦古文字,即籀书,又称大篆。《太史公自序》云:"秦拨去古文,焚灭《诗》《书》。"所谓"拨去古文",即废去古文,推行小篆。汉又进一步推行隶书。小篆、隶书皆称今文。再是指用古文书写的先秦典籍。司马迁十岁"诵古文",而不是"书古文",可见"诵古文"是读诵先秦古文典籍。但要能读古文典籍，必须先要认识、书写古文字。《史记·封禅书》记载："群儒既已不能辨明封禅事，又牵拘于《诗》《书》古文而不能骋。"这说明群儒墨守古文本的《诗》《书》，并以古文本为权威解释。秦灭《诗》《书》，烧毁公家藏书，不可能尽灭私人所藏。司马氏家族藏有古文典籍，司马谈要培养司马迁为大学问家，所以要求其从小就书、诵古文。司马迁聪明绝伦，在十岁时就过了"书古文"的认字写字阶段，而能阅读古文典籍了，故特笔以书之。

"耕牧河山之阳"，司马迁又曷以书？这是司马迁一种浪漫式的抒怀，还是淡淡地述说艰苦的童年？今世时贤论说纷纭。或说："司马迁幼年时，曾在家种田放牛。"①或说："大概在司马迁小时候，家庭还是务农为业，他也帮助家人养养牛放放羊，作些辅助劳动。"②稍加思索，童年司马迁在家"种田放牛"或"养牛放羊，作些辅助劳动"，是不大可能的。司马迁作为司马谈的独生子，留在爷爷奶奶身边，视同掌上明珠，若非赤贫之家，怎么可能让一个不足十岁的童孩去养牛放羊，或者去田间劳作？须知司马迁祖父司马喜是地方上的五大夫，其祖上是官宦世家，父亲司马谈在京师做官。假如孩童时代的司马迁要替家做辅助劳动，他何以有暇"年十岁则诵古文"呢？这两者在时间上是矛盾的。一句话，童年司马迁不可能"耕牧河山之阳"，即便是辅助性的劳动也是不可能的。

"迁生龙门，耕牧河山之阳，年十岁则诵古文"，这三句话一气连成，并在《太史公自序》中书于司马谈《论六家要旨》之后，下接"二十而南游江淮"。这种行文安排是司马迁的匠心独运。这三句话的内容是一组特写，它透露司马迁青少年时代的生活是司马谈为培养司马迁的一种苦心安排。这三句话的语调是高昂的，自豪的。"迁生龙门"，人杰地灵；"耕牧河山之阳"，特殊的修养，"年十岁则诵古文"，聪明绝伦。司马迁亦自觉地接受父亲的安排，很好地经受了耕牧苦读的考验，所以才不无遗憾地书于《太史公自序》中。也就是说，司马迁少年时代的耕牧，既非生活所迫，亦非为家庭农业劳动的助手，而是一种自觉的锤炼，是作为修身养性的一课而认真地执行着。而耕牧年岁，当在

---

① 郭维森：《司马迁》，江苏人民出版社 1982 年版。
② 季镇淮：《司马迁》，上海人民出版社 1965 年版。

二十壮游之前的十余岁少年之时,而不是在十岁之前的孩童时代。乡间生活与城市生活迥然不同。在乡间,司马迁目睹了一般农家的清贫生活与农民的质朴,又有耕牧的切身体验,这对于司马迁同情劳动人民的思想感情具有重要意义。

三、多彩的人生

西汉盛世为司马迁著作一部通史提出了时代的要求,也提供了物质条件,这是《史记》成书的历史背景。司马迁所受教育、修养及其经历是《史记》成书的著述内因。历史背景是客观条件,著述内因是主观条件。《史记》之所以成为一部不朽的名著,乃是主客观条件的统一,是历史的必然与偶然错综交织所产生的效应。司马迁阅历丰富,充满传奇,养育了他的才、学、识、德,这些是《史记》成书的主观条件。在司马迁多彩的人生中,二十壮游、师承大师、入仕郎中、奉使西征、扈从武帝、受祸遭腐刑,都是大事,下面逐层来谈。受祸遭腐刑,在本章第五节立专题来谈。

1. 二十壮游

汉武帝元朔三年(前126年),司马迁二十岁,正当盛壮之年,怀抱着凌云壮志,进行了一次全国漫游的学术旅行。《太平御览》卷二百三十五引卫宏《汉旧仪》说:"司马迁父谈世为太史,迁年十三,使乘传行天下,求古诸侯之史记。"《西京杂记》卷六文略同。这个故事是卫宏记载的传闻遗事,从年龄上说与《太史公自序》云"二十而南游"不符,是不可信的。但这个传闻与《太史公自序》所说"网罗天下放失旧闻"的目的相合,说明司马迁的二十壮游是走出书斋,面向社会作调查,了解和搜求古代与近现代的历史传说故事及各种史料。此行是在司马谈的决定和指导下进行的。也是父亲对儿子的一场考验。司马迁圆满地完成了这次学术旅行,求得了许多闻所未闻的知识,在《史记》许多篇章的论赞中一再论及旅游的收获。这标志着司马迁已经成长为一个成熟的青年史学家,是父亲的一个好帮手了。

司马迁壮游的范围重点在南方,故自述为"二十而南游江、淮"。司马迁从京师长安出发东南行,出武关至宛。南下襄樊到江陵。渡江,溯沅水至湘西,然后折向东南到九嶷。窥九嶷后北上长沙,到汨罗屈原沉渊处凭吊,越洞庭,出长江,顺流东下。登庐山,观禹疏九江,辗转到钱塘。上会稽,探禹穴。还吴游观春申君宫室。上姑苏,望五湖。之后,北上渡江,过淮阴,至临淄、曲阜,考察了齐鲁地区的文化,观孔子留下的遗风。然后沿着秦汉之际风起云涌的历史人物的故乡,楚汉相争的战场,经彭城,历沛、丰、砀、睢阳至梁(今开封),回到长安①。

二十壮游是司马迁一生中的一件大事,他不满足于"天下遗文古事,靡不毕集太史公"的书本知识,有目的有计划地到全国各地去作实地考察,接触伟大祖国壮丽的河山和勤劳的人民。司马迁"浮于沅、湘",追寻屈原的足迹,思考古往今来的历史变迁,想着屈原的为人,禁不住悲伤流涕。司马迁在长沙还凭吊了贾谊的遗迹,感到他的遭遇和屈原有些相似,后来写了《屈原贾生列传》,创造了把不同时代人物合传的形式,这是历史比较法的雏形。《史记》中的类传则是历史比较法的集中表现。这种方法使《史记》别开生面,大约就是司马迁在壮游过程中受到民间传说的启发而孕育成的。司马迁"上会稽,探禹穴,窥九嶷",搜集了关于五帝三代的古史传说,为他后来写《五帝本纪》和《夏本纪》作了准备。最值得称赞的是,司马迁在淮北对近现代史作了深入细致的寻访调查,比如陈涉少为庸耕有鸿鹄之志的慨叹,樊哙屠狗,曹参为狱掾,萧何为主吏,张良亡下邳,陈平为社宰,周勃织薄曲,韩信贫居葬母高敞地,刘邦好酒及色等等,都是书本上没有的知识。两千年前的司马迁具有这样的实践精神,真是难能可贵。

司马迁的游历考察,兼有历史学家和文学家的兴趣。对于历史事件,大至秦始皇的破魏战争,小至战国时的一个城门名字,他都要力求掌握第一手资料。除历史事件外,有关人物遗事,生动的民间歌谣俚语,无不广泛地作了记载。至于山川地理,古今战场更是了如胸中。顾炎武评论说:"秦汉之际,兵所出入之途,曲折变化,唯太史公序之如指掌。山川郡国不易明,故曰东曰西曰南曰北,一言之下,而形势了然。盖自古史书兵事地形之详,未有过此者。

----

① 司马迁一生的游历有三种情况:(一)二十壮游,(二)奉使巴蜀以南之游,(三)扈从武帝之游。《史记》中记载的游历资料计有十五条。即《五帝本纪·赞》《河渠书·赞》《齐太公世家·赞》《魏世家·赞》《伯夷列传》《孔子世家·赞》《孟尝君列传·赞》《魏公子列传·赞》《春申君列传·赞》《屈原贾生列传·赞》《蒙恬列传·赞》《淮阴侯列传·赞》《樊郦滕灌列传·赞》《龟策列传》《太史公自序》。司马迁二十壮游的范围和路线就是根据上述资料勾勒的一个大致的线索,并参阅了王国维的《太史公行年考》。

太史公胸中固有一天下之势,非后代书生之所能讥也。"①这是司马迁在史事方面所得游历之助。苏辙云:"太史公行天下,周览四海名山大川,与燕赵间豪俊交游,故其文疏荡,颇有奇气。岂尝执笔学为如此之文哉?其气充乎其中而溢乎其貌,动乎其言,见乎其文,而不自知也。"②这是司马迁在文章辞采风格方面所得游历之助。总之,司马迁二十壮游,不仅使他获得了广博的社会知识,搜求了遗文古事;而且开阔了视野,扩展了胸怀,增长了他的识见和才干。这是《史记》成功的条件之一。

2. 师承大师

司马迁从元朔三年壮游到元鼎六年以郎中身份奉使巴蜀,其间有十六年。这期间,司马迁的重大活动,一是壮游,二是师承大师孔安国、董仲舒,三是入仕为郎中,四是奉使西征,五是扈从武帝,这是司马迁灿烂的青年时代。

司马迁师承西汉鼎盛时期两位最著名的经学大师,一为今文学大师董仲舒,二为古文学大师孔安国。

董仲舒,西汉广川县(在今河北枣强县东)人,著名哲学家,今文经学创始人,"春秋公羊学"一代大师。董仲舒在汉景帝时已为博士,武帝建元元年(前140年)举贤良,对策为举首③。汉武帝复问以三策,董仲舒所对,即著名的《天人三策》。董仲舒出为江都相,两年后召还为中大夫,元朔六年受丞相公孙弘排斥出为胶西相,于元狩二年致仕家居,潜心为学,三年不窥园,其精诚如此。元朔三年,汉武帝徙天下豪富于茂陵而非广川,董仲舒、司马迁当于此时徙居茂陵。故董仲舒致仕居于茂陵而非广川,约卒于元狩六年④。

孔安国是孔子的第十二代孙,鲁国曲阜(今山东曲阜)人,武帝时的大经学家,兼通今古文。孔安国的古文学,承受家学,他的今文学是向申公学《诗》、向兒宽学《今文尚书》。汉武帝元朔二年,孔安国为博士,元狩五年官至谏大夫,元狩六年出为临淮郡太守,不久就死在任上。

---

① 《日知录》卷二六"史记通鉴兵事条"。
② 《栾城集》卷二三《上枢密韩太尉书》。
③ 学术界一般认为,董仲舒举贤良在元光元年五月,依据是《汉书·武帝纪》,而《资治通鉴》系于建元元年。综核史实,元光元年武帝未举贤良,元光五年举贤良公孙弘为举首,这之前只有建元元年举贤良,而董仲舒为举首。参阅张大可《董仲舒天人三策应作于建元元年》一文,载《兰州大学学报》1982年第4期。
④ 据施之勉《董子年谱》。

依上所考,司马迁师承两位大师,只能在壮游归来于京师,元狩六年之前这一段时间。司马迁壮游用了多长时间,文献没有记载,以情理推论,至少要花费一两年时间。司马迁元朔三年二十壮游,归来二十二三,到元狩六年二十九。二十余岁的青年,正是问学的最佳年华,司马迁向两位经学博士大师学习,古今文学兼收并蓄,在当时的门户攻伐时代,确实具有传奇与思想开放色彩。

3. 入仕为郎中

司马迁入仕为郎中,王国维在《太史公行年考》中认为"其年无考",推论"大抵在元朔、元鼎间,其何自为郎,亦不可考",较为粗疏。郑鹤声《司马迁年谱》系司马迁始仕为郎中在元朔五年,以博士弟子高等为郎中,这是想当然的假说。《汉书·武帝纪》载,元朔五年丞相公孙弘奏请立博士弟子,受业一年后方能参加考试,能通一艺者补文学掌故缺员,高第者可为郎中。如果郑鹤声的假设能成立,司马迁最早出仕也只能在元朔六年,而非元朔五年。司马迁《报任安书》说:"长无乡曲之誉。"博士弟子的条件是选择孝悌子弟,由乡曲推荐到太常,太常审核合格才能入选。司马迁入仕未走乡曲推荐进太学之路,而是走高官子弟恩荫入仕之路。《报任安书》云:"仆赖先人绪业,得待罪辇毂下二十余年矣。"王国维说,司马迁"其何自为郎,亦不可考",失察之言,不可为据。

施丁《司马迁生年考》认为司马迁始仕为郎,大约在元狩五年,公元前118年,司马迁二十八岁。根据有:其一,《封禅书》"太史公曰"有"余入寿宫侍祠神语"的话头。"寿宫"据《史记·封禅书》及《汉书·郊祀志》推定,置于元狩五年,《资治通鉴》正系于此年。"神君"是上郡巫装神弄鬼为汉武帝驱魔治病,汉武帝不久病愈,于是"置寿宫神君"。而"入寿宫侍祠神语"的事,"其事秘,世莫知",非亲信不得参与。因此,能入寿宫的"余",不是作为太史令的司马谈,而应是做郎官的司马迁。其二,司马迁与任安、田仁二人友善。据《田叔列传》及褚少孙补,任安与田仁原为大将军卫青舍人,被赵禹奉武帝之命选为郎。赵禹奉命选人才,事在何年?据《卫将军骠骑列传》与《三王世家》可考知,任安在元狩四年还为大将军舍人,元狩六年已为太子少傅,则任安进宫为郎当在元狩五年。司马迁与任安、田仁两人的友谊应是在同僚为郎时建立起来的。依上考论,元朔五年当为司马迁最早出仕之年。

汉朝的郎官系统有议郎、中郎、侍郎、郎中四级。议郎、中郎秩比六百石,侍郎比四百石,郎中比三百石。郎官无定员,可多至上千人,职务是"掌守门户,出充车骑"①,为皇帝的侍从,多由二千石高官子弟和富家子弟充任。郎官积资外迁,往往得为长吏,出守地方为令、长,是仕进的阶梯,平常亲近皇帝,所以人们感到很荣耀。司马迁虽然做的是最低级的小郎官,但在等级森严的封建制度下,他由一个秩比六百石的史官儿子得为郎中,已经是破格的了。由于司马迁超群绝逸的才干,很得汉武帝的信任。武帝从元鼎四年起巡行郡县、祭祀五帝、东巡封禅,司马迁常为侍从。

《汉书·哀帝纪》应劭注引《汉仪注》云,二千石高官,视事满三年,"得任同产若子一人为郎"。同产,指亲兄弟;若子,或亲子。司马谈为太史令,秩六百石,不是二千石高官,但司马谈因太史令之职而常为武帝顾问,制定封禅礼仪,破例荫子,尽管郎中是最低一级的郎官,已经很荣耀了。司马迁是孔安国私淑弟子,元狩五年孔安国为谏大夫,适逢其会,武帝选郎官,司马迁得到老师的推荐,亦在情理之中。

4. 奉使西征

奉使西征巴、蜀以南,这是司马迁青年时代出仕郎中以后所做的第一件大事。此项奉使之游可与二十壮游比肩相映,所以,司马迁在《太史公自序》中紧接二十壮游之后赫然大书:"于是迁仕为郎中。奉使西征巴、蜀以南,南略邛、笮、昆明,还报命。"

司马迁奉使时间在元鼎六年春正月,上距司马迁元狩五年入仕为郎中已八年。元鼎五年秋九月,汉武帝置五路大军征讨南越,其中一路是驰义侯遗率巴、蜀兵南下,"咸会番禺"。遗征调夜郎出兵,夜郎侯与南越通,拒不发兵,还策动且兰君反叛,阻滞驰义侯南下。元鼎六年冬十月,武帝冬巡,至左邑桐乡,得报闻南越破,而巴蜀兵受阻。春,汉武帝东巡至汲新中乡,已定下平定西南夷的决策,于是"上便令征西南夷,平之。以为武都、牂柯、越嶲、沈黎、文山郡"②。司马迁从巡武帝,这一下达征略西南夷的使命就落在了他的肩上。在司马迁之前,奉使西南夷的有唐蒙、司马相如、公孙弘,都是智能之士。唐蒙、司马相如奉使,均为郎中将,司马迁奉使亦当为郎中将。司马迁奉使任务是

---

① 《汉书》卷一九《百官公卿表》上。
② 《汉书》卷六《武帝纪》。

"西征""南略",这"征"与"略"二字表明汉武帝决心抚定西南夷,纳入版图设郡置吏,因此才是既"征"又"略"。司马迁以郎中将职衔去监军,并设郡置吏,也就是钦差大臣,专方面之任。出发地点在汲县新中乡,今河南新乡县西。目的地巴蜀以南广大西南夷地区,即今云南、贵州两省,以及四川南部、西部广大地区,最远地邛、笮、昆明,在今云南昆明、大理等地。据祁庆富《司马迁奉使西南设郡考》①一文的考察,司马迁奉使西南夷往返路程约需时半年。元封元年春正月,汉武帝又东巡,并至海上,登泰山封禅。司马谈从巡武帝,因病留滞周南(今洛阳)。司马迁还报命追寻武帝至行在所,四月见父于河洛。以此推知,司马迁还报命在元封元年二三月间,上距奉使西征元鼎六年春正月,有一年又三个月之久,扣去来往路途六个月,司马迁在西南夷地区设郡置吏,考察与巡行长达八九个月之久。

奉使西征及较长时间的考察与生活体验,无疑是激发司马迁首创民族史传最重要的原因。司马迁的这一使命是他最难忘的经历之一。

5. 扈从武帝

司马迁一生与汉武帝相终始,两人同是西汉大一统时代的英雄。汉武帝有经天纬地之才,雄才大略,创造了许多威武雄壮的历史活剧与生活。司马迁满腹经纶,用如椽大笔,生龙活虎地描绘了这个大时代。汉武帝好动,不断四出巡行郡县,走遍大江南北②,司马迁随从,也走遍祖国大地,是为扈从之游。汉武帝好文学,能诗能赋,建立乐府,采集歌谣,以观民风。汉武帝还在身边集合了东方朔、枚皋、严助、吾丘寿王、司马相如等一大批文人学士,君臣唱和,充满了浪漫主义激情与豪放气派。司马迁年少,是后生晚辈,置身其间,才华横溢,深得汉武帝亲信而为文学侍从。此时司马迁得意非凡,在《报任安书》中说:"仆以为戴盆何以望天,故绝宾客之知,忘室家之业,日夜思竭其不肖之材力,务一心营职,以求亲媚于主上。"这说明,扈从生活,司马迁非常珍惜。

扈从武帝,使司马迁跻身于封建中央王朝的神经中枢,了解大量机密,像"入寿宫侍祠神语",这类触及武帝隐私与心理的活动。"其事秘,世莫知",司马迁也

---

① 祁庆富:《司马迁奉使西南设郡考》,《中央民族学院学报》1981 年第 3 期。
② 汉武帝一生都在巡幸,汉武帝 71 岁那年就死在螯屋行宫中。据《汉书·武帝纪》及《史记·封禅书》不完全的记载,汉武帝在位五十三年,巡幸三十四次,特别是后期年年出巡,远距离出巡往往长达半年,司马迁常常扈从巡游。

得以参与。这些生活经历,是司马迁写《今上本纪》和《封禅书》等篇的基础。只可惜,《今上本纪》亡佚,令后世无法了解司马迁是怎样写雄略之主汉武帝的。

司马迁从元狩五年仕为郎中起,到征和四年扈从武帝最后一次封禅泰山止,前后长达三十六年,时当公元前 118 年至前 89 年。司马迁在喜怒无常的雄主汉武帝身边,长期蒙受恩遇,在历史上是罕见的。

司马迁在从巡中了解各地民情,考察历史遗迹,用以印证历史的记载。汉武帝西上雍祠五帝,东巡河东祠后土,南登嵩高祠太室,北过涿鹿,东到大海,封禅泰山,后经关中、关东、大河上下,举行祭礼山川百神的活动,这都包含着丰富的历史内容与现实生活。武帝所巡行的地域,也是中华民族传统文化的中心,五帝、夏、商、周、秦历代统治的中心,这对于司马迁搜集遗闻,撰写三代及春秋战国时期各本纪、世家,无疑有重大的影响。大江南北在秦汉时为边远地区,却是富有浪漫色彩的楚文化中心,故司马迁二十壮游的重点在南方。司马迁为布衣时南游,这一安排体现了司马谈的远见卓识。

元鼎四年,汉武帝首开大规模出巡,周游河洛,观省民风,十分排场。元鼎五年,汉武帝西登空桐,北出萧关,带领数万骑打猎于新秦中,场面十分雄伟壮观。扈从武帝的司马迁,在观赏这场面之后,必将激发起无限的豪情。司马迁在《史记》中擅长大场面的描写,是和他几十年扈从武帝的豪放巡游分不开的。司马迁扈从武帝,使他深深地呼吸着大一统时代的新鲜气息。

四、继任太史令潜心修史

西汉太史令司天官之职,收藏图籍与天下计书,兼皇帝身边的历史顾问,重大制度的兴革与典礼仪节,均有太史令参与。司马谈就参与制度封禅仪。元封元年(前 110 年),司马迁三十六岁。这一年汉武帝东巡泰山封禅,太史令司马谈作为顾问随从东行。但他到了洛阳就病倒了。正在这时,司马迁奉使归来,见到了病危的父亲。司马谈拉着儿子的手,悲伤地留下了遗言,他要司马迁矢志继承自己的事业和理想,做太史令,完成通史著作。司马迁终生难忘,他在《太史公自序》中作了极为亲切感人的记载。司马谈说:

> 余先周室之太史也。自上世尝显功名于虞夏,典天官事。后世中衰,绝于予乎?汝复为太史,则续吾祖矣。今天子接千岁之统,封泰山,而余

不得从行,是命也夫,命也夫!余死,汝必为太史;为太史,无忘吾所欲论著矣。且夫孝始于事亲,中于事君,终于立身。扬名于后世,以显父母,此孝之大者。夫天下称诵周公,言其能论歌文武之德,宣周邵之风,达太王王季之思虑,爰及公刘,以尊后稷也。幽厉之后,王道缺,礼乐衰,孔子修旧起废,论《诗》《书》,作《春秋》,则学者至今则之。自获麟以来四百有余岁,而诸侯相兼,史记放绝。今汉兴,海内一统,明主贤君忠臣死义之士,余为太史而弗论载,废天下之史文,余甚惧焉,汝其念哉!

从上引司马谈的临终遗言,可以看到他的伟大的抱负和理想。司马谈的作史理想有三端:一曰效周公,"歌文武之德";二曰继《春秋》,"修旧起废",为后王立法,为人伦立准则;三曰颂汉兴一统,论载"明主贤君忠臣死义之士"。合此三端,即构成了以人物为中心,以帝王将相为主体的纪传史,颂汉家一统之威德。这正是秦汉中央集权政治在学术思想上符合逻辑的反映,也就是当时的时代思想。司马迁在父亲的熏陶培育下也以修史为己任,具有崇高的理想。父子两人的理想是一致的。司马迁恳切地低下头来,流着眼泪向父亲起誓说:"小子不敏,请悉论先人所次旧闻,弗敢阙。"司马迁守丧三年后,果然遵循父亲的临终遗训,在元封三年(前108年),继任为太史令。这一年司马迁三十八岁。

司马迁为太史令的第五年,即太初元年(前104年),汉武帝颁布了新历,定名太初历,并改年号为太初,改历是封禅活动的继续。封禅象征新王朝受命于天地,改历象征受命的完成。汉武帝完成封禅改历是划时代的壮举,神圣非凡。司马迁躬逢其时,参与其事,激动不已。他想起了父亲的遗训,仿佛像洪钟一样响在耳边:

太史公曰:"先人有言:'自周公卒五百岁而有孔子。孔子卒后至于今五百岁,有能绍明世,正《易传》,继《春秋》,本《诗》《书》《礼》《乐》之际?'意在斯乎!意在斯乎!小子何敢让焉!"①

司马迁对自己肩负的历史使命作了反省,他认为继《春秋》的撰述工作应加紧进行,"于是论次其文"。学术界有人认为司马迁在太初元年开始述作《史记》,这是一种误解。撰述《史记》发凡起例于司马谈,我们从他临终时父

① 《史记》卷一三〇《太史公自序》。

子的对话中就可了解资料的整理工作已初具某种规模。所以司马谈一则曰:
"汝复为太史,则续吾祖矣。"再则曰:"余死,汝必为太史,为太史,无忘吾所欲
论著矣。"三则曰:"汝其念哉!"司马迁回答说:"小子不敏,请悉论先人所次旧
闻,弗敢阙。"司马迁二十壮游是作为父亲的修史助手而"网罗天下放失旧闻"
的。《史记》是父子两代人毕生的心血结晶,前后撰述达三四十年之久。司马
迁的正式撰述当从元封三年为太史令算起。由此可见,太初元年的"于是论
次其文",乃是编次、定稿,一篇一篇写定。

五、遭李陵祸而发愤著书

天汉三年(前98年),司马迁四十八岁。这是《太初历》颁布后的第七年,
他埋头撰述《史记》的工作进入了高潮,正当"草创未就"之时,突然飞来了横
祸,受李陵案的株连被下狱受腐刑。这场灾祸使司马迁蒙受人间的奇耻大辱
而导致了重大的思想转变,直接影响到《史记》的写作。司马迁抒愤寄托,强
烈地表达他的是非观点和爱恨感情,从而升华了《史记》的主题。因此,对李
陵之祸的前因后果,以及司马迁受祸后的心态,都需要作全面深入的探讨,才
能说明司马迁立场、思想的转变,以及怎样发愤著书。

1. 受祸始末

司马迁受祸始末,在《汉书·李陵传》和司马迁《报任安书》中,都有着详
细的载述。

李陵是名将李广的孙子,少为建章监,骑射技术有祖父李广之风,谦虚下
士,甚得战士心。天汉二年五月汉武帝下达了出击匈奴的动员令。秋九月,贰
师将军李广利率三万骑兵出酒泉,击匈奴右贤王于天山。李陵为策应偏师,率
五千步卒出居延,北行三十天,直达浚稽山(约在今蒙古高原图拉河与鄂尔浑
河间),吸引单于的注意力,保证贰师将军的出击。李陵的担子很重,汉武帝
派老将路博德率领骑兵一万为他的后援。李陵长驱直入,到达目的地后派陈
步乐回朝廷报告。汉武帝十分高兴,朝中诸大臣无不举杯祝贺。正在这时,孤
军深入的李陵却遭到匈奴单于亲自率领的重兵包围。匈奴骑兵从三万增加到
八万,集倾国之力穷追李陵不舍。李陵且战且退,经过了十几天的激战,汉兵
歼敌一万多,但终因寡不敌众,粮尽矢绝,在离边塞仅有一百多里的地方,李陵

全军覆没,投降了匈奴。老将路博德耻为李陵后援,汉武帝让他别出西河,使得李陵孤军奋战而无救,这是汉武帝调度失计演出的悲剧。

贰师将军李广利是一个庸才,因为他是汉武帝宠姬李夫人的哥哥,所以汉武帝把重兵交给他。贰师本是大宛的都城。太初年间李广利兵征大宛,拜为贰师将军,封海西侯。李广利凭恃皇亲国戚专宠,纯粹是一个庸将。天汉二年出征匈奴,汉武帝想让他立功增封,但这个庸将率领的三万骑兵未遇匈奴主力,却打得大败亏输,损兵折将而返。汉武帝见两路兵败,食不甘味,听朝不怡。阿谀逢迎之徒,猜中了汉武帝的心事,讳言贰师之败,全委过于李陵。同是一个李陵,打了胜仗,朝臣们"奉觞上寿";李陵败降,朝臣们落井下石而"媒蘖其短"。更有甚者,同是败军之将,李陵十恶不赦,贰师却若无其事。司马迁认为,这是不正常的风气,公道、良心、正义到哪里去了? 他对李陵的遭遇充满了同情,对阿谀逢迎的朝臣们充满了愤慨。当汉武帝召问司马迁的时候,他便以自己对汉武帝的"拳拳之忠"坦率地说了他的看法。司马迁说:

> 李陵事亲孝,与士信,一向怀着报国之心。他只带领了五千步兵,吸引了匈奴全国的力量,杀敌一万多,虽然战败降敌,其功可以抵过,我看李陵并非真心降敌,他是活下来想找机会回报汉朝的①。

起初,汉武帝接受了司马迁的意见,他久久地沉思,领悟到上了老将路博德的当,没有派兵救援李陵,于是"遣使劳陵余军得脱者",还派因杆将军公孙敖深入匈奴迎李陵。公孙敖在边境候望李陵一年多,没有建功,借捕获的俘虏之口谎报"李陵教单于兵以备汉",武帝大怒,族灭了李陵一家。实际教匈奴兵的是另一个降将李绪,而不是李陵。李陵家被族,李陵成了可耻的叛徒,李氏一门蒙受恶名,司马迁受株连被判"诬罔"罪而蒙受腐刑。

按汉律,"诬罔"罪是"大不敬"的欺君之罪,量刑是大辟死罪。《汉书·武帝纪》载,"乐通侯栾大坐诬罔要斩"。栾大是方士,他的神仙骗术被揭穿,以"诬罔"罪被杀头。在一般情况下,可以有两种办法免死。一是入钱五十万赎死。《汉书·武帝纪》载,太始二年九月,"募死罪入赎钱五十减死一等"。在对匈奴的战争中,将军李广、张骞、公孙敖等人,都曾因种种原因触犯军法论死,赎为庶人。二是景帝时所颁法令:"死罪欲腐者许之。"司马迁因为"家贫,

---

① 这里是串述,本段原文见《报任安书》,载《汉书》卷六二《司马迁传》。

货赂不足以自赎",于是只有在死与腐刑二者之间作选择,不过以腐刑代死罪,并不由犯死刑者单方面的"欲"来决定,它还要执法者"许之"。《汉书·张汤传》载,张安世兄张贺幸于卫太子,"太子败,宾客皆诛,安世为贺上书,得下蚕食"。征和二年巫蛊案,犯死者成千上万,只有张贺一人幸免,以腐刑代死,因有张安世为言。张贺与司马迁是同时代人,受刑时间也相隔不久,西汉自景帝颁布以腐刑代死的律令以来,终汉武帝之世,士大夫犯死罪而改宫刑的记载,也只有司马迁与张贺两例。汉武帝欲置人于死地,既不可赎,也不可腐。如元光二年(前133年),马邑之谋,汉军伏击匈奴,由于单于警觉,没有中伏。大行王恢奉命深入敌后拦击匈奴辎重,他见匈奴主力退回,自己所部三万人寡不敌众,当机立断撤退了汉兵。汉武帝认为王恢本为首谋,而不能主动出击,于是论罪下狱。尽管丞相田蚡和王太后出面营救,汉武帝仍不赦免,王恢自杀狱中。由此看来,汉武帝尚没有置司马迁于死地的意思,所以才听其以腐刑代死,必欲折其心气而后快,显示绝对君权的威严,难怪司马迁要发出"明主不深晓"的怨言了。

腐刑,即宫刑,起源很早,传说夏商时代就有了。《汉书·刑法志》载,西周有"宫罪五百",说明宫刑律令十分严密。颜师古注:"宫,淫刑也,男子割腐,妇人幽闭。"这说明宫刑原本是用来惩治淫刑的。犯淫行罪,卑鄙下流而为人所不齿。虽然成千上万的宫廷宦官,以及士大夫受宫刑并非淫行,但他们最羞辱而神秘的一体被割除,在形式上与犯淫行受宫刑是一样的。《报任安书》列举历代宦官,尽管为人主所亲近,但"刑余之人"却为士大夫所不齿,这就不难理解了。封建时代的士大夫为了保持名节,不要说受腐刑,公堂对簿都受不了,如李广、萧望之等人的自杀就是例证。司马迁断言,尽管人情都有"贪生恶死,念亲戚,顾妻子"的习性,但"激于义理者不然",即便是"臧获婢妾犹能引决",何况立言著述的堂堂太史令呢!司马迁陷入了极度艰难的生与死、荣与辱的抉择之中,所受痛苦的熬煎,是难以用笔墨形容的。

司马迁在生与死的沉痛思考和严酷抉择中,悟出了人生的真正价值,提出了震撼千古的至理名言:"人固有一死,或重于泰山,或轻于鸿毛,用之所趣异也。"如果人的一生,若不能对社会作出贡献待后人评说,而仅仅以一死来对黑暗进行抗争,岂不是"若九牛亡一毛,与蝼蚁何异!"司马迁在《孔子世家》和《伯夷列传》中,引圣人孔子之言说:"君子疾没世而名不称焉。"他在《太史公自序》中记载了父亲司马谈的临终遗言："且夫孝,始于事亲,中于事君,终于立身,扬名于后世,以显父母,此孝之大者也。"立身扬名为孝道的最高准则,这是司马迁借父亲之口提出的新颖见解。这见解标志着司马迁在生与死的抉择中形成了以立名为核心的荣辱观。《史记》未完成,名还未立,因此他的身躯和生命是属于《史记》的,也是属于父亲和自己的理想的,他不能去死而坚强地活下来,所以"就极刑而无愠色"。就这样,司马迁做出了以腐刑代死的抉择。

2. 发愤著书

所谓"发愤",就是指一个人身处逆境而其志不屈,更加激扬奋发而有所作为。司马迁发愤著书,有两方面的内容。第一,忍辱发奋,从沉痛中奋起,用更加坚韧的毅力来完成传世之作。第二,揭露和抨击统治者的荒淫和横暴,同情社会的下层人民,歌颂敢于反抗、敢于斗争的历史人物,把个人的不平和愤懑,宣泄在对历史人物的褒贬上,述往事,思来者,升华了《史记》的主题,这是加害于司马迁的统治者们非始料所及的。

司马迁受腐刑在天汉三年十二月,出狱大约在天汉四年二三月。受腐刑后需要在蚕室静养一百日。《盐铁论·周秦篇》:"今无行之人,一旦下蚕室,创未瘳,宿卫人主,出入宫殿,由得受俸禄,食太官享赐,身以尊荣,妻子获其饶。"这情况大约就是指司马迁。这年司马迁四十九岁,出狱后被用为中书令。

中书令本由宦官充任,此职是皇帝身边机要秘书长官,侍从左右,出纳章奏,位卑而权重,被朝野目为"尊宠任职"。司马迁因受腐刑得此官,他认为是人生极大的耻辱。从身体上说,"大质已亏缺",失去了人的尊严;从心态上说,与宦官为伍,被视为无行之人。而且在传统的孝悌伦理观念中,还要辱及祖宗。《孝经》开宗明义,第一章孔子语曾子曰:"身体发肤,受之父母,不敢毁伤,孝之始也。"孟子说:"不孝有三,无后为大。"所以古人把髡刑剃发也视为耻辱之刑,更何况腐刑乃殄灭不育之刑,它比杀头更要折磨人的心灵。所以,司马迁视为奇辱,不仅"重为乡党戮笑",而"污辱先人,亦何面目复上父母之丘墓乎?"他在《报任安书》中凄怆满怀地诉说他的痛苦:"太上不辱先,其次不辱身,其次不辱理色,其次不辱辞令,其次诎体受辱,其次易服受辱,其次关木索被垂楚受辱,其次剔毛发婴金铁受辱,其次毁肌肤断支体受辱,最下腐刑极矣。"司马迁一气排列了十种耻辱,这都是人世间的极大不幸,而"最下腐刑极矣"。一个"最"字,还要加一个"极"字,可以说把耻辱写到了极点。它使司马迁陷入了欲生不得欲死不能的痛苦境地,"是以肠一日而九回,居则忽忽若有所亡,出则不知所如往。每念斯耻,汗未尝不发背沾衣也"。在这种心境下,给予司马迁以生的力量,唯有那无声的立言事业还未完成。因此司马迁说:"所以隐忍苟活,函粪土之中而不辞者,恨私心有所不尽,鄙没世而文采不表于后也。"

封建专制社会的世态炎凉、人情冷暖与权势浮沉密切关联,人处逆境才能有亲身体会。司马迁身受腐刑,体味三重,人主的喜怒无常,便意味着人臣的祸福莫测。专制主义的荼毒,擦亮了司马迁的眼睛,使他看清了"明主"这一绝对君权的残忍本质,深深认识到过去"以求亲媚于主上"是"大谬不然",于是一反常态,表现了对国事、世事的冷漠。太始四年(前93年),司马迁已五十三岁,任中书令已五年,他除了埋头撰述《史记》外,在政治上没有什么作为。这时,司马迁的好友益州刺史任安,心中沉不住气了,他觉得要给司马迁以鼓励,给他写了一封信,教以"慎于接物,推贤进士"。任安的信,好似一石击起千层浪,它把司马迁积滞在心中的郁闷引发出来,爆发在回信《报任安书》中。在这封信中,司马迁把他对世情的感慨,对人生的悲愤,对专制君王的认识,对理想事业的追求,尽情地倾吐出来,如泣如诉,慷慨悲凉,理正而辞严,具有很强的感染力。两千多年来,成为脍炙人口的名篇。

《汉书·艺文志》载,司马迁有赋八篇,今存仅《全汉文》辑有《悲士不遇赋》一篇。从内容看,这篇赋也是司马迁受刑以后悲叹生不逢时的作品,可与《报任安书》相互补充。在赋中,司马迁指斥天道微暗,美恶难分,"理不可据,智不可恃",他内心充满了矛盾和痛苦。一方面消极厌世,"委之自然,终归一矣",认为人总是要死的,追求功利有什么意义,还不如听之自然,"无造福先,无触祸始"。一方面坚持理想,"没世无闻,古人惟耻,朝闻夕死,熟云其否",显然是又要追步孔子,死而后已。司马迁矛盾的思想状态,正是他求生不得,求死不能的生动写照。既然宫刑是人生最大耻辱,为了人的气节尊严,就应早早自裁结束耻辱;但为了实现著述理想,立名后世,必须坚强地活下来;可是活下来,又遭世俗非议,等于继续受辱,即"负下未易居,下流多谤议",这种既觉得应该死而又不能去死的思想扭结,折磨得司马迁神不守舍,多次想到去自杀。最后司马迁抉择了隐忍立名的自新之路。也就是说功名重于名节。当一个人功名已就,或者以死可以立功名时,就要毫不犹豫地去死节;当一个人才能未尽,功名未立,死节不过如九牛一毛,不能产生社会影响时,他就应该隐忍发愤,建立功名。司马迁正是在这一基准点上找到了死节与立名的统一。所以在《史记》中,他既表彰那些死节之士,又表彰那些隐忍苟活者,把历史人物的死写得生动有情。

《史记》中写了许多不甘屈辱,为保持名节而死的义士。齐国布衣王蠋在齐国沦丧濒于灭亡之时,仍"义不北面于燕,自尽身亡"①;田横耻于降汉,自刎而死,他的五百宾客闻田横死,"亦皆自杀"②;李广不堪"复对刀笔之吏"而自杀;项羽兵败愧对江东父老而自杀;侯嬴为激励信陵君而死;田光为激励荆轲而死;聂荣为给兄弟扬名而死;栾布为尽臣子之义,"哭彭越,趣汤如归"。司马迁称赞这些慕义而死的人,具有"高节","岂非至贤"③,"虽往古烈士,何以加哉!"④像屈原那样"死而不容自疏"的高洁之志,"虽与日月争光可也"⑤。然而,在逆境中奋发,忍辱负重的志士,更加难能可贵。勾践卧薪尝胆,坚忍顽强,发愤雪耻,终灭强吴而称霸王,司马迁不仅许之以"贤",还赞其"盖有禹之遗烈焉⑥。"伍子胥弃小义,雪大耻,名重后世,司马迁赞其为"烈丈夫"⑦。季布以勇显于楚,"身履典军搴旗者数矣,可谓壮士",但是,当他被刘邦捉拿,为人奴而不死,受辱而不羞,"终为汉名将",司马迁赞其为"贤者诚重其死"⑧。这后一种忍辱负重的志士,司马迁认为更是值得敬仰的男子汉,"烈丈夫"。这一观点,不仅与世俗相违,而且颇谬于圣人的是非。一般世俗观点,认为忍辱负重是"贪生怕死",若被刑戮,"中材以上且羞其行"⑨。孔孟遗教是"杀身成仁","舍生取义"。而司马迁却说:"勇者不必死节,怯夫慕义,何处不勉焉。"⑩又说:

① 《史记》卷八二《田单列传》。
② 《史记》卷九四《田儋列传》。
③ 《史记》卷九四《田儋列传·赞》。
④ 《史记》卷一〇〇《季布栾布列传·赞》。
⑤ 《史记》卷八四《屈原贾生列传》。
⑥ 《史记》卷四一《越王勾践世家·赞》。
⑦ 《史记》卷六六《伍子胥列传·赞》。
⑧ 《史记》卷一〇〇《季布栾布列传·赞》。
⑨ 《史记》卷九〇《魏豹彭越列传·赞》。
⑩ 《报任安书》载《汉书》卷六二《司马迁传》。

"夫婢妾贱人感慨而自杀者,非能勇也,其计画无复之耳。"①那些一遇侮辱就轻身自杀的人,在司马迁看来只不过是无可奈何的表现,并不是真正的勇士。

慕义而死,保持名节;忍辱负重,自奋立名,怎样处理好这二者的界限是很难的。前已述及,司马迁提出了一个"人死或重于泰山,或轻于鸿毛"的标准。人生最宝贵的生命不是不可牺牲,而是要让它闪光,要死得有价值。一个人若不能对社会做出贡献待后人评说,而仅仅以一死来对黑暗进行抗争,岂不是"若九牛亡一毛,与蝼蚁何异!"司马迁在忍辱与生死的痛苦抉择中懂得了人生的意义,他从沉痛中奋起,坚强地活下来,决心以最大的毅力来完成《史记》。他引古人自况,认为只有那些能够经受得起艰难环境磨炼的人才能做出一番事业来。西伯拘羑里演《周易》,孔子厄陈蔡作《春秋》,屈原放逐赋《离骚》,左丘失明著《国语》,孙子膑脚论《兵法》,不韦迁蜀传《吕览》,韩非囚秦有《说难》《孤愤》,《诗》三百篇,大都是圣贤发泄愤懑的作品。这些人都是因为心里有所郁结,又得不到通达,所以才叙述往事,寄情后人。司马迁引述的这些古人的事迹与历史事实有出入,例如韩非的《说难》《孤愤》作于入秦之前,吕不韦的《吕览》写成在放逐之先,这都是《史记》在他们的本传中明白地记载的。司马迁感情激荡,波涛滚滚,一泻而下,笔随情至,些许矛盾,也就不去计较了。也可以说,这是故为破绽以抒愤,旨在说明他要发愤著书,效法古人,把自己全部的精力和热血倾注在《史记》之中,成为"一家之言"。司马迁终于从个人的悲怨中解脱出来,忍辱著书,留下了宝贵的实录作品。这种精神体现了中华民族的脊梁,是值得我们敬仰的。司马迁的人格是崇高的,他认为只有那些能够经受得起艰难环境磨炼的人,才能做出一番大事业来,这一认识不但激励了自己,而且也启迪着后人深思。

①　《报任安书》,载《汉书》卷六二《司马迁传》。

第二章 《史记》的创作宗旨

《史记》的创作宗旨，司马迁在《太史公自序》和《报任安书》中作了鲜明的揭示。《太史公自序》说：

> 网罗天下放失旧闻，王迹所兴，原始察终，见盛观衰，论考之行事，略推三代，录秦汉，上记轩辕，下至于兹，著十二本纪，既科条之矣。并时异世，年差不明，作十表。礼乐损益，律历改易，兵权山川鬼神，天人之际，承敝通变，作八书。二十八宿环北辰，三十辐共一毂，运行无穷，辅弼股肱之臣配焉，忠信行道，以奉主上，作三十世家。扶义俶傥，不令己失时，立功名于天下，作七十列传。凡百三十篇，五十二万六千五百字，为《太史公书》。序略，以拾遗补艺，成一家之言，厥协《六经》异传，整齐百家杂语，藏之名山，副在京师，俟后世圣人君子。

《报任安书》云：

> 网罗天下放失旧闻，考之行事，稽其成败兴坏之理，亦欲以究天人之际，通古今之变，成一家之言。

司马迁的这两段话，主旨一致。前者用五体结构内容说明，后者用高度概括的理论揭示，《史记》的创作宗旨就是《报任安书》说的三句话："究天人之际，通古今之变，成一家之言"的内容，分说如下。

一、究天人之际

"究天人之际"的"际"，本义为两墙相合之缝。后来再引申为交会、会合。"究天人之际"，也就是寻找天道与人道之间的会合点，使之相沟通。而沟通天地、神人之间的关系，使之相会通，原来即是巫所担负的神圣使命。作为史官的司马迁以"究天人之际"作为自己写史的第一使命，在本源上是与上古巫文化精神息息相通的。当然，由于时代的变迁，与上古巫文化相比，司马迁的"究天人之际"显然具有更为强烈的理性色彩。

在远古时代，天人之间的相分相隔实为原始宗教产生的重要根源之一，世界各族尽管生存环境互不相同，但无不都曾先后出现过以沟通天地、神人为宗旨的巫文化；而在公元前800年到公元前200年的所谓理性觉醒的"轴心时代"，又无不以探讨天人关系作为自己思考的焦点。由于实践理性精神的制约与导向，中国先哲对此问题的探讨最终并没有走上如希伯来、印度的宗教之路，而将自己的眼光始终关注着脚下的土地。因此，在中国先哲天人关系中的天的主导方面往往处于这样一种临界状态，即既不是纯宗教的，也不是纯自然的。一方面它滋养万物，抚育人类，具有人世的温情；另一方面它又会因人类对它的不敬行为而予以警告甚至予以惩罚，因而与人道存在着一种潜在的神秘的因果关系。司马迁的天道观大致也是如此。而从站在天道的另一方——人世来看，这种天人之际的潜在的、神秘的因果关系有时的确得到了公正的显现，有时则晦而不明，甚至会出现相反的结果，对此，人们总是感到困惑不解，因而不免产生对天的公正性的怀疑不满和责难。司马迁所要探究的就是存在于天人之间的这两种不同结果的原因究竟何在。因此，将司马迁归结于信天命或不信天命，无疑都有简单化之嫌，因为彼此都不难从内容丰富的《史记》中找到有利于自己的证据。也有的学者认为司马迁的天人思想具有模糊性，在不同层次、不同因素上肯定天命论或否定天命论的程度是不同的。语言变量"天人之际"可以解读为：天人之际＝天命＋否定天命＋完全否定天命＋并不否定天命＋极端的天命论＋……＋人定胜天＋……＋基本是天命论＋基本不是天命论＋不是极端的天命论也不是人定胜天＋又承认天命又承认人定胜天＋人的意志决定天命＋……①。这虽然已经认识到了司马迁天命思想的模糊性、复杂性和游动性，但是似乎又使问题更复杂化了。于是司马迁的内心世界便出现了激烈的矛盾冲突，并不时地提出他的怀疑和责问，形成司马迁历史哲学二元论的色彩。

其一，感应关系。司马迁在"究天人之际"过程中，首先发现在天象与人事之间确实存在着某种神秘的感应关系，这种感应，又可分正感应和负感应两

---

① +号不是相加，只是表示相关。参见徐兴海：《司马迁天人思想的模糊性》《唐地学刊》1988年第2期。

种。所谓正感应，是指天象吉，人事也吉；所谓负感应，是指天象凶，人事也凶。前者如"秦之强也，候在太白，占于狼、弧。吴、楚之强，候在荧惑，占于鸟衡。燕、齐之强，候在辰星，占于虚、危。宋、郑之强，候在岁星，占于房、心。晋之强，亦候在辰星，占于参罚。"①后者如"春秋二百四十二年之间，日蚀三十六，彗星三见，宋襄公时星陨如雨。天子微，诸侯力政，五伯代兴，更为主命。自是之后，众暴寡，大并小。秦、楚、吴、越，夷狄也，为强伯。田氏篡齐，三家分晋，并为战国""秦始皇之时，十五年彗星四现，久者八十日，长或竟天。其后秦遂以兵灭六王，并中国，外攘四夷，死人如乱麻，因以张楚并起，三十年之间兵相骀藉，不可胜数。"②在司马迁看来，当某个国家兴盛强大时，天象变化也对它非常有利，当天下将大乱时，彗星也三番四次出现，不好的兆头也很明显，天人之间，似乎确有某种感应存在。在这样的情况下，司马迁对天人感应是完全持肯定意见的。

其二，非感应关系。司马迁是个充满理性的史学家，当他拨开层层迷雾来探究天人之际时，又发现了大量天人之间无法一一对应的事实，所以他十分困惑，向天道发出了大胆的疑问。这种非感应关系，也可分为正非感应和负非感应两种。前者指好人不一定有好报，后者指坏人不一定会有恶报。按照冲突的天道观念，是惩恶佑善的，但是事实并非如此，司马迁在《伯夷列传》中对现实社会这种好人遭殃、坏人享福的不公平世道提出了愤怒的责问，他说："或曰：'天道无亲，常与善人。'若伯夷、叔齐，可谓善人者非邪？积仁絜行如此而饿死！且七十子之徒，仲尼独荐颜渊为好学。然回也屡空，糟糠不厌，而卒蚤夭。天之报施善人，其何如哉？盗跖日杀不辜，肝人之肉，暴戾恣睢，聚党数千人横行天下，竟以寿终，是遵何德哉？此其尤大彰明较著者也。若至近世，操行不轨，专犯忌讳，而终身逸乐，富厚累世不绝。或择地而蹈之，时然后出言，行不由径，非公正不发愤，而遇祸灾者，不可胜数也。余甚惑焉，傥所谓天道，是邪非邪？"面对如此残酷的现实，司马迁的天命观就出现了动摇，对天人感应说就不再那么虔敬、那么迷信了。

约言之，在第一种即具有感应关系的情况下，司马迁认为天道是公正的，

① 《史记》卷二七《天官书》。
② 《史记》卷二七《天官书》。

天命是可信的;而在第二种即非感应关系中,则认为天道是不公正的,天命是不可信的。这两者在《史记》中同时并存着,因而司马迁的内心世界,可以说是天命论与反天命论的矛盾统一。

二、通古今之变

"通古今之变",是司马迁写史的又一个目的,通观整部《史记》,司马迁"通古今之变"是围绕以下几个层次全方位展开的:

一是时势之变。这是司马迁"通古今之变"的重点。清人顾炎武《日知录》曾说司马迁写《史记》"胸中固有一天下大势",这的确是提纲挈领地点出了《史记》的通变精神。作为中国历史上的第一部通史,司马迁是把古往今来的历史贯通起来考察的,他不仅在本纪中反映了从黄帝至汉武帝2300余年朝代变迁和帝王相承的大势,而且在年表中以时代的变革划分段落,把他所写的中国通史划分为上古至春秋、战国、秦楚之际及汉代四个阶段,鲜明地表现了各个历史段落的时势发展与变迁,同时还在表序中对各个历史段落的大势承递作了理论的剖析,综其始终,供人自镜。所以白寿彝先生《史记新论》说:"在'通古今之变'的问题上,十表是最大限度地集中体现这一要求的。司马迁每写一个表,就是要写这个历史时期的特点,写它在'古今之变'的长河中变了些什么。把这十个表总起来看,确又是要写宗周晚年以来悠久的历史时期内所经历的巨大变化——由封侯建国走到郡县制度,由地方分权走到皇权专制。"可以说,从时势变化来"通古今之变",是从大处把握了历史的发展变化。

二是兴亡之变。所谓兴亡之变,是指朝代国家的兴亡变化,这也是司马迁"通古今之变"的重点。《史记》中详细记载了夏、商、周和秦、汉的兴亡,并揭示了兴亡的原因。他在《外戚世家》中说:"夏之兴也以涂山,而桀之放也以末喜;殷之兴也以有娀,纣之杀也嬖妲己;周之兴也以姜原及大任,而幽王之禽也淫于褒姒。"这是从后妃是否有德关系到国家兴亡的角度来论述夏、商、周的政权更替的。司马迁论秦亡时则说:"秦失其政,而陈涉发迹,诸侯作难,风起云蒸,卒亡秦族。"[①]这是说,秦朝实行暴政,遭到人民的反对,终于被陈涉起义

① 《史记》卷一三〇《太史公自序》。

推翻了。在《秦始皇本纪·赞》中，司马迁还引用贾谊《过秦论》总结了秦亡的三点原因：其一，"仁义不施，攻守之势异也"；其二，"危民易与为非"；其三，"壅蔽之伤国也"。秦始皇用暴力统一天下，但不懂得用仁义治天下，而是变本加厉地实行暴虐专政，秦二世因之不变，把全国人民推入了火坑。所以陈涉揭竿而起，天下一呼百应，"其民危也"。又由于秦朝"多忌讳之禁"，皇帝拒谏，没有人敢于出来直言，农民起义的烽火已经燎原成势，可皇帝还被蒙在鼓里，秦朝也就不可避免地灭亡了。贾谊所分析的这些情况，司马迁在《秦始皇本纪》等篇中都有深入描写和论述。

三是成败之变。司马迁以"稽其成败兴坏之理"自许，这是他"通古今之变"第三方面的重要内容。在《史记》中，所载由胜而败，或反败而胜的史实，可谓俯拾皆是。如《燕世家》《乐毅列传》等篇载，乐毅是燕国名将，攻打齐国所向披靡，节节胜利，只要再拿下即墨和莒这两座城池，就可以一举灭掉齐国了，可燕惠王因"与乐毅有隙"，"疑毅，使骑劫代将"，结果被齐国的田单用火牛阵打得大败，燕国从此也一蹶不振，以致于亡，而齐国反败为胜，重振了雄风。又据《廉颇蔺相如列传》载，赵孝成王七年，秦、赵两军在长平对垒。老将廉颇以"固壁不战"的战略沉着应付，一时胜负难分。后来赵王中了秦人的反间计，用只会纸上谈兵的赵括代替廉颇，结果被秦将白起打得一败涂地，四十万赵兵在长平惨遭活埋，使赵国大伤了元气。类似的例子很多，司马迁不仅注意到了成败易变的发展过程，而且深刻点明了造成这种变化的重要因素，这就是用人的得当与否。总结了历史上的用人得失以后，司马迁在《楚元王世家》中深有感触地说："国之将兴，必有祯祥，君子用而小人退；国之将亡，必有妖孽，贤人隐，乱臣贵。贤人乎，贤人乎，非质有其内，恶能用之哉！甚矣，安危在出令，存亡在所任，诚哉是言也！"

四是穷达之变。我国历史上的一个农民起义领袖陈涉有句名言："王侯将相宁有种乎？"的确，风云际会，沧海桑田，多少王侯将相由达而穷，沦为平民，同时又有多少出身低微的人青云直上，变泰发迹。陈涉只是个庸耕者，却在农民起义的浪潮中做了王；刘邦原先不过是个泗水亭长，后来却机缘凑巧做了皇帝；其他如没落贵族后裔张良做了王者师，刀笔吏萧何做了丞相，饿夫韩信做了大将军，还有商鞅、苏秦、张仪、范雎、蔡泽、蔺相如、李斯、张耳、陈余、陈平、公孙弘、司马相如等人，无不是由穷而达的典型。司马迁在叙写这些人物的穷达之变时,重在以下两点:一是时代机遇。俗话说,沧海横流方显出英雄本色。时代风云变化,使一些人丧失了原有的尊贵地位,也使另一些人有了大展身手,取得功名富贵的机会。司马迁笔下的穷达变化的历史人物主要集中在春秋战国和秦汉之际,就是因为这个时期的社会动荡变化最为激烈的缘故。二是个人本身的才能和努力。在相同的历史条件下,并不是人人都可以做到由穷而达的,如果本身不具备一定的才能,或者有才能而不肯发奋努力,那都将一事无成。司马迁对那些穷则思变,不甘心碌碌无为,而是勇于进取,建立了功名的历史人物,都作了肯定和赞扬。

以上四个方面,从社会到个人,从整体到个体,从一般到特殊,是司马迁"通古今之变"的四大核心内容。由于司马迁在继承上古以来的史文化的同时,又将《易》理与道家哲学融会一体,因而他的"通古今之变"的"通变"历史观实际上也是一种整体观、辩证观与系统观,具有超越于表象世界而直透历史本质的内在深刻性。

三、成一家之言

人们对"成一家之言"的理解,往往在以下两个问题上做文章,一是"成一家之言"是指内容还是体例而言,抑或两者兼而有之? 二是"成一家之言"的一家到底是什么家? 是儒家还是道家,或是杂家及史家? 我们认为,这些都没有说到点子上。司马迁的所谓"成一家之言",实际上就是指他要继承诸子文化,像诸子那样自我立说,建立自己的思想体系。

第一,在学术宗旨上,《史记》与子书是息息相通的。本来,作为历史学家,司马迁的第一职责是写出一部"信史",用不着像诸子那样言道言理,甚至分门立派,但是司马迁不,他不仅不甘心于撰写"信史",而且不甘心于一般地以史言道,以史论政,而是以诸子时代的开山祖师孔子后继者自居自勉,立志之高远,自然不同于一般。梁启超对此颇有洞见,他在《要籍解题及其读法·史记》中说:"孔子所作《春秋》表面上像一部二百四十年的史,然其中实孕含无数'微言大义',故后世学者不谓之史而谓之经。《史记·自序》首引董仲舒所述孔子之言曰:'我欲载之空言,不如见之于行事之深切著明也。'其意若曰:吾本有种种理想,将以觉民而救世,但凭空发议论,难以警切,不如借现在的历史上事实做个题目，使读者更为亲切有味云尔。《春秋》旨趣既如此，则窃比《春秋》之《史记》可知。故仅以近世史的观念读《史记》，非能知《史记》者也。其著书最大目的，乃在发表司马氏'一家之言'，与荀卿著《荀子》，董仲舒著《春秋繁露》性质正同。不过其'一家之言'乃借史的形式以发表耳。故太史公为史界第一创作家也。"梁启超慧眼独具地指出了《史记》的"子书"性质，可以说是司马迁的第一知己，是对所谓"成一家之言"的最准确理解，遗憾的是他未能进一步展开具体的论述。

第二，在著述构架上，《史记》也受到诸子著作的明显影响。《史记》全书分十二本纪，十表，八书，三十世家，七十列传，这在传统史书中是没有先例的，原因何在呢？就是由于司马迁按照子书的块状结构对史书体式进行了一番系统的改造，因而具有诸子学术著作的体大思精的特点。宋人郑樵《通志·总序》说《史记》"六经之后，惟有此作"，似乎已经看到了《史记》超越史书而通于六经的独特之处。再具体而论，如《史记·太史公自序》也同样源于子书，是继承《庄子·天下篇》与《淮南子·要略》然后融为一体的产物。《天下篇》对当时各家学说予以一一评说，涉及的有以墨子为代表的墨家，以宋钘、尹文为代表的小说家，以田骈、彭蒙为代表的道家，以关尹、老聃为代表的道家，以庄周为代表的道家，以惠施为代表的名家等等，如评庄子学说云："芴漠无形，变化无常，死与生与，天地并与，神明往与，芒乎何之，忽乎何适，万物毕罗，莫足以归，古之道术有在于是者。庄周闻其风而悦之，以谬悠之说，荒唐之言，无端崖之辞，时恣纵而不傥，不以觭见之也。以天下为沈浊，不可与庄语，以卮言为曼衍，以重言为真，以寓言为广，独与天地精神往来而不敖倪于万物，不谴是非，以与世俗处。其书虽瑰玮而连犿无伤也。其辞虽参差而淑诡可观。彼其充实不可以已，上与造物者游，而下与外死生无终始者为友。其于本也，弘大而辟，深闳而肆；其于宗也，可谓稠适而上遂矣。虽然，其实于化而解于物也，其理不竭，其来不蜕，芒乎昧乎，未之尽者。"这段话对庄子学说的概括性评论相当准确而精辟。尽管《天下篇》是否真为庄子本人所作至今尚存在着很大的争论，但是它即使出自庄子门人或后学之手，也同样有庄子的言论依据，因而实际上可以看作是庄子学派的自我批评。合《天下篇》统而观之，可以得出结论，这是一篇合学术批评与自我批评的"自叙"。

再看成书在《史记》之前的淮南王刘安的《淮南子》。其书末篇为《要略》，高诱注云："作《鸿烈》之书二十篇，略数其要，明其所指，序其微妙，论其大体，故曰要略。"是篇重点是对《淮南子》一书二十篇作理论概括，重在"自我批评"，这点与《天下篇》有所不同，再到东汉王充也承之以此体，在《论衡·自纪篇》有对自己的籍贯、生平经历、兴趣爱好、学术主张，以及《论衡》之思想内容、创作动机等的详细阐述。尔后，尽管各书名称不一，但篇末都有"自叙"则成了通例，直至近代以后，方将叙移之于书首，并改称为"序"。就司马迁《太史公自序》观之，是子书中《庄子·天下篇》与《淮南子·要略》两种体式的综合。其中司马氏父子对先秦儒、道、法、墨、阴阳、名家的褒贬评说，与《天下篇》评论各家的方法相同；司马迁对百三十篇创作目的和内容的归纳概括，又与《要略》相同。至于司马迁在《自序》中概述了司马氏世系、家学渊源、《史记》成书经过、著书动机和全书意旨等等，又规范和完整了子书的自叙体例，不仅比《天下篇》《要略》更全面丰富，而且直接引发了《论衡·自纪篇》的写法，为后代子书及史书中的作者自叙奠定了基础。

第三，在叙述模式上，《史记》是基于史而趋于子，基于事而趋于道。《史记》首先是史书，按史书传统就要客观地忠实历史事实，客观地记载历史事实，即坚持实录精神。但司马迁并不限于此，而是采取各种方法突破这一传统，像子书作者那样大量地把自己的思想感情融会在写人叙事之中，为中国史书的叙述模式开创了一个新体式。通观《史记》全书，司马迁借以表述自己的思想感情的叙述模式，主要有五种：

一是自由取舍。明人陈仁锡说："子长作传，必有一主宰。"[1]清人吴见思也说："史公之文，每篇各有一机轴，各有一主意。"[2]这是说，司马迁写人物有时并不追求面面俱到，全面完整，而是每篇都有一个"主意"，然后围绕这个"主意"来取材，来描写，从而强化了作者的某一方面的思想。晏子的事迹非常丰富，仅《晏子春秋》所记就有二百几十个故事，但司马迁为了突出晏子尊贤任贤的美德，只写了他推荐越石父和车夫两件事；为了表现蔺相如的大智大勇、先公后私的精神品质，司马迁于其处理军国事务的一般才干，一概舍弃，而只浓墨重彩地写了完璧归赵、渑池之会、将相和三件大事。又如《魏公子列

---

① （明）凌稚隆：《史记评林》引。
② （清）吴见思：《史记论文》。

传》的中心是突出魏公子的"礼贤下士"、待客以诚和宾客对魏公子的以死相报，所以有关表现魏公子个人才能的事情，诸如魏公子曾有一大段很精彩的反对魏王亲秦伐韩的议论，司马迁就把它写到《魏世家》中去了。至于由于魏公子在接待逃亡的魏相魏齐时的表现犹豫，以致造成魏齐自杀的事，司马迁干脆把它写进了《范雎传》中。这种叙述方法，我们在项羽、李广等纪传中，都可以见到，是司马迁运用最广的方法之一。

二是微言大义。以意取舍材料，虽然能够体现作者的主观意图，但是历史人物和历史事件本身是无法曲改的，为了进一步寄寓作者的主观评价，司马迁又承之以《春秋》"寓褒贬，别善恶"的传统，在事件、人物的叙述中让读者体味其中的"微言大义"。在《绛侯周勃世家》的结尾处，司马迁有意无意地加了这样一笔："条侯果饿死。死后，景帝乃封王信为盖侯。"王信封侯，看似闲笔，其实暗寓褒贬。按周亚夫正是因为反对废栗太子，反对封王信等人，才得罪景帝，最后被以莫须有的罪名陷害致死的。条侯一死，障碍没有了，景帝就迫不及待地封王信为侯了。司马迁这么轻轻一点，周亚夫得罪之由便不言而喻了。在这里，我们分明看到了统治者的专横跋扈，感受到了作者对周亚夫的同情和对汉景帝的批评。类似这种叙事方法，《史记》中是触目可见，不胜枚举的。

三是对话立论。"微言大义"虽然能够做到含而不露地达到褒贬人物、评说事件的作用，但是毕竟太隐蔽、太含蓄了，无法充分表达司马迁的满腔热情和深刻的历史见解，于是他又采用了借他人的对话来为自己立论的方法。对于项羽失天下、刘邦得天下的原因，司马迁除了在历史叙述中加以阐释外，还让刘邦在与王陵等人的对话中发表了如下议论："夫运筹策帷帐之中，决胜于千里之外，吾不如子房；镇国家，抚百姓，给馈饷，不绝粮道，吾不如萧何；连百万之军，战必胜，攻必取，吾不如韩信。此三者，皆人杰也，吾能用之，此吾所以取天下也。项羽有一范增而不能用，此其所以为我擒也。"[1]在这里，刘邦把胜败最后归结于识人用人和优化领导集团的问题，是借历史人物对话立论的最典型的一例，而这种做法，在一部《史记》中，也是比比皆是的。

四是夹叙夹议。借历史人物对话立论，毕竟要通过历史人物之口，不能任意更改，随便添加，因而对于所要评说的人物与事件还是有不少局限性的。为

---

[1] 《史记》卷八《高祖本纪》。

此,司马迁又进一步将自己介入历史人物和事件之中,采取夹叙夹议的方法以表明自己的见解。最有代表性的是《屈原列传》,司马迁用叙事与议论相结合的方法写屈原,议论的成分约占全文的一半,所以明人茅坤说此篇是"以议论行叙事体"。比如司马迁从"王怒而疏屈平"的"疏"字为出发点,用了一大段文字论述了屈原由疏而生怨,由怨而作《离骚》的创作动机,提出了"信而见疑,忠而被谤,能无怨乎"的鲜明观点。这段议论《离骚》的文字,不仅有助于屈原形象的塑造,也展示了司马迁本人的内心世界。近代李景星说:《屈原贾生列传》"通篇多用虚笔,以抑郁难遏之气,写怀才不遇之感,岂独屈贾二人合传,直作屈、贾、司马三人合传独可也"①。这话很好地点出了司马迁作此传的良苦用心。

五是直接评说。当以上方法都被运用之后,司马迁依然感到言犹未尽,不吐不快,于是就进一步创立了"太史公曰"的形式,予以直接评说,这是对传统史书的一个重大突破,与子书最为相通。在先秦史书中,像《左传》也曾用"君子曰"的方式发表评论,但它不仅零散不成体系,而且用这种"代言体"的形式发表评论,史家自己的观点还是被隐藏在后面的,修史者的思想感情还使人不甚了了。司马迁一方面继承了先秦史传用"君子曰"发表评论的传统,另一方面也吸收了先秦诸子直接议论社会现实的传统,将两者结合起来,从而创立了"太史公曰"的论评形式,将自己对历史人事的看法不加掩饰地表露了出来。如在《伍子胥列传》的"太史公曰"中,司马迁说假如伍子胥不能"弃小义",又何能"雪大耻"?假如受辱即死,又同蝼蚁何异!所以他对伍子胥隐忍就功名的精神备加颂扬,说"非烈丈夫孰能致此哉"!《史记》百三十篇,几乎篇篇都有"太史公曰",也就等于篇篇都有作者自己的"直接评说""直抒胸臆",这在司马迁之前何曾有过!

以上五种叙述模式,是司马迁借以发表"一家之言"的主要方法,他就是通过这依次递进的五种叙述模式,最大限度地突破了传统史书的体例限制,而向子书接近,甚至可以像子书一样在史书中言理、言道,发表见解。司马迁在叙述模式上的这一属于史而又寓义于子的杰出创造,以及在学术宗旨、著述构架上的与"子书"的息息相通,都表明他的"成一家之言"的真正含义是以"子"作"史",由"史"而"子",与子文化具有明显的继承关系。

---

① 《史记评议·屈原贾生列传》。

第三章　《史记》体制

　　体制即体例,它是一部典籍各部分之间联系的方式和方法,对于历史著作来说,它是非常重要的。因为体例是作者历史观、主导思想,特别是所要包含的历史内容的载体,即作者创作思想和创作内容的表现形式,体例的完善与否,直接决定作者创作的成功与失败。司马迁要"成一家之言",也就是要创新,体例的创新是一个重要方面。《史记》体制由五体构成。(一)《本纪》十二篇。(二)《表》十篇。(三)《书》八篇。(四)《世家》三十篇。(五)《列传》七十篇。凡一百三十篇,五十二万六千五百字,原题《太史公书》,东汉桓灵之际,始专名《史记》。

　　《史记》五体结构是一个伟大的创造,自班固以下,历代依仿,成为中国传统史学的主干,称为纪传体。纪传体被封建王朝定为国史正体,这是值得认真研究的一个课题。前代学者,从唐刘知几以来,对纪传体得失的探讨,留下了不少的精辟论断,是我们应当继承的遗产。但是,前代学者对纪传体得失的探讨,偏重于微观的史料编纂方法,疏于从客观的载述内容与笔法义例上加以研究,这正是本章所要阐释的内容,将分为四个节目来谈。一、继往开来的百科全书;二、宏大的五体结构;三、互见法;四、太史公曰。

一、继往开来的百科全书

　　司马迁创作《史记》,"网罗天下放失旧闻",把天、地、人,以及古今历史的发展变化,纳入于一书,使《史记》成为一部继往开来的百科全书。

1. 百科全书的内容

　　《史记》百科全书囊括天人古今,这里从历史学角度看百科内容,大要有五个方面。

（1）备载天地万物。天地是人生之根本，人类社会活动的舞台。司马迁"究天人之际"，把天文、地理、水利等自然环境纳入史学范畴，考察人与自然的依存关系。他十分形象地指出："夫天者，人之始也；父母者，人之本也。"（《史记·屈原贾生列传》）父母为个体人的根本，天地为人类的根本。研究人，必须研究天，研究地，就这样，天文学、地理学在《史记》中得到了反映，即特立了《天官书》《历书》《河渠书》等专篇。此外，《夏本纪》三分之二的篇幅也是地理专篇。

（2）囊括国家大政。五帝三王时代，国家大政被归纳为八政：一曰食，二曰货，三曰祀，四曰司空，五曰司徒，六曰司寇，七曰宾，八曰师。这是先秦时代儒家的八政观念，载于《尚书·洪范》《史记》采入《宋微子世家》。《史记》五体，其中一体"八书"就是囊括国家大政的。关于"八书"内容，详后第四章第二节中关于"八书"的评介，兹从略。

（3）展现古今社会。国家大政只是社会生活的一部分，而更丰富、更广阔的内容，应是社会基层大众的物质及精神文化生活。历史家的责任，就是要全面地反映以往历史的社会生活，摆事实，讲道理，还历史本来面目，知往鉴今，使读者受到启迪。司马迁很好地尽到了他的责任，以人物为中心贯通古今，全面地展现了古今社会实况。他不只研究帝王将相等上层人物，也研究社会下层各阶级、各阶层的人物，全方位反映社会生活，而且对古代社会的风俗习惯、精神风貌等，都进行了认真的研究与总结，达到了"备天地万物"于一书的境界。

（4）辨章一切学术。《太史公自序》论列六家要旨，又立"老庄申韩""孟子荀卿"等列传，辨章学术，把学术、学派纳入了史学研究范围。班固在《汉书》中立《艺文志》，对学术学派进行分类，使其更加条理化和严密，这是弘扬司马迁之学。司马迁的视野是极其广阔的。有些学术、学问，在当时还不甚发达，或未引起史家足够的重视，无论《史记》《汉书》都没有专列论载，但司马迁纳入了其研究范围。如金石、简牍、甲骨，作为专门学术是后代的事，金石学形成于宋代，简牍学、甲骨学奠基于近代，但这些学问早在先秦就已经发源。三代已经铸鼎彝，秦代已经重刻石，甲骨盛行于殷周，秦汉是简牍为主的时代。《史记》对金石、简牍、甲骨都有不同程度的载述。《周本纪》记武王克殷后"封诸侯，班赐宗彝，作《分殷之器物》"。《秦始皇本纪》多次记载"刻石颂秦德"。《封禅书》记载得宝鼎，李少君鉴赏齐桓公器。这说明司马迁已将金石作为史学研究对象。《周本纪》记"尹佚策祝曰",《齐太公世家》记"史佚策祝",《鲁周公世家》记"史策祝曰",《孔子世家》记"(孔子)读《易》,韦编三绝",《匈奴列传》记汉遗单于书,牍以尺一寸。单于遗汉书以尺二寸牍,及印封皆令广大长,反映了简牍的形制、使用情况。可以说简牍已纳入了史学研究对象。至于甲骨,有《龟策列传》,此外记载卜筮卦象的篇章是很多的,如《周本纪》《晋世家》《田敬仲世家》等篇,不必一一具引。

(5)遗事旧闻纳入史学研究范围。拾遗事,网旧闻,司马迁将之作为史学理论贯彻。这在《太史公自序》中做了明确的交代。一则曰"拾遗补艺",《索隐》注:"补六艺之阙也。"再则曰"网罗天下放失旧闻",《索隐》注:"旧闻有遗失放逸者,网罗而考论之也。"拾遗补阙,《左传》注《春秋》开其端,司马迁条释为理论,成为中国史学的传统。裴松之《三国志注》,发展成为一种史书体裁,可以说是司马迁拾遗补缺、网罗旧闻理论在实践中的发扬与光大。

以上条列了司马迁创立百科全书式通史的五个主要方面,均属历史学的范畴,所以《史记》最本质的定位,是一部历史学著作。由于以人为中心,司马迁写人,创造了传记文学。《史记》既是史学,又是文学,所以一般称《史记》是一部文史名著。

2.《史记》成为百科全书的原因及意义

司马迁缘何把一部文史名著写成百科全书呢?主要有以下四方面原因。

(1)中国传统的哲学理念是天人合一。孟子引《书》曰:"天降下民,作之君,作之师"(《孟子·梁惠王下》)。《左传·文公十三年》中说:"天生民而树之君。"人君为王。《说文》释曰:"王,天下所归往也。"董仲舒曰:"古之造文者,三画而连其中谓之王。三者,天地人也。而参通之者,王也。孔子曰一贯三为王"(《说文解字》第一篇上"王"字解)。人立于天地之间,不能脱离天地而存在,所以天、地、人作为一体来记叙。用司马迁的话说,就是"究天人之际,通古今之变,成一家之言"。

(2)历史本身的含义是指过去的事,即以往的一切事情。古代社会生产力低下,社会分工不发达,从而限制了人们的认识能力,而反映到思想文化领域中,就要求学者、先知先觉的圣人必须知晓、存留一切。所以古代的历史学家,无论中外,都认为史学要包括一切知识。刘知幾在《史通·自叙》中说:"夫其书虽以史为主,而余波所及,上穷王道,下掞人伦,总括万殊,包吞千有。"他认为史学、史书、史学研究与评论要总括天地古今的一切。古希腊历史学家希罗多德所作的《历史》就是百科全书式的。

（3）先秦时代，学科分类方兴。在司马迁时代，学科分类还未兴起，正是所谓文史不分的时代，而恰恰是由于《史记》对文学、史学的突出贡献，推动了文学、史学的分途。

（4）司马迁父子的理想，要完成一代大典，仿效《春秋》为民立则。司马迁评论《春秋》说："《春秋》文成数万，其指数千。万物之散聚皆在《春秋》。"（《太史公自序》）其实是指《史记》的写作宗旨，要包罗万象，古今皆备。司马迁之父司马谈发凡起例（司马谈为太史令，本身就是掌管天文之官，兼理国家图籍之府），资料搜集，"网罗天下放失旧闻"，"厥协六经异传，整齐百家杂语"。如此浩繁的工作，司马谈感到以一人之力难以完成，所以培养其子司马迁继承自己的事业，临终遗命司马迁接力修撰《史记》。古人治学，就是有这样一种精神，父死子继，为了理想绝不急功近利，这就是执着精神。司马谈自比孔子，是几百年才出现的圣人之业的继承者，表明他自觉地肩负起了这一历史使命，寄希望于司马迁来完成，于是规划了"百科全书"。

司马迁继承父志，完善并发展了"百科全书"的规划，《史记》博大精深，是一部名副其实的、继往开来的百科全书，其意义就在于"继往"与"开来"。《史记》继往，全面总结了前代历史文化；《史记》开来，推动了文、史、哲的分途，影响甚为深远。先秦时代人们在提起中国古代学术文化时，有文史不分之说。当时的文学、史学、哲学，各有分野。《诗经》《楚辞》是文学，《春秋》《尚书》《左传》《战国策》是史学，《周易》、诸子散文是哲学。但是，又为什么说文史不分呢？当时还没有纯文学，更没有写人艺术的纯文学；而诸子散文说理，寓含历史知识，且文采斐然。上列史学专书，不仅反映的历史内容和范围有限，而且形式体制都极为原始，《尚书》只是资料汇编，《战国策》可以说是文史参半。也就是说先秦百家争鸣是学术的黄金时代，文学、历史、哲学，往往是一而二，二而一，或三位一体。当时各种学科都还处于萌芽并将要蓬勃发展时期。治文、史、哲于一炉的《史记》，就是在这样一种历史传统和历史背景下产生、创造出来的。也正是由于《史记》的辉煌成就，把文、史、哲的发展推向了一个高峰，从而也推动了文、史、哲的分途。也就是说，司马迁是集文、史、哲于一身的一个伟大时代的文化巨人。

二、宏大的五体结构

《史记》由五体构成:《本纪》十二篇,《表》十篇,《书》八篇,《世家》三十篇,《列传》七十篇。凡一百三十篇,526500字。《史记》的这一五体结构,载述古代从黄帝到汉武帝三千年历史,创造了纪传体通史,在史学史上建立了一座巍峨的丰碑。宋代史学家郑樵评论说:

> (《史记》)使百代而下,史官不能易其法,学者不能舍其书,六经之后,惟有此作。①

清代史学家赵翼更进一步评论说:

> 司马迁参酌古今,发凡起例,创为全史……自此例一定,历代作史者遂不能出其范围。②

郑樵和赵翼的评论,基本上是符合事实的。自班固《汉书》以下至《明史》,以及后来的《清史稿》,都承袭了《史记》的体例,创一代一代的大典,丰富了中华民族的悠久文化。《史记》所起的开创与启后的作用是非常巨大的,无论怎么评价都不过分,"史家之绝唱"的评价当之无愧。

五体结构的意义和特点下分三个细目来说。

1. 五体结构是一个完整的统一体系,它是一种编纂方法,能容纳大量的历史素材

内容决定形式。《史记》是百科全书,分门别类加以有条不紊地记载,决定了五体形式。《本纪》以王朝的更替为体系,用编年的方法纂录历史大事。《世家》记述诸侯世系。《列传》载官僚、士大夫、名人和一般平民的活动,是注述《本纪》的。《表》用简明的表格标注错综复杂的史实,表现历史发展的线索,它是联系纪、传的桥梁。《书》分专题记述政治、经济、天文、地理、典礼等方面的制度沿革,可以看作是分门别类的文化专史。五体各部是一个独立的纵向体系,叙述从古到今的历史发展,《本纪》和《表》均上起黄帝,下迄太初。五体相互之间又有着横向的联系,司马迁创造了互见法,详此略彼,使五体

---

① 《通志·总序》。
② 《廿二史劄记》卷一。

构成了一个统一的体系。这样的五体结构拥有无限的容量。正如刘知幾评论所说:"《史记》者,纪以包举大端,传以委曲细事,表以谱列年爵,志以总括遗漏,逮于天文、地理、国典、朝章,显隐必该,洪纤靡失,此其所以为长也。"①

2.《史记》五体,各具笔法义例,呈现宝塔式结构,形象地照映了封建社会的等级秩序

特别是《本纪》《世家》《列传》三体,用不同笔法载述社会各个阶层的人群,呈现出鲜明的等级序列。裴松之《史目》云:"天子称本纪,诸侯曰世家。"司马贞曰:"列传者,谓叙列人臣事迹,令可传于后世,故曰列传。"张守节发挥说:"本者,系其本系,故曰本;纪者,理也,统理众事,系之年月,名之曰纪。"②刘知幾总论之曰:"夫纪传之兴,肇于《史》《汉》,盖纪者,编年也;传者,列事也。编年者,历帝王之岁月,补《春秋》之经;列事者,录人臣之行状,犹《春秋》之传。《春秋》则传以解经,《史》《汉》则传以释纪。"③因此,纪传史是以帝王将相为中心的历史,适应了封建统治者的思想体制,这就是纪传史之被封建王朝颁令为正史的内在原因。

司马迁运用五体序列的等级秩序,破例为体寓褒贬,如为项羽立本纪,为孔子、陈涉立世家,降吴王刘濞、淮南王刘长、刘安,衡山王刘赐为列传,均是寓褒贬。

3. 五体结构的序列、数目,内涵天人合一与五行运行的哲理,形象地展现历史就是不断循环往复的流年

本纪十二篇,称十二本纪,写帝王,编年记事。十二这一数目象征一年有十二月。

表十篇,称十表,为数之极。十又为两五,恰是人的一双万能的手的数目。十表划分历史断限。

书八篇,称八书,象征一年四季的两倍。八书分门别类载朝章国典和天文地理。《史记》八书为:礼、乐、律、历、天官、封禅、河渠、平准。

世家三十篇,称三十世家,载诸侯,象征一月有三旬,二十八宿环卫北辰,

---

① 《史通》卷二《二体》。

② 裴松之、司马贞、张守节诸人之语,均见《史记》三家注。

③ 《史通》卷二《列传》。

是中央王朝的藩篱。

列传七十篇,称七十列传,记载将相黎庶。七十之数是环周天360度的五分之一。五行环周天,其数360度,一行为72度,70举其成数。列传记载人臣黎庶等众多人物的言行。

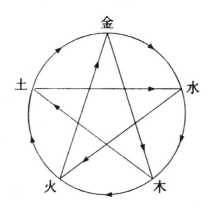

五行相生相克图示(圆上顺时针箭号为相生;五角星上箭号为相克)

《史记》的五体结构,是五行哲学图解宇宙运行的模型,把宇宙的书面描写从结构上变成一个可视可感知的年、月、日的时间流逝运行。《史记》五体之数,构建了一个思维模型。五体结构又是一个人间等级制度的宝塔模型。本纪是塔尖,列传是塔基,表、书、世家是塔身,形象地反映了封建社会的等级序列。

汉代流行的五德终始学说,是一种循环论的理论。司马迁的历史观包括历史进化论、循环论、二元论、大一统历史观等。五行哲学与五德终始学说是司马迁创作历史的理论基础之一。那么什么是五德终始呢?五德终始,又称五德之传,是战国时期齐人邹衍等人解释历史发展改朝换代的一种循环论理论。这种理论把古代朴素的自然观五行说用于人事。"五行"为金、木、水、火、土五大物类,也是构成世界万物的五大元素。五行是运动变化的,生生不息。其规律是五行相生相克。五行相生为:木生火、火生土、土生金、金生水、水生木。五行相克为木胜土、土胜水、水胜火、火胜金、金胜木。如此相生相克,永恒不灭,构成了万物变化的世界,具有朴素唯物论与朴素辩证法思想。朝代更替为五行相克,循环往复相承,故称"五德终始"。其说认为:黄帝为土德,夏为木德,商为金德,周为火德。代周者必为水德。照五行说法,水为北方,色黑,水德主阴,阴主刑杀。秦以水德王,所以秦始皇统一六国后,衣服、旌旗、节皆尚黑,施政以刑杀为主,不能讲仁慈。汉代秦,克水者为土,所以汉为土德,色尚黄。秦汉时代是五行学说盛行的时代,五德终始是当时深入人心的历史观。司马迁化五行哲学为五体结构,创造了纪传体历史编纂学的人工系统工程。

三、互 见 法

1. 什么是互见法

互见法是司马迁首创的一种述史方法和表现手法,是纪传体史书所特有的。这种方法是把一个人的生平事迹,一件历史事件的来龙去脉,分散写在数篇之中,参错互见,相互补充。简言之,本传不载或略载该传主的某事件,而详见于其他传记,这就是互见法。

最早谈到《史记》使用互见法的是宋代的苏洵。他说:"迁之传廉颇也,议救阏与之失不载焉,见之赵奢传;传郦食其也,谋挠楚权之缪不载焉,见之留侯传。夫颇、食其皆功十而过一者也,苟列一以疵十,后之庸人必曰:'智如廉颇,辩如郦食其,而十功不能赎一过。'则将苦其难而怠矣。是故本传晦之,而他传发之,则其与善也,不亦隐而彰乎!"①在这里苏洵虽然没有明确提出"互见法"这个词,但他已揭示了"互见法"的实质:"本传晦之,而他传发之。"近人李笠在其《史记订补》中给互见法作了个定义式的说明:"史臣叙事,有缺于本传而详于他传者,是曰互见。"靳德俊则称这种方法为"互文相足"。他说:"一事所系数人,一人有关数事,若为详载,则繁复不堪,详此略彼,则互文相足尚焉。"②

2. 互见法的两种情况

(1)书明互见。在行文中司马迁做了提示:事见某某篇,语在某某篇中。由于作者作了明白交代,一目了然。如在《项羽本纪》中司马迁用了一千多字的篇幅极力渲染了鸿门宴场面,而在《留侯世家》中则一笔带过:"及见项羽后

---

① 《苏老泉先生全集》卷九。
② 《史记释例》。

解,语在'项羽'事中。"《留侯世家》中有下面一个情节:"汉四年韩信破齐而欲自立为齐王,汉王怒。张良说汉王,汉王使良授齐王信印,语在'淮阴事'中。"韩信欲为王,汉王发怒,张良是如何劝说刘邦的呢?《淮阴侯列传》中有详细的交代:"张良、陈平蹑汉王足,因附耳语曰:'汉方不利,宁能禁信之王乎? 不如因而立,善遇之,使自为守。不然,变生。'"《萧相国世家》中有"语在淮阴侯事中""语在淮阴事中"等交代的话;《绛侯周勃世家》中有"其语在'吕后''孝文'事中"交代的话;《秦本纪》说:"其事在商君语中";《秦始皇本纪》说:"其赐死语,具在李斯传中",如此等等,不可尽举。这些都清楚地告诉我们,一些有关传主的事件还见于其他传记,如想知道详细情节,可查阅这些传记的相关部分。

(2)未书明互见。《史记》中互见法在绝大多数情况下是没有交代的。在《项羽本纪》中,太史公热情歌颂了项羽在灭秦斗争中所建立的伟大功绩,虽也写了他的缺点,但轻描淡写,一笔带过,而在其他篇中予以补叙。如《高祖本纪》中刘邦点项羽十大罪状,与群臣讨论项羽失败的原因,怀王诸老将批评项羽的暴虐政治:"项羽为人僄悍猾贼。项羽尝攻襄城,襄城无遗类,皆坑之,诸所过无为残灭。"

又如关于刘邦,《项羽本纪》中有这样两段记载:"汉王道逢得孝惠、鲁元,乃载行。楚骑追汉王,汉王急,推堕孝惠、鲁元车下,滕公常下收载之。如是者三。曰:'是急不可以驱,奈何弃之?'于是遂得脱。""当此时,彭越数反梁地,绝楚粮食,项王患之。为高俎,置太公其上,告汉王曰:'今不急下,吾烹太公。'汉王曰:'吾与项羽俱北面受命怀王,曰:'约为兄弟',吾翁即若翁,必欲烹而翁,则幸分我一杯羹。'"刘邦为了逃命,竟然忍心将自己的亲骨肉推下车;面临父亲被杀头的危险,竟然说出那样的无赖话。由此我们可以想象刘邦其人,而这两件事本传均未载。《郦生陆贾列传》载:"骑士曰:'沛公不好儒,诸客冠儒冠来者,沛公辄解其冠,溲溺其中。与人言,常大骂。未可以儒生说也。'"总之,司马迁掌握了许多足以表现刘邦流氓成性的材料,但没有把它们集中写在《高祖本纪》里,而是分散写到其他传记里。

未书明互见者尤其要引起我们的注意,我们在评价历史人物时,不能仅限于本传提供的材料,必要时还要联系其他篇章所提供的资料,否则,我们得到的结论就不够准确。

3. 司马迁为什么要采用互见法

（1）组织材料的需要。《史记》虽由五个部分组成，但它是一个整体，各部分之间互相配合，彼此补充，这为采用互见法提供了可能。由于同一历史事件同时涉及很多人，在每个人的传记里都详加描述，便会造成冗赘，而且也没有必要。如长达五年的楚汉战争，涉及的人物成百上千，其中的主要人物也有几十个，即以鸿门宴为例，就涉及项羽、刘邦、范增、张良、项伯、樊哙等许多人物。如果在这些人的传记里都详细叙述，便会造成文章的冗赘；但如果只在其一篇中叙述，而其他篇中忽略不提，则不能真实全面地反映历史，而且也无法体现传主的全貌。如何解决这一矛盾？司马迁便采取互见法，在《项羽本纪》中详细叙述，而其他人物传记里略写，或以"语在项羽事中"作提示。又如诛诸吕事在《吕太后本纪》中详细叙述，而在孝文、陈平、周勃等传中也予以提及。吴楚七国之乱事在《吴王濞列传》中记载最完整，在周亚夫、袁盎、晁错等传中也有略述。历史纷繁复杂，牵涉的面广，牵连的人物多，采用互见法组织材料，将事情系于一人，而在有关人物的传记里略说，或以"语在某某事中"作为交代，力求用极少的笔墨写出纷繁复杂的历史事实，这是一种十分经济的笔法。

（2）塑造形象的需要。《史记》中那些写得成功的人物传记都有一个中心主题，为此作者便有意识地把那些与主题无关或关系不甚密切，甚至与主题相抵触的材料写在别的传记里。这样做，既不会歪曲历史事实，又保证了人物形象的鲜明突出。如《项羽本纪》歌颂了项羽在反秦斗争中所建立的伟大功绩，揭示了他失败的原因，司马迁重点写了巨鹿之战、鸿门宴、垓下之围三件大事。巨鹿之战，项羽破釜沉舟，奠定了灭秦的伟大功勋，威震诸侯。鸿门宴揭开了楚汉相争的序幕。在剑拔弩张的形势下，刘邦花言巧语的一番臣服，使项羽放松了警惕。项羽也居功自傲，缺乏政治头脑，轻信奉承。鸿门宴已预示着项羽开始走向失败。垓下之围，项羽已走到了穷途末路。悲歌别姬，使项羽形象更丰满。东城决战，让我们再次目睹了举世无双的英雄风采。最后自刎而亡，令读者悲叹惋惜。至此，一个顶天立地的盖世英雄形象跃然纸上。综上简析，我们说《项羽本纪》的中心主题是揭示项羽盖世的英雄性格和悲剧结局，因此项羽的许多个人缺点和军事上的错误，没有写在本传里。上文已提到的《高祖本纪》中借他人之口批评项羽。另外同篇中高祖与列侯诸将讨论他何以得天下，项羽何以失天下的一段对话："高起、王陵对曰：'……项羽妒贤嫉能，有功者害之,贤者疑之,战胜而不予人功,得地而不予人利,此所以失天下也。'高祖曰:'……此三者,皆人杰也,吾能用之,此吾所以取天下也。项羽有一范增不能用,此其所以为我擒也。'"《淮阴侯列传》中韩信评价项羽:"项王喑噁叱咤,千人皆废,然不能任属贤将,此特匹夫之勇耳。项王见人恭敬慈爱,言语呕呕,人有疾病,涕泣分食饮,至使人有功当封爵者,印刓敝,忍不能予,此所谓妇人之仁也。……"刘邦、韩信等人指出了项羽不善用人、嫉贤妒能、封赏吝啬等缺点,而这些没有写在本传中,这样有利于在本传中突出项羽的英雄气概。再如《魏公子列传》的中心主题是写信陵君礼贤下士。只读本传,信陵君是一个极贤明的人物,但他也有自私、懦弱的事。《范雎蔡泽列传》载,魏相魏齐与秦相范雎结下了仇怨,弄得无处容身,往投信陵君,但他却"畏秦,犹豫不肯见"。后因侯嬴言,虽"驾如野迎之",而"魏齐闻信陵君之初难见之",已经"怒而自刭"。此事与信陵君的礼贤下士是矛盾的,属于他性格的另一个侧面,但没有写在本传里。这样做,既保持了信陵君这个形象的完整性,又不损害历史的失真。

(3)政治上的原因,即为了避讳。孔子修《春秋》,"隐桓之间则彰,定哀之际则微,为其切当世之文而罔褒,忌讳之辞也"①。太史公效此笔法,但疾恶如仇的精神使得他决不肯放过统治者的种种恶行、劣质。本传中不便明言,便分散写在其他传记中。如写汉代帝王,每篇传记都以肯定为主,而将他们的庸俗、自私等不光彩的一面,写到其他传记中。以《高祖本纪》为例,本篇详细叙述了刘邦由起兵反秦,到楚汉相争,再到统一全国,建号称帝的全过程。对于刘邦身上的一些优秀品质,如顺应时代,俯从人心,知人善任,对于他所采取的措施,如恩威并施,团结内部,分化敌人,都作了生动的描绘,而把他的无赖、恶劣品行分散写到其他篇中。如上面提到的《项羽本纪》写他的残忍自私,《郦生陆贾列传》中写他的流氓品性,此外《周昌列传》中写他的贪财好色,《季布栾布列传》中写他的忘恩负义等等。这里且看《高祖本纪》中的一段记载:"春(前196年),淮阴侯韩信谋反关中,夷三族。夏,梁王彭越谋反,废,迁蜀;复欲反,遂夷三族。立子恢为梁王,子友为淮阳王。秋七月,淮南王黥布反,东并荆王刘贾地,北渡淮,楚王交走入薛。高祖自往击之。立子长为淮南王。"如

---

① 《史记》卷一一〇《匈奴列传》。

仅读此篇,恐怕真会以为这些人想谋反,被诛是应该的。但读一读《淮阴侯列传》《彭越列传》《黥布列传》,就会发现事实并非如此简单。刘邦定国后,猜忌功臣,往往以子虚乌有的"谋反"罪名,除掉自己的心腹之患,功臣动辄得咎,无所措手足,一部分人被逼走上反抗道路。太史公的这种史识在《高祖本纪》中是见不到的。又如在《武帝本纪》中,司马迁比较多的写汉武帝的文治武功,而在《平准书》中却说,武帝"外攘夷狄,内兴功业,海内之士力耕不足粮饷,女子纺绩不足衣服",揭露了武帝好大喜功所造成的海内虚耗的严重后果。在《汲郑列传》中,司马迁借汲黯之口批评武帝的多欲政治:"陛下内多欲而外施仁义,奈何欲效唐虞之治乎!"

此外,互见法两传存疑,寓褒贬,调节历史真实与感情抒发之间的矛盾等多种功能。互见法运用于心,可使史笔记事神采飞扬,而又不违背历史真实的原则。总之,互见法不仅解决了史书编写过程中重复冗杂的问题,而且还解决了历史的真实性与文学的典型性之间的矛盾,是司马迁一个别具匠心的创造。

四、太 史 公 曰

《史记》中的"太史公曰",即习惯所称的序、赞、论,为司马迁首创的史论形式,简称为"史记论赞"。司马迁并没有把它的史论命名曰序曰赞。《史通》卷四《论赞篇》和《序例篇》论列"太史公曰"为序为赞后,相沿而成习惯。《史记》原题"太史公书",意为太史公所著之书,故"史记论赞"称"太史公曰"。

"太史公曰",内容丰博,涉及政治、经济、军事、思想、文化、天文、地理、历史、伦理、世俗、形势、人事等等,往往补篇中所未备。"太史公曰",议论宏阔,笔势纵横,言辞精练,旨义深微,或考证古史,或叙游历所得,或揭示取材义例,或明述作之旨,或褒贬人物,或纵论史事,或隐微讥刺,皆直抒胸臆,观点鲜明,构成了系统的历史学理论。司马迁所引典籍及君子之言,如《诗》《书》《论语》、孔子、诸子等,皆化为自己的语言。还大量引用诗赋歌谣及俚语俗谚来加强评论的生动性和通俗化。

"太史公曰"的形式既整齐而又灵活。所谓整齐,是指"太史公曰"体例完备,分为系统的篇前序论,篇后赞论,夹叙夹议为论传三种形式。大段的恢弘议论置于篇首为序论,集中于十表、八书及类传,计23篇。十表、八书及类传,都是贯通古今的,序论即作贯通性的概括,最具理论色彩。本纪、世家、列传皆篇末置赞论,计106篇。本纪、世家、列传皆序列人物,故赞论重点褒贬人物,具有强烈的感情色彩。论传揭示义例,有《伯夷列传》《日者列传》《龟策列传》《太史公自序》及《天官书赞》,凡5篇。《自序》集中明述作之旨,为全书之总纲。序、赞、论三种形式整齐而集中,显系匠心布局。所谓灵活,即形式并不刻板,在整齐之中有变通。如十表中《将相表》有倒书无序,即创无字之序以衬托倒书,示例更为鲜明。八书中,《礼》《乐》《律》《历》有序无赞,《河渠》《平准》有赞无序,《封禅》有序有赞,《天官》夹叙夹议。十类传中,《刺客》无序有赞,《儒林》《货殖》无赞有序,《循吏》《酷吏》《游侠》《佞幸》《滑稽》有序有赞,《日者》《龟策》借题发挥,以序事为论。综观史记论赞,内容也不全都是评论,有的补充或考证史事,有的叙游历,有的抒愤寄托。变通的形式,灵活的内容,表现了司马迁的宏阔气度和无限的创造活力。变体即破例,是为了切合内容的需要而作的变通。如《外戚世家》及《孟子荀卿列传》两篇实质为类传,故作序以明其类。前已论及,破例为体是《史记》的一大特色,全书五体均有破例。历史本身是丰富多彩而又变化万端的,怎么能用死板的格式来作形象的反映呢!但质的规定性又必须通过格式来反映。既有格式,又有变通,才能妙尽其理。立例又破例,正是司马迁卓越史识的一大表现,所以"太史公曰"呈现出丰富多彩的形态。

"太史公曰"形式上是仿自《左传》的"君子曰",但在《史记》中发展成为系统的史论,却是司马迁的首创。先秦典籍《国语》《战国策》及诸子著作间或已有"君子曰",表示当时有德者之言。粗略统计,《左传》有一百三十四条评论,直接引仲虺、周任、史佚、孔子等人的话约五十条,有"君子曰"或"君子谓""君子以为"之称的评论八十四条。这样多的评论,已具系统史论的雏形,所以我们说"太史公曰"系仿《左传》的"君子曰"而作。但《左传》的"君子曰"就事论事,还不是具有理论色彩的史论,未能形成一种体系。隋代著名史家魏澹云:"丘明亚圣,发扬圣旨,言'君子曰'者,无非甚泰,其间寻常,直书而已。"①就是说,左丘明的史论,只限于对具体事实的褒贬,可以说是一种直书。评论方式,主要是博采君子之言,亦断以己意。如文公二年《传》跻鲁僖公之"君子

_____

① 《隋书》卷五八《魏澹传》。

以为失礼"云云,《国语·鲁语·夏公弗忌改昭穆之常》条作宗人有司之言;襄公三年《传》之"君子谓祁奚于是能举善矣",二十一年《传》作晋叔向之言,曰"祁大夫外举不弃仇,内举不失亲"。所以宋人林尧叟曰:"《左传》称君子曰,多是取当时君子之言,或断以己意。"①而《史记》的"太史公曰",全书浑然一体,每序每赞,无论长短,自为一体,具有浓厚的理论色彩,并不只是就事论事的评论,而是《史记》内容的需要。例如司马迁为项羽作"本纪",通过对项羽力拔山、气盖世的英雄业绩的叙述,勾画出秦汉之际风起云涌的大变革形势,表彰他的灭秦之功。论赞称颂项羽为"近古以来未尝有也"的英雄人物,同时分析他失败的原因,历述五条:第一,分裂天下,引起争斗;第二,背关怀楚,失去地利;第三,放逐义帝,诸侯叛乱;第四,自矜功伐,不行仁政;第五,专恃武力,失去民心。《太史公自序》又云:"子羽暴虐,汉行功德。"司马迁的这些直接评论,思想深刻,褒贬得体,能引导读者对项羽有一个全面的认识,这是《春秋》笔法的一字褒贬无法完成的。"史以道义",没有褒贬,就没有思想。司马迁借孔子之言说过,"我欲载之空言,不如见之于行事之深切著明也"②的话,这表明司马迁对历史人物的爱憎和对历史事件的褒贬,主要是通过叙事的方法来完成的。顾炎武指出:"古人作史,有不待论断而于序事之中即见其指者,惟太史公能之。"③但是仅靠"寓论断于序事"这种形式是不够的。尤其是阐明"史记义例",例如五体构思,取材义例,书法义例,年表的划分时代断限义例,这都是实践经验的升华和理论阐述,它必然要突破"寓论断于序事"的局限,直接表述思想。"史记论赞"就是司马迁直接表达思想的书法形式。

对司马迁用"太史公曰"所创造的史论形式,清人章学诚作了很高的评价。他说:"太史叙例之作,其自注之权舆乎!明述作之本旨,见去取之从来,已似恐后人不知其所云而特笔以标之,所谓'不离古文'及'考信六艺'云云者,皆百三十篇之宗旨,或殿卷末,或冠篇端,未尝不反复自明也。"④但是像章氏这样的赏音者并不多见。唐刘知几就扬班抑马,推重班固之赞有"典诰之风",而认为《史记》为例不纯,甚至批评史记论赞"淡泊无味",是"苟炫文采"

---

① 《左传》隐公元年林尧叟注。
② 《史记》卷一三〇《太史公自序》。
③ 《日知录》卷二六。
④ 《文史通义》内篇五《史注》。

的画蛇添足①。实际上,班固是模仿"太史公曰"而作,只是在辞章和形式上比"太史公曰"庄重、典雅而已,但史识义例却是无法和"太史公曰"比拟的。可以说,中国传统史学,由于司马迁创造了史论体系,才使得历史编纂成为真正的史学论著,《史记》提供了典范。其后"班固曰赞,荀悦曰论,东观曰序,谢承曰诠,陈寿曰评,王隐曰议,何法盛曰述,扬雄曰譔,刘昞曰奏,袁宏、裴子野自显姓名,皇甫谧、葛洪列其所号",名称虽殊,但都是效法司马迁作史论。

---

① 《史通》卷四《论赞》。

第四章　创立纪传体通史

司马迁创作的《史记》,首先是一部历史巨著,从内容到形式都是划时代的创新。内容,系指贯通三千年的通史;形式,则指五体结构。"纪传体通史"这句话就准确地定位了司马迁创新的总特点,从此奠定了史学的独立地位,鲁迅誉之为"史家之绝唱",当之无愧。

一、纪传体通史的特点

纪传体史有两大特点。其一,以人物为中心述史;其二,体大思精,包容百科知识,贯通古今。本书第三章《史记》体制,已经触及了纪传体的特点,这里再集中论说这两大特点所带来的中国古代史学的创新思维与哲学意义。

1. 以人物为中心

《史记》五体,一百三十篇,《本纪》《世家》《列传》三体共一百一十二篇,直接载人物,《十表》过半数也是谱列人物。二十四史,有的缺表,有的缺书志,而纪传必备。因此,"纪传体"之名,"纪传"二字鲜明地标示了以人物为中心,述史的特点。

首先,以人为中心,引发了历史哲学的思维变革,历史记载从神的历史到人的历史。恩格斯说:"有了人,我们就开始有了历史"[①]。但是,在一个相当长的时间里,人们并不知道人类是创造历史的主人,而把世界的创造归结为神的创造,甚至人类本身也是上帝创造的,"天生蒸民"就明确地表达了这一点。中国古代传说时代的历史就是神的历史,到了商代,最早的历史记录甲骨卜辞,主要内容就是占卜吉凶,人间大事要由神来主宰,刻甲骨文的"贞人",既

---

① 《自然辩证法》,见《马克思恩格斯选集》第3卷,第457页。

是历史学家，又是沟通神与人的宗教巫师。

随着生产力的发展和社会的进步，西周以后，王权衰落，贵族专政及其统治思想宗教神学受到很大冲击。春秋战国的动乱，更加显示出人的创造作用。孔子修《春秋》，基本上是从人事的角度记载历史，并在人事的记载中寄寓一字褒贬，以当一王之法。《太史公自序》通过同壶遂的对话说明《春秋》记事以人为本位的意义。司马迁说："夫《春秋》，上明三王之道，下辨人事之纪，别嫌疑，明是非，定犹豫，善善恶恶，贤贤贱不肖，存亡国，继绝世，补敝起废，王道之大者也。"又云："《春秋》辨是非，故长于治人。""《春秋》以道义"，"拨乱世反之正，莫近于《春秋》"，"万物之散聚皆在《春秋》"，"有国者不可以不知《春秋》"，"为人臣者不可以不知《春秋》"，"《春秋》者，礼义之大宗也"，等等。司马迁推重《春秋》，把它说成是一部政治伦理道德全书，其作用在于给人们提供是非善恶的标准。司马迁以《春秋》喻《史记》，表明他的创作宗旨继《春秋》，就是要写出一部政治伦理道德全书，用以"辨是非"，"善善恶恶"，给人们提供榜样和借鉴。

其次，以人为中心，带来历史观的转变，必然引发历史记载内容的全新变革。司马迁抛弃了《春秋》的一字褒贬，而全方位记载社会各阶级、阶层及各种类型人物，全方位反映社会生活，惩恶劝善，贤贤贱不肖，为后王立法，为人伦立准则。所以司马迁说："故有国者不可以不知《春秋》，前有谗而弗见，后有贼而不知。为人臣者不可以不知《春秋》，守经事而不知其宜，遭变事而不知其权。为人君父而不通于《春秋》之义者，必蒙首恶之名。为人臣子而不通于《春秋》之义者，必陷篡弑之诛，死罪之名。"①这里所说的《春秋》就是《史记》的代名词，也是纪传史的代名词。司马迁塑造各色人物为社会各方面的人物立表率，立标准，树榜样。因此司马迁断言，不通《春秋》，不学历史，社会将出现君不君，臣不臣，父不父，子不子的局面，秦王朝短命覆亡，为司马迁的理论提供了生动的历史依据。

第三，以人为中心，产生写人艺术，创造了纪传文学，司马迁治文史于一炉。关于纪传文学，这是一个说不完的话题，详见本书第五章的评述，兹从略。

2. 体大思精

体大，指《史记》的五体结构：纪、表、书、世家、列传，能容纳最大量的历史

---

① 《史记》卷一三〇《太史公自序》。

内容。思精,是指纪传体史书内容具有全面性、系统性和进步性,且贯通古今体大思精的体系形象地反映了封建社会的等级秩序。"本纪""世家""列传"具有不同的载述笔法,就是一种等级序列。"本纪"编年,摘载诏令制诰,书国家大事,为全书纲纪。"世家"述开国承家的诸侯,"列传"叙人臣事迹。诸侯、人臣辅弼君上,如众星之拱卫北辰。所以纪传史是以帝王为中心的历史,适应了封建统治的思想体制,这是纪传史之被封建王朝颁令为正史的内在原因。

纪传体的表、书两体内容繁富,条分缕析,容纳百科知识,有较大的史料价值,为其他各种体制的史书所无。表、书拓展历史内容,是纪传史在体制上的一大特点。这一特点是包容在体大思精之内的,故不单列。

总上,五体皆备的纪传体,能容纳丰富的历史素材,给历史典籍带来百科全书的性质,从编纂学的角度来看,这是纪传体最突出的特点。唐刘知几评论说:"《史记》者,'纪'以包举大端,'传'以委曲细事,'表'以序其年爵,'志'以总括遗漏,逮于天文、地理、国典、朝章,显隐必赅,洪纤靡失,此其所以为长也。"[1]清赵翼申论之云:"古者左史记言,右史记事,言为《尚书》,事为《春秋》,其后沿为编年、记事两种。记事者,以一篇记一事,而不能统贯一代之全;编年者又不能即一人而各见其本末,司马迁参酌古今,发凡起例,创为全史。《本纪》以序帝王,《世家》以记侯国,十《表》以系时事,八《书》以详制度,《列传》以志人物,然后一代君臣政事,贤否得失,总汇于一篇之中。自此例一定,历代作史者,遂不能出其范围,信史家之极则也。"[2]

纪传体适应载述封建社会王朝制度,还有以下几个特点,也可以说是纪传体的缺点。其一,记述人物活动以帝王为中心,宣扬英雄史观。人民群众的活动被抹杀,农民起义被诬为"盗贼",科学、文化、技术的进步和重大发明都归之于少数英雄人物身上。阶级斗争的历史被歪曲或完全被颠倒。其二,纪传史"虚美隐恶",宣扬君权神授的历史观,为封建王朝制造合法的理论根据。其三,纪传史制造所谓"正统"的理论,以巩固封建王朝的统治。其四,纪传体因事立目,褒贬人物,以维护封建统治的等级秩序。如《晋书》创立"叛逆传"来贬斥农民起义领袖和凌上的大臣。为了转移阶级斗争的视线,封建史家创

---

① 《史通》卷二《二体》。
② 《廿二史劄记》卷一。

立《酷吏》《循吏》两种人物的类传。又立《儒林传》以尊经学,立《独行传》褒扬守义成仁之士等等。班固在《汉书》中创《古今人物表》,用来品评人物,区分等第,宣扬上智下愚。

综上所述,纪传史的结构,能够完美地把以帝王为中心的英雄史观和天命论结合起来,歌功颂德,隐恶扬善。这就是正史的"正"字的真实含义。因此,历代封建王朝都把修撰纪传史列为国家大典,由王朝中央设馆修史。唐初大臣令狐德棻在唐高祖武德五年(622年)首创设馆修史之议,上奏说:"陛下既受禅于隋,复承周氏历数,国家二祖功业,并在周时。如文史不存,何以贻鉴今古? 如臣愚见,并请修之。"①于是《隋书》极力宣扬隋亡唐兴"斯乃非止人谋,抑天之所赞也"②的天命历史观,为李唐政权争正统。显然其他史书体制是不能取代纪传史的这种地位的。

二、通变的历史内容

司马迁写《史记》的目的之一,就是"通古今之变",所以在《史记》五体的每一个方面,都始终贯穿着通变的思想。

1. 十二本纪的内容

十二本纪编年记正朔,以王朝为体系,反映朝代变迁大势。司马迁考察王迹兴衰的历史,详略有别地区分时代大势,作为认识历史的纲纪。十二本纪划分历史为上古、近古、今世三个段落。五帝、夏、殷、周等四篇本纪写上古史,合称五帝三王,中心是表现儒家宣扬的"德治"政治的兴衰。《五帝本纪》突出记载了尧舜的禅让,这是儒家的理想政治。司马迁总括说:"自黄帝至舜禹,皆同姓而异其国号,以章明德。"这"明德"二字就是司马迁对五帝三王政治的点睛之笔。秦、始皇、项羽等三篇本纪写近古史,中心表现春秋战国以及秦汉之际霸政兴衰的历史。汉代诸帝等五篇本纪写今世史,中心表现汉家得人心归附而兴起。刘邦宽仁,战胜了暴虐的项羽而有天下。吕太后"政不出房户,天下晏然,民务稼穑,衣食滋殖"。汉文帝"专务以德化民,是以海内殷富,兴于

---

① 《旧唐书·令狐德棻传》。
② 《隋书·高帝纪·后论》。

礼义"。又说:"汉兴,至孝文四十有余载,德至盛也。"汉家以力取天下,承袭秦制而无为,带着道家的色彩,是德力结合的政治。今上汉武帝外儒内法,以多欲取代无为,时势又为之一变。汉兴,隆在建元,由于过度使用民力,在汉武帝鼎盛之时已显露出衰败的端倪。"原始察终,见盛观衰",可以从十二本纪的王迹兴衰变迁中总结出规律来,那就是民心向背决定着事势的发展。在司马迁笔下展示出德与力两种政治的对比。秦国两个本纪写取天下"得之难"与"失之易"的对比;项羽、刘邦两本纪写强弱转化的对比,都是民心向背起了根本的作用。《史记》以人为中心述史,本纪的勾画,正是全书的著述大纲。

2. 十表的内容

十表编年与十二本纪互为经纬,划分时代段落,展现天下大势,亦为全书纲纪。两体篇目均按年代顺序排列。年表编年进一步以时代变革划分段落,打破了王朝体系,揭示天下大势更为明晰。《十表》明确地划分古代三千年史为上古、近古、今世,三个段落,五个时期。上古史表分为《三代世表》和《十二诸侯年表》两个时期。近古史表分为《六国年表》和《秦楚之际月表》两个时期。汉世诸表为今世史表,一个时期。司马迁在表前作序,交代简括的历史内容和分期义例。撮述之如下。

(1)《三代世表》,起黄帝,迄西周共和,表现积德累善得天下的古朴时代。

(2)《十二诸侯年表》,起共和迄孔子卒,即公元前841年—前476年,表现王权衰落的霸政时代。

(3)《六国年表》,起周元王元年,迄秦二世之灭,即公元前475—前207年,表现暴力征伐得天下的战国时代。

(4)《秦楚之际月表》,起陈涉发难,迄刘邦称帝,即公元前209—前201年,详著月表以表现五年之间,天下三嬗的剧烈变革时代。从秦亡至西汉统一是五年,但月表溯及陈涉发难,共八年。

(5)汉兴以来六表,分类条析,表现大一统的今世时代。

《史记》十表是司马迁的精心之作,它以经纬纵横的形式表现天下大势,又能把纷繁的历史内容纳入尺幅之中,使人一目了然。十表还以多种结构的形式表现笔法义例。十表的内部结构分为四种。《三代世表》谱列五帝三代世系,以帝王世次为经,以诸侯世系为纬。表列五帝三代世系,而篇名只称"三代世表",不命名为"五帝三代世表",义例有三:(1)五帝禅让,是传代,不能用"五帝世表"之名;(2)五帝时代,系传说之史,世系不可确考;而三代称王以后的世系明晰,故用"三代世表"之名,示意三代称王以来的世系才较为可靠;(3)三代世系长远,皆出自黄帝之后,表名三代,追溯五帝,皆出黄帝之后,以观百王之本支。《十二诸侯年表》《六国年表》《秦楚之际月表》《汉兴以来诸侯王年表》以年月时为经,以国为纬,表现自西周以来诸侯分封以及兴衰发展大势。《高祖功臣侯者年表》《惠景间侯者年表》《建元以来侯者年表》《建元以来王子侯者年表》,是分类表现百年汉史一个时期的历史,故以国经而年纬,以观一时之得失。《汉兴以来将相名臣年表》以大事为主,年经而人纬,观君臣之职分。十表内容不仅表现天下大势,而且紧密地与本纪、列传互补,凡传之不胜传而事实又不容尽没的历史人物,则载于表中。由于十表结构的特殊和文字简明,所以它容纳了大量的历史内容以资考证,并且是联系纪传的桥梁。

十表上下贯通构成一个有机的系列。分开来看,每一个表反映了一个历史时期的历史变化和特点,合起来来看,便反映了上起黄帝,下迄太初首尾三千年间巨大的历史变化。每一篇年表的序文都是精彩的史论,它概述某一阶段的历史特点,阐明分期的理论。《十二诸侯年表》和《六国年表》两个年表的分界点是周敬王之卒与周元王之立,古代用王公纪年,这样划分便于史事叙述,但分界的用意则是"孔子卒",《十二诸侯年表序》做了明确的交代。司马迁鉴于当时的认识水平,以一代伟人的凋落作为时代的分界点,这当然是不科学的。但司马迁注意到了春秋与战国两个时代的巨大变化,这才是他划分时代断限的依据。而且司马迁是我国古代第一个具体划分历史发展阶段的历史学家,用以表现历史之"变",并以表的形式来揭示历史发展的阶段性,把他作规律性探讨历史的卓识远见鲜明地表现出来。他又用共和、孔子卒、秦亡、陈涉起义、刘邦称帝等大事变作为分期断限的临界点,这是十分光辉的思想。明白了司马迁的时代断限,是我们研究《史记》的一把钥匙。

司马迁划分历史断限的光辉思想也是有继承的。战国时代百家争鸣,各家学说都在探讨治乱的根源,对历史发展的规律做试探。《礼记·礼运篇》记载了孔子儒家学说的观点,认为尧舜时代为大同之世,三代为小康之世,春秋以来为乱世,历史的发展向着衰败的方向演进,要治天下就得法尧舜,妄图把历史拉回到西周的时代。《韩非子·五蠹篇》记载了法家时移世异的进化论历史观,并有明确的上古、中世、近古、今世的提法。西汉时的《春秋》公羊学大讲《春秋》十二公,并分为所见、所闻、所传闻三阶段。同时又流行五德终始说、三统说等循环历史观。这些无疑都是司马迁所继承借鉴的历史思想资料。但是,在司马迁以前的百家学说对历史发展规律的探索,仅仅停留在思辨哲学的猜测和囫囵的描绘上,而司马迁却第一次用叙述历史的方法来研究历史的发展规律,做出了明确的断限划分,不能不说是一个伟大的贡献。《春秋》亲近疏远的笔法,在司马迁手里发展为详今略古法后王的历史观,当然这也受到了荀子法后王思想的启迪。但司马迁更进一步认为"居今之世,志古之道,所以自镜也";而"观所以得尊宠及所以废辱,亦当世得失之林,何必旧闻?"①把总结当世历史提到了首位,这确是独步当时。

3. 八书的内容

礼、乐、兵、律历、天官、封禅、河渠、平准等八个方面,这是司马迁认为的经国大政,故列专题载述。由于礼、乐、兵三书亡缺,补缺者分《律历书》为《律书》《历书》补缺(依司马贞说),足八书之数,故今本八书中无《兵书》。补缺者又摘取《荀子》中的《礼论》及《议兵》补《礼书》,摘取《礼记·乐记》补《乐书》。补缺者既取成书补亡,示己不妄作,可证礼、乐、律三篇篇首"太史公曰"云云,当是补缺者搜求的史公遗文,文法语气也直是司马迁手笔。也有人认为今本礼、乐两书是司马迁草创之作,本未亡缺。但这两书正文既经考明为摘自《荀子》《礼记》,则无论是补缺者所补,还是司马迁自己草创,均不得作为司马迁思想加以引证。关于两书真伪,姑置不论,这里讨论八书的总体内容及序列,以见司马迁"一家之言"的微意。

《史记·宋微子世家》记载了周武王克殷后咨访箕子,请教治国方针,箕子答以九条,其中第三条讲国家八政,序列如次:一曰食,二曰货,三曰祀,四曰司空,五曰司徒,六曰司寇,七曰宾,八曰师。这段记载是录自《尚书·洪范》,它反映先秦儒家的八政观念,民以食为天,故食货居首。司马迁认为礼是维系等级秩序的制度,为治国头等大事,所以论礼,列为八书之首。礼乐相辅为治,故《乐书》与《礼书》蝉联。《洪范》八政内容,在八书序目中的反映,"食""货"对应"平准","祀"对应"封禅","司空"对应"河渠","宾"对应"礼""乐",

---

① 《史记》卷一八《高祖功臣侯者年表序》。

"师"对应"兵"(即"律书")。《洪范》八政的司徒、司寇在八书中没有反映,然而在列传中有对应之篇。"司徒"对应"儒林","司寇"对应"循吏""酷吏"。同时《史记》中"货殖列传"亦为食货之事。对应只是一种近似的比较。总之,《洪范》八政,在《史记》中均有反映,表明司马迁把国家大政纳入历史学考察的范围,专列八书系列开后世政书之先河。内容和序列的调整,表现了司马迁的史学观点和国家大政的轻重序列。班固《汉书》十志,序列为律历、礼乐、刑、食货、郊祀、天文、五行、地理、沟洫、艺文。其内容更丰富,结构更严密,发展了司马迁的史学,这是应当揭明的。班固还把职官纳入了史学范围,创《百官公卿表》以载其制。

八书以《平准书》殿卷,讥刺汉武帝与民争利,寓有浓郁的指陈时政的色彩。所以清人周济说:"是知八书用意,专在推明本始,著隆替之效,以垂法后王。"①

4. 三十世家的内容

世家编年记事,在体例上与《本纪》没有什么区别,但载述的历史内容和义例则不同。本纪载朝代帝王,世家载拱卫主上的"藩辅"诸侯,以及破例为体。值得注意的是,世家总体以时代为序,同时具有以类相从之义。吴太伯至郑世家共十二篇,载周初所封诸侯,其始祖皆周室屏藩之臣,又有德于民,子孙享其德泽为诸侯。赵、魏、韩、田敬仲四篇为一组,载战国之世以暴力篡夺而得诸侯的事迹。孔子、陈涉、外戚三篇破例为体,打破时代序列相并为一组,破例之义,已详本书第四章"五体结构"中,这里从略。汉代诸侯世家,宗室与功臣分列,这都是很明显的义例。

周初十二诸侯,世家篇目序列与十二诸侯年表序列不同,对照如下:

周、鲁、齐、晋、秦、楚、宋、卫、陈、蔡、曹、郑、燕、吴

——十二诸侯年表序列

吴、齐、鲁、燕、蔡、陈、卫、宋、晋、楚、越、郑

——三十世家序列

年表反映春秋之世的霸政,以诸侯强弱为序,周列第一栏,尊天下共主;鲁列第二栏象征以《春秋》当一王之法,故周、鲁均不在十二之数中。鲁后为齐、

---

① 《味隽斋史义》卷一。

晋、秦、楚、宋,即春秋五霸序列。吴殿后,示意内诸夏而外夷狄之义。这些都是春秋笔法。世家按诸侯始祖与周之亲疏关系和开国时功劳大小排列,象征诸侯夹辅周室,所以与《年表》序列不同。司马迁嘉吴太伯之让国,故列为第一,褒扬让德,维护大一统。此外,年表中无越,有秦;而秦先公先王破例为体,列入本纪,使秦史得以连贯载述,故世家中无秦。

从三十世家的内容和序列义例来看,它所表现的"通变"思想,集中反映了司马迁大一统历史观,显然具有强烈的时代特色,与全书的主题和创作宗旨是一致的。

5. 七十列传的内容

七十列传有四种类型:(1)专传,(2)合传,(3)类传,(4)附传。专传指一人一传,二人以上为合传,以类标题为类传,凡未入传目标题的人物为附传。专传、合传、类传三种皆有附传。正传与附传,表示列传人物的主次,并非附传为可有可无的附属物。有的附传仅附其名,一般是载列子孙、戚友;重要附传人物为事类相从。七十列传载正传人物一百四十人,附传人物九十二人。附传人物要多于正传人物,九十二人只指事类相从的附传人物。孔子弟子七十七人。总计三百零八人。类传人物古今同传,以类相从。合传与类传为同一类型,或对照或连类,故合传人物往往打破时代界限,上溯下及。《白起王翦列传》《鲁仲连邹阳列传》《屈原贾生列传》等是下及;《扁鹊仓公列传》是上溯。在连类相及时,合传与类传相通。如《孟子荀卿列传》,附列人物十一人,实质是一篇先秦的"诸子列传"。《汲郑列传》,可以看做是汉代的"黄老列传"。这两篇合传均可视为类传。"类"的含义是表现广阔的社会生活内容,扩大了人物个性所代表的意义。"类"是司马迁写人物史传的核心思想。七十列传的总体系列,合起来看,它正是司马迁选择一系列历史人物的典型来反映历史发展的大势罢了。所以七十列传每一人物,既是个人的历史,又不是个人的历史,而是具有一定的典型意义。所以司马迁笔下的人物个个生动,史事剪裁从属于形象塑造,因而光辉灿烂,具有很强的文学性。

七十列传总体序目,基本以时代为序,但以类相从义例也极为明显。如战国四公子排列在一起,苏秦与张仪蝉联,都有以类相从之意。吕不韦、李斯、蒙恬与刺客四传为一组,序辅佐秦国兴起的人物,他们的特点是注重暴力权诈取天下,固轻百姓力,都不得好下场。刺客一篇是类传,应排在循吏之后,而司马迁有意穿插在辅秦人物中间,这是对比见义,表现了司马迁反暴政的思想。刺客都是反暴力的人物。白起、王翦两人有大功于秦,白起冤死,王翦善终;因白起坑降,王翦却无此暴行,所以两人合传以示对比。白起坑降不同于李斯、蒙恬的轻暴百姓,故司马迁将王翦前置白起传,以使两人的传记与李斯、蒙恬留下距离,表示区别于暴政人物。循吏、汲郑、儒林、酷吏四传作两两对比。循吏传无汉代人,酷吏传无汉以前人。汲郑古朴耿直而不喜儒,武帝倡儒学而多用酷吏。司马迁用这样的强烈对比来讥刺武帝的政治。总之,七十列传序列看似杂乱,实皆有深义寄托。首篇《伯夷列传》,是唯一的三代人物入传。此传以议论为主,可称之为论传,它是七十列传的总论,借孤竹君的两个儿子伯夷、叔齐的高风亮节为议题,颂扬"奔义""让国",谴责"争利""争国";同时借《采薇之歌》充满的怨情,对天道质疑,强调重人事。本传和最后一篇《太史公自序》可以说是前后呼应的两篇史论,一为引言,一为总括全书要旨。

《史记》五体,以七十列传的内容最为生动活泼,丰富多彩,具有非常广阔的社会面。历史人物除了活跃于历史舞台的政治家、军事家、思想家、各色英雄豪杰之外,下层社会的侠客、医卜、商贾、俳优、博徒、猎户、妇女等等,凡在人类社会发展过程中起过作用的人物都叙入史中。时间从上古到当代,地域从中原到八荒。司马迁不仅把周边民族纳入史传,还把大宛等外国民族纳入史传,使《史记》具有古代世界史的意义。七十列传内容如此丰富,表现了司马迁历史观的全面性和系统性。

总括五体所载内容,本纪侧重载述朝代兴亡及政治演变大势;表侧重阐发历史发展的阶段大势;书侧重探讨天道观和典章制度的演变,并指陈时政;世家侧重表彰维护国家的统一和安定的诸侯;列传侧重记载各色人物活动对历史的贡献,反映广阔的社会生活。几种体裁相辅为用,相得益彰,融合为一个整体,载述了丰富的历史内容,蕴藉着深刻的历史哲学,从而构成了博大思精的体系,使《史记》成为饮誉中外的名著。

三、司马迁的历史观

司马迁把他对社会历史的研究,概括为"通古今之变",即所谓历史观。

理论内容主要有以下三个方面。

1. 大一统历史观

司马迁所处的时代,是中国封建社会中央集权制确立和巩固的时代。中央集权制度加强了国家的统一,结束了长期的分裂战乱,是当时最先进的制度。所谓大一统历史观,就是对这一先进制度的赞颂和提供理论基础。中国走向大一统,是历史长期发展的必然结果。邹衍的五德终始说,董仲舒演化的春秋公羊学,都是应运而生的大一统理论。汉武帝封禅、制历、改制,罢黜百家定儒学于一尊,正是在贯彻五德终始和天人合一的政治哲学。因此,尽管邹衍和董仲舒对大一统历史的发展作了唯心主义的解释,提出了历史循环论的理论,但其旨归是宣扬大一统,在当时来说,不仅是进步的历史观,而且对强化大一统的中央集权制度制造了合法的理论,在政治上产生了直接的影响。司马迁继承了前代思想家大一统的理论,用以作为考察历史发展的指导思想,从而又系统地发展了这一理论,形成了《史记》独具的大一统历史观,对后世产生了深远的影响。

邹衍和董仲舒是哲学家,他们构思的大一统理论是思辨哲学,空言论道,直接服务于当时的政治。司马迁是历史学家,他构思的大一统理论是对历史发展过程的升华,目的是从历史经验教训中探寻治乱规律,所以具有丰富的历史内容。《论六家要旨》强调儒、名、法各家序君臣之礼,正上下之分,殊途同归,百家之学皆务为治世,就是大一统理论的反映。《史记》五体的体制结构,形象地照映了大一统的封建等级秩序。司马迁修正断限,起于黄帝,迄于太初,更明显地表达了大一统历史观。这里,我们再综括起来,说一说司马迁的大一统历史观,在中国历史上究竟产生了什么样的影响,就可以了解它的进步意义了。

司马迁贯通叙述历史,从黄帝的统一到汉武帝的大一统,象征着历史的发展方向,象征帝王德业的日益兴盛。中华民族不断壮大,各民族互相融合,远方殊俗日益统一,这样一条叙史红线,贯穿在《史记》全书中。夏、商、周三代之君,春秋以来列国诸侯,秦汉帝王,四方民族,无不为黄帝子孙。匈奴是夏桀之后,勾吴与中国之虞为兄弟,越王勾践禹之后,楚是颛顼之后,其苗裔为滇王。中华民族皆黄帝子孙,这一民族一统观念就奠基于《史记》。司马迁的这一伟大思想成为历代以来进行爱国主义传统教育的宝贵历史资料。数千年来激励了无数的仁人志士为中华民族的生存、繁荣和进步而斗争。"黄帝子孙",至今仍是一个神圣的名词,具有无限的号召力。被黄帝战败的炎帝,教民稼穑,号"神农氏",也是一个企图统一天下的历史人物,常与黄帝并称。所以"黄帝子孙"这一口号也称"炎黄子孙"。以今日观点来看,五帝三王是一家,都是黄帝子孙,这完全是一个人造的历史系统,它是以父权制代替母权制这一历史背景的传说史影为依据,用以消除各种氏族的畛域所生出的大一统要求而产生的,其进步意义显而易见。司马迁还把周边民族匈奴、西域、西南夷等都纳入黄帝子孙的范围,用以表达他的民族一统思想,更属难能可贵。北齐魏收作《魏书》亦云:"黄帝以土德王,北俗谓土为托,谓后为跋,故以为氏。"①附会拓跋为黄帝子孙,为胡人入主中原制造正统的舆论。由此可见,司马迁的大一统历史观,在中华民族大融合的历史上起了巨大的进步作用。

2. 发展、进化、变革的历史观

历史是周而复始的循环,还是在变化、发展? 历史是因循守旧,回顾往古,还是在随俗进化,不断革新? 这些是司马迁在《史记》中所要探索和回答的问题。司马迁是怎样回答的呢?

首先,司马迁对董仲舒的"三统循环论"作了扬弃和改造,认为历史是不断发展和变化的。不容否认,司马迁的历史观仍带有循环论的色彩。《历书序》云:"夏正以正月,殷正以十二月,周正以十一月,盖三王之正若循环,穷则反本。"这是讲天道循环。《高祖本纪·赞》云:"夏之政忠。忠之敝,小人以野,故殷人承之以敬。敬之敝,小人以鬼,故周人承之以文。文之敝,小人以僿,故救僿莫若以忠。三王之道若循环,终而复始。"这是讲人道循环。于是有人认为司马迁的历史观就是"古今社会按照'忠'——'敬'——'文'这套公式周而复始地'变'",因而也称司马迁的历史观是"三统循环论"。其实这是极大的误解。董仲舒《天人三策》讲"夏上忠,殷上敬,周上文",是"百王之用,以此三者",又云"三圣相受而守一道",结论是"今汉继大乱之后,若宜少损周之文致,用夏之忠者"。显然,董仲舒所讲的"变",才是"忠——敬——文"的循环往复,强调"道"是不变的。司马迁只是借用循环的语言,着意讲

---

① 《魏书》卷一《序纪》。

"变"。司马迁的用语是"三王之正若循环",言"若"者,象也,似也,好像是循环,这和我们现今用语"螺旋式"上升有些相似。"若循环"与董仲舒的"百王之用,以此三者"是大相径庭的。

此外,我们还须指出,在秦汉之际,循环论历史观是当时人们认识历史发展所能达到的认识论的制高点,初起是一种进步的历史观。在先秦诸子百家争鸣时代,老子法太古,主张小国寡民的社会为至治之极。儒家法尧舜,也是向后看。道、儒两家历史观的理论基础,都认为世风日坏,人心益恶,历史向着衰败的方向演变。主张法后王的法家,赤裸裸地以人性恶为其理论基础,政治方针刚毅刻深。而邹衍倡导的五德终始循环论和董仲舒构思的三统循环论,却是宣扬大一统,是适应秦汉大一统政治需要而出现的。循环论摒弃了人心益恶而讲天道惩恶佑善,本来的意愿是劝诫人君重视历史变化,施行仁政,争取民心,争取天命,获得五德之属。"循环"二字包含着发展和变化的思想,只不过是转圆圈。转圆圈也是一种运动。邹衍对历史的阐述是,"先序今以上至黄帝,学者所共术,大并世盛衰,因载其肌祥度制,推而远之,至天地未生,窈冥不可考而原也"。从开天辟地讲到当今社会的大一统,不就是一部生动的历史发展进化史吗?"大并世盛衰",《索隐》云:"言其大体随代盛衰,观时而说事。""随代盛衰",不就是讲变化吗?不过邹衍阿世取容,妄说肌祥,其语闳大不经,受到了司马迁的批判。董仲舒维护道统,把循环论引向随顺人主的意志,成了官方哲学,扼杀变化,宣扬神意史观,才日益走向反动的。司马迁接过循环论,把它发展为变革的历史观。《天官书》云:"夫天运,三十岁一小变,百年中变,五百载大变;三大变一纪;三纪而大备,此其大数。为国者必贵三五。上下各千岁,然后天人之际续备。""三五往复"仍带循环论的框架,但重点是讲"变",称"三五之变"。"三"即三十年,是一代人。司马迁认为每一代人都有变化。"五"即五百年,是一个大的周期变化。司马迁"究天人之际",得出"三五之变"符合天道人事,为讲历史之"变"提供理论根据。这就是司马迁对循环论的扬弃和改造。

第二,司马迁"通古今之变",从人事和历史思考中,突破了循环论的框架,认为历史发展的本质就是"变",而且是不断进行的。"通古今之变"这一命题就是与董仲舒宣扬的"天不变,道亦不变"针锋相对的。"变"是司马迁唯物主义的历史观的核心。他认为宇宙间一切事物都在"变",只有用"变"的观点才能探究事物的规律。他说:"无成势,无常形,故能究万物之情"①。没有一成不变的态势,没有永恒存在的形体,所以才能洞悉万物的真情。从"变"的理论观点出发,决定了司马迁用发展变化的眼光看待人类社会的历史,他名之曰"变",曰"渐",曰"终始"。他说:"天人之际,承敝通变","略协古今之变";"臣弑君,子弑父,非一旦一夕之故也,其渐久矣"②;"是以物盛而衰,时极而转,一质一文,终始之变也"③。司马迁在这方面的言论是很多的。"物盛而衰,固其变也","儒者断其义,驰说者骋其词,不务综其终始"④。等等,不胜枚举。"变",指社会不断地进化和发展;"渐",指的是进行、运行,即进化和发展的过程;"终始",指的是因果关系,人类社会发展的一个个里程是有因果相连的关系,即有规律可以认识的。总括为一句话,"通古今之变"的目的就是"稽其成败兴坏之理"⑤,探寻社会治乱的规律。

怎样认识历史之"变",就是要作贯通的思考,即"略协古今之变"。"略协"就是综核、考察而把握大纲的意思。"厥协六经异传,整齐百家杂语",这是整部《史记》的写作要领。"略协""厥协""整齐"都有综合、总结之意。司马迁综核历史,鲜明地表现了历史是不断发展、进化和变革的观点,而且愈向前发展,变革愈烈。司马迁的这一思想,在《秦楚之际月表序》中用史实作了高度的理论概括。司马迁说:

> 昔虞、夏之兴,积善累功数十年,德洽百姓,摄行政事,考之于天,然后在位。汤、武之王,乃由契、后稷修行仁义十余世,不期而会孟津八百诸侯,犹以为未可,其后乃放弑。秦起襄公,章于文、缪、献、孝之后,稍以蚕食六国,百有余载,至始皇乃能并冠带之伦。以德若彼,用力如此,盖一统若斯之难也。

这段议论,十分简括地勾画了中国历史从虞、夏至秦汉大一统发展变化的轮廓。社会走向一统这就是两千多年来历史发展的方向,经历了漫长的历程,所以司马迁慨叹"盖一统若斯之难也"。这里一丝一毫循环论的影子也没有。

---

① 《史记》卷一三〇《太史公自序》。
② 《史记》卷一三〇《太史公自序》。
③ 《史记》卷三〇《平准书》。
④ 《史记》卷一四《十二诸侯年表序》。
⑤ 《报任安书》,载《汉书》卷六二《司马迁传》。

秦楚之际的巨变,司马迁更是惊叹万分。他说:"五年之间,号令三嬗,自生民以来,未始有受命若斯之亟也。"陈涉、项羽、刘邦,都"起于闾巷",与虞、夏之兴和秦王朝之兴又是一番新气象。对于这种巨变,司马迁也是从历史的原因加以探索。他得出结论是"向秦之禁,适足以资贤者为驱除难耳"。秦朝禁忌太苛,它所施行的暴政引起了人民的反抗,于是"王迹之兴,起于闾巷"。这就是司马迁探索历史之变所取得的辉煌成就,发现了人的活动是历史的主体,从而写出了以人为中心的历史,排除了神意史观。

司马迁发展、进化、变革的历史观,不仅表现在议论中,而且更加鲜明地表现在《史记》的具体内容中。朝代更替,制度建立,对民施政等各个方面都表现了这些进步的历史观点。《史记》卷首《五帝本纪》就是一个集中表现进化观点的鲜明例证。黄帝之世,部落互相攻战,生产落后,黄帝"修德振兵",统一了天下。他举风后、力牧、常先、大鸿以治民,按时播百谷,草创制度。黄帝本人"披山通道,未尝宁居"。颛顼、帝喾相继,大体仿黄帝之治。当尧之世,历法、生产、治政都有了很大的发展。尧用羲氏、和氏为历官,有了专门的推历机构。尧年老举舜摄政,经过了长期的考验,证明舜很贤能而授之以政。尧举贤、禅让,很重视人民的态度。当舜之时,礼仪制度都建立起来。舜举了二十二个贤人治理国家,各种事业都兴办起来。司马迁说,"天下明德皆自虞帝始",这句话就是《五帝本纪》的主题。历史经历了从黄帝到虞舜的不断发展,国家建制才初具规模。可以说《五帝本纪》的思想脉络对于读《史记》全书是一个示例。本篇仅三千余字,具体生动地描绘了五帝相承的发展变化,鲜明地表达了司马迁进化论的历史观。

如上所述,司马迁扬弃和改造了循环论,借用循环论的语言来表述历史之"变",发展成为进化论的历史观,这是他对历史学的一大贡献。

3. 带二元论色彩的朴素唯物论历史观

历史是怎样向前发展、变化的,即是谁在创造历史,司马迁的回答具有浓厚的二元论色彩,但基本倾向是朴素唯物论历史观。本书第二章已论证,司马迁的天人观是二元论,他认为天人相感,天能支配人事,却又不受星占术荒诞迷信的束缚,对惩恶佑善的天道提出了质疑。这里着重评述司马迁在人事论述上的二元论,即他认为圣君贤相可以治平天下,但又承认人心向背起最后的决定作用。

《史记》以人物为中心，主体是帝王将相。司马迁不遗余力地歌颂"明主贤君忠臣死义之士"，强调英雄的创世作用。但司马迁在英雄史观的内核中有两个显著进步的历史观点，符合唯物主义的认识论，为后世史家所不能望其项背。兹分述于下。

第一个观点，司马迁认为，任何个人不能专有一切智慧，英雄个人不能创世。五帝三代之主，圣明的表现就是举贤授能。他说："尧虽贤，兴事业不成，得禹而九州宁。"①刘邦得天下，文臣如雨，猛将如云，但对强大的匈奴束手无策，国家定都不能决。陇西戍卒娄敬，脱挽辂，衣羊裘见高帝，建言定都关中，与匈奴和亲，国家赖其便，司马迁感慨地说："语曰'千金之裘'，非一狐之腋也；台榭之榱，非一木之枝也；三代之际，非一士之智也'。信哉！夫高祖起微细，定海内，谋计用兵，可谓尽之矣。然而刘敬（娄敬赐姓刘）脱挽辂一说，建万世之安，智岂可专邪！"②两千年前的司马迁从一个下层士兵的建言中看到了人民的智慧，不仅特为之作传，还上升为哲理，"智岂可专邪"，从而否定了最最最的超人，几百年出一个天才的呓语，实在了不起。为此，司马迁为侠客、医卜、商贾、俳优、博徒、妇女等等下层人物作传，创立类传，使《史记》反映了广阔的社会生活。

第二个观点，国家兴亡，民心向背起最后的决定作用。"民惟邦本"，这本是儒家宣扬仁政的基本观点。孟子进一步发挥为"得民心者得天下，失民心者失天下"的著名理论③。司马迁的贡献在于，他第一个真正用这一观点考察了历史的变迁，生动地描绘了人民群众的创造力量，从正反两个方面贯穿全书。正面描写，三代之王都是祖上积德累善赢得了百姓拥戴。"子羽暴虐，汉行功德"而得天下。孝文帝"专务以德化民，是以海内殷富，兴于礼义"④。这是得人心者得天下。反面描写，武王伐纣，"纣师皆倒兵以战，以开武王"，"武王至商国，商国百姓咸待于郊"⑤。秦之亡，是因为"天下同心而苦秦久矣"⑥，

---

① 《史记》卷一一〇《匈奴列传·赞》。
② 《史记》卷九九《刘敬叔孙通列传·赞》。
③ 《孟子·离娄上》载孟子之言曰："桀纣之失天下也，失其民也；失其民者，失其心也。得天下有道：得其民，斯得天下矣；得其民有道：得其心，斯得民矣。"
④ 《史记》卷一〇《孝文本纪》。
⑤ 《史记》卷四《周本纪》。
⑥ 《史记》卷八九《张耳陈余列传》。

故陈涉发难,"风起云蒸,卒亡秦族"①。"风起云蒸"四个字形容了人民群众
具有铺天盖地的力量。韩信亡楚归汉,论项羽必败,其言曰:"项王所过无
不残灭者,天下多怨,百姓不亲附,特劫于威强耳。名虽为霸,实失天下心,
故曰其强易弱"②。事实一步步按着韩信的预言演进,楚亡汉兴,失民心者失
天下。

更能表现司马迁朴素唯物论历史观的是,他在《货殖列传》中提出的欲望
动力说,也就是人类对于社会物质生活的依赖和追求是历史必然向前发展的
"势",是任何力量也不能使之倒转的。

综上所述,司马迁大一统历史观是对西汉王朝政治制度的肯定,《史记》
的主题是尊汉。司马迁朴素唯物论历史观呈现二元论的色彩,不仅仅反映了
那个时代人们认识的历史局限性,而且更主要地反映了司马迁走向进步的足
迹。形成司马迁独特历史观具有多种因素。思想资料的继承是一个重要方
面。但就在这一个方面司马迁也不是墨守一家。他广泛地吸取先秦诸子以来
百家学说中的进步观点和合理内核,形成自己朴素的唯物论历史观。如儒家
的"民惟邦本"思想,法家的"法后王"思想,阴阳家的"循环论"变化思想,公
羊家的"大一统"思想等等,司马迁都加以吸收、扬弃和改造。更重要的是司
马迁具有广博的知识和实录史事的科学精神,使他不断突破信仰的束缚,走向
进步。正因为他精通天文、历法,加之求实的科学精神和大无畏的探索勇气,
才使他运用观测资料批判星气之书的"肌祥不经"。此外,司马迁的生活经历
也是形成他进步历史观的重要因素。例如升华了朴素唯物论历史观的《货殖
列传》就是司马迁二十壮游的成果之一。知识的扩展和生活的体验,使司马
迁不断走向进步,终于突破帝王中心论而面向广阔的社会,熔铸了一定成分的
人民的历史,从而表现了二元论的色彩。所谓二元论,是我们今天用马克思主
义观点回顾前人的思想体系所发现的矛盾,这是人类认识论的进步。在司马
迁时代,他并不认为二元论是一个矛盾,而是很和谐的思想体系。所以司马迁
自豪地宣称自成"一家之言"。

---

① 《史记》卷一三〇《太史公自序》。
② 《史记》卷九二《淮阴侯列传》。

四、史家之绝唱

史家之绝唱，指《史记》对中国史学的贡献，独具个性，前无古人，后无来者，给史学发展开拓了广阔的领域，提供了样版，从而成为两千年来传统史学的正宗，冠列二十四史之首。具体说，《史记》的问世，对中国史学产生了巨大而深远的影响。其影响主要有以下几个方面。

1. 奠定了中国史学独立的基础

《史记》问世以前，中国的史学研究已经开始，但史学作为一门独立的学术，还没有得到承认，史学研究还处于萌芽状态。商周时期已经有所谓"史"官，但这种史官既记录王的行事、言论，也负责占、卜，类似宗教官员。记言、记行，也只是记当时言、当时行，是纯现实的活动，"秘书"性质的活动，并不研究祖先、先人的言、行。晋《乘》、郑《志》、楚《梼杌》、鲁《春秋》等，多属记言、记事性质，而很少历史研究性质。《尚书》《国语》《国策》则是记言、记事的扩展。春秋、战国时期，有一些思想家，开始凭借他们掌握的历史资料、历史传说，宣传他们各自的政治主张，他们既研究现实，也研究历史，但他们还没有将历史单独地进行有体系的研究，往往只是把某些片断的历史研究作为政论的一部分。《韩非子》《商君书》《吕氏春秋》《虞氏春秋》等即是如此。这些书都被视为"子"书，所以他们的书是"子""史"融合，"史"并未独立。孔子作《春秋》，以后又有《左传》《谷梁传》《公羊传》，这些书已有某些历史研究的性质，然主要的目的还只在借用已有的二百四十多年的历史资料，宣传自己的政见、理想，既不往前溯源，也不涉及当时。所以这些书往往没有被当作史书看待，而作为"经"书看待，人们研究的重点是这些书中的"微言大义"。因此这些书是"经""史"融合，"史"尚未独立。

《史记》上溯黄帝，下论汉武，熔近三千年历史于一炉，"通古今之变，成一家之言"，开创了独立的史学研究的先河，既为士大夫开辟了一条做学问的新路——治史，也使史学研究从此引起统治者的高度重视。班彪即"专心史籍之间"，撰成《史记后传》。及卒，子班固觉得父"所续前史未详，乃潜精研思，欲就其业"。班固初为私修国史，后经汉明帝批准，奉诏修国史，这正是士大夫受《史记》影响热衷于治史，统治者亦重视治史的例证。自《汉书》袭《史记》纪传体,断代为史,从此史学"正统"地位确立,治史遂成统治者行政要务,士大夫学问大端,治史蔚成风气,史书蔚为大国。《史记》问世,事实上标志着史学从经学、子学中独立出来,但汉初史书尚少,学术界的理论认识还落后于学术实践,所以刘向《别录》、刘歆《七略》,并无史部。史书,包括《史记》,都附在六艺中的"春秋类"。学术界还没有承认史学已经独立的事实。《汉书·艺文志》仍将史书附于"六艺略"的"春秋家"。实践总会刺激人们的头脑、意识。随着史书蔚为大国,学术界最终在理论上承认了史学的独立。曹魏时荀勖著《中经新簿》总括群书甲、乙、丙、丁四部,即经、子、史、集四类,史书开始独立成为一类,史学的学术地位从此完全确立。至东晋李充校书,著《四部书目》,又以史部位居第二,仅次于经部,进一步提高了史书的学术地位。从此中国图书传统的经、史、子、集四部分类一直沿袭下来。此后,历代王朝都设置了研究史学的专门机构。东晋元帝太兴二年(319年),石勒初称赵王,设"史学祭酒"职,掌治史。这是我国历史上"史学"一词首次出现。宋文帝时设有儒、玄、文、史四学。宋末齐初,置总明观,内有玄、儒、文、史四科,每科置学士十人,为史馆之雏形。这是史学独立在社会生活、政治生活中的反映。中国史学所以能够独立,其奠基在《史记》,其功臣为司马迁。中国的学者都认为"司马迁是中国史学之父,中国史学的奠基者"①。国外的学者也认为司马迁是中国史学的开创者,如苏联早期编纂的大百科全书就说:"在纪元前6—3世纪,古代中国就有了最初的一些历史著作,叙述从远古时代到纪元前二世纪的中国史的第一部著作,是古代最伟大思想家之一司马迁(公元前145—前86年)所著名为《史记》的书。"并把司马迁与欧洲"史学之父"希罗多德相提并论②。

2. 规范了中国封建史学的研究对象、范围

《史记》把国家大政、社会生活、学术学问,即古今万物作为史学研究的对象,开创了百科全书式通史的规模,这种模式、格局遂成为后世史学研究的正宗,使二千年的中国封建史学向着文化史、百科全书的模式发展。虽然《汉书》以降,均断代为史,与《史记》通史有所不同,然研究对象、范围基本上沿袭《史记》,而且根据社会生活的变化发展,不断发展史学研究的对象、范围。

---

① 齐思和:《〈史记〉产生的历史条件和它在世界史学上的地位》《光明日报》1956年1月19日。

② 参见郭从周译:《苏联大百科全书选译》。

《史记》礼、乐、律、天官、封禅、河渠、平准八书,循吏、儒林、酷吏、游侠、佞幸、滑稽、日者、龟策、货殖诸传及其他一些部分,分别论述了国家大政、社会生活、学术学问等,将政治史、军事史、经济史、思想文化史、科学技术史、社会风俗史等包罗无遗。《汉书》沿着这一方面继续前进。《汉书》改"书"为"志",设律历、礼乐、刑法、食货、郊祀、天文、五行、地理、沟洫、艺文十志,其中地理、艺文、刑法诸志,使《史记》中尚未独立研究的内容,进一步独立起来,使史学研究百科专史的格局有所发展。《汉书》又设《百官公卿表》,使百官的研究有所发展。以后历代修史,都设志、表,以反映一代典章制度,政治、社会生活。如缺志缺表,便会有人补作。历代正史中志最多的是《宋史》《清史稿》。《宋史》设有天文、五行、律历、地理、河渠、礼、乐、仪卫、舆服、选举、职官、食货、兵、刑法、艺文十五志,基本上是《史记》《汉书》研究范围的发展、深入。《清史稿》设有天文、灾异、时宪、地理、礼、乐、舆服、选举、职官、食货、河渠、兵、刑法、艺文、交通、邦交十六志。其中交通、邦交二志是鸦片战争以后,门户洞开,外交事务发展,国内铁路、轮船、电报、邮政发展的反映,其他诸志,基本上仍属《史》《汉》的体系。此外,《魏书》有《释老志》,这是较独特的,也仍然是《史记》中《龟策列传》等的发展。再如《后汉书》的"方术传",晋书等的"艺术传",《三国志》《旧唐书》等的"方技传",也都是从《史记》中《龟策列传》《日者列传》的发展。《后汉书》的"文苑传",《南齐书》《隋书》等的"文学传",《新唐书》《金史》的"文艺传",都是《史记》中《儒林列传》等的发展。《后汉书》的"逸民传",《南齐书》的"高逸传",《梁书》的"处士传",《魏书》的"逸士传",《旧唐书》等的"隐逸传",都是《史记》中《游侠列传》《滑稽列传》的发展,其他如"列女传""土司传",《史记》中也已有某些涉及,只是诸史将这些内容独立出来罢了。有些史书中的传则是根据社会生活的内容而新增的、特殊的。如《后汉书》设"党锢传",是东汉党锢斗争的反映。《新唐书》设"藩镇传",是藩镇割据的反映。

不仅《史记》后的历代正史研究对象、范围受《史记》的影响,其他很多史书都受《史记》的影响。如南宋郑樵著《通志》,起三皇迄隋,时间跨度较《史记》大,这在后人是自然的,分为本纪、列传、世家、载记、年谱、略六门。其中的"略",即《史记》中的"书";其中的"年谱",即《史记》中的"表",只是"载记"是新增的。"略"为二十:氏族、六书、七音、天文、地理、都邑、礼、谥、器服、乐、职官、选举、刑法、食货、艺文、校雠、图谱、金石、灾祥、昆虫草木。基本上也不出《史记》的研究范围,有些《史记》涉及的内容,随着社会生活的发展,已进一步独立出来了,如"金石"等。如唐杜佑《通典》,如书志体史书独立的标志,分为食货、选举、职官、礼、乐、兵、刑、州郡、边防九门,基本上是集《史》《汉》以来书志的大成。元马端临《文献通考》,在《通典》基础上,将书志体史书又向前发展,其中田赋、钱币、户口、职役、征榷、市籴、土贡、国用、选举、学校、职官、郊祭、宗庙、王礼、乐、兵、刑、舆地、四裔十九考为《通典》已有的内容。另外经籍、帝系、封建、象纬、物异五考则是在《通典》基础上新增的。《文献通考》的二十四"考",其范围基本上还是在《史》《汉》范围之内。

地方志的研究、编纂,兴起于魏晋。晋有挚虞的《畿服经》,常璩的《华阳国志》等。至宋元时,编修地方志已成风气,如较著名的志书有:宋周源《乾道临安志》十五卷,梁克家《淳熙三山志》四十卷,施宿《嘉泰会稽志》二十卷,周应合《景定建康志》五十卷,潜说友《咸淳临安志》一百卷等。元代有徐硕《至元泰禾志》三十二卷,冯复京、郭荐《大德昌国州图志》,袁桷《延佑四明志》十七卷,张铉《至大金陵新志》十五卷等。至清代,地方志纂修达到鼎盛时期。清朝政府开设一统志馆,修纂《大清一统志》,各省、州、县也纷纷开馆修省志(即"通志")、县志,基本上做到省省有志,县县有志。有些地区还有乡志、村志、镇志、坊志、里志、亭志、关志、场志、卫志、所志、厅志,甚至还有山志、水志、湖志、河志、溪志、寺志、庵志、书院志、盐井志等等。据统计,清代所修志书有六千五百余种,占了现在地方志七千余种中的百分之九十左右。这些志书的内容一般包括建置、舆地、风俗、物产、户口、赋役、学校、选举、职官、人物、灾异、艺文等,实际上是《史》《汉》的书志、世家、列传的发展、光大,而独立成本。

学术史的独立研究,宋以后逐渐发展。南宋朱熹著《伊洛渊源录》十四卷,成为理学研究的专著。明中叶至清初,有陈建《学蔀通辨》,冯从至《元儒考略》,周汝登《圣学宗传》,孙奇逢《理学宗传》,也是研究理学的专史著作。至清初黄宗羲著《明儒学案》《宋元学案》,使学术史完全成立。《明儒学案》六十二卷,将明代三百零八名学者,分前、中、后三个时期,按其学术特点,分为十九个学案分别论述。《宋元学案》一百卷(黄只写成《序录》及正文十七卷,其余由其子黄百家和门人全祖望续完),对于各学派一视同仁,不定一尊,分别论述。清初万斯同撰《儒林宗派》十六卷,起于孔孟,迄于明代,论述了历代儒家各派学术的源流、发展,对于上无师承,下无传人的儒者,也按其学术特点附录于各派之后。这些学术史的研究专著,溯其源,实出自《史记》中的《儒林列传》等。清中叶阮元著《畴人传》,以后经罗士琳、诸可宝、黄钟骏分别续补,共为四编七十一卷,收录上古迄清末天文律历等方面的科学家八百六十八人,成为学术史中科学史的专著。此书实际上亦是源自《史记》中的《天官书》《历书》等。

《史记》中史学研究对象上做出的最大贡献,是确立了人本位,以人为中心。《史记》的本纪、世家、列传,基本上是人传;表是人谱;书是人事、人传。此后历代修史便都遵循人本位的"祖制"。历代正史中的本纪、列传、表基本上都是大端。正史之外的书志体、地方志,也都是以人为本位。学案、《畴人传》等,更是人本位的体现。又如魏晋时谱学兴起,"人尚谱系之学,家藏谱系之书",修家谱、姓氏谱成风。这是当时门阀制度产生发展的反映,而其史学渊源,实亦与《史记》中的诸表及某些世家相承。表、谱实同类。其对象,仍是人本位。从此以后,中国各地修家谱、族谱长盛不衰,其规模为世界绝无仅有。到清代,谱学之中,年谱修纂异军突起。年谱以人为本位,是人物传的发展,而编年之法又类本纪、表、谱,可见不脱《史记》规范。

3. 创立了中国传统史学的基本研究方法

《史记》研究的基本方法之一是本纪、列传、表、书、世家五体合一,其中心为纪、传,创立了纪传体。这种新体裁、新方法,以人为本位,得到历代史家认同;人本位中心又以帝王为中心,亦得帝王赞许;本质上与封建等级制度、伦理道德合拍,所以很快就被封建帝王、封建史学尊为封建史学的"正统",就如儒家思想被定于一尊、奉为封建思想正统一样。因此"百代而下,史官不能易其法,学者不能舍其书"①,"自此例一定,历代作史者,遂不能出其范围,信史家之极则也"②,是必然的了。

本纪,是《史记》的"科条",即纲领,位于第一。刘知几《史通》说:"盖纪之为体。犹《春秋》之经,系日月以成岁时,书君上以显国统"③。本纪的主要对象是帝王,使帝王为中心、尊帝王得以体现。《史记》以降的正史,一直到

---

① (宋)郑樵:《通志·总序》。
② (清)赵翼:《廿二史劄记》卷一《各史例目异同》。
③ 《史通·本纪篇》。

《清史稿》,均有本纪,位于第一。表、志,间或有缺、漏,然本纪是不会缺的。没有本纪,便不成正史。帝王制度被推翻,然修史不缺本纪的封建史学传统依然影响很大,不仅《清史稿》如此,柯劭忞重修《新元史》亦是如此。《新元史》并被北洋军阀政府总统徐世昌下令列入正史,所谓"二十五史",此时已是1921 年 12 月了。

表,《史记》位于第二,很重要。实际上创立了史表的体裁和方法。虽然《史记》以后有一些正史,如《后汉书》《晋书》《隋书》《旧唐书》《旧五代史》等均缺表,但《宋史》以下的诸正史等均设表,且《后汉书》等诸史所缺之表,后世史家纷纷溯而补之。宋熊方首作《补后汉书年表》十卷,其自序云:"臣闻昔司马迁、班固之为史皆谨于表年,从《春秋》之法大一统,以明所授,盖天子之事也。至范晔作东汉史仅毕纪传而表志未立。萧梁时刘昭补注旧志,又不及表,殆非圣人所以辨正溯、存褒贬之意,史家大法于此堕废。"指出编纂史书不作表,就是毁废"史家大法",所以补作《后汉书年表》。至清诸以敦,又作《熊氏后汉书年表校补》五卷,《补遗》一卷。此外,清钱大昭、万斯同、黄大华、华湛恩、练恕、沈维贤等也补作了《后汉书》各表。自《后汉书》之表被补作以后,各史所缺之表均被补齐。乃至已有表之史,也再行补作一些表。如万斯同撰《宋大臣年表》二卷,钱大昭撰《补元史氏族表》三卷等等。现《二十五史补编》所收东汉至明各史的补表凡一百三十七种,蔚为大观。后世史家不仅补前史所缺之表,更有很多人专以史表为史学研究的体裁。宋李焘撰《历代宰相年表》三十四卷,起西汉迄后周。清齐召南撰、阮福续补《历代帝王年表》,始三王五帝迄明。黄大华撰《历代帝王年表》则起唐尧,迄清光绪,并将农民起义政权和割据政权也一一附记。清吴廷燮又撰《历代方镇年表》五十六卷,将汉至清的地方大员的事迹一一表见。此外,清胡子清撰《历代政要年表》,王之枢撰《历代纪事年表》,黄本骐撰《历代纪元表》,乾隆年间又官修《历代职官表》。梁启超在《中国历史研究法》中指出:"《史记》创立千年,开著作家无量法门。"作表是驭繁就简的一个极好的方法。近代西方史学中提倡历史统计学,多用表,虽然其思想观点、对象内容已属于资产阶级的范畴,而其方法则不过是司马迁史表方法、体裁的发展。林传甲著《中国文学史》专设《史记十表创统计学之文体》一节,说:"今历史新裁,尤以图表为重,实不能出史迁范围,观《三代进世》,则今古帝王之统计也。《十二诸侯年表》《六国年表》,则强大各国之统计也。"汉代诸表"皆汉室之统计也"。资产阶级史学理论,从历史统计学的理论高度来评价司马迁的史表方法。司马迁的史表方法和体裁是不能和资产阶级的历史统计学等同的。但司马迁在两千多年以前就注重和提倡史表的方法体裁,其史学理论和方法论上的识见,在中国是杰出的,在世界史学史上也是杰出的。

书,《史记》列第三位。自《汉书》改"书"为"志",增加篇目,遂形成"书志体",或称"政书体""典志体"。后世史家都肯定之、遵循之。历代修正史多有志,其缺者后世史家也纷纷续补。至唐代刘知几子刘秩作《政典》,遂出现书志体的专著,只是篇幅小,影响不大。至杜佑作《通典》二百卷,上起唐虞,下逮隋唐,从食货、选举、职官、礼、乐、兵、刑、州郡、边防等方面分门别类论述了国家大政、典章制度的发展,成为影响巨大的"书志体"专著。大大扩展了"志书体"的领域,也大大提高了志书体在史学研究体裁、方法上的地位,引起了更多史学家的重视,甚至也引起了统治者的重视。继《通典》之后,宋郑樵作《通志》,元马端临作《文献通考》,于是号称"三通"。至清朝官修《续通典》《续通志》《续文献通考》《清通典》《清通志》《清文献通考》,遂有"九通"之称。后刘锦藻又撰《清朝续文献通考》四百卷,续乾隆至清亡。又有"十通"之称。此外"会要""会典"也是"书志体"的左右军,使书志体更为壮大、壮观。会要多断代,唐时苏冕、扬绍复等即开始修纂《唐会要》,论载唐代国家大政、典章制度。后由宋重修整理,成《唐会要》一百卷。王溥又撰《五代会要》三十卷。此后南宋末年徐天麟撰《西汉会要》七十卷,《东汉会要》四十卷。至清孙楷撰《秦会要》二十六卷。杨晨撰《三国会要》二十二卷。徐松撰《宋会要辑稿》三百六十六卷。龙文彬辑《明会要》八十卷。姚考渠又辑《春秋会要》《清会要》。汪北镛辑有《晋会要》。元代官修《元典章》述国家大政、典章制度。以后明官修《明会典》,清官修《清会典》。书志体的内容、对象日益发展起来,书志体的地位也日益提高,并且成了宣扬封建典章制度、为统治者安邦直接服务的工具。这和司马迁设书体的初衷正相符合。足见司马迁的眼光远大,创修史方法的深远影响。

世家,主要用来记载诸侯或相当于诸侯的人。世家中的人物一般比本纪中帝王等级低,比列传中人物等级高。先秦诸侯国的发展,是社会生活、政治生活的重要内容。因此,《史记》中的世家,先秦部分又有国别史的色彩。汉代部分,则多为人物传记。《史记》创世家一体,是与反映一定的历史内容分不开的。《汉书》废世家一体,一是因为《汉书》断代为史,不必反映先秦诸侯国历史,二是因为汉代的诸侯王势力弱小,已不成其为"国"了,汉诸侯王都列入列传,自然世家一体就无存在的必要了。历代正史中,多数不设世家一体,就是不需要论载"国别史"。而唐修《晋书》,为了述十六国史,于纪、传之外设"载记"一体。载记是论载国别史的,这与世家同,只是体裁名称不同。宋欧阳修修撰《五代史记》①,为了反映各割据国的历史,宣扬"尊王攘夷",复采世家体,撰世家十卷,世家年谱一卷。元修《宋史》,为了反映宋初残存的南唐、吴越、后蜀、北汉、南汉、荆南的国别史,亦复采世家体,撰世家六卷。这表明《史记》所创世家一体,对于后世修史仍是有影响的。

列传,在《史记》中虽位居最末,然篇幅最大,与本纪一起成为史书的两个大头。"纪传体"之名,正是纪、传是史书主体的反映。传体与纪体也同时成为封建史学中两种最基本的体裁、方法。以后历代正史中,表、志间或有缺,而传与纪一样,总不会缺。缺了传,不成为纪传体,自《史记》创纪传体后,传体的发展很快,并且从纪传体中独立出来,形成独立的编纂体裁。其较早、较有影响的是刘向的《列女传》八卷。嗣后,梁释皎有《高僧传》十四卷。元辛文房有《唐才子传》十卷。清阮元有《畴人传》四十六卷。这些是分类的人物传记专著。此外也有断代的人物传记专著,如南宋杜大珪有《名臣碑传琬琰集》一百零七卷,是宋代人物传记专著。清钱仪吉的《碑传集》八十六卷,是清代人物传记的专著。此外还有个人传记的专著。研究历史人物,传记体往往恰到好处,而用书志体、表体都有局限性,研究历史人物又是史学研究中的一个大头,所以传体的运用特别广泛,正史、野史、杂史、笔记、札记、文集、方志中都有传体,传体资料是我国古代留存的资料中最多的一种。研究历史人物是历史研究中的一个永恒的题材,所以传体的生命力也就特别强。到了今天的时代,本纪、世家的体裁已被淘汰,而传体则仍在发扬光大。各种人物传,分类的人物传,分代的人物传,个人的人物传,仍在一批接一批的涌现。足见《史记》所创方法、体裁光被万世之功了。

《史记》研究的基本方法还有通史体裁方法。通史,即古今融会贯通。司

---

① 通称《新五代史》。

马迁所以著通史,因为"通古今之变"有利于"稽成败兴坏之理",有助于"成一家之言",即研究通史有益于总结历代的经验教训为现实服务,志古鉴今,有益于探索历史发展的某些规律,以往知来。通史体裁方法,在史学天空中是有优越性的。司马迁创通史体裁后,一度未得到重视,然而埋藏至唐宋,其价值终于被抉发和承认,通史体裁重新大放光彩。刘知几著《史通》,好主张"总括万殊,包吞千有",提倡"通识",开创史学史研究之途径。杜佑著《通典》,开创书志体通史、典章制度之途径,以宣扬"酌古之要,通今之宜,既弊而思变"①。司马光著《通鉴》,开创编年体通史之途径,成为"鉴于往事,有资于治道"的帝王教科书。袁枢著《通鉴纪事本末》,开创纪事本末体通史之途径。朱熹著《通鉴纲目》,开创纲目体通史之途径。而郑樵《通志》,更使《史记》纪传体通史后继有人。郑樵不仅以《通志》继承《史记》,力图比《史记》更"博",更从理论上阐发通史义理。他《上宰相书》道:"天下之理,不可以不会;古今之道,不可以不通。会通之义大矣哉!"又说:"修书之本,不可不据仲尼、司马迁会通之法。"②只有通为一家,才能"极古今之变",知所损益。郑樵猛烈批评班固"失会通之旨","是致周秦不相因,古今成间隔"③,使人不知其所损益了。郑樵之后,马端临又进一步阐扬会通思想。他在《通考·总序》中说:"《诗》《书》《春秋》之后,惟太史公号称良史,作为纪、传、书、表。纪传以述理乱兴衰,八书以述典章经制。后之执笔操简牍者,卒不易其体。然自班孟坚而后,断代为史,无会通、因仍之道,读者病之。""孔子曰:'殷因于夏礼,所损益,可知也。周因于殷礼,所损益,可知也。'此言相因也。自班固断代为史,无复相因之义。虽有仲尼之圣,亦莫知其损益。会通之道自此失矣。"马端临认为"变通弛张之故,非融会错综、原始要终而推导之,固未易言也"。即只有通史体裁才有利于探讨变通弛张的原因,从而看到"古今异宜","其势然也。"清章学诚著《文史通义》有《释道》一篇,指出:"通史之修,其便有六:一曰免重复,二曰均类例,三曰便铨配,四曰平是非,五曰去抵牾,六曰详邻事;其长有二:一曰具剪裁,二曰立家法。"认为修通史,可以"纲纪天人,推明大道","通古今之变,而成一家之言"。他不仅称赞司马迁,也称赞郑樵"生千载而后,概然有见

① 《通典》卷一二《食货·后论》。
② 《夹漈遗稿》卷三。
③ 《通志·总序》。

于古人著述之原,而知作者之旨……独取三千年来遗文故册,运以别识心裁,盖承通史家风,而自为经纬,成一家言者也"①。从以上诸史家的言论中,可以看到通史体裁、方法的进步性、优越性,可以看到司马迁所创体裁、方法对于后世史学、史家的影响。

《史记》研究的基本方法,除了体裁以外,最重要的是直笔实录的方法。这种方法,在史学研究的学术意义上来说是促进史学研究达到"实""信"的研究方法,是提高和维护史学研究的学术价值,使史书成为"信史"的研究方法,是有某种合理因素的。在史学研究的政治意义上来说,这种方法有助于正确总结经验教训,有益于宣传社会道德,使史学研究更好为封建统治者服务。在史学研究的道德意义上来说,这种方法是封建社会道德在史学研究方法上的反映,即封建史德的反映。"直"是封建道德的基本内容。正因为如此,所以这种方法经司马迁倡导、实践以后,得到了历代正直、进步史学家的肯定、继承,形成了中国古代优良的史学传统。班固称赞司马迁著《史记》,"其文直,其事核,不虚美,不隐恶,故谓之实录"②。刘知几主张"良史以实录直书为贯"③。认为"邪曲者,人之所贱而小人之道也;正直者,人之的贵而君子之德也"④。司马光著《通鉴》,也继承了司马迁据事直书的优良传统,主张"据其功业之实而言之"。郑樵著《通志》,也主张据事直书,反对任情褒贬,提出"史册以详文该事,善恶已彰,无待美刺"⑤。这种直笔、实录的方法,不仅在封建史学研究方法论及理论上有合理性,就是从资产阶级历史学理论,从无产阶级历史学理论来看,也是有某些合理因素的。所以资产阶级史学家梁启超称赞道:"其怀抱深远之目的,而又忠勤于事实者,帷迁为兼之。"⑥无产阶级史学家翦伯赞称赞道:"从《史记》中,我们到处可以看到司马迁在大胆地进行他的历史批判。他用敏锐的眼光,正义的观察,怀疑的精神,生动的笔致,沉重而动人的语言,纵横古今,褒贬百代。"⑦侯外庐称赞道:"从《史记》的内容来看,可以

---

① 《文史通义》内篇《申郑》。
② 《汉书》卷六二《司马迁传》。
③ 《史通》卷一四《惑经》。
④ 《史通》卷七《直书》。
⑤ 《通志·总序》。
⑥ 《中国历史研究法》,第 23 页。
⑦ 《中国历史学的开创者司马迁》《中国青年》1951 年总 57 期。

说天才纵横的司马迁,企图对三千年的历史图景编制出前人所不能做的总结,特别是企图把汉兴以来的当代社会图景,创制出当代学者所不敢做的'实录'"①。这说明司马迁提倡的直笔实录方法,不仅资产阶级的史学研究可以借鉴,无产阶级的史学研究也可以批判地继承。这更说明司马迁史学方法的深远影响了。

《史记》研究中运用的一些具体的方法,对后世史学研究也有很大的影响。如《史记》中的"太史公曰",有的学者称之为"赞""序",有的学者称之为"史评"。《史记》开"史评"之例,后世史记纷纷仿效,只是用词略加变化。《汉书》称"赞",《后汉书》称"论",《三国志》称"评",《宋书》《隋书》《旧唐书》等称"史臣曰"。《新五代史》史评没有名称,只用"呜呼"二字起头,史评的形式仍然存在。这是史评方法对历代史家的影响。

如《史记》中采用的类传方法,也为后世修正史者继承。历代正史中每史都有各种类传。至近代魏源重修《元史》,成《元史新编》,更将类传与历史分期相结合,使类传方法大放光彩。致使梁启超格外垂青类传方法,主张用类传方法改造二十四史。直至今日,类传方法仍沿用不衰②。

① 《司马迁著作中的思想性的人民性》《人民日报》1955 年 12 月 31 日第 3 版。
② 详见周一平:《中国传统类传方法的发展与瞻望》《华东师范大学学报》1990 年第 1 期。

第五章 创立传记文学

《史记》的文学成就和贡献是多方面的,语言运用、散文成就、小说创构、传记文学,无论从哪一个方面去看,司马迁都堪称大家。《史记》文学的最高成就应该是在实录史事的基础上,刻画了典型形象的传记文学。本章从传记文学的角度,抉发司马迁的文学成就,着重点是司马迁的写人艺术,即怎样塑造历史人物,以及对后世的影响。

一、《史记》的写人艺术

《史记》取得了令人瞩目的文学成就,表现之一就是塑造出了一系列家喻户晓的人物形象:秦皇汉武、刘邦项羽、张良韩信、李斯张汤等等,不可胜数。历史著作塑造人物形象有许多不利条件,为什么司马迁却能取得这样的成就?这就是我们在这里要探讨的问题。

文学家可以根据生活发展的逻辑进行虚构,进而创造出具有典型意义的人物形象;而历史学家只能真实地记录历史上曾经发生过的事实,没有改变史实情节和原貌的权利;要想创造出生动的人物形象,不啻于戴着镣铐跳舞。但是司马迁却通过各种手段,突破了这种限制,实现了史学与文学的统一,创造了奇迹。金圣叹:"《史记》是以文运事,《水浒》是因文生事。以文运事,是先有事生成如此,却要算计出一篇文字来。虽是史公高才,也毕竟是吃苦事。因文生事即不然,只是顺着笔性去,削高补低都由我。"看《史记》,就是看它如何"以文运事",即用什么样的语言、方法来处理这一大堆既定的素材——如何点铁成金。

司马迁的匠心从体例的确立、材料的取舍、结构的设计到写作技巧的运用等各个环节都有明确的体现。

1. 体例的选择, 以人为主的纪传体的确立

写人本不是史学家的必然要求。司马迁以前的史学著作或为编年体, 或为国别体; 或记事, 或记言。编年以事系人, 人为事件的附庸; 记言则将一个人的故事集中编排、有集中表现某一人物的倾向, 但材料还是机械组合, 并非有机组合。不管体例如何, 它们都很成功, 都不失为中国史学史上的经典。也就是说, 体例是否为纪传体, 并不影响作品的史学价值。而司马迁五体设计的意图何在?《太史公自序》明确地做了回答, 那就是为写人而创设。集中叙写人物的列传, 就是为了表彰"扶义俶傥、不令己失时, 立功名于天下"的人。立功、立名、立言是儒家的追求。司马迁写《史记》而立言, 也同时将历史人物的功、名记载下来, 给别人"立名"即通过"立人"而"立己"。因而纪传体的体例设计是司马迁将写史、立人、立己三者合为一体的表现。

纪传体的创立打破了以前的史书分国或系年纪事, 人作为事件的附庸出现的旧例; 它以人为本, 使作者有可能更充分更集中地刻画人物性格, 并较完整地写出人物的命运; 这与叙事文学主要靠描写人物来反映生活的这一特征, 在精神实质上是一致的。高尔基说过:"文学就是人学。"因而, 纪传体不仅成为后代史书的固定体例, 最重要的是它也成为后代传记文学和小说的不祧之祖。司马迁以非凡的热情和无限的创造力独创了纪传体体例, 为塑造成功的人物形象提供了基本保证。

2. 选择材料, 刻画人物, 使用互见治文史于一炉

司马迁其目的有二: 勾勒历史、表彰先进; 而表彰先进必须写出人物的特点, 即塑造出人物形象, 才能传之久远。也就是说勾勒历史、表彰先进、塑造人物是司马迁写历史人物的三个原则。在不损害历史之真的原则下, 以文运事, 主要的手法就是对材料做取舍, 以服务于人物形象的塑造。

(1) 勾勒历史。司马迁选择人物时, 注重选择各类典型人物, 并以历史贡献的大小为标准, 不以血统尊卑和爵秩高低为转移。然而作为一部历史, 有许多人物是不容选择的。一是对历史进程作出巨大贡献的人物, 例如楚汉相争的那些风云人物, 各有许多典型的事迹, 司马迁一一立传。而无所建树的人物, 如传代数世的长沙王吴芮就不为立传, 谱入年谱足矣。二是帝王贵戚, 列侯显宦。这些人《史记》中约有数千之名, 十数倍于列传人物, 司马迁则用本纪、年表、世家分别加以记载, 用以勾勒历史发展的线索和态势, 绝大多数并无形象的塑造。选择事件的标准也是如此。司马迁在《留侯世家》中示例说"留侯从上击代,出奇计马邑下,及立萧何相国,所与上从容言天下事甚众,非所以天下存亡,故不著"。作为刘邦的主要谋臣张良"言天下事甚众",司马迁删去枝蔓,只选择了关于刘邦争天下的运筹大事,一方面反映历史,一方面也突出了张良的善谋,做到了反映历史与刻画人物的统一。

(2)表彰先进。如前所述,没有突出事迹的人物,即使王侯贵戚,不为论载。司马迁在《张丞相列传》中交代说:"自申屠嘉以后,景帝时开封侯陶青、平棘侯薛泽、武强侯庄青翟、高陵侯赵周等为丞相,皆以列侯继嗣,娖娖廉谨,为丞相备员而已,无所能发明功名有著于当世者。"这就是说,即便是封侯拜相的显赫人物,尸位素餐,不为立传。反之,"能亦各有所长"的佞幸,"谈言微中,亦可以解纷"的俳优,"取与以时而息财富"的商贾,甚至刺客、游侠、医卜、日者等社会下层人物,只要对社会有所贡献,司马迁均一一作传予以表彰。

(3)塑造形象。有一些事,对表现历史发展的进程没有多大关系,于表彰先进意义也不大,但司马迁还是选择了。这些事也许是小事,也许荒诞不经,看似闲笔,无关宏旨,但往往能反映真实的人性。人的一生不光是令人炫目的事功,毕竟人有七情六欲,一生中更多的是琐碎的小事,选择一些极典型的小事,使人物更血肉丰满,也拉近了人物与读者的距离。如刘邦的溲溺儒冠、嘲讽太公;项羽学书学剑学兵法、慷慨别姬;李广杀霸陵尉、射虎中石没镞;韩信受漂母之恩;李斯叹仓鼠厕鼠;张汤掘鼠等都纯粹为人物形象塑造计。这些小事或者是人物深层心理的偶尔表露,或者是人物日后行动的根本动因,如画像上的一痣一髭一样,最具特色。这些从历史的角度应该删去的枝枝节节,反而往往给人物形象增色。历史记叙以大事为主,而细节小事是可以忽略的,但刻画人物,往往是选用小事最传神。而司马迁却深谙其妙,运用得得心应手。真正成功的人物形象,无不写到了真正的人性,写出了生活原有的生动性、复杂性,而《史记》对逸闻小事的重视,正是它的许多人物形象得以成功的关键。

还有一些人,虽然是重要的历史人物,如古史所载皋陶、伊尹、傅说、仲山甫、柳下惠等,为历史的发展也做出了贡献,但由于年代久远,具体的事迹已模糊,写出来人物形象未免干瘪,司马迁也不为立传。七十列传过半数是汉代人物,大都为司马迁所亲见或所闻,因而形象也鲜明。

另外,司马迁还常常选择那些与历史进程没有关系的奇事。书中用了许多"奇"字:奇才、奇兵、奇节、钓奇、奇货可居等;《陈丞相世家》称赞陈平的智谋,用了七个"奇"字;《淮阴侯列传》用了九个"奇"字等。司马迁所好的"奇"有两个含义,其一即人们所说"司马文奇,班氏文正",这个"奇"是指《史记》的激进思想,是与当时的封建正统思想对立的观念。如按常理,老百姓应该安分守己,不能犯上作乱。可"不轨于正义"的游侠,首难反秦的陈胜、吴广都受到了司马迁的赞扬;儒家主张舍生取义,以死殉名,可《史记》记载了伍子胥、范雎、蔡泽、韩信、魏豹、彭越、管仲、季布等"不羞小节而耻功名不显天下"的人。儒家主张"男女授受不亲",但《史记》却记载了文君私奔相如和太史嫩女"不取媒因自嫁"等故事。其二包括一切非常的、不一般的、异于凡俗的人、事、传闻等,即胡应麟批评司马迁所说的"不求大体,专觅奥僻,诩为神奇"同稗官小说接近的特点。如写人的状貌之奇:刘邦"隆准而龙颜,美须髯,左股有七十二黑子",项羽的"重瞳子";写人的生理之奇:周昌口吃,李广猿臂,司马相如消渴疾等;人的名号之奇,郅都号"苍鹰",石奋号"万石君",李广号"飞将军"等;写人的遭遇之奇:张良的圯上奇遇,蜀卓氏迁房而暴富,窦姬误至代而得福等。传奇性显示了《史记》希望塑造出高于生活的形象的倾向;因为常人不及的形象更容易被人引为谈资,广为传诵。这种传奇倾向,在题材和内容上给后代小说家以深刻的启迪。

司马迁对史料的选择、剪辑,在客观上正好暗合了文学创作要求选择典型事件、突出人物性格的典型化原则。

3. 结构的安排,情节故事化

《史记》重要人物的传记,大都按时间顺序纪事,包举一生行事,开篇写姓名、乡里、家世、生辰,结尾述其死,人物一生言行,构成首尾完备的故事。《项羽本纪》写一个盖世英雄如暴风骤雨兴灭的故事,《高祖本纪》写一个布衣登基的故事,《李将军列传》写李广不遇时的故事,《魏其武安侯列传》写窦婴、田蚡等人互相倾轧的故事等等。而且人物一生言行的情节发展也故事化。如《李将军列传》,重点记述李广追杀匈奴射雕者、佯死脱险、斩霸陵尉、右北平射虎没镞、破左贤王之围、不对簿自刎等六个故事,展现他一生"数奇"、怀才不遇的悲剧故事。《廉颇蔺相如列传》重点有三大故事,即完璧归赵、渑池之会、负荆请罪。中间穿插赵奢、赵括、李牧事迹,也可分解为若干故事。司马迁写人物言行的一个细节,一个场面都可构成故事。如《陈丞相世家》写陈平为

宰分社肉的故事,由三十六字对话构成。其文曰:

> 里中社,平为宰,分肉食甚均。父老曰:"善,陈孺子之为宰!"平曰:"嗟乎!使平得宰天下,亦如是肉矣!"

这一简短对话,描写了陈平的抱负和怀才不遇的慨叹,在对话中父老的赞语也反映了陈平的为人。对话具有故事性,使读者仿佛看到了说话人的神情。

把人物言行化为生动具体的故事,用以揭示人物的思想面貌,着墨不多,却能表现出人物特有的个性。所以,司马迁在选择材料和谋篇布局中,常常穿插生活小故事。如《淮阴侯列传》开篇写韩信少时穷困受辱,极具匠心地组织了三个小故事展现人物的思想情志。其一,写韩信怒绝南昌亭长,表现了他对世态炎凉的憎恶,对势利小人的唾弃。其二,写韩信为言报答漂母施饭之恩,表现了他以德报恩的忠义思想。其三,写韩信遇恶少年而"熟视之,俯出胯下",表现了他的忍耐性格。这三个小故事表现的精神气质,照映了韩信的一生。韩信怒绝南昌亭长,为他后来背离项羽伏笔。韩信报答漂母和俯出胯下,正是他不背德汉王,即使被夺兵、徙封、诈捕、降爵,都能逆来顺受的思想基础。又如《酷吏列传》写酷吏张汤,用他审讯老鼠盗肉的故事开头:"张汤者,杜人也。其父为长安丞,出,汤为儿守舍。还而鼠盗肉,其父怒,笞汤。汤掘得盗鼠及余肉,劾鼠掠治,传爰书,讯鞫论报,并取鼠与肉,具狱磔堂下。其父见之,视其文辞如老狱吏,大惊,遂使书狱。"这个小故事活脱脱刻画出张汤酷烈毒辣的性格,为以后治狱刻深作了铺垫,给读者留下深刻印象。《李斯列传》,司马迁用四次叹息的细节描写做眼,展示李斯人物个性的发展,写活了李斯。李斯见厕鼠、仓鼠的不同处境一叹,贵为丞相一叹,篡改遗诏一叹,具五刑一叹。这四叹深刻地揭露了李斯利己主义的人生观,从而刻画出封建统治阶级的杰出人物,一个既极端自私又抱负不凡的双重性格的人物形象。

《史记》中人物传记最精彩的篇章,也是故事性最强化的名篇。《刺客列传》《游侠列传》每一人物传记都是一个完整的故事。《魏公子列传》主要写信陵君虚左迎侯生、辞诀侯嬴、从博徒卖浆者游等故事,至于他救赵抗秦的大事件,也化做窃符救赵的故事。历史人物的事实不能虚构,但是通过选择、剪裁、集中、布局等各种手法,进行故事化的构思,也就是人物典型化的过程。可以说,情节故事化是司马迁创作人物典型化的一个最基本的方法。

4. 运用各种文学手法塑造人物

（1）通过典型的细节描写来刻画人物形象。细节描写是文学作品塑造艺术形象的重要手段之一。司马迁写人物传记，除了抓住人物一生中的重大事件作浓墨重彩的渲染外，还非常注意选择一些典型细节作精雕细刻，从而很好地表现出人物的性格特征，揭示出人物的精神风貌，如《陈涉世家》写陈涉的佣耕叹息，《留侯世家》写张良亡匿下邳时为圯上老人进履，《孙子吴起列传》写吴起杀妻求将及其为士卒吮疽，《万石张叔列传》写石建奏事误书"马"字的惶恐和石庆以策数马的拘谨，《酷吏列传》写张汤幼年审盗肉之鼠的干练，等等，这些脍炙人口的精妙细节，对表现人物的志趣抱负，性格好尚都起了积极作用，有些甚至和人物的一生行事都有关系。清代章学诚说："陈平佐汉，志见社肉；李斯亡秦，兆端厕鼠。推微知著固相士之玄机；搜间传神，亦文家之妙用也。"《史记》中，凡是生动典型的艺术形象，其中肯定都有生动活泼的细节描写。刘邦是司马迁笔下最生动的人物之一，因此《史记》中关于刘邦的细节描写也最多。例如当刘邦从汉中杀回来，收复了关中，再向东打到洛阳的时候，文章说："至洛阳，新城三老董公遮说汉王以义帝死故，汉王闻之，袒而大哭，遂为义帝发丧，临三日。"这"汉王闻之，袒而大哭"八个字，把刘邦那种随机应变，见景生"情"的本领表现得清楚极了。明代凌稚隆说："汉王袒而大哭，特借此以激怒天下，非真哀痛之也。要知项羽不杀义帝，汉王又岂能出义帝下者？项羽特为汉驱除耳。"当刘邦与项羽相持于荥阳，项羽亲自挑战，刘邦骂项羽有十条罪状，而后文章写道："项羽大怒，伏弩射中汉王。汉王伤胸，乃扪足曰：'卤中吾指！'"这里也把刘邦的神情写活了。刘邦果然是机灵，脑瓜转得快，这一着实在太重要了。张守节说："恐士卒怀散，故言中吾足指。"日泷川资言说："变起仓卒，而举止泰然如此，汉皇非徒木强人也。"这对于蒙骗敌人，稳定自己的军心，起着非同小可的作用。

淮阴侯韩信也是司马迁聚精会神描写的人物之一。《淮阴侯列传》中有许多细节描写也是异常精彩的，例如作品开头写韩信早年穷困时受人欺侮的情景说："淮阴屠中少年有侮信者，曰：'若虽长大，好带刀剑，中情怯耳。'众辱之曰：'信能死，刺我；不能死，出我胯下。'于是信熟视之，俯出胯下，蒲伏。一市人皆笑信，以为怯。"明代董份说这里"形容如画"。清代吴见思说："'出胯下'，辱矣，下益'蒲伏'二字，写胯下之状极其不堪，然上有'熟视之'三字，而信之筹画已定,岂孟浪哉!"

当韩信平齐,遣人向刘邦请求为假齐王时,"汉王大怒,骂曰:'吾困于此,旦幕望若来佐我,及欲自立为王!'"下面可能就要说"发兵坑竖子"了,这时张良、陈平一蹑其足,刘邦立刻醒悟,于是"因复骂曰:'大丈夫定诸侯,即为真王耳,何以假为!'"这是多么活灵活现的一场戏啊!明代钟惺说:"往复骂得妙,转变无迹。"清代何焯说:"人见汉王转换之捷,不知太史公用笔入神也。他人不过曰'汉王怒,良平谏,乃许之'。"这个细节不仅表现了刘邦脑瓜的绝顶聪明灵活,而且埋下了韩信日后倒霉遭祸的伏笔。

(2)铺写矛盾冲突集中、尖锐的场面,是司马迁描写历史人物的又一重要手段。荆轲是司马迁塑造的人物画廊中的一位相当出色的人物,作品在精心描摹场面,突出人物的英雄气概上,取得了显著成就。如作品写荆轲离燕入秦,燕太子丹为之送行的场面时说:"太子及宾客知其事者,皆白衣冠以送之。至易水之上,既祖,取道,高渐离击筑,荆轲和而歌曰:'风萧萧兮易水寒,壮士一去兮不复还!'复为羽声慷慨,士皆瞋目,发尽上指冠。于是荆轲就车而去,终已不顾。"在这个场面上出现的形象是秋风、寒水、白衣、击筑、豪歌、发指、瞋目。在这样一派惊心动魄的氛围中,作者再加了荆轲即景作歌这样画龙点睛的一笔,于是就使得文章通体皆活,使荆轲的形象、气质,以及这个易水送别的场面立刻变得更加慷慨淋漓,姿态横生了。明代董份说:"荆轲歌易水之上,就车不顾。只此时,懦士生色。"孙月峰说:"只此两句,却无不慷慨激烈,写得壮士心出,气盖一世。"作品在描写秦廷惊变的场面时,用笔尤为绝伦。开始作者先写了蒙嘉对秦王的一套奉承,秦王就是带着接受降书降表那种得意的心情来接见荆轲的。整个咸阳宫里的威严好不吓人,以至于使秦舞阳这个有名的大勇士都一下被吓昏了。这种极力的铺陈渲染,起着一种欲抑先扬的作用。当图穷匕首现,荆轲持匕首刺向秦王的时候,整个大殿上的人都被吓呆了:"秦王惊,自引而起,袖绝。拔剑,剑长,操其室;时惶急,剑坚,故不可立拔。荆轲逐秦王,秦王环柱而走。群臣皆愕,卒起不意,尽失其度。而秦法,群臣侍殿上者,不得持尺寸之兵;诸郎中执兵,皆陈殿下,非有诏召,不得上。方争时,不及召下兵,以故荆轲乃逐秦王。而卒惶急,无以击轲,而以手共搏之。是时,侍医夏无且以其所奉药囊提荆轲也。秦王方环柱走,卒惶急,不知所为。左右乃曰:'王负剑!'负剑,遂拔,以击荆轲,断其左股。荆轲废,乃引其匕首以掷秦王。不中,中铜柱。"这是多么眼花缭乱的描写啊!秦王一边拔剑,一边绕柱奔跑,荆轲在后紧追不舍,殿上殿下的群臣百官一片慌乱,以手搏的,以药囊打的,着急害怕而又不敢上殿救驾的,千态万状,如在目前。语文短促,气氛紧张。吴见思说:"凡二十九字,为十句,作急语,然又详尽如此。"又说:"此时正忙,作者笔不及转,观者眼不及眨之时也,乃偏写'剑长操室',又写群臣及殿下诸郎及夏无且,然偏不觉累赘,而一时惶急,神情如见。"《史记》中紧张、精彩到这种程度的描写也并不甚多,只有《项羽本纪》《吕后本纪》《廉蔺列传》《田单列传》等少数篇章可以与之并提。如果说易水送别的场面重在表现荆轲的视死如归,那么这个刺秦王的场面则有力地展示了荆轲临危不惧,宁死不屈的一腔豪气,使人对这位顶天立地的勇士肃然起敬。我们很难设想,如果司马迁对荆轲刺秦王只用三言两语概述其过程,而没有这些精彩的场面描写,荆轲的形象就不会像今天看到的这样高大,这样雄武,这样具有振奋人心的感染力量!

《项羽本纪》中写矛盾、写场面最精彩的以鸿门宴为最突出。灭秦以后,项羽和刘邦的这场冲突是必然的,不可避免的。但至于像今天《项羽本纪》所写的这个样子,则显然是出于司马迁的加工创造,我们只能把它看成是一个基本上有史实依据的短篇小说。在这里,作者描写了刘邦在张良等人协助下收买项伯,争取项羽,挫败范增,从而在鸿门宴这场惊心动魄的斗争中化险为夷的全过程,表现了刘邦随机应变的突出才能,对比了项羽的粗疏寡谋,优柔寡断,缺乏政治斗争的头脑与手段,预示了刘邦必将胜利,项羽必将失败的结局。作品的中心矛盾本来是刘邦和项羽,但在宴会上却表现得非常曲折复杂。开始时,矛盾急剧激化,矛盾的主导方面是项羽。但很快地随着项伯被刘邦收买,项伯又影响项羽,使项羽转成了动摇中立,而真正代表项羽利益的只剩下一个亚父范增了。因此,刘邦集团在整个宴会上的关键问题,就成了依靠项伯,进一步地争取、稳定项羽,而集中力量挫败范增。而刘邦一方,又主要不是由刘邦直接出面,而是以张良为代表。两个集团都不是铁板一块,刘邦手下有自甘做项羽的奸细曹无伤,项羽身边有刘邦的奸细项伯。但是在这个具体的宴会上,刘邦集团的人则是上下一心,团结一致,积极奋斗,有理有节;而项羽集团则是人心涣散,矛盾百出,优柔寡断,被动消极。刘邦集团的一举一动都是经过精心设计,导演安排的,即如刘邦"恳切"地对着项伯讲的,那一番话,第一次是刘邦让项伯转告给了项羽;第二次是刘邦亲自低声下气地对项羽讲的;第三次是樊哙大嗓门义正辞严地当众讲的。随着这三次言辞的说出,项羽的态度也就愈来愈向着有利于刘邦的方向转变。忠心耿耿的范增不甘心失败,他见机行事,一计不成,另生一计,因此使整个宴会上前波未平,后波又起。也正是在这种尖锐激烈的矛盾冲突中,使项羽、刘邦、范增、张良、项伯、樊哙等人物的心理个性,都得到了充分的表现。最后使人们遗憾地认识到,二十六岁血气方刚的项羽,是斗不过五十岁老奸巨猾的刘邦的。这是项羽一生事业,整个命运的转折点。类似这样千头万绪,这样激烈紧张,这样描写细密的作品,在《史记》以前我们还没有见过。宋代刘辰翁说:"叙楚汉会鸿门事,历历如目睹,无毫发渗漉,非十分笔力,模写不出。"

(3)注意人物的心理描写。在《史记》中,司马迁对重要人物的心理活动都有精心描绘,而且方法灵活多样。其一,是为人物安排一些言辞,让人物通过自白来表现其内心。这里最突出的例子是《李斯列传》。李斯的语言有独白、对话、文章三大类,三者各有其妙。

李斯的独白有四处,当他入仓见鼠时,他感慨地叹息道:"人之贤不肖譬如鼠矣,在所自处耳!"当他功成名就,盛极一时时,也喟然而叹道:"嗟乎,吾闻之荀卿曰:'物禁太盛',当今人臣之位无居臣上者,可谓富贵极矣。物极则衰,吾未知所税驾也。"当李斯为赵高所挟,决定依附逆乱时,他仰天长叹,垂泪太息道:"嗟乎! 独遭乱世,既已不能死,安托命哉!"当他为赵高所害,囚于狱中时,他仰天而叹曰:"嗟乎,悲夫! 不道之君,何可为计哉! 吾必见寇至咸阳,麋鹿游于朝也。"此外还有他临死前顾谓中子所说的:"吾欲与若复牵黄犬俱出上蔡东门逐狡兔,岂可得乎!"以上四段独白和一段"顾谓",是李斯的五叹,最集中地表现了李斯在各个时期各个关键时刻中最有代表性,而又最动心的感情流露。所叹的内容虽然不同,表现的喜怒哀乐尽管有异但是共同的一点,都是为了自身的得失荣辱而发。孔子曰:"鄙夫可与事君也与哉? 其未得之也,患得之;既得之,患失之,苟患失之,无所不至矣。"作者所刻画的李斯就正是孔子所说这样一种极端的典型。

李斯的对话有与荀卿的,有与始皇的,有与二世的,其中最精彩的是与赵高的对话。赵高利诱、威逼李斯篡改诏书废嫡立庶一节,两人往复六次,全文将近七百字。赵高稳操胜券从容自得地一说不成,又进一说,步步逼紧;李斯则色厉内荏,开始尚招架几句,继而则彷徨游移,最后完全被缴械制服。作者的笔像一柄神奇的手术刀,把两个人的心理剖解得昭明委备,细密入微。吴见思说:"李斯奸雄,赵高亦奸雄也。两奸相对,正如两虎相争,一往一来,一进一退,多少机权,默默相照。"

《李斯列传》与《司马相如列传》相同,都是《史记》中收文章最多的名篇,不同的是,《李斯列传》所收的这些文章都是与表现人物性格密不可分的,它们都是整篇人物传记中不可缺少的组成部分。即以《谏逐客书》而论,这篇文字像是最出以公心的,其实也突出地带着李斯自私好利的特点。明代董份说:"秦王性好侈大,故历以纷华进御声色之美启其心,此善说之术也。斯之阴逢迎二世之欲,已兆于此矣。"陈仁锡说:"极其佚乐以快主心,即上《督责书》意也。"徐孚远说:"李斯前《谏逐客书》,后建议坑儒,皆以自便也,使逐客时独议留斯,当无是书也。"这些话说得也许有点过分,但却是符合李斯性格的。《论督责书》最足以表现李斯的卑鄙灵魂,他为了保全自己,为了苟延一己之命,居然甘愿饮鸩止渴,倒行逆施,置一切国家民族,亲朋妻小,公理是非,以及生前死后的名声于不顾。这种由"私"字导致的祸国殃民,害人害己,是多么令人不寒而栗啊! 明代陈子龙说:"李斯方惧诛,而顾以督责劝其君者,非本情也,然亦如商君之自毙矣。"李斯下狱后,知不得活,及上书胡亥,言己之"七罪"。说是认"罪",其实是说反话,是铺陈自己的累累功勋。他上书的目的当然也有像司马迁所说的是"自负其辩,有功,实无反心,幸得上书自陈,幸二世之悟而赦之"。但我们看更主要的还是一种绝望之后的破罐破摔,是想把骨鲠在喉一般的无限委屈怨愤之情,来个一吐方快。但就是在这种时候,李斯也还是扬功匿过,不改他的口是心非,欺世盗名。明代凌稚隆说:"李斯所谓七罪,及自侈其极忠,反言以激二世耳。岂知矫杀扶苏蒙恬,以酿其君之暴,其罪更有浮者。"李斯对此承认了没有呢? 没有。尤其是他对自己一生受病的根源,更是到死不悟。这真是一个多么可鄙,又多么可悲的人物啊!

除了运用独白、对话、文章表现人物的心理活动外,司马迁有时还以人物自唱的诗歌来展示人物当时的内心世界,如冯谖的弹剑而歌,项羽的《垓下歌》,荆轲的《易水歌》,刘邦的《大风歌》,赵王刘友的《赵王歌》,朱虚侯刘章的《耕田歌》,汉武帝的《瓠子诗》,等等,都准确地揭示了人物当时的内心情感与思想活动。

其二,司马迁对有些人物的心理活动,有时不作直接描写,而是通过旁人的话予以揭示,写得比较含蓄。如《吕后本纪》写道:"孝惠帝崩,发丧,太后哭,泣不下。留侯子张辟强为侍中,年十五,谓丞相曰:'太后独有孝惠,今崩,哭不悲,君知其解乎?'丞相曰:'何解?'辟强曰:'帝毋壮子,太后畏君等。君今请拜吕台、吕产、吕禄为将,将兵居南北军,及诸吕皆入宫,居中用事,如此则太后心安,君等幸得脱祸矣。'丞相乃如辟强计。太后悦,其哭乃哀。"由"悦"到"哀",是吕后当时的心理变化,司马迁对之作了准确的把握和描写,非常生动。而且在这里,我们还看到了少年佞幸张辟强的善于揣摩人意和陈平见风使舵的自私灵魂。司马迁的这段文字,实际上起到了一石三鸟的作用。

其三,通过一两个表示心理状态的动词,直接揭示人物的内心世界,是司马迁用得最多的一种描写心理的方法。如《司马相如列传》写卓文君偷听相如弹琴时,"心悦而好之,恐不得当也"。用了"悦""好""恐"三个字,把卓文君的喜、爱、愁的复杂心理活动表现得清清楚楚。又如《吕后本纪》中对吕后的心理活动,司马迁常用"怒""大怒""恐""喜""不乐"等词语来加以状写,尤其是文中用了几十个"欲"字,如"太后欲侯诸吕,乃先封高祖之功臣郎中令无择为博城侯";"太后欲王吕氏,先立孝惠后宫子强为淮阳王",等等。明代凌约言说:"欲侯诸吕则有先封,而以'乃'字转之;欲王诸吕则有先立,皆太史公揣摩吕后本意,欲假公以济私也。"

(4)善于用对比烘托描写人物。如《魏公子列传》中,魏王的昏聩平庸与魏公子的胸有成竹、从容大度是一种鲜明对比,这在对博闻警一段中表现得极精彩;平原君的不识人、假爱士与魏公子的真识人、真爱士又是一种鲜明对比,这在对待毛公、薛公上表现得清楚极了;侯嬴的阴鸷深谋、老成持重与魏公子的宽厚慈和、热诚仁爱又是一种对比,这在筹划杀将夺符时表现得异常明显。再如《荆轲列传》在描写荆轲的同时,还写了田光的侠肝义胆,他是为了极力促成荆轲刺秦王、为了激励荆轲、坚定荆轲的反秦信念而自杀的。田光这种死的意义,与《魏公子列传》中侯嬴的死意义相同,都是因为自己的年事已高,不能亲自去参加抗秦活动了,于是便以自己的死来激励、来强化魏公子、荆轲等这种当事人的信念与决心。此外作品还写了樊於期为助成荆轲刺秦,而献出了自己的人头。作品最后又写了高渐离的刺秦,作为荆轲此举的余波。这些人都是一些见义勇为、奋不顾身的激昂慷慨的人物,他们彼此映照,互相激荡，从而更加陪衬了荆轲，更突出了荆轲这一活动的意义。后世人们所说的"燕赵多慷慨之士"，就是针对这一群豪侠而言的。

司马迁用对比手法写人，除了在同一篇中的对比外，还有此篇与它篇之间的对比，如《魏公子列传》之与《孟尝君列传》《平原君列传》《春申君列传》。四位公子的相同之处只是"好养士"，而四人的思想品质、精神境界的差别是难得以道里计的。魏公子的性格、形象正是在与孟尝君、平原君、春申君等人的这种多方面、多层次的对比映衬中突现出来的。再如《李将军列传》之与《卫将军骠骑列传》，两相对比，李广一生廉洁，"得赏赐辄分其麾下，饮食与士共之。终广之身，为二千石四十余年，家无余财，终不言家产事"。每遇乏绝之处，"见水，士卒不尽饮，广不近水；士卒不尽食，广不尝食"。而霍去病则是"少而侍中，贵，不省士。其从军，天子为遣太官赍数十乘，既还，重车余弃粱肉，而士有饥者。其在塞外，卒乏粮，或不能自振，而骠骑尚穿域蹋鞠，事多此类。"二者恰成鲜明对照。宋代黄震说："凡看卫霍传，须合李广看。卫霍深入二千里，声振华夷，今看其作，不值一钱。李广每战辄北，困踬终身，今看其传，英风如在。"此外如《酷吏列传》与《循吏列传》，《项羽本纪》与《高祖本纪》，《萧相国世家》与《淮阴侯列传》等篇之间，也都成功地运用了对比写法。

（5）注意用个性语言来表现人物性格。如《魏其武安侯列传》开头写道汉景帝为讨好窦太后而口不应心地说"千秋之后传梁王"时，窦婴引卮酒进上曰："天下者，高祖之天下，父子相传，此汉之约也，上何以得擅传梁王！"当灌夫被田蚡所系，窦婴为援救灌夫四处活动时，其夫人劝阻说："灌将军得罪丞相，与太后家忤，宁可救耶？"窦婴回答说："侯自我得之，自我捐之，无所恨。且终不令灌仲孺独死，婴独生。"这些都表现了窦婴的厚道、耿直、讲义气，但同时又表现着那种一般贵族的平庸，而缺乏起码的政治斗争经验。又如文章写灌夫，当田蚡说话不算数，答应了人而到时不出席；灌夫起舞属田蚡，田蚡又不起的时候，灌夫于是"从坐上语侵之"。当田蚡仗势想夺窦婴的城南田，派籍福前来游说时，文章行文说："灌夫闻，怒，骂籍福。"当田蚡聚燕王女为夫人，太后下诏让所有宗室外戚都去祝贺时，在这个宴会上许多人趋炎附势，明显地对田蚡和窦婴表现出了有厚有薄，这使灌夫怒不可遏，于是他借着"行酒至临汝侯，临汝侯方与程不识耳语，又不避席"的机会，骂道："生平毁程不识不值一钱，今日长者为寿，及效女儿呫嗫耳语！"田蚡拦阻说："程李俱东西宫卫尉,今众辱程将军,仲孺独不为李将军地乎?"灌夫说:"今日斩头陷胸,何知程李乎!"前两处只说"语侵之",只说"骂籍福",而没有具体展开,其所以要如此处理,就是为了留着到这后面的"骂座"时来一并表现。失礼的是临汝侯,而灌夫却提着名地骂程不识。程不识是长乐宫卫尉,是专门为王太后看宅护院的。田蚡所说的"程李俱东西宫卫尉",明是话中有话,表面上是说李广,其实就是警告灌夫,要他注意程不识的身份,打狗还得看主人,而今天这个宴会本来又是王太后叫大家来的,灌夫也正是认准了这一点,所以他说"今日斩头陷胸,何知程李乎?"他已豁出性命不顾一切地去与田蚡及其后台王太后干起来了。不然即使"不为李将军地",又何至于提到"斩头陷胸"呢?这些地方都表现了灌夫的粗直豪爽,敢作敢为,讲究义气,好打不平,到时候可以不顾一切。在战场上是如此,在平常生活中也是如此。而且不仅主要人物,即使这篇作品中的次要人物也是很有性格的,如韩安国的老奸巨猾,籍福的力求和事,王太后的浑横不讲理,以及汉武帝的心里实有是非但因迫于王太后而表现出的依违不定等等,也都通过他们自己的语言表现得很清楚。正如清代吴见思所说:"其写醉语、怒语、对簿语、忙语、闲语,句句不同。至武帝亦不直武安,无奈太后何,亦欲廷臣公论,及诸臣竟不作声,遂发作郑当时,是一肚皮不快活语,一一入妙。"由于各人的出身、经历、教养、思想等因素的不同,每个人的说话内容、特点、口吻都是有区别的,司马迁的高明之处就在于,他能够准确地写出每个人的独特语言,使人听其声而知其人。

司马迁捕捉人物个性化的语言,有着许多成功的方法和经验,下面将在第六章第二节"个性化的人物语言"中作专题讨论,兹从略。

司马迁的写人手法,并不限于上述这些,比如还有外貌描写,夸张描写,以及有时还使用某些浪漫主义手法等等,我们这里就不细说了。正是由于司马迁成功地运用了以上各种艺术方法,所以才为我们塑造了如此光辉的一道历史人物的画廊,并使这道画廊两千年来一直焕发着如此动人的异彩。

二、司马迁的文学观

人称"文章西汉两司马","两司马"就是指司马相如和司马迁。司马迁既是汉代最伟大的历史学家,也是汉代最伟大的文学家,他不仅写出了不朽巨著

《史记》，丰富了中国文学宝库，他同时也是汉代重要辞赋家之一，《汉书·艺文志》载录他有赋八篇，流传至今的有《悲士不遇赋》。尤其是在《史记》和其他著作中表现出了他领先于时代的一些文学思想，对后世文学和文艺思潮产生了重大的影响。

1. 开始注意文学的特点，区分"文学"与"学术"的界限

先秦时代，文、史、哲是紧密结合在一起的，春秋战国诸子百家中却没有文学这一家，当时所称的"文学"，实际上是指学术或儒学。在孔子那里，"文学"是与"德行""政治""语言"相并列的学问。《论语·先进》说："德行：颜渊、闵子骞、冉伯牛、仲弓；言语：宰我、子贡；政事：冉有、季路；文学：子游、子夏。"子游、子夏都是继孔子之后的著名儒家学者。从战国中后期起，辞赋作为一种纯文学，悄然兴起，至西汉武帝时候出现高潮，蔚为大观。屈宋的作品被人们广泛传诵、模仿，上自帝王贵戚，下至群僚文士，对这一新兴文学样式喜之若狂、趋之若鹜。在这种情势下，人们开始意识到了文学与学术之间的区别了，而最先表现这种意识的正是司马迁的《史记》。

在《史记》中，司马迁仍多以"文学"一词来指学术和经学，《孝武本纪》云："上乡儒术，招贤良，赵绾、王臧等以文学为公卿。"《袁盎晁错列传》又云："晁错以文学为太常掌故。"《儒林列传》则云："及今上即位，赵绾、王臧之属，明儒学而上亦乡之，于是招方正贤良文学之士。"又"郡国县邑有好文学，敬长上，肃政教，顺乡里，出入不悖所闻者，令丞相长丞上属所二千石。"又"及窦太后崩，武安侯田蚡为丞相，绌黄老、刑名百家之言，延文学儒者数百人，天下学士靡然乡风矣"。《太史公自序》亦云："汉兴，萧何次律令，韩信申军法，张苍为章程，叔孙通定礼仪，则文学彬彬稍进。"而对于有文学色彩和艺术性较强的作品，司马迁大都以"文章"或"文辞"称之。《曹相国世家》说："（曹参）择郡国吏木讷于文辞，重厚长者，即召除为丞相史。吏之言文刻深，欲务声名者，辄斥去之。"这里的"文辞"指的是有文采的语言，而"言文"则主要是指公文简牍。《三王世家》云："太史公曰：……燕齐之事无足采者，然封立三王，天子恭让，群臣守义，文辞烂然，甚可观也。"《儒林列传》又云："臣谨案诏书律令下者，明天人分际，通古今之义；文章尔雅，训辞深厚，恩施甚美；小吏浅闻，不能究宣。"又"天子问治乱之事，申公时已八十余，老。对曰：'为治者不在多言，顾力行何如耳。'时天子方好文辞，见申公对，默然。"对于文学作品，有时干脆以"辞"称之,如《屈原贾生列传》说:"屈原既死之后,楚有宋玉、唐勒、景差之徒者,皆好辞而以赋称。"

司马迁有意识地将"文学(艺术)"与"文章"相区别,当然是文学艺术在汉代长足发展的结果,它表明,文学正在朝着独立的方向迈进,同时也表明司马迁对文学艺术的特质有了明确的认识。他对文学与非文学的这种区分,对当时和以后人们的文学观念和文学实践是具有重大推动作用的,到班固修《汉书·艺文志》,就把诗赋别为一略了。

2. 重视文学创作和文章家

汉代辞赋盛行,文学创作蒸蒸日繁,但作为文学创作的主体。像屈原、宋玉等并不受人尊敬和重视,汉武帝时的司马相如、东方朔等也被统治者当作弄臣、倡优而蓄之,只有到司马迁写《史记》,才开始确定他们的地位。司马迁不仅为他们立传,记载他们的事迹,他们的文学活动,还全文录载和评价他们的作品。在《屈原贾生列传》中,司马迁不仅详细记载了屈原忠君爱国的事迹,而且把他当作自己意志信念的化身,把他刻画成一个忠贞高洁而遭际不幸的悲剧英雄,并且对他的《离骚》作了高度的评价和热情的赞美,还全文录载了他的绝命之作——《怀沙》。贾谊本是西汉前期著名的政治家和思想家,《汉书》本传全文录载了他的《陈政事疏》。而司马迁却把他刻画成一个悲剧人物,录载了他的充满悲戚情感、文采灿然的《吊屈原赋》和《鹏鸟赋》。司马相如是一位纯文学家,在当时并不被人看好,司马迁却把他当成"扶义倜傥,不令己失时,立功名于天下"一类的人物,为他立传,记载他的文学活动,还以极大的篇幅全文转载他的《子虚赋》《上林赋》《大人赋》《哀二世赋》等重要作品,从而使辞赋这一文学体式和辞赋家在历史上和文学史上的地位得以确立。

除此以外,凡是有情感有文采的文章、诗辞,司马迁都要设法采入,在《李斯列传》中录载了李斯的《谏逐客书》《论督责书》《狱中上二世书》等;《秦始皇本纪》则录载了大量碑石刻文;《鲁仲连邹阳列传》又录载了鲁仲连的《遗燕将书》、邹阳的《狱中上梁王书》等,还说:"邹阳辞虽不逊,然其比物连类,有足悲者,亦可谓抗直不桡矣,吾是以附之列传焉。"《三王世家》本应记齐王刘闳、燕王刘旦、广陵王刘胥的事,但这些诸侯王又无事可记,因而完全可以不立传。可是司马迁认为这三个诸侯王拜封时的奏章"文辞烂然",于是仅采集了这些奏章而充当此世家的内容。此外,司马迁对战国时代一些策士们如苏秦、苏代、张仪、陈轸等的充满文学色彩的说辞也尽可能收入各自的传中,以显示他们的文采风仪。

司马迁这种重视文学家,重视文学作品的思想倾向,对文学的发展,对推动文学走向独立影响甚大。班固作《汉书》基本继承了司马迁的做法,凡《史记》录载的一些有文采的文章,基本都予以录载,并尽可能保持原样,同时还增录了不少的这类文章,如东方朔的《答客难》《非有先生论》;扬雄的《甘泉赋》《羽猎赋》《向东赋》《长扬赋》《解嘲》《解难》;司马迁的《报任少卿书》、杨恽的《报孙会宗书》等,从而使有汉一代许多重要作家得以名世,许多文学作品得以保存和流传,为文学走向独立,为魏晋文学自觉时代的到来打下了基础。

3. 强调文学作品的"讽谏"作用,提出了"发愤著书"说

在我国古代文学发展史上,讽刺是现实主义文学创作的一个优良传统。先秦儒家就十分重视文学作品的社会功用,《诗经·崧高》云:"吉甫作诵,其诗孔硕,其风肆好,以赠申伯",《节南山》又云:"家父作诵,以究王讻。"孔子也说:"诗可以兴,可以观,可以群,可以怨。迩之事父,远之事君,多识于鸟兽草木之名。"①认为文学作品可以怨刺上政。《诗大序》则进一步说:"风,风也,教也,风以动之,教以化之。"要求文学作品发挥其感人化人,移风易俗的社会职能。司马迁较好地继承了先秦儒家要求文学艺术发挥美刺教化作用的原则,他认为文学作品应该起到讽喻政治得失的作用,要能促进政治的进步。他在《屈原贾生列传》中称赞《离骚》"上称帝喾,下道齐桓,中述汤武,以刺世事。明道德之广崇,治乱之条贯,靡不毕见"。《太史公自序》也说:"作辞以讽谏,连类以争义,《离骚》有之。"他在《司马相如列传》中评司马相如的辞赋说:"《春秋》推见至隐,《易》本隐之以显,《大雅》言王公大人而德逮黎庶,《小雅》讥小己之得失,其流及上,所以言虽外殊,其合德一也。相如虽多虚辞滥说,然其要归引之节俭,此与《诗》之风谏何异?"还说宋玉、唐勒、景差等人"皆祖屈原之从容辞令,终莫敢直谏",从而对他们表现出一种不屑的态度。司马迁如此重视讽喻的社会功能,他身体力行,在《史记》中把讽刺艺术发展到了一个新的高峰。

① 《论语》第一七《阳货》。

讽喻的目的是教化。所以司马迁十分重视文学艺术的教化作用,《乐书》说:"凡作乐者,所以节乐。君子以谦退为礼,以损减为乐,乐其如此也。以为州异国殊,情习不同,故博采风俗,协比声律,以补短移化,助流政教",使得"万民咸荡涤邪秽,斟酌饱满,以施厥性"。

先秦儒家虽然提出了"美刺"原则,认为文学作品可以"讽刺上政",但儒家诗论还提出了"中和"的要求,认为"怨刺"必须要"中和",须是"温柔敦厚"的,要"止乎礼",不能过分。同时,他们对文学的社会功用,提得还是比较宽的,包括了对伦理道德的作用,甚至还有了解认识事物的作用。而司马迁则不同,首先,他强调一个"怨"字,强调文学作品抒发个人的怨愤,他评屈原作《离骚》说:"屈平疾王听之不聪也,谗谄之蔽明也,邪曲之害公也,方正之不容也,故忧愁幽思而作《离骚》。《离骚》者,犹离忧也。"认为屈原作《离骚》的动机就是抒发其忧愤。又说:"屈平正道直行,竭忠尽智以事其君,谗人间之,可谓穷矣。信而见疑,忠而被谤,能无怨乎?屈平之作《离骚》,盖自怨生也。"其《报任安书》也说:"《诗》三百篇,大抵贤圣发愤之所为作也。此人皆意有所郁结,不得通其道,故述往事,思来者。"认为忠介之士处黑暗之中,受谗毁,遭迫害。走投无路,只好用著书述志来发泄其愤懑。

司马迁的"发愤著书"说强调的是,作家写作的目的有时并非有意去规劝或批评统治者,而主要是宣泄内心的"郁结"之情,写作的动机就是"发愤"。可见,司马迁虽然继承了孔子诗"可以怨"的传统,但更多的是继承和发展了屈原《离骚》"发愤以抒情"的文学观念。

其次,司马迁的"发愤著书"说还强调,许多作家的成功,是因个人受辱遇挫而发愤分不开的。他在《太史公自序》和《报任安书》中反复申述说:"盖西伯拘而演《周易》;仲尼厄而作《春秋》;屈原放逐,乃赋《离骚》;左丘失明,厥有《国语》;孙子膑脚,《兵法》修列;不韦迁蜀,世传《吕览》;《诗》三百篇,大抵贤圣发愤之所为作也。"这里的"发愤",有发奋之意,意即人们在人生途中受挫以后,奋起抗争,写出作品,流传后世。因为当时人们的信条是"太上立德,其次立功,其次立言"①,仕途顺畅时,追求立德、立功;受挫后,处境艰难,立德立功无望,为使自己不致"没世而名不称"。就会全力追求立言,使自己的文

_____

① 《与挚伯陵书》。

采"表于后世"。他在《平原君虞卿列传》中说："虞卿料事揣情,为赵画策,何其工也。及不忍魏齐,卒困于大梁,庸夫且知其不可,况贤人乎? 然虞卿非穷愁,亦不能著书以自见于后世云。"

司马迁"发愤著书"说精辟地总结了先秦以来文学创作实践,揭示了一个具有中国传统特色的带有普遍性的艺术创作规律,在理论上具有重大的开拓作用,影响巨大。唐人李白倡言"正声何微芒,哀怨起骚人"。韩愈《送孟东野序》则说:"大凡物不得其平则鸣。……人之于言也亦然,有不得已而后言。其歌也有思,其哭也有怀。凡出乎口而为声者,其皆有不平者乎? ……维天之于时也亦然,择其善鸣者而假之鸣。四时之相推夺者,其必有不得其平者乎? 其于人也亦然,人声之精者为言,文辞之于言,又其精也,尤择其善鸣者而假之鸣。"都是从"抒愤"这一方面来发挥司马迁"发愤著书"说的。宋人欧阳修则说:"非诗人能穷人,殆穷者而后工也。"[1]清人赵翼《论诗》说:"国家不幸诗家幸,赋到沧桑句便工。"则与司马迁"发愤著书"说一脉相承。

4. 要求作家思想人格与作品内容、作品内容与形式一致论

司马迁在评论前代文学家和文学作品时,注意将作家人格与作品风格相联系,认为作家个人的思想、品格与作品内容的好坏是一致的。他在《屈原贾生列传》中对屈原其人与《离骚》内容的关系做了精彩的评述,说:"《国风》好色而不淫,《小雅》怨诽而不乱。若《离骚》者,可谓兼之矣。上称帝喾,下道齐桓,中述汤武,以刺世事,明道德之广崇,治乱之条贯,靡不毕见。其文约,其辞微,其志洁,其行廉,其称文小而其指极大,举类迩而见义远。其志洁,故其称物芳;其行廉,故死而不容自疏。濯淖污泥之中,蝉脱于浊秽,以浮游尘埃之外,不获世之滋垢,皭然泥而不滓者也。推此志也,虽与日月争光可也。"认为作家的思想人格对作品的内容有决定性的作用,由于屈原具有"志洁""行廉"的伟大人格,才有千秋不朽之《离骚》,其作品才有深厚的内容,才具有那种沁人心肺,滋人五内的含蓄美。而司马相如等一些辞赋作家由于多缺乏这种人格美,所以他们的作品多"虚辞滥说",或只有形式上的"从容辞令",做不到"文约"而"义远"。

司马迁除了要求艺术与人格相统一外,还认为作品既要有深厚的内容,也

---

[1] 《梅圣俞诗集序》。

要有美的语言和美的形式。他之所以立《三王世家》，除了爵封三王的诏令奏章表现出天子的"恭让"，群臣的"守义"外，还在于它们"文辞烂然，甚可观也"，有美的语言和形式。《儒林列传》又引用群臣的奏章说："臣谨按诏书律令下者，明天人分际，通古今之义，文章尔雅，训辞深厚，恩施至美。"所谓"文章尔雅""训辞深厚"，就是指文章语言、形式的优雅，富有美感，而内容又深厚蕴藉。司马迁自己的《史记》就是以丰富多彩的内容和独具一格的纪传体形式、优美的语言完美地结合在一起的，从而成为文史结合和文质结合的典范。

三、《史记》与中国文学

《史记》是我国传记文学的开端，它的出现标志着我国古代史传文学已走向成熟，它对前代的历史散文、哲理散文、纵横家文章，甚至《诗经》《楚辞》都有所继承和借鉴。作为传记文学名著，它具有特殊的意蕴和魅力，其影响是深远的，它为后世文学的发展提供了丰富的营养。

1.《史记》与我国的传记文学

传记文学是人类活动的记录，在历史迈入文明社会之前，这个世界为神所统治，记录这段历史的是神话传说。进入文明社会以后，开始有了人的历史记录，最早的历史记录当为殷商时代的甲骨卜辞及钟鼎铭文，但它们的记录很简单，只能算作历史散文的萌芽。到春秋时期，历史散文迅速发展，出现了《尚书》和《春秋》等，尤其是到春秋后期出现了记录历史比较复杂的《左传》《国语》开始了较详细地记载个人的活动，如《左传》僖公二十三、二十四年就较完整详细地记叙了晋公子重耳从出亡到返国的近二十年的活动。此外，《诗经·大雅》中的《生民》《公刘》《绵》等篇也以诗歌的形式叙述了周民族历代先祖的活动。这些可算作传记文学的雏形。

春秋战国时期，社会发生巨变，出现了"士"这个特殊阶层。这个阶层中人特别活跃，有许多人通过自己的努力取得了成功，获得了较高的社会地位，有的甚至成为驱动时代风云的人物，于是历史就开始注意这些人了，从而出现了专门记载这些人活动的《战国策》。《战国策》开始向以个人为主，以人述史的方向过渡，有些篇章如《苏秦始将连横》《冯谖客孟尝君》等明显是在有意识地刻画人物形象，这些形象一般都比较突出，具有一定的个性。几乎同时，还出现了专写个人事迹的《穆天子传》《燕丹子》等作品,虽然它们存在较多神秘色彩,但也初步算是人物传记了,尤其是《燕丹子》,它主要写燕丹子和荆轲的事迹,而且神秘色彩并不浓厚。

司马迁不仅直接继承了这种一人一传的文章体式,又使之固定化,还全面继承和发展了《左传》《国语》《战国策》刻画人物、叙述故事的方法。

司马迁创纪传体,既避免编年体史书人物活动受时间限制的缺陷,也弥补了国别体史书空间上的缺失,能够全面地记叙人物一生的活动,因而《史记》人物传记的情节叙写更曲折、更生动,还能依靠"互见法",多角度地刻画人物形象,使人物形象更丰满,更具个性。

《史记》以后,中国的传记文学沿着史传文学和杂传文学两个方向发展。司马迁开创了以人为中心的纪传体,"后人作史者递相祖述,莫能出其范围"①。班氏父子首先效仿《史记》作《汉书》,体制一仍《史记》,仅取消"世家",并改"书"为志。其人物传记写作较好地继承了《史记》的传统,有的篇章写得声情并茂,曲折生动,人物形象突出,如《苏武传》《朱买臣传》《霍光传》等。《汉书》叙事严谨,语言典雅工致。《三国志》仅纪传二体,全为传记作品,它真实地记录了汉末三国时代众多英雄豪杰的事迹,堪称英雄人物的画廊,它叙事简洁,评价公允,人物性格富于变化。《后汉书》体大思精,刻画人物重点突出,个性鲜明,褒贬分明,议论纵横,其序语言华美整俪。南北朝以后,史书的修撰为官家垄断,史例史法日严,史传文学的个性、思想性日差。并且文学进入了自觉时代,文、史相分离,因而正史的文学性也大大减弱。当然其中也不乏精英之作,如欧阳修的《新五代史》就较好地继承和发扬了《史记》传记文学的优良传统。

《史记》产生以后,杂传散文也接踵而出。西汉时就有刘向的《说苑》《新语》《列女传》一类的杂传散文,汉末魏晋,杂传散文创作出现高潮,如写汉末三国人物的《赵云别传》《陈登行状》《曹瞒传》《江表传》《英雄记》等,写魏晋人物的有《高士传》《法显传》《高僧传》等。此外,大量志怪之作也乘史传文学之潮流而问世,如《列异传》《搜神记》等。唐人韩愈、柳宗元等掀起古文运动,他们效仿司马迁私家作史的做法,摆脱官家作史的束缚。创作单独的人物

---

① （清）王鸣盛:《十七史商榷》。

传记。从而开创了单独写人的新传统,并且进一步将笔端伸向下层人物。如韩愈的《张中丞传后叙》《毛颖传》,柳宗元的《捕蛇者说》《种树郭橐驼传》等。他们笔下的人物形象大都个性鲜明,富有生气。文章大多短小精悍,生动活泼,论议无羁,表现出不随流俗的大胆的批判精神。宋人继承和发展了韩柳开创的传统,创作了大批单独的人物传记,如王禹偁的《唐河店妪传》、苏轼的《方山子传》、陆游的《姚平仲小传》等。宋以后这类作品仍源源不断涌出,如元人刘岳申的《文丞相传》,明人宋濂的《杜环小传》、高启的《南宫生传》、袁宏道的《徐文长传》,清人侯方域的《李姬传》、邵长蘅的《阎典史传》、戴名世的《左光斗传》、方苞的《左忠毅公逸事》等。这些作品,刻画人物,塑造形象不拘一格,文笔各异,声情俱妙,都是杂传文学的代表之作。

2.《史记》与中国古典散文

中国古典散文与中国文学同时产生,在殷商的甲骨卜辞和铜器铭文中已呈现散文萌芽,殷商末和西周初产生的《易经》卦爻辞就比较丰富了,语言也颇为生动,但仍不成章,仍属萌芽状态的散文。现存《尚书》实为春秋时人所作。主记尧舜禹、殷商、西周著名君主的事迹和言语,多为长篇之作,且文章结构比较严谨,文字古朴,庶可代表周代之散文。春秋战国时期,百家争鸣,散文艺术长足发展,大批哲理散文出现。这些文章大都结构严谨,逻辑缜密,文风各异,争奇斗艳;《论语》之文简约精警,人物语言富有个性;墨子之文,逻辑谨严,语言质朴无华;庄子之文,意出尘外,怪生笔端;孟子之文,浅近形象,气势浩然;荀子、韩非子之文,长篇大论,结构谨严,论证周详,笔锋犀利。同时,当时各国都有自己的历史记载,因而也就产生了史学散文,《春秋》简约而有法;《左传》善于叙事写人,词约义丰,简练含蓄;《国语》善述人物语言,文字流畅,语言隽永;《战国策》铺张扬厉,气势纵横。先秦散文无论历史散文还是哲理散文,它们表意都比较明确,而且主题突出,情感充沛。

《史记》集先秦散文之大成。作为历史散文,它继承了先秦历史散文“不虚美,不隐恶”的实录精神,不为长者讳,不为尊者讳,不以爱而隐其恶,不以憎而掩其善,褒贬鲜明,评价公允。在叙事写人方面,它同《左传》《战国策》一样,善于准确把握描写对象的主要特征,集中材料,运用多种手法,对人物加以描绘、渲染。在叙述方法上,它也像《左传》《国语》一样。运用多层透视、旁见侧出、顺叙、倒叙、插叙、补叙等方法来叙事写人,使人物形象、生动、丰满而富于个性。而且,司马迁将其"爱奇"的偏好运用于《史记》人物、材料的选择和事件叙写之中,又将其丰富的爱憎情感融于人物刻画之中,尤其是将其悲剧情怀倾注于众多悲剧人物的刻画之中,从而使整个《史记》充满传奇色彩和悲剧色彩,这是司马迁为历史散文发展所做出的重要贡献。

《史记》还全面继承和发展了先秦历史散文和哲理散文的语言成就。清人刘大櫆《论文偶记》曾以"奇""大""远""疏""变"等来概括《史记》的总体风格。韩愈则说《史记》的语言风格"雄深雅健",而苏辙则说它"疏荡,颇有奇气"。从总体上看,《史记》既得《尚书》《春秋》的朴拙,又有《论语》的精警;既有《荀子》的浑厚,也有《庄子》《战国策》的恣肆,并且它还具有诗的蕴藉和韵律美。可称得上是集先秦散文和诗歌语言之大成,是中国古典语言的典范,对后世散文影响巨大。

就在《史记》面世后不久,御史大夫桑弘羊在昭帝始元六年的盐铁会议上与诸儒论战时就多次引用司马迁的话。汉成帝时,刘向受司马迁的影响,校书之余搜集历史资料编成集历史与说教于一体的《列女传》《说苑》《新序》。班固作《汉书》,大量转录《史记》的文章。范晔《后汉书》,学习司马迁的做法,在论赞上下功夫,议论纵横,文采飞扬,褒贬分明。唐人韩愈、柳宗元掀起古文运动,为反对六朝的骈俪文风,举起了向《史记》学习的旗帜,他们深入探讨了《史记》的写作方法和语言风格,而有意效仿。韩愈赞赏《史记》的雄浑雅健,学而习之,即得其"雄"。柳宗元以"峻洁"二字称颂《史记》,模而仿之,亦得其"洁",并且还深得《史记》文章荡漾疏散吞吐之妙。宋人更注意研究和学习《史记》作文之法,并将他们的研究成果运用于古文写作实践。苏轼为文,极得《史记》之"流宕";欧阳修作《新五代史》,不遗余力地仿效《史记》,其中五十多篇传序和论全取法于《史记》,其散文则极得《史记》风韵。还有王安石也从《史记》文章中获得"雄肆"的特点。明代中叶,文坛出现复古主义思潮,复古主义者提出"文必秦汉","文称左迁"的口号,把《史记》竖为古文的典范。归有光效《左传》《史记》、八大家作文,"其风韵疏淡,则于太史公深有会处。"[①]清人更重视《史记》文章的成就,桐城派作家方苞、刘大櫆、曾国藩等都对《史记》作过点评,他们提出的所谓"义法",就来自《史记·十二诸侯年表序》,他们的文章

---

① （明）王世贞：《初月楼古文绪论》。

写作也多得益于《史记》。

3.《史记》与中国古典小说

中国古典小说成熟于唐代,其源可追溯到上古的神话传说。鲁迅先生说传奇源出于志怪,而志怪的祖鼻则应算《山海经》和《穆天子传》。神话传说经人们记录整理就成了小说,上古时代巫史不分,史官就是巫祝,很多神话传说就是经巫史记录下来的,因而像《左传》《国语》等史书中有不少关于怪异祯祥的记载,连《史记》也不免。其次,传奇中还有大部分写人和事的,这部分传奇的源头自然是史传文学,因而传奇小说的直接源头就是史书或史传文学。

汉魏六朝志怪小说的出现,与《史记》是有直接关系的。司马迁虽然不大相信神鬼怪异,但是却在《史记》写作中保留了大量的古代神话故事,《五帝本纪》《夏本纪》基本上是以神话传说材料写成的,对这些材料,他做了一部分历史化的工作,并保留了一些神奇的传说。《殷本纪》《周本纪》也保留了一些传说材料,如简狄吞卵生契、姜嫄践迹生后稷等。秦汉史中也有不少怪异祯祥记载,如《秦始皇本纪》载秦王政三十六年,有使者途遇人持璧托其捎给"滈池君",又说"今年祖龙死",说完就不见了。后来秦始皇果然病死。《吕太后本纪》载,吕后祭祀还宫,"见物如苍犬,据高后掖,忽弗复见。"不久,吕后就病死了。《绛侯周勃世家》载,许负为周亚夫看相,说他三年后当侯,侯八年当为相,其后九年当饿死,后来果然一一应验。后世人对这类记载极感兴趣,他们认为正史不记载这类事物是一种缺失,于是积极搜罗,整理成书,以补正史之缺。故清人章学诚说:"史学衰而传记多杂出,若东京以降,《先贤》《耆旧》诸传,《拾遗》《搜神》诸记皆是也。"

中国古典小说不仅其产生受到《史记》的影响,而且其写作方法,刻画人物手法等方面都受到了《史记》直接或间接的影响。

其一,体裁结构上效仿《史记》。中国古典小说大多以"传"或"记"名篇,这两种体式在司马迁以前很少,叙述人物生平事迹的"传"是司马迁首创的,清人赵翼说:"古书凡记事立论及解经者,皆谓之传,非专一人事迹也。其专记一人为一传者,则自迁始。"①"记"就是"纪",古文"纪""记"互训。司马迁之前有以"纪"或"记"作书名篇名的,但不曾有《史记》"本纪"那样的具有人

---

① 《廿二史劄记》卷一。

物传记性质的"纪"或"记"。因此,《史记》中的"纪""传"才是最早的真正的人物传记。《史记》以后"传"与"记"几乎成了小说或传记散文的专称。司马迁写人物传记,首先介绍人物的姓名、乡里,乃至外貌、性格,唐人小说也多如此,小说开头人物出场,则首先介绍其姓名、乡里、外貌甚至家世。《史记》一些人物传记如《外戚世家》《儒林列传》《酷吏列传》等,开篇都有一段议论文字作引子,唐宋传奇、明清白话小说,拟话本等很多都是如此。《史记》结尾都由太史公直接就所传人物发表和评论,唐人小说也接受了这一方式,如《玄怪录·郭元振》《博异记·崔无隐》《续玄怪录·李卫公靖》等都运用了这种方式,有的议论竟长达数百字,如《任氏传》《长恨歌传》末尾的议论也是近二百字。这类议论世同《史记》中称"太史公曰"一样,如《南柯太守传》的"前华州参军李肇赞曰";《谢小娥传》则用"君子曰";《冯燕传》则直称"赞曰"。清人蒲松龄作《聊斋志异》,篇末均以"异史氏曰"发议论,有的议论文学也达数百字,如《王子安》一篇的赞就达三百多字。

其二,中国古典小说同《史记》一样,注意刻画和展示人物个性。《史记》中人物各具个性,日人斋滕正谦云:"子长同叙智者,子房有子房风姿,陈平有陈平风姿;同叙勇者,廉颇有廉颇面目,同叙刺客,豫让之与专诸,聂政之与荆轲,出一语,乃觉口气各不相同……"①中国古典小说,尤其是长篇小说也长于展示人物个性,清人金圣叹说:"《水浒传》写一百八个性格,真是一百八样。若别一部书,任他写一千个人也只是一样,便只写得两人,也只是一样。"②又说:"《水浒》所叙,叙一百八人,人有其性情,人有其气质,人有其形状,人有其声口。"③《三国演义》中的人物虽有些类型化,但个性也是鲜明的,曹操之奸,诸葛亮之智,关云长之勇,都是非常突出的。同时,《三国演义》中的一些人物似与《史记》中人物相类;《三国演义》中的张飞与《史记》中的项羽、樊哙极其相似;诸葛亮之智又与张良、陈平相类;而曹操之奸诈又可与刘邦的狡诈相比。

其三,《史记》叙写人物时在细节描写中的合理虚构,为后世小说家所借鉴并加以发展。《史记》是历史著作,它要求表现历史的真实,必须尊重历史,不能任意虚构。司马迁在尊重历史真实的基础上往往对许多故事细节进行了

---

① [日]泷川资言:《史记会注考证引》。
② 《读第五才子书法》。
③ 《水浒传序三》。

合乎逻辑的虚构。如《淮阴侯列传》中写韩信屏退从人与陈豨相约谋反一节,后来两人一个死于战场,一个为吕后突然诛杀,那么谁又看到了这件事?谁又听到了他们所说的话呢?故清人梁玉绳质疑道:"左右辟则挈手之词谁闻?"①或许,这是司马迁的体情遥想,也就是细节的虚构,历史上的韩信可能无此事,但据情理而言,却是有可能的。后世小说家很快地学会了这种虚构。东汉赵晔、袁康仅依据《国语》《史记》中关于吴越争霸的不多的记录敷衍出两部长篇来,其中有大量的细节虚构。《三国演义》七分真实,三分虚构;而《水浒传》《封神演义》《杨家将》则已是三分真实,七分虚构。《金瓶梅》《红楼梦》所载,则是若有若无之事。

其四,《史记》组织冲突,描绘戏剧性场面的手法为后世小说所继承和发展。司马迁善于选择典型性事件,组织矛盾冲突,更娴于描绘戏剧性场面。比较突出的如《项羽本纪》中的巨鹿之战、鸿门宴、垓下之围,《廉颇蔺相如列传》中的完璧归赵、渑池之会、将相和,《魏其武安侯列传》中的灌夫骂座、东朝廷辩等,都是矛盾冲突激烈的、描写非常精彩的场面。《史记》的人物传记有单线结构、双线结构、链式结构和网状结构等,双线结构和网状结构主要依靠传内的矛盾各方组织冲突,如《廉颇蔺相如列传》《魏其武安侯列传》。单线结构在《史记》人物传记中占大多数,司马迁一是在传内设置副线,一是用"互见法"组织外线与传中主人公展开矛盾冲突。如《项羽本纪》中写巨鹿之战,先是用互见法写陈涉、吴广的失败,接着用副线写项梁战死,再用互见法写赵军被围请救,然后再用副线写楚怀王遣兵、宋义与项羽的冲突,把矛盾冲突逐渐推向高潮——破釜沉舟救巨鹿。战场描写则是虚实结合,光写项羽遣兵小试锋芒,然后写破釜沉舟渡河击楚,接着笔锋一转写诸侯将是"壁上观",通过诸侯将的反应衬托楚军和项羽的声威。写得有声有色,扣人心弦。

后世短篇小说大都习用《史记》所常用的单线结构方式,也有不少采用双线结构的,长篇小说则大多采用司马迁所创建的网状结构,而像《儒林外史》《官场现形记》则采用了《史记》所创建的链式结构。《史记》的场面描写方式也被后世小说所继承和发展,如《三国演义》第五回写关羽杀华雄也写得有声有色,惊天动地。作者首先铺垫,与华雄连斩联军三员大将,把矛盾一下子推

---

① 《史记志疑》卷三三。

向高潮,接着又写联军内部在派关羽出战问题上的争执。又设置了一小矛盾冲突,实为欲扬先抑。接下去写关羽战华雄,全用虚笔,"众诸侯听得关外鼓声大振,喊声大举,如天摧地塌,岳撼山崩,众皆失惊"。然后鸾铃响处,关云长手提华雄头,马到中军。写法上完全与司马迁写巨鹿之战相类。这种写法在《水浒传》《封神演义》《杨家将》等作品中还不少。可见,《史记》对后世小说叙事艺术的发展贡献是非常之大的。

4.《史记》与中国古典戏曲

戏剧与小说相通之处,戏剧通过舞台表演来塑造人物形象,通过语言、行动来展示人物性格,也离不开情节、冲突和戏剧性场面。因此,《史记》对后世戏剧的影响也是很大的。

第一,《史记》的现实主义精神对后世戏剧家有巨大的鼓舞作用。司马迁修史"不虚美,不隐恶",敢于揭露和批判当代社会和当代统治者,大大鼓舞了后世戏曲家。元代杂剧家关汉卿自称"是一个蒸不烂、煮不熟、捶不扁、炒不爆、响当当的一颗铜碗豆"。其《窦娥冤》是惊天动地,深刻地揭露了元代社会的黑暗和官场的腐败,表现了人民受欺压的悲惨现实。张养浩的《潼关怀古》以"兴,百姓苦;亡,百姓苦"八字一针见血地揭示了历代王朝更迭都给人民带来灾难苦痛的事实。明人王世贞的《鸣凤记》敢于面对统治者可能给予的打击,直接揭露当朝权贵严嵩父子专权擅政,残害忠良的罪恶。清人洪昇的《长生殿》把揭露批判的矛头直指最高统治者,孔尚任《桃花扇》则继承《史记》的传统,史诗般地真实地展示南明王朝兴起和灭亡的全过程。深刻揭露统治集团的腐朽,痛斥祸国殃民的权贵和阉党。后世戏剧还继承《史记》的光荣传统,将笔端伸向下层人民,反映他们多灾多难的生活,表现他们的理想和情操以及喜怒哀乐,如关汉卿笔下的窦娥、蔡婆婆、谢天香等,李玉《清忠谱》中颜佩韦等五位市民英雄、《长生殿》中的雷海青、李龟年,《桃花扇》中的李香君、柳敬亭,等等,塑造了一批又一批的下层人民的形象。

第二,《史记》的爱国主义精神给后世戏剧创作以巨大的影响。《史记》刻画了一大批爱国者形象,如屈原、蔺相如、田单、李广等,这些人的事迹对后世影响颇大。后世许多戏剧就是以这些爱国人物的事迹为题材改编的。而司马迁的爱国精神一直影响着后世戏曲作家的创作,如洪昇的《长生殿》就以相当的篇幅写爱国将领郭子仪的事迹,还集中笔力刻画了宫廷乐师雷海青忠君爱国,誓死不事安禄山伪朝的高大形象。《桃花扇》则以大量篇幅展示抗清名将史可法的事迹,表现他的忠贞节烈。

第三,《史记》的悲剧精神给中国古典悲剧以深刻的影响。《史记》所展示的时代是一个大变乱的时代,是一个需要英雄的时代,也是一个大量产生悲剧的时代。《史记》中的悲剧人物大都是在当时的社会变乱中奋起,为社会和历史进步做过卓越贡献的人物,这些人大都有顽强的意志和坚忍的毅力。很多人身处逆境,顽强抗争,不屈不挠,奋力进取,在正义与邪恶,忠与奸,甚至与自身缺陷的斗争中被毁灭,在他们身上表现出强烈的悲剧精神。

《史记》的这些悲剧故事有许多被后世搬上戏剧舞台,如取自《淮阴侯列传》的《赚蒯通》,取自《伍子胥列传》的《伍员吹箫》,取自《刺客列传》的《荆轲刺秦王》等,它们都较好地保持并发展了这种悲剧精神。尤其是取材于《史记·赵世家》的《赵氏孤儿》更是将悲剧主人公程婴、公孙杵臼等人的忠肝义胆渲染得淋漓尽致,真可谓动天地,泣鬼神。《史记》悲剧不大强调命运的作用,而注意挖掘悲剧产生的社会原因和个人性格上的悲剧因素,这极大地影响中国悲剧的性质,中国的几大悲剧《窦娥冤》《赵氏孤儿》《桃花扇》等,都是通过表现人物与社会环境的冲突,来深刻揭示主人公遭挫折、被毁灭的原因,从而达到揭露社会现实的目的。尤其值得注意的是《史记》把注意力投向下层人物,写了许多下层人物的悲剧,这也对后世悲剧产生了较大影响,后世著名悲剧的主人公多为下层人物,甚至小说中的悲剧人物也是以小人物为主。

第四,《史记》给后世戏剧提供了大量题材。从元代开始,《史记》故事就被源源不断地搬上戏剧舞台,现存元代杂剧剧目中,取材于《史记》的就达一百八十多种,著名的如《赚蒯通》《伍员吹箫》《赵氏孤儿》等,甚至近代戏剧家郭沫若的主要著作仍然取材于《史记》,如《楚霸王自杀》《棠棣之花》《秦始皇之死》等。京剧、地方剧也有不少《史记》题材的剧目,如《马陵道》《将相和》《萧何月下追韩信》等,仅京剧就有一百多种。

四、无韵之《离骚》

从形式比较,屈赋与《史记》两者文体不同,内容迥异,一个是抒情诗,一个是史传散文,似有天壤之别。但学术界一致认为二者精神一脉相承,把《史记》与《离骚》相提并论,有许多评论。明杨慎说:"太史公作《屈原传》,其文便似《离骚》。其作《骚》一节,婉雅凄怆,真得《骚》之旨趣也。"①清刘熙载说:"太史公文,兼括六艺百家之旨。第论其恻怛之情,抑扬之致,则得于《诗三百篇》及《离骚》居多。"又说:"学《离骚》得其情者为太史公,得其辞者为司马长卿。"②刘鹗说:"《离骚》为屈大夫之哭泣,《史记》为太史公之哭泣。"③近人李长之说:"司马迁的先驱实在是屈原。"④鲁迅的评价,"无韵之《离骚》",短短五个字,蕴含深厚的内容不仅是指二者思想相通,还包含了《史记》获得了无与伦比的文学艺术成就,如同《离骚》那样永垂不朽。下面就从这两个方面加以阐释,抉发《史记》的文学思想与艺术成就。

1. 司马迁发愤著书,其思想与屈原相通

屈原是楚文化的杰出代表,司马迁读屈原赋,敬佩他的为人,同情他的遭遇,从思想到精神,从精神到文章,都深深受到了屈原的教育和鼓舞。

屈原是在司马迁时代影响司马迁最大的近代诗人。两人有着相同的坎坷遭遇,命运相通;又有着相同的品格情趣,思想相通。司马迁受李陵之祸发愤著书,并提炼出发愤著书说,直接来自屈原的影响。

抒情性与叙事性是相对概念。《史记》主要是一部叙事作品,但由于司马迁与屈原有共通的人生坎坷际遇,深受屈原的影响,效其为人,运笔于心,《史记》辞章情采,有浓郁的抒情性与悲剧性,颇似屈赋。《史记》《离骚》,都是作家呕心沥血之作,倾注了鲜明的爱憎感情,因而《史记》行文,表达司马迁的愤怨,深得《离骚》情韵。具体分析,主要有以下三种形式。

其一,《史记》行文夹叙夹议,或以叙代议或以议代叙,叙议结合,使整个作品像一首抒情诗。《伯夷列传》的论赞,就是另一首《天问》。而《屈原列传》则"其文便似《离骚》。其论作《骚》一节,婉雅凄怆,真得《骚》之旨趣也"。又有部分段落颇具抒情意味。大部分篇末的"太史公曰"都有此特征。如《孔子世家》的论赞:"《诗》有之:'高山仰止,景行行止。'虽不能至,然心向往之。余读孔氏书,想见其为人。适鲁,观仲尼庙堂车服礼器,诸生以时习礼其家,余

① 《史记评林》引明代杨慎语。
② (清)刘熙载:《艺概·文概》。
③ (清)刘鹗:《老残游记序》。
④ 李长之:《司马迁之人格与风格》,生活·读书·新知三联书店1984年版。

祇回留之不能去云。天下君王至于贤人众矣,当时则荣,没则已焉。孔子布衣,传十余世,学者宗之。自天子王侯,中国言《六艺》者折中于夫子,可谓至圣矣!"句句感叹,句句传情。

其二,个别段落如诗般押韵,行文则长短句交错运用,形成参差错落之美,又以重沓、虚字传神等手法,增强语言的节奏感。更有直接以诗歌的韵文形式,构成一唱三叹的抒情效果。如《滑稽列传》淳于髡论酒一节,其文如行云流水,唱叹有致:

> 赐酒大王之前,执法在傍,御史在后,髡恐惧俯伏而饮,不过一斗径醉矣。若亲有严客,髡卷韝鞠,侍酒于前,时赐余沥,奉觞上寿,数起,饮不过二斗径醉矣。若朋友交游,久不相见,卒然相覩,欢然道故,私情相语,饮可五六斗径醉矣。若乃州闾之会,男女杂坐,行酒稽留,六博投壶,相引为曹,握手无罚,目眙不禁,前有堕珥,后有遗簪,髡窃乐此,饮可八斗而醉二参。日暮酒阑,合尊促坐,男女同席,履舄交错,杯盘狼藉,堂上烛灭,主人留髡而送客,罗襦襟解,微闻芗泽,当此之时,髡心最欢,能饮一石。故曰酒极则乱,乐极则悲;万事尽然。

其三,大量诗赋和民间谚语歌谣的引入,尤其是作品中人物的即景作歌,更增强了文章的抒情色彩。《大风歌》对国家未来的隐忧,"四顾寂寥,有伤心者"的心境及深沉的反思;《鸿鹄歌》的无奈与凄惶;《易水歌》的慷慨悲壮……都成为千古绝唱。至于《垓下歌》更是"一腔愤怒,万种低回,地厚天高,托身无所,写英雄失路之悲,至此极矣"。而这类诗赋,正像清代周亮工所指出的那样:"垓下是何等时?虞姬死而子弟散,匹马逃亡,身迷大泽,亦何暇更作歌诗?即有作,亦谁闻之,而谁记之欤?吾谓此数语者,无论事之有无,应是太史公笔补造化,代为传神。"[1]显然,在表现某种特殊情景时,作品的主人公慷慨悲歌,用诗句和歌声道出内心的各种感受,已成为文学创作的一个重要抒情模式。

此外司马迁尚奇,继承了《离骚》浪漫主义的精神。司马迁尚奇,西汉扬雄首发此论。唐司马贞附其议。清章学诚在《文史通义·史德》篇说司马迁是"贤者好奇"。近人李长之认为,司马迁好奇是继承了屈原《离骚》的浪漫主

---

[1] 转引自钱锺书:《管锥编》。

义精神的"最露骨的表现"①。屈原好奇,在《离骚》中有着充分的表现。他以鸷鸟自比,以精玉为粮,驱策龙凤,役使风云雷神上天下地,真可以令人叹奇观止了,所以刘勰称《离骚》为奇文。

司马迁的好奇审美观又是从"发愤"精神中引申出来的,所以好奇的内容又是现实的,与屈原的好奇有所区别。屈原好奇,充满幻想,他以香草美女自喻,通过神游往古,访圣求贤,餐菊饮露等的描写来抒发自己的奇情奇趣和高尚胸怀。司马迁好奇,是好奇人奇事,李长之径直解释为"爱才",就是爱好奇人奇事。用司马迁的话来说,就是爱那些"忠臣死义之士","辅拂股肱之臣","扶义俶傥,不令己失时,立功名于天下"的人。司马迁在忠于史实的前提下,描写"奇伟俶傥"之人的奇行、奇言、奇策、奇计、奇伟功业或奇伟德行。例如,写项羽,他是一个"力拔山兮气盖世"的奇人,身长八尺,力能扛鼎,长有重瞳子;他有奇行,巨鹿之战惊天动地,鸿门宴上仁如妇人,垓下突围悲歌别姬,乌江自刎以头赠人。写荆轲,易水送别风云变色,秦廷行刺鬼泣神惊。写妇女,卓文君夜奔,太史嫩女自择婿,聂荣赴死扬弟之名,缇萦上书救父,她们是奇女。写游侠,一诺千金,不爱其躯。写重义,程婴、公孙杵臼为救赵孤而献身。写知遇,豫让漆而为厉、吞炭变哑为知己报仇。写发愤,范雎入秦,孙膑走齐,吴起干将,越王勾践卧薪,无不充满传奇色彩。总之,司马迁好奇,是"传畸人于千秋",他要塑造一系列人灵之精的奇节异行,讴歌英雄主义。

司马迁与屈原两人具有共通的傲世精神,一是基于进步的政治主张,一是共同蒙受了不平的遭遇。他们都是才不世出,学问渊博的学者,有理想、有抱负,又刚直不阿,"正道直行,竭忠尽智,以事其君",但却"信而见疑,忠而被谤",一个遭放逐,一个受腐刑,正由于此,司马迁对屈原的思想感情、生平志趣、政治遭遇,以及作品抒情,发生了强烈的共鸣。屈原的作品具有强烈的批判性,锋芒所指,上至楚君,下至党人,卖国贼、专权者、嫉妒者、造谣者,统统成了笔下的鞭挞对象。司马迁以屈原为榜样,无所畏惧地批判了汉代帝王的种种劣迹,剥去皇帝头上的神圣光圈,把刘邦的无赖,汉景帝的寡恩,汉武帝的残酷、迷信和好大喜功,一一暴露在光天化日之下。至于那些厚颜无耻的小人如田蚡,阿谀逢迎的市侩如叔孙通,外宽内深的伪君子如公孙弘,尸位素餐的平

---

① 《司马迁之人格与风格》,生活·读书·新知三联书店 1984 年版。

庸官僚,如狼似虎的贪吏、酷吏,司马迁有区别地作了有力的揭露和鞭挞。他这种不畏权势、不媚权贵的刚正性格,正是屈原精神的真正继承者。至于他们积极的政治热情,讥刺时政的锋芒,并不是为了个人利益的得失,而是带有一种深沉的思考,深重的忧患,忧国、忧民、忧社会。忧患意识促使敢于坚持真理的思想家大胆揭露社会矛盾,奋力与污浊的社会现实抗争。司马迁与屈原正是这样的诗人、哲人,他们的精神也对后代进步文人产生了积极的影响。

2.《史记》对中国文学的贡献

《史记》对中国文学的贡献,即是司马迁对中国文学的贡献,主要有三个方面:(1)语言巨匠;(2)散文大家;(3)创立传记文学。

(1)语言巨匠。语言与情节是文学创作的最基本元素。语言巨匠,就是文学大家。《史记》语言之优美,不仅独步当时,而且为后世人所不可企及。《史记》中,短句一个字,长句四五十字,当代汉语中的各种复杂句型,《史记》全有。《史记》语言生动、流畅,而又雄健峻洁,婉曲细微,形成独特的风格。在司马迁生活的时代,汉赋是最流行的标准的文学语言。汉赋在句式上喜用骈句、偶句、排比,音韵上讲究抑扬谐妙。这种贵族化、形式主义化,并与口语分家的语言,是不能胜任记叙复杂的历史事件的,更不能用以描写人物,刻画形象。司马迁为了实现"究天人之际,通古今之变,成一家之言"的理想,在全面继承古代书面语言与学习民间语言的基础上,大胆创新,在《史记》中创作出了运用自如用以叙事的通俗化散文语言。这种语言的特点用八个字概括:"长短相间,参差错落。"司马迁遣词造句,句式灵活而多变,长长短短,组成文章错落有致,增强了语言的表现力。具体说,司马迁创造的通俗语言增强的表现力有三个方面。其一,引用先秦文献资料,对晦涩难懂的古文进行了汉代通行语的翻译;其二,大量采用和提炼民歌谣谚及方言俚语叙事,丰富了语言的内容;其三,司马迁精意锤炼用于刻画人物的语言,使之口语化、个性化。例如《张丞相列传》中写周昌口吃,模拟周昌神态说:"臣口不能言,然臣期期知不可!陛下虽欲废太子,臣期期不奉诏!"其中"期期"是周昌急于表态而又口吃说不出话时发出的声音,描摹周昌又急又怒的神情,活灵活现。又如《李将军列传》写霸陵尉醉酒,呵止李广不得夜行,说:"今将军尚不得夜行,何乃故尔!"这是模拟装腔作势的醉汉语言,表现醉汉神态,十分精妙。再如《魏其武安侯列传》在东朝廷辩一节中,司马迁通过切合各人身份、品格个性的语言,把窦婴之怒,田蚡之奸,韩安国之圆滑,王太后之愚泼,汉武帝之难言,惟妙惟肖地再现出来,使各个人物的情态历历如在眼前。最精妙的语言模拟,出口便知说话人的身份。如《张耳陈馀列传》写蒯通说范阳令曰:"窃闻公之将死,故吊。虽然,贺公得通而生。"出口就是说客口吻。

总之,司马迁运用语言的成功,是他精意学习和锤炼语言,使之口语化、通俗化、个性化的结果。司马迁还运用各种修辞手段,如夸张、素描、对话、重沓、加倍形容、场景捕捉、心理独白,以及用虚字传神等来加强语言的文学性,打破平铺叙述的史笔,所以《史记》文章极富文采,这和班固的严谨形成了截然不同的风格。司马迁正是用他独创的具有魅力的语言,塑造出了一个个形神俱备,栩栩如生,个性鲜明的人物形象。

(2)散文大家。汉代文章两司马,是指司马迁与司马相如,这是文史大家班固的评论。班固在《汉书·公孙弘卜式兒宽传》赞语中评论说:"文章则司马迁、相如。"班固推崇《史记》散文之优美,与辞赋大家司马相如比肩,足见司马迁是一代散文大家。唐宋八大家掀起的古文运动,就是以司马迁为旗帜,把《史记》树为追慕学习的典范。韩愈论《史记》雄健,柳宗元论《史记》峻洁,韩柳并师法《史记》作文。《史记》文章为汉代散文典范,从此确立。明清人评点《史记》,对其文章艺术美的研究,挖掘更深,尤以清桐城派的评点,成绩最大。方苞用"义法"论《史记》,已经明确地触及内容与形式统一的认识。方苞说的"义"就是"言有物",即文章的内容;"法"就是"言有序",即文章的表现形式。"义以为经而法纬之,然后为成体之文",也就是内容与形式的高度统一,才是富有文学价值的好文章。桐城派另一大家刘大櫆,在方苞义法说的基础上,进一步探索《史记》散文的艺术美,指出《史记》文法有"大""远""疏""变"四大特点。桐城派最后一位代表人物林纾,他对《史记》散文艺术美的研究卓有成绩。他撰写的《春觉斋论文》,对《史记》文章情韵之美,以及运用虚字和结尾艺术做了不少具体分析,发前人所未发。

(3)创立传记文学。刘勰《文心雕龙》标立"史传"专题,明确地把《史记》人物传记包括在文学范围之内。从人物形象塑造的角度评价《史记》的文学性,文章结构转折波澜,细节描写具有小说因素。最早把《史记》与小说相提并论的是明嘉靖间人李开先。他在《词谑》一书中说:"《水浒传》委曲详尽,血脉贯通,《史记》而下,便是此书。"李开先把《水浒传》的情节安排与文章技巧与《史记》的文章技巧联系起来。到明末清初,金圣叹径直把《史记》《庄子》《离骚》《杜诗》《水浒传》《西游记》并称为"六才子书"。金圣叹在《水浒传》和《西厢记》的评点中多次赞扬司马迁的文笔。尤其是《史记》与小说的关系,金圣叹有深刻的认识。他在《读第五才子书法》中说:"《水浒传》方法,都从《史记》出来。"这些评论指出:中国文学的写人艺术,就是从司马迁创立史传文学开始的。所以中国传统小说,人物塑造带史传特点,以故事情节取胜,其实就是师法司马迁。

第六章 《史记》的语言成就

文学的第一要素是语言。《史记》之所以能产生强烈的美感效应,它的语言美具有举足轻重的作用。司马迁善于对社会、人生进行细致的观察、分析,善于抓住人或事物的本质特征进行描绘,在语言运用方面取得了惊人的成就,使《史记》成为中国文学语言的宝库。司马迁是中国古代最伟大的语言巨匠。

一、典范的叙事散文语言

《史记》人物传记的本质是一种散文叙事,其中非人物传记的篇章大都带有政论色彩,更是典型的散文叙事。司马迁散文的艺术成就,代表了汉代文学的高峰。语言锤炼和章法结构是撰写优秀散文的重要因素。司马迁在《史记》中创作出了自己富于时代特色和个性特色的接近口语的纯正散文语言,我们称之为"典范的叙事散文语言"。

1.《史记》语言的散文化和口语化

众所周知,汉赋是司马迁生活时代最流行的标准的文学语言。汉赋在句式上喜用骈句、偶句、排比,音韵上讲究抑扬谐妙。汉赋的作者,尤其是散体大赋的作者如司马相如等人,作为大汉帝国润色鸿业的辞赋家,他们对于大汉帝国的繁荣昌盛和大汉帝国的规模气象,对文、景、武几代皇帝迅速发展起来的高度物质文明和精神文明,抱有一种惊异、喜悦、赞叹、自豪的心理,一种不加以夸耀和展示便不足以餍心惬意的心理。正是这样一种心理,促使他们创作出了以"铺张扬厉""侈丽闳衍"为特点的汉大赋这种艺术形式。这种作品在语言上追求的是华丽、繁缛、铺陈、整饬,所谓"极声貌以穷文"。这种贵族化、形式主义化,并与口语分家的语言,是不能胜任记叙复杂的历史事件的,更不能用以描写人物,刻画形象。司马迁为了实现"究天人之际,通古今之变,成一家之言"的理想,在全面继承古代书面语言与学习民间语言的基础上,大胆创新,在《史记》中创作出了运用自如用以叙事的典型化散文语言。

这种语言有两大特征。其一,在叙事中坚持散句单行,按照语言的自然音节,屈折舒展,伸缩自如,句多长短相间,参差错落,形成一种灵活多变的流转句式,有意识地避免排句、偶句,避免散文的辞赋化。其二,是口语化,坚持汲取和吸纳民间活的口头语言,坚持与当时群众语言的血肉联系,这也是散文语言的生机和发展的一大源泉。

司马迁遣词造句,句式灵活而多变化,句子长的可以长到几十个字,短的可以短到三两字,甚至一个字。长长短短,组成文章错落有致,分层举例如次:

先谈《史记》中的长句

例(1):赐天下鳏寡孤独穷困及年八十以上孤儿九岁以下布帛米肉各有数。(《孝文本纪》28 字)

例(2):使壮士车令等持千金及金马以请宛王贰师城善马。(《大宛列传》21 字)

例(3):愚民安知市买长安中物而文吏绝以为阑出财物于边关乎?(《汲郑列传》24 字)

像以上这类长句,在先秦的文字中是较为少见的,而《史记》在叙事中运用相当普遍,有多达四十余字的长句。长句中有着许多包孕的子句,或定语,或状语,或补语,或宾语,或兼语,用以描写复杂的事件和表达复杂的情感色彩,不一而足。多重长句的运用,表现了司马迁对语言的控驭能力。

那么《史记》里一般是在什么地方,什么场合用长句呢?大体有三种情况:一是帝王的诏告封赠,这属于朝廷文告,语言需要严密周详,故多长句,如例"赐天下鳏寡孤独……"句;二是叙及一些使令时喜欢用长句,如例句(2)"使壮士车令等持千金……"句;三是当然更多的是遇到情事委曲微妙,非长句不足以曲折达意、婉转尽情的时候来用,如例句(3)汲黯为长安商人诉冤屈、讨公道所用的句子。这些地方不用长句,只是平铺直叙,就带不出人物的感情,点染不出环境气氛。以句(1)为例,这是一个长宾语的句子,它在艺术上发挥了什么作用呢?析之如下:

例(1):赐 天下 鳏寡孤独穷困及年八十以上孤儿九岁以下
布帛米肉各有数

这是个省略了主语的陈述句(主语是汉文帝,承前省;谓+宾)双宾式(间接宾、直接宾语),这一长句的特点是把本来可以分开说的几句话合成了一个有双宾语的长句。这句话的谓语很简单,只有一个"赐"字,其余27字可以说全是宾语。("天下"是宾语的定语,"各有数"属于宾语的补语或说是定语后置。)这个宾语是由几个并列的词组充当,"鳏寡孤独穷困及年八十以上孤儿九岁以下"是间接宾语,"布帛米肉"是直接宾语。"天下"作为间接宾语的定语,表赐的范围;"鳏、寡、孤独、穷困及年八十以上、孤儿九岁以下"并列几种人,表赐的对象之众多、范围之广泛,"布、帛、米、肉",所赐物品之实惠与品种;"各有数"则对赐者主体汉文帝虑事之周到、细心表述无遗,同时从中也就把文帝的仁心德治给体现出来了。

例(2):上‖使王然于以越破及诛南夷兵威风谕滇王入朝(《西南夷列传》20字)

这是一句由名词主语打头,与"使"结合构成主谓句,然后再用兼语,而兼语之后又有兼语(主+谓+兼+谓+宾,兼语式),结构便越发复杂。为什么非要这么复杂的结构?先抛开"以越破及诛南夷兵威"的状语不说,就其主干而论,就是"上使王然于风谕滇王入朝"——皇上派王然于风谕滇王使之入朝。这里涉及了三个人,意思至少也有三层:皇上派王然于(一层);叫王然于风谕滇王(二层);目的是要滇王入朝(三层)。为什么要用两个兼语?因为一个兼语只能管到"风谕滇王"为止,而风谕滇王不是目的,风谕的目的是使滇王"入朝",所以"滇王"后边"入朝"两个字决不能少,而这两个字正是一谓(入)一宾(朝),与"风谕滇王"合在一起,正好又构成一个兼语:"风谕滇王入朝"。光是主干句子就已经够复杂的了,还要加上风谕手段——"以越破及诛南夷兵威"这个状语,如此,将几层意思凝结在一句话里,通过层折递接的结构,周密而又顺畅地传达出来。

通过以上两例长句的分析,由此可以看出长句的传情达意的妙用,以及司马迁大手笔驾驭语言的高超才能。

再看《史记》中的短句

例(1):广令诸骑曰:"前!"前,未到匈奴阵二里所,止。(《李将军列传》)。

十六个字,分为五句,三个一字句。每个一字句,有如千钧之重。第一个

"前"字,写口令,概括了李广如雷霆之声的命令,表示只有勇往直前,才能在气势上压倒敌军,争取死里求生。第二个"前"字写进行,表示全军整齐前进的豪壮气势。最后一个"止"字,显示全军岿然不动的意志。总计十六个字,长短五句话,就淋漓尽致地描绘出了汉军视死如归,一往无前的精神,图画了一场两军交兵的大场面,真是精绝。三个一字句的使用提了精神。《史记》中还有二字句、三字句,不一一例举。

> 例(2):使者惧而失谒,跪拾谒,还走,复入报曰:"客,天下壮士也,叱臣,臣恐,至失谒。曰'走!复入言,而公高阳酒徒也'。"(《郦生陆贾列传》)

> 例(3):项羽晨朝上将军宋义,即其帐中斩宋义头,出令军中曰:"宋义与齐谋反楚,楚王阴令羽诛之。"当是时,诸将皆慴服,莫敢枝梧。皆曰:"首立楚者,将军家也。今将军诛乱。"(《项羽本纪》)

例(2)是在通报和对话场合下的短句,一连串的短句,描写通报人急促情态可掬。例(3)叙写紧张激烈场面之中夹杂半句话。"今将军诛乱"就是半句话。诸将被突如其来的血腥场面吓破了胆,唯恐与宋义沾上边,赶紧表白项羽诛乱,应当为全军统帅,在紧张气氛中说不成整句话,司马迁用半句话的形式活生生地表现出来。

还有一种情况,是说话当中由于别人抢话而出现的半句话。《魏其武安侯列传》写灌夫极力讨好武安侯为魏其兜揽贵客一段:"丞相(武安侯田蚡)从容曰:'吾欲与仲孺过魏其侯,会仲孺有服。'灌夫曰:'将军乃肯幸临况魏其侯,夫安敢以服为解!请语魏其侯帐具,将军旦日早临。'"这里武安说什么"欲与仲孺过魏其侯"云云,原是个卖人情的门面话,因为这里正值灌夫有丧服在身,他料想灌夫去不成才这么说的,所以那"会仲孺有服"后边明显的还有"惜不能成行"这种意思的后半句,可没曾想灌夫为魏其兜揽贵客心切,一见武安说出想去拜访魏其的话,不等武安把话说完就受宠若惊地把话抢了过去。这样武安那后半句话只好咽回去而随口应承。正是因此才导致第二天魏其夫妇备办下酒席而武安不到,灌夫登门去请,原来武安还在高睡,早把这个约会忘到九霄云外去了,出现了尴尬局面。

除此之外,《史记》还能写吞吞吐吐的话,写谈话中不知不觉转换称呼的话,写自言自语心口商度的话等等,我们就不一一去展开说了。

第三,句式长短相间,参差错落,增强语气的表现力

人们说话,随意吐词,连成句子,总是长长短短,参差错落。但是,战国时纵横家游说国君的说辞,列国行人的外交语言,讲究辞章华丽,与口语产生距离。《左传》《战国策》等书记载的行人外交辞令和策士的说辞,已经出现了一定程度的铺陈夸饰和排比对偶句式。到了汉代,辞赋盛行,铺陈夸张和骈偶化成为时尚。这对于推动纯文学语言的发展是有意义的,但不利于写史状人。司马迁为了增强语言的表现力,叙事简洁精练,有意识地不造排句偶句,行文总是长短不齐,参差错落,句式活泼生动,接近口语,富有生命力。如《项羽本纪》所写巨鹿之战,就长短句相间,错落有致。其文曰:

> 项羽乃悉引兵渡河,皆沉船,破釜甑,烧庐舍,持三日粮,以示士卒必死,无一还心。于是至则围王离,与秦军遇,九战,绝其甬道,大破之,杀苏角,虏王离。涉间不降楚,自烧杀。当是时,楚兵冠诸侯。

这一段大战描写的文字,句式多短章促句,它造成一种紧张气氛与激烈的战斗场面相照应,读者随着这短促的节奏,不觉加快了心率的跳动,大战场景历历如画,真是神来之笔。

但是对称是一种美感,是中华民族文化中的一种传统美感,而且司马迁也是一个辞赋家,对称的美感对司马迁也不能不是一种诱惑。《史记》中也有许多排比句子,不过司马迁自有他出神入化的点化手法,运用了一种"寓骈于散"以散统骈的方法①,造成对偶排句的散文化。清代批评家称之为意偶而笔不偶,或笔单而气双的说法。试以《史记·货殖列传》中的两段话来说明:

> 贵上极,则反贱;贱下极,则反贵;贵出如粪土,贱取如珠玉,财币欲其行如流水。

> 其在闾巷少年,攻剽椎埋,劫人作奸,掘冢铸币,任侠并兼,借交报仇,篡逐幽隐,不避法禁,走死地如骛,其实皆为财用耳。

这两段话中的句子业已构成对偶句,但前者忽然加上"财币欲其行如流水",后者忽然把四字句改为"走死地如骛",这是故意破坏那太整齐的呆板,以构成一种不整齐的美。

有时连叙数事,司马迁也有意造出意义排比句式不排比的散句,构成一种

---

① 这里的分析,参见李长之:《司马迁之人格与风格》,生活·读书·新知三联书店1984年版。

跌宕气氛,加深文意。如《秦楚之际月表序》写天下三嬗:"初作难,发于陈涉;拨乱诛暴,平定海内,卒践帝祚,成于汉家。五年之间,号令三嬗,自生民以来,未始有受命若斯之亟也。"意义排比,加深了三嬗天下的对照;字句变化而不作排比,显示层层递进。吴见思《史记论文》对此评论说:"《史记》凡用数句排比,无一句不变,而后人不复宗法,独用呆板。盖《汉书》一出,以匀齐整练四字害之也。"这的确是极为精练地概括出了《史记》散文语言的特点。

2. 典范散文语言得心应手的叙事功能

叙事最难,一是对复杂史事如何做到条理清晰,二是行文不呆板流畅生动。作为历史著作的《史记》,基本要求是线索清晰,前因后果,一目了然。作为人物传记的《史记》,要求文字神采飞扬,有可读性。司马迁得心应手地运笔,游刃有余地叙事,绚丽多彩的史传散文在他手里完成,聚为《史记》,千古传唱。《史记》载三千年史,而对每个事件、每个人物的出处经历都有明确交代,即使再复杂的矛盾也能写得一清二楚。如《魏其武安侯列传》揭露统治阶级内部的矛盾斗争,窦婴、田蚡、灌夫三人的矛盾纠织在一起,难解难分,但司马迁笔力不凡,"以魏其武安为经,以灌夫为纬,以窦王两太后为眼目,以宾客为线索,以梁王、淮南王、条侯……许多人为点染,以鬼报为收束,分合联络,错综周密,使恩怨相结,权势相倾,杯酒相争,情形宛然在目。"①《高祖本纪》写刘邦一生,既有本纪的纲领性,又有列传的生动细致性,大小事件纷繁多变,但司马迁写得有条不紊,"整中见乱,乱中见整,绝无痕迹。"②《李斯列传》通过李斯的一生,展现出秦王朝由盛到衰到亡的全过程,虽是列传却有本纪的特点,因此,明代茅坤说:"学者读《李斯传》,不必读《秦纪》矣。"③清代李景星说:"《李斯传》以'竟并天下''遂以亡天下'句为前后关锁。'竟并天下'是写其前之所以盛,'遂以亡天下'是写后之所以衰,盛衰在秦,所以盛衰之故,则皆由于斯。……似秦外纪,又似斯、高合传,而其实全为传李斯作用。"④《史记》把复杂多变的历史写得眉目清晰,这是它叙事语言成功之一。

《史记》叙事语言还能做到生动传神。如《项羽本纪》中的巨鹿之战,是项

---

① (清)李景星:《史记评议》。
② (清)吴见思:《史记论文》。
③ (明)茅坤:《史记钞》。
④ (清)李景星:《史记评议》。

羽一生的关键一仗,它打败了秦军的主力,为起义军在军事上的彻底胜利奠定了基础。我们看作者对这场大战高潮的叙述:

> 项羽已杀卿子冠军,威震楚国,名闻诸侯。乃遣当阳君、蒲将军将卒二万渡河,救巨鹿。战少利,陈余复请兵。项羽乃悉引兵渡河,皆沉船,破釜甑,烧庐舍,持三日粮,以示士卒必死,无一还心。于是至则围王离,与秦军遇,九战,绝其甬道,大破之,杀苏角,虏王离。涉间不降楚,自烧杀。当是时,楚兵冠诸侯。诸侯军救巨鹿下者十余壁,莫敢纵兵。及楚击秦,诸将皆从壁上观。楚战士无不一以当十,楚兵呼声动天,诸侯军无不人人惴恐。……诸侯将入辕门,无不膝行而前,莫敢仰视。

作者不仅将项羽破釜沉舟的过程、结果写得明了清晰,而且极为生动形象,"精神笔力,直透纸背,静而听之,殷殷阗阗,如有百万之军藏于隃糜汗青之中,令人神动。"[1]

又如信陵君,这是司马迁心目中敬仰的人物之一,《魏公子列传》写信陵君不耻下交、自迎侯生一段是这样的:

> 公子于是乃置酒大会宾客。坐定,公子从车骑,虚左,自迎夷门侯生。侯生摄敝衣冠,直上载公子坐,不让,欲以观公子。公子执辔愈恭。侯生又谓公子曰:"臣有客在市屠中,愿枉车骑过之。"公子引车入市,侯生下见其客朱亥,俾倪故久立,与其客语,微察公子。公子颜色愈和。当是时,魏将相宗室宾客满堂,待公子举酒。市人皆观公子执辔,从骑皆窃骂侯生。侯生视公子色终不变,乃谢客就车。至家,公子引侯生坐上坐,遍赞宾客,宾客皆惊。酒酣,公子起,为寿侯生前。

这样的叙述语言,使读者有身临其境之感。作者从不同的角度来刻画信陵君的恭谦态度,虽是叙述,但人物的神态、形象却非常生动。这类例子在《史记》中俯拾皆是。有时候,作者结合环境情况,采用参差错落的句式,达到生动传神的目的,如《刺客列传》写"荆轲刺秦王"一节:

> 秦王发图,图穷而匕首见。因左手把秦王之袖,而右手持匕首揕之。未至身,秦王惊,自引而起,袖绝。拔剑,剑长,操其室;时惶急,剑坚,故不可立拔。荆轲逐秦王,秦王环柱而走。群臣皆愕,卒起不意,尽失其

---

[1] (清)吴见思:《史记论文》。

度。……秦王方环柱走,卒惶急,不知所为,左右乃曰:"王负剑!"负剑,遂拔,以击荆轲,断其左股,荆轲废,乃引其匕首以掷秦王。不中,中铜柱。秦王复击轲,轲被八创。

由于刺秦王就在一刹那之间发生,极为紧张突然,因此,作者在叙述时也用极短促的语句,描绘出这个场面,带有力量、速度。

《史记》叙述性语言还常常带有作者的感情,或褒或贬,颇有韵味。我们先看《李将军列传》中一段:

广廉,得赏赐辄分其麾下,饮食与士共之。终广之身,为二千石四十余年,家无余财,终不言家产事。……广之将兵,乏绝之处,见水,士卒不尽饮,广不近水;士卒不尽食,广不尝食。宽缓不苛,士以此爱乐为用。

叙事看来很平常、淡然,但字里行间渗透着作者的感情,对于李将军的廉洁和爱护士卒的品格,作者是持褒扬态度的。

《史记》的叙述语言有时为了节省文字,也用概括性的语言来叙述,如攻、击、守、迫、围、战、下、破之、大破之等动词表明战争的过程,用定、得、取、斩、先登、陷阵等词语表示人的动作,《曹相国世家》即属此种情况。有时候则相反,为了加重语气,不惜用大量的重复词语,如《廉颇蔺相如列传》叙述"完璧归赵"故事,"璧"字反反复复出现,《魏公子列传》全文用了一百四十七个"公子",这都是作者极用意之处。

《史记》叙述语言有时在交代人物身份、历史背景、地理环境等方面有重要作用。《史记》传记每篇开头总要介绍人物的出身、家世、职业等,看起来漫不经心,实乃是刻画人物很重要的一笔。就交代背景而言,有些事件十分复杂,它的发生原因、时间等都要有个来历。如司马迁写刘邦起义之事:"秦二世元年秋,陈胜等起蕲,至陈而王,号为张楚。诸郡县皆多杀其长吏以应陈涉。沛令恐,欲以沛应涉。"然后再写刘邦之事。这样,整个事件的来龙去脉就很清楚。就交代地理形势而言,"秦楚之际,兵所出入之途,曲折变化,唯太史公序之如指掌。以山川郡国不易明,故曰东、曰西、曰南、曰北,一言之下,而形势瞭然。……盖自古史书兵事地形之详未有过此者,太史公胸中固有一天下大势。"①我们今天读《史记》中写战争的篇章,总会感到线索清晰,地理形势明

———————————

① (清)顾炎武:《日知录》卷二六。

了,这与司马迁的叙述语言有很大关系。

《史记》叙述语言有时在连贯事件的前后时间及因果关系方面也有重要作用。作者往往用"是时""当是时""久之""顷之"等词语来连缀事件的前后次序。如《刺客列传》写不同时代的刺客,在连缀上用"其用百六十有七年""其后七十余年""其后四十余年""其后二百二十余年"等主语句,使整个传记连为一个体系。

总之,叙述语言在历史著作中是最基本的语言,司马迁运用自如,取得了可喜的成就。

二、个性化的人物语言

一般的历史著作用作者的叙述语言把事件叙述清楚即可。而《史记》则不只如此,它还用人物自己的语言表情达意,这就由历史向文学迈进了一大步。《史记》的人物语言具有个性化,符合人物的身份、性格、心理等,不管是今人古人,是男是女,高低贵贱各色人物,谁的话就像谁,做到"口吻逼肖"。

1. 切合身份的个性语言

在《史记》中,我们读到专制帝王秦始皇的说话。这个专制皇帝发起话来是个什么口气呢? 在《秦始皇本纪》中有这样一段描写,说秦始皇统一天下之后,曾经下了一道诏书,要群臣给他议帝号,当群臣向他报告说"古有天皇,有地皇,有泰皇,泰皇最贵",因此拟给他上尊号为"泰皇"时,他发话道:"去'泰'着'皇',采上古'帝'位号,号曰'皇帝',他如议。"——这"去'泰'着'皇'",一字一顿,凛凛然一派金口玉言,拍板定案的语气。

《史记》还写了策士说客的话。《淮阴侯列传》写蒯通说韩信叛汉,说词层层剖析,反复取譬,语势跌宕流转,通脱灵畅,最后促韩信快下决心,那话是:"夫听者事之候也,计者事之机也,听过计失而能久安者,鲜矣……故曰'猛虎之犹豫,不若蜂虿之致螫,骐骥之跼躅,不如驽马之安步;孟贲之狐疑,不如庸夫之必至也。虽有舜禹之智,吟而不言,不如瘖聋之指麾也。'此言贵能行之。夫功者难成而易败,时者难得而易失也。时乎时乎,不再来。愿足下详察之。"一听就是善辩滔滔的策士口吻。

又如《张耳陈余列传》记载了这样一段话:"蒯通说范阳令曰:'窃闻公之

将死,故吊。虽然,贺公得通而生。'"出口就是说客口吻。

《郦生陆贾列传》写郦生的"狂",其言语绝对是一个"狂生"而非"儒生"。《淮阴侯列传》中写韩信被拜为大将后,给刘邦分析天下形势,一段言辞写得头头是道,那绝对是一个军事家的眼光,人称这段言辞为"汉中对",可与诸葛亮的"隆中对"相媲美。上文举证蒯通劝韩信反叛,其言辞滔滔不绝,气势充畅,那绝对是纵横家的语言。又如吕不韦是商人出身,当他看到安国君的儿子子楚在赵国作人质时,就想利用他以"钓奇",作政治赌注,说:"此奇货可居!"这绝对是商人的语言。

2. 捕捉场景、对话、心理独白,揭示人物个性的语言

言为心声,不同的人说不同的话,通过语言揭示人物的个性,这是司马迁写人艺术的一大特色。手法多多,常见的有场景的捕捉、对话、心理独白等。

捕捉场景。每一个人天天都在说话,并不是每一句话都能表现他的个性,要通过提炼、筛选,或突发的语言,或漫不经心的生活语言,作家要加以捕捉或营造一种环境,如同照相要抢镜头一样,特定的环境衬托人物语言,才能揭示人物的个性。司马迁最善于捕捉。《魏其武安侯列传》"灌夫使酒骂座"就是一个在特定场景下用人物语言揭示人物个性的典型列证。

> 饮酒酣,武安起为寿,坐皆避席伏。已,魏其侯为寿,独故人避席耳,余半膝席,灌夫不悦。起行酒,至武安,武安膝席曰:"不能满觞。"夫怒,因嘻笑曰:"将军贵人也,属之!"时武安不肯。行酒次至临汝侯,临汝侯方与程不识耳语,又不避席,夫无所发怒,乃骂临汝侯曰:"生平毁程不识不直一钱,今日长者为寿,乃效女儿呫嗫耳语!"武安谓灌夫曰:"程、李俱东西宫卫尉,今众辱程将军,仲孺独不为李将军地乎?"灌夫曰:"今日斩头陷胸,何知程、李乎!"坐乃起更衣,稍稍去。

灌夫的言辞,"是醉中事,怒中语,如闻其声"[1],一个狂傲不羁的武夫形象展现在人们面前。

对话。对话是人物语言中很重要的一个方面。这是人物性格的直接外露。对话,可以体现出不同人物的个性特点,从艺术手法上说,明显带有对比的性质。如《平原君列传》写平原君准备与楚结盟,挑选文武双全者二十人一

---

① (清)吴见思:《史记论文》。

起去楚国,结果:

> 得十九人,余无可取者,无以满二十人。门下有毛遂者,前,自赞于平原君曰:"遂闻君将合纵于楚,约与食客门下二十人偕,不外索。今少一人,愿君即以遂备员而行矣。"平原君曰:"先生处胜之门下几年于此矣?"毛遂曰:"三年于此矣。"平原君曰:"夫贤士之处世也,譬若锥之处囊中,其末立见。今先生处胜之门下三年于此矣,左右未有所称诵,胜未有所闻,是先生无所有也。先生不能,先生留。"毛遂曰:"臣乃今日请处囊中耳。使遂蚤得处囊,乃颖脱而出,非特其末见而已。"

这段对话,显示出两个人的性格特征及其矛盾冲突,一个是不得意的食客,一个是养士图虚名的贵族公子,而毛遂的语言,"英姿雄风,千载而下,尚可想见,使人畏而仰之。"[1]《史记》中这类对话是很多的,如《廉颇蔺相如列传》写蔺相如同他的舍人对话:"于是舍人相与谏曰'臣所以去亲戚而事君者,徒慕君之高义也。今君与廉颇同列,廉君宣恶言而君畏匿之,恐惧殊甚,且庸人尚羞之,况于将相乎!臣等不肖,请辞去!'蔺相如固止之,曰:'公之视廉将军孰与秦王?'曰:'不若也。'相如曰:'夫以秦王之威,而相如廷叱之,辱其群臣,相如虽驽,独畏廉将军哉!顾吾念之,强秦之所以不敢加兵于赵者,徒以吾两人在也。今两虎共斗,其势不俱生,吾所以为此者,以先国家之急而后私仇也。'"这段对话,既表现出舍人的目光短浅,又表现出蔺相如的大度,尤其是他"先国家之急而后私仇"的胸怀,深深地感动着人们。《留侯世家》写张良劝阻刘邦立六国后代的一段对话也极有特点:

> 汉王方食,曰:"子房前! 客有为我计桡楚权者。"具以郦生语告,曰:"于子房何如?"良曰:"谁为陛下画此计者? 陛下事去矣。"汉王曰:"何哉?"张良对曰:"臣请藉前箸为大王筹之。"曰:"昔者汤伐桀而封其后者于杞者,度能制桀之死命也。今陛下能制项籍之死命乎?"曰:"未能也。""其不可一也。武王伐纣封其后于宋者,度能得纣之头也。今陛下能得项籍之头乎?"曰:"未能也。""其不可二也。武王入殷,表商容之闾,释箕子之拘,封比干之墓。今陛下能封圣人之墓,表贤者之闾,式智者之门乎?"曰:"未能也。""其不可三也。发钜桥之粟,散鹿台之钱,以赐贫穷。

---

[1] (宋)洪迈:《容斋五笔》卷五。

今陛下能散府库以赐贫穷乎？"曰："未能也。""其不可四矣。殷事已毕，偃革为轩，倒置干戈，覆以虎皮，以示天下不复用兵。今陛下能偃武行文，不复用兵乎？"曰："未能也。""其不可五矣。休马华山之阳，示以无所为，今陛下能休马无所用乎？"曰："未能也。""其不可六矣。放牛桃林之阴，以示不复输积。今陛下能放牛不复输积乎？"曰："未能也。""其不可七矣。且天下游士离其亲戚，弃坟墓，去故旧，从陛下游者，徒欲日夜望咫尺之地。今复六国，立韩、魏、燕、赵、齐、楚之后，天下游士各归事其主，从其亲戚，反其故旧坟墓，陛下与谁取天下乎？ 其不可八矣。且夫楚唯无强，六国立者复桡而从之，陛下焉得而臣之？ 诚用客之谋，陛下事去矣。"汉王辍食吐哺，骂曰："竖儒，几败而公事！"令趣销印。

郦食其建议刘邦分封六国后代，以此来牵制项羽。张良左一个"不可"，右一个"不可"，一连摆出八条理由，步步为营，使刘邦无言以对，体现出张良"王者师"的风度，而刘邦则文过饰非，将错误全推到郦食其身上。《李斯列传》写赵高同胡亥、李斯谋议夺权时，对话也极为传神，"如观相扑，如听面谈，文心文笔，两者兼之。"①展现出三个人的卑劣个性。《淮阴侯列传》写刘邦和韩信谈论诸将将兵的才能，韩信以"善将将"和"将兵多多益善"概括刘邦和自己的个性、才能，也非常有神韵。而像《魏其武安侯列传》"廷辩"一场，各种矛盾在辩论中展示出来，面对同一事件，每个人有自己的语言，个性极为鲜明。

心理独白。心理独白既是人物自身语言的一种表现形式，也是心理描写的手法之一。作为心理描写的手法，已在本书第五章第一节"史记的写人艺术"中论及，这里不多说，再从个性化的语言角度补充几句。《史记》描写人物的内心独白，往往三言两语，对于展示人物心理，表现人物个性却极为传神。《酷吏列传》写王温舒任河内太守时，捕郡中"豪猾"，连坐千余家，二三日内，大举屠杀，"至流血十余里"。汉朝惯例，春天不杀人，王温舒顿足曰："嗟乎！令冬日益展一月，足吾事矣！"一句独白，就把一个杀人成瘾的酷吏形象展示出来。再如大家熟知的项羽、刘邦，他们二人在观看秦始皇时发出不同的感叹，项羽说："彼可取而代也"，刘邦说："嗟乎！ 大丈夫当如此也！"个性完全不

---

① （清）吴见思：《史记论文》。

同，"项之言悍而戾，刘之言则津津然不胜其歆羡矣"①。《万石张叔列传》有一处写石建的谨慎："建为郎中令，书奏事。事下，建读之，曰：'误书，马（馬）者与尾为五，今乃四，不足一，上遣死矣。'其惶然。"由于"马（馬）"字的笔画少写了一点，就吓得要死，其人的个性就可想而知了。

3.情态描写人物的个性化语言

情态描写的人物语言，往往只言片语也能把人物灵魂深处的一些东西亮给读者，有时，一句话即可见出一个人。譬如庞涓在马陵道发现中了孙膑的埋伏计之后所说"遂使竖子成名"这句话，在一句之中，恨、惜、不平全在其中，一个嫉妒小人的灵魂于此逼现！又如霍去病在天子为其"治第"（建公馆），让他去看的时候，他回答说："匈奴未灭，无以家为也。"一句豪言，吐尽英雄壮志，凭这一句话，人们便可品味其为人。

情态描写，要因人因事因时而捕捉典型事例，唯司马迁能之。譬如司马迁写口吃、写醉汉语、写惶恐心急而语无伦次，都能托出人物个性与形象。

《张丞相列传》写了周昌的结巴话。刘邦一心想废掉太子刘盈（即后来的孝惠帝）而立戚姬所生的如意为太子。作为御史大夫的周昌坚决反对，便当廷强争。传中写：这时"上问其说，昌为人口吃，又盛怒，曰：'臣口不能言，然臣期期知其不可。陛下虽欲废太子，臣期期不奉诏。'"这句话里的四个"期"字，都是口吃的象声词，是模拟口吃者结结巴巴的声口的。这句话，由于用了象声词，就把一个耿正而口吃的大臣在盛怒之下坚持自己意见的神态声口，极为逼真地摹绘出来了。

《李将军列传》写了霸陵尉带有醉意的蛮话。李广失官赋闲在家的时候，有一次出猎晚归，路过霸陵亭，霸陵尉出来呵止李广，李广的随骑上前介绍、通融，说：这是前将军李广。霸陵尉使腔说："今将军尚不得过，何乃故也！"这里倒没有象声词，可是因为用了"今将军尚不得"如何如何，"何乃"如何如何，听来便是带有醉意的侮慢之词。

《范雎蔡泽列传》写须贾语无伦次的赔罪话。须贾发觉被捉弄，得知范雎原来已经做了秦相，这一来吓得三魂出窍，慌了手脚，赶忙肉袒膝行，入门谢罪。他是这样说的："贾不意君能自致于青云之上，贾不敢复读天下之书，不

---

① （清）王鸣盛《十七史商榷》卷二。

敢复与天下之士。贾有汤镬之罪,请自屏于胡貉之地,唯君生死之!"这段谢罪之辞,一口气接连数语,说得心忙口急,杂乱无章,把须贾当时一片惊慌乞命之状的神态,活现纸上。

情态描写,对于同一个人在不同的场合,却有不同的声口,但都能揭示其人的个性。最典型的莫过于写汉高祖刘邦的语言。

刘邦是以豁达大度著称的,其性格的主调就是豁达。在《史记》当中所写刘邦的许多话,对表达其豁达本色来说,真是语语入情,句句传神。

比如他以亭长身份送民工去骊山,由于这些民工知道在骊山服劳役没有好下场,所以路上纷纷逃跑。刘邦意识到这些民工不等到达目的地就会逃光,没法交差;又看到当时全国反秦情绪如山雨欲来风满楼的形势,因而索性把民工都放跑。在放之前,他先和民工们喝了一顿酒,然后宣布:"公等皆去,吾亦从此逝矣!"吴见思《史记论文》评论说:"两句写得豪达磊落,酷似高祖气度。"

又如陈豨叛乱,赵相周昌奏请斩常山地区守尉,理由是"常山二十五城,豨反,亡其二十城"。然而刘邦问道:"守尉反乎?"对曰:"不反。"于是刘邦说话:"是力不足也。"决定宽赦了守尉。这种做法、看法及他说出的一句诘问的话,鲜活地表现出多么通情达理!

为平定陈豨叛乱,刘邦要周昌举荐赵地四名壮士,马上任命为将,并"封之各千户"。跟随刘邦左右的人不服气,谏曰:"从入蜀汉,伐楚,功未遍行,今此何功而封?"这时刘邦晓谕他们说:"非若所知!陈豨反,邯郸以北皆豨有,吾以羽檄征天下兵,未有至者,今唯独邯郸中兵耳。吾胡爱四千户封四人,不以慰赵子弟!"①从这话里,人们看到刘邦真是高人几筹的大政治家的豁达胸怀。

写刘邦对生死看得透,他在临终前回答吕后问后事和谩骂医生的两段话极为传神。刘邦病危,吕后问他:"陛下百岁后,萧相国即死,令谁代之?"他回答说:"曹参。"又问曹参以后呢? 刘邦回答说"王陵可以",又说王陵"少憨",可以叫陈平帮助他,周勃可以作太尉。吕后又问:再以后呢? 刘邦回答说:"此后亦非而所知也。"——意思是你用不着管那么长远,你也管不了那么长远。从这样的话里,你可领略到刘邦对整体看得多么透彻,为人又多么通达。

---

① 《史记》卷九三《韩信卢绾列传》。

他知道自己病已不治，又知医生欺瞒，谩曰"可治"。于是谩骂之曰："吾以布衣持三尺剑取天下，此非天命乎？命乃在天，虽扁鹊何益！"这种旷达语、负气语蛮有意味，实实在在透出他的豁达气概。

豁达固然是刘邦性格的主调，但这位小吏出身的"布衣皇帝"，品格脾性却是多侧面的，颇不单纯。他轻士善骂，什么"竖儒""鲰生""乃公""尔公"，几乎成了他的口头语。而在广武对峙中，当项羽以烹太公相要挟时，他和项羽竟耍起无赖来，说："吾与项羽俱北面受命怀王，曰'约为兄弟'，吾翁即若翁，必欲烹而翁，则幸分我一杯羹。"地地道道一副流氓腔。可是，人们还记得，同一个刘邦，他率义军进入咸阳，安抚黎民百姓的话却是这样说的："父老苦秦苛法久矣……凡吾所以来，为父老除害，非有所侵暴，无恐。"当秦人争持牛羊酒食献飨军士时，刘邦辞谢说："仓粟多，非乏，不欲费人。"这两段应又是和煦如旭日，温暖似春风，完全是一位救民倒悬的义军领袖和慈爱长者的风度。

刘邦平时任性率情，好为大言，狎侮轻慢，无所矫饰，高兴了开开玩笑，搞个恶作剧都是常事。当着大臣的面揶揄调侃自己的父亲，说什么"始大人常以臣为无赖，不能治产业，不如仲力。今某之业所就孰与仲多？"因为大白天搂着戚姬调情被周昌碰见，就追出去骑在人家脖子上没皮赖脸地问："我何如主也？"如此这般的话，这般的事刘邦居然说得出，做得出。然而在必要的场合，他又能很严肃、很庄重，甚至表现得十分深沉，说的话也极有分寸。例如，起义初，沛地父老子弟推他为沛令时，他很郑重地对大家讲："天下方扰，诸侯并起，今置将一不善，一败涂地。吾非敢自爱，恐能薄，不能完父子兄弟。此大事，愿更推择可者。"话说得相当恳切。日本的泷川资言评这段话说："词婉礼恭，不似平生大言。"[1]消灭项羽不久，诸侯将相共请尊他为皇帝，他先逊辞："吾闻帝贤者有也，空言虚语，非所守也，吾不敢当帝位。"群臣坚请，他不得已，乃曰："诸君必以为便，便国家。"话也说得持重，得体。

刘邦为人处世，能屈能伸，在下层政权混够多年，又练就一套见情说话的本领，所以尽管平时倨傲谩骂，粗野得很，可有的场合又婉言卑辞，语意蔼然。例如在鸿门宴前与项伯拉关系、释嫌疑的话："吾入关，秋毫不敢有所近，籍吏民，封府库，而待将军；所以遣将守关者，备他盗之出入与非常也。日夜望将军

---

[1] 《史记会注考证》之《高祖本纪》。

至,岂敢反乎? 愿伯具言臣之不敢倍德也。"《史记菁华录》评:"语气详慎卑抑之至,大英雄能屈处。"而鸿门宴上见到项羽后所说:"臣与将军戮力而攻秦,将军战河北,臣战河南,然不自意能先入关,破秦,得复见将军于此。"更是句句套近乎,灌迷汤,终于解除了项羽对他的思想警惕。

刘邦生性刚毅,不是那种好动儿女情长的人,但他仍然有厚重的人情味。刘邦彭城败退,追兵紧急,为了快跑,竟从车上推堕孝惠、鲁元两个儿女下车,简直可以说他是个绝情的忍人。可是在太子废立和过沛还乡两件事上,刘邦的一言一行,又都充溢着无比浓重的人情味! 当四皓随孝惠进见,他看到大势所趋,附保太子的势力不可动摇,决定放弃废立的打算之后,他把戚夫人找来,将四皓指示给戚夫人看,对他说:"我欲易之,彼四人辅之,羽翼已成,难动矣。吕后真而主矣!"说这话时,感慨唏嘘,凄凉哀伤,特别是最后一句,揪心撼脾,确是人间至情。《史记论文》评曰:"只一句,悲切之至,宛是当时口角,不知何以体贴至此!"

以上我们谈了《史记》人物语言的一些特点,由于这类语言是人物个性的直接展现,因此,在刻画人物时比叙述语言更为生动。

三、对民间语言的吸收与提炼

《史记》一书博大精深。为了丰富自己的著作,司马迁从民间文学中吸取了不少营养。唐代史学家刘知几曾指责司马迁"其所载多聚旧记,时插杂言"[1]。宋代郑樵也说:"迁书全用旧文,间以俚语,良由采摭未备,笔削不遑","所可为迁恨者,雅不足也"[2]。这些指责实际上是错误的。所谓"杂言""俚语",是司马迁对民间语言的吸收与融化,他们没有看到司马迁在吸收民间文学上的贡献。

《史记》中运用了大量的歌谣谚语,给《史记》增添了光彩。简析之如下。

　　一尺布,尚可缝,一斗粟,尚可舂。兄弟二人不能相容。

这首歌谣见《淮南衡山列传》。淮南厉王刘长,自恃尊贵,起居"拟于天子"。

---

① (唐)刘知几:《史通》卷一《六家》。
② (宋)郑樵:《通志·总序》。

汉文帝担心皇权旁落,采取手段逼刘长绝食而死。作者引歌谣来揭露最高统治者的无耻面目,非常深刻。

这一类谣谚是很多的,《韩长孺列传》在描写汉家内部的倾轧时,引用了这样的两句俗谚:

> 虽有亲父,安知其不为虎? 虽有亲兄,安知其不为狼?

它一针见血、入木三分地揭示了封建统治阶级内部人们之间的畸形关系。

汉武帝时,贵族灌夫在颍川一带横行无忌,《魏其武安侯列传》在揭露灌夫"诸所与交通,无非豪杰大猾……为权利,横于颍川"的罪行之后,引了当时流传于颍川的一首童谣:

> 颍水清,灌氏宁;颍水浊,灌氏族。

颍水不会长清,灌氏也不会永久横行! 一旦颍水变浊之日,就是姓灌的灭族之时。这形象而又贴切、富有哲理的诅咒,深刻地表现了人民对称霸一方的豪强势力的反抗情绪。

另外如《项羽本纪》引的"楚虽三户,亡秦必楚",《赵世家》中的"赵为号,秦为笑,以为不信,视地之生毛"等等,都有着强烈的战斗性与鲜明的阶级性。

再如,《酷吏列传》的一首歌谣:

> 宁见乳虎,无值宁成之怒。

宁成是汉代有名的酷吏,本传说他"为人上,操下如束湿薪",对待人民是"如狼牧羊"般的凶恶残暴。这首歌谣就活画出了宁成这个汉代统治者豢养的刽子手的狰狞面目。

有些歌谣谚语是对生活经验和处世哲学的总结。如:

> 《鲁仲连邹阳列传》:规小节者,不能成荣名;恶小耻者,不能立大功。
>
> 《淮阴侯列传》:狡兔死,走狗烹;高鸟尽,良弓藏;敌国破,谋臣亡。
>
> 《春申君传》:当断不断,反受其乱。
>
> 《孙子吴起列传》:能行之者未必能言,能言之者未必能行。
>
> 《范雎蔡泽列传》:鉴于水者见面之容,鉴于人者知吉与凶。
>
> 《魏世家》:家贫思良妻,国乱思良相。
>
> 《留侯世家》:忠言逆耳利于行,毒药苦口利于病。
>
> 《三王世家》:蓬生麻中,中扶而直,白沙在泥,与之俱黑。
>
> 《乐书》:满而不损则溢,盈而不持则倾。

这些歌谣谚语,是从社会生活中体验、总结出来的,具有一定的辩证思想,能给人以启发,也能给人以警戒,它们虽然简单,运用于某一篇之中,但实际上已具有普遍意义,即使到今天,仍具有一定的现实意义和借鉴作用。如《赵世家》中有:

> 以书御者不尽马之情,以古制今者不达事之变。

《刘敬叔孙通列传》中有:

> 千金之裘,一狐之腋也;台榭之榱,非一木之枝也,三代之际,非一士之智也。

前者强调的是理论与实践的结合,随着时代的变化,制定政策也应变化。后者强调的是要成就一件大的事情,必须依靠广大群众,必须有长期的积累。无疑对我们有借鉴意义。

有些歌谣谚语对历史上的人物进行热情赞颂。

萧何与曹参,是汉代开国初的两位相国。他们属于地主阶级中较为开明的政治家;在人们刚刚结束暴秦虐政压迫的情况下,恰当地采取了"休养生息"的政策,对农民作了某些让步,使人民在一定程度上得以恢复生产。老百姓为二人作歌说:

> 萧何为法,觏若画一;曹参代之,守而勿失。载其清净,民以宁一。

(《曹相国世家》)

再如:

> 得黄金百斤,不如得季布一诺。

这是《季布栾布列传》中的一条楚人谚语。赞扬季布言必信、行必果的品德。表现了人们对真诚的期待。

《史记》中还有些民谚歌谣反映了一定的人情事理。如:"人貌荣名,岂有既乎?"(《游侠列传》)"不知其人,视其友"(《张释之列传》)等,还有一些表现经济状况的,如"天下熙熙,皆为利来;天下攘攘,皆为利往。"(《货殖列传》)"长袖善舞,多钱善贾"(《范雎蔡泽列传》)等,内容十分丰富。

由于《史记》的记载,流传于民间的歌谣谚语在文字上得以固定,流传得更广泛和长远了,有许多至今活跃在群众的口语中。如"前事不忘,后事之师"(《秦始皇本纪》)、"养虎自遗患"(《项羽本纪》)、"唇亡齿寒"(《晋世家》)、"尺有所短、寸有所长"(《白起王翦列传》)、"利令智昏"(《平原君虞卿列传》)、"智者千虑,必有一失;愚者千虑,必有一得"(《淮阴侯列传》)等等。
这些寓哲理的通俗成语,即使在今天,仍有它的生命力。谚语属于人民的口头
文学创作,它来源于生活,也需要熟悉生活的人用它更深入地观察生活。司马
迁行游万里路,发现并采撷它们,并将其应用到《史记》写作中去。它们或经
书中某些人物之口出,或由作者直接引用,无论处于何种位置,它们都在发挥
着论据的作用,支撑着传记的某一特定主题。由于谚语来自民间,它的哲理性
与通俗性完美结合,有浓郁的生活气息。运用中又经司马迁筛选,因而在形成
《史记》语言"博而肆"的独特风格方面起了强化、补益的作用。

司马迁对民间的方言俗语也都注意采用,而且与人的身份地位相符合。
如《陈涉世家》写陈胜称王之后,当年与他一起庸耕的人来见他:

> 扣宫门曰:"吾欲见涉。"宫门令欲缚之。自辩数,乃置,不肯为通。
> 陈出王,遮道而呼涉。陈王闻之,乃召见,载与俱归。入宫,见殿屋帷帐,
> 客曰:"夥颐! 涉之为王沈沈者!"楚人谓多为夥,故天下传之,夥涉为王,
> 由陈涉始。

这里的一言一行,完全符合一个泥腿子农民的身份。"夥颐"是楚地方言,"沈
沈"是俗语,司马迁加以采用,增添了作品的趣味性。像这类方言俗语在《史
记》中也不少。《留侯世家》曰:"(张)良尝从容步游下邳圯上。"裴骃《集解》
引徐广曰:"圯,桥也。东楚谓之圯,音怡。"可见"圯"字属方言。《张耳陈余列
传》:"赵相贯高、赵午等……乃怒曰:'吾王,孱王也。'"《集解》引孟康的话
说:"冀州人谓懦弱为孱。"可见"孱"字属河北一带方言。《封禅书》:"神君
者,长陵女子,以子死,见神于先后宛若。宛若祠之其室,民多往祠。"这里的
"先后"二字,据颜师古《古书·郊礼志》注引孟廉云:"兄弟妻相谓先后。"颜
师古进一步说:"先音苏见反(xiàn),后音胡构反(hòu)。古谓之娣姒,今关中
欲呼为先后,吴楚俗呼之为妯娌。"可见"先后"二字属陕西关中方言。《大宛
列传》:"于是天子始种苜蓿、蒲陶肥饶地。""苜蓿""蒲陶"(即"葡萄"),这是
西域一带的植物,张骞通西域时传入汉朝,可见这两个词是西域一带的词语。

《史记》运用方言、俗语,一般都与人物的出生地有密切联系。司马迁能
够广泛搜集民间语言,并把它们写入《史记》中,这不只是语言运用问题,而是
与作者的阶级出身、世界观有一定关系,司马迁能冲破一些文人偏见,吸收民
间语言的精华,这种精神是值得肯定的。

《史记》还采用了各地大量的口语,这些口语经过司马迁的加工,基本符合书面语的规范。如《陈涉世家》中"苟富贵,毋相忘",《外戚世家》"武帝择宫中不中用者,斥出归之"中的"不中用","帝及太子诸窦不得不读黄帝、老子"中的"不得不"等,这些口语直到今天还有生命力。

四、各色语言的技巧

作为语言巨匠的司马迁,在长期的写作实践中练就了种种语言的技巧,给《史记》传记文学增添了翅膀。

1. 韵味追求:动词连用、副词复用、特殊表数

(1)动词连用。两个动词连用的例句:

"乃褒封寒农之后于焦。"(《周本纪》)

"景驹走死梁地。"(《项羽本纪》)

"放杀义帝于江南。"(《高祖本纪》)

"吕禄信然其计。"(《吕太后本纪》)

"还,袭灭虞。"(《晋世家》)

"郤至射杀宦者。"(《晋世家》)

"独视伟平。"(《陈丞相世家》)

"令赵啖说秦以伐齐之利。"(《乐毅列传》)

"遂皆降平齐。"(《淮阴侯列传》)

"月氏遁逃而常怨仇匈奴。"(《大宛列传》)

"士以此爱乐为用。"(《李将军列传》)

三个动词连用的例句:

"胡甚信之,归而袭破走东胡。"(《匈奴列传》)

"梁客后曹辈果遮刺杀盎安陵东郭门外。"(《袁盎晁错列传》)

"荀卿嫉浊世之政,亡国乱君相属……于是推儒、墨、道德之行事兴坏,序列著万言而卒。"(《孟子荀卿列传》)

"褒封"是又褒又封;"走死"是逃而且死(即逃跑且死在梁地);"放杀"是既放逐又杀害(先放逐后杀害);"信然"是既信其计又然(肯定)其计;"往袭辱""亡走保""遮刺杀"等等也都一样,每个字都是独立的动词而非复合词。

当然,对这样句式可能还存在不同的看法,譬如不同的标点和不同的理解"景驹走死梁地",可标点为"景驹走,死梁地";"梁客后曹辈果遮刺杀盎安陵东郭门外",可标点为"梁客后曹辈果遮刺,杀盎安陵东郭门外"等等。或者把这种连用作为动补式理解,即把两个动词中后一个作为表示动作的结果或趋向,"弑代之"便是弑而代之、杀了之后取代他。其中有的后来就发展为复合词了,如"射杀""遁逃"等,并且成了常用词。但是,无论怎样理解法,司马迁喜欢动词连用总是个明显的事实,是《史记》中值得注意的一个语言现象。

(2)副词复用。例句如下:

"上乃遂去。"(《武帝本纪》)

"张廷尉事景帝岁余,为淮南王相,犹尚以前过也。"(《张释之冯唐列传》)

"天下士郡诸侯愈益附武安。"(《魏其武安侯列传》)

"天下莫不咸服。"(《匈奴列传》)

"酒酣,(田生)乃屏人说赵卿曰:'臣观诸侯王邸第百余,皆高祖一切功臣。今吕氏雅故本推毂高帝就天下,功至大,又亲戚太后之重。太后春秋长,诸吕弱,太后欲立吕产为王,王代。'"(《荆燕世家》)

这类副词复用,尚有"皆各"(《五帝本纪》《大宛列传》)、"尚犹"(《秦本纪》《货殖列传》)、"唯独"(《惠景间侯者年表序》)、"始初"(《历书》)、"仍在"(《历书》)、"咸各"(《太史公自序》)等等。

这里,"乃遂""犹尚""愈益""莫不""咸"等,都是副词,而且,"乃"与"遂",都是"便",是"就"的意思,本来用一个字就可以的,或者说"上乃去",或者"上遂去",都行,意思是一样的,可司马迁却把"乃""遂"两个副词并用。还有"莫不咸"是三个字两个词,"莫不"也就是"咸","咸"也就是"莫不",只是一个反说,一个正说而已,本来两者用一个就可以,或者"天下莫不服",或者"天下咸服",司马迁却连用,其目的是为加强语气,同时也是作者的写作习惯。

(3)特殊的表数法。请看以下文字:

"故曰陆地牧马二百蹄,牛蹄角千,千足羊,泽中千足麂,水居千石鱼陂,山居千章之材。安邑千树枣;燕秦千树栗;蜀、汉、江陵千树橘;淮北、常山以南,河济之间千树萩;陈、夏千亩漆;齐、鲁千亩桑麻;渭川千亩竹;

及名国万家之城,带郭千亩亩钟之田,若千卮茜,千畦姜韭:此其人皆与千户侯等。"(《货殖列传》)

"通邑大都,酤一岁千酿,醯酱千瓨,浆千甔,屠牛羊彘千皮,贩谷粜千钟,薪槁千车,船长千丈,竹竿万个,其轺车百乘,牛车千两,木器髤者千枚,铜器千钧,素木铁器若卮茜千石,马蹄躈千,牛千足,羊彘千双,僮手指千,筋角丹沙千斤,其帛絮细布千钧,文采千匹,榻布皮革千石,漆千斗,蘖麹盐豉千荅,鲐鮆千斤,鲰千石,鲍千钧,枣栗千石者三之,狐鼦裘千皮,羔羊裘千石,旃席千具,佗果菜千锺,子贷金钱千贯,节驵会,贪贾三之,廉贾五之,此亦比千乘之家,其大率也。它杂业不中什二,则非吾财也。"(同上)

"方今大王之兵众不能十分吴楚之一。"(《淮南衡山列传》)

这样的表数法可能不很规范,是表数方式还没趋于定型的一种表现,从语言的科学性上来说也没有什么值得称道的,但是它确实把汉语的丰富性、生动性,以及人民群众运用语言中的创造性都充分体现出来了。把如此绚烂多彩的表数法采集运用到自己作品当中,即反映出司马迁对群众语言的重视,也反映出他在语言运用上的创新精神。

无论是动词连用也好,副词复用也好,或者是特殊表数法,这些在遣词造句的灵活多变和创造性,并不是司马迁自己脑子里空想出来的,其中大多数是来自群众的语言或者是受群众的语言的启发。特殊表数法不必说了,就是动词连用和副词复用,也可以找到它与民间事言相互关联的痕迹,比如在汉乐府民歌《有所思》中:"闻君有他心,拉杂摧烧之。摧烧之,当风扬其灰",句子中的"拉杂摧烧"就是动词连用;又如《孤儿行》这首中:"愿欲寄尺书,将与地下父母,兄嫂难与久居",句子中的"愿欲",就是副词复用。

2.气势跌宕:重沓、加倍形容、用虚字传神

就语言的文学性而言,除遣词造句的创造性之外,司马迁还很讲究语言的气势,在造成语言的气势上,他经常使用的手法主要有三种:重沓、加倍形容、用虚字传神。

(1)重沓。宋代洪迈在《容斋随笔》卷五中讲:"然予每展读至魏世家,苏秦、平原君、鲁仲连传,未尝不惊呼击节,不知其所以然。魏公子无忌与王论韩事曰:'韩必德魏爱魏,重魏畏魏,韩必不敢反魏。'十余语之间,五用魏字。苏秦说赵肃侯曰:'择交而得则民安,择交而不得则民终身不安。齐秦为两敌,而民不得安,倚秦攻齐,而民不得安,倚齐攻秦,而民不得安。'平原君使楚,毛遂愿行,君曰:'先生处胜之门下,几年于此矣?'曰:'三年于此矣。'君曰:'先生处胜之门下,三年于此矣,左右未有所称诵,胜未有所闻,是先生无所有也。先生不能,先生留。'遂力请行,面折楚王,再言:'吾君在前,叱者何也?'……卒定从而归,至于赵,平原君:'胜不敢复相士,胜相士多者千人,寡者百数,自以为不失天下之士,今乃于毛先生而失之也,毛先生一至楚,而使赵重九鼎大吕,毛先生以三寸之舌,强于百万之师,胜不敢复相士。'秦围赵,鲁仲连见平原君曰:'事将奈何?'君曰:'胜也何敢言事!魏客新垣衍令赵帝秦,今其人在是,胜也何敢言事!'仲连曰:'吾始以君为天下之贤公子也,吾今然后知君非天下之贤公子也。'鲁仲连见,新垣衍曰:'吾视居此围城之中者,皆有求于平原君也。今吾观先生之玉貌,非有求于平原君者也。'又曰:'始以先生为庸人,吾乃今日知先生为天下士也。'是数者,重沓熟复,如骏马下驻千丈坡,其文势正尔。风行于上而水波,真天下之至文也。"

吴见思《史记论文》于《平原君列传》之"平原君曰:'夫贤士之处世也,譬若锥之处囊中,其末立见。今先生处胜之门下,三年于此矣,左右未有所称诵,胜未有所闻,是先生无所有也,先生不能,先生留'",句下批曰:"连用三'先生'作调。"又于"楚王谓平原君曰:'客何为者也?'平原君曰:'是胜之舍人也。'楚王叱曰:'胡不下!吾乃与而君言,汝何为者也!'"句下批曰:"两'何为'句,铿锵历落,如闻其声。"又于"毛遂按剑而前曰:'王之所以叱遂者,以楚国之众也,今十步之内,王不得恃楚国之众也。'"句下批曰:"前两'何为者也',此两'楚国之众也',俱作两叠调写,怒时急语,气正勃勃,其妙如此。"又于"王之命悬于遂手,吾君在前,叱者何也?且遂闻汤以七十里之地王天下,文王以百里之壤而臣诸侯,岂其士卒众多哉,诚能据其势而奋其威,今楚地方五千里,持戟百万,此霸王之资也。以楚之强,天下弗能当。白起小竖子耳,率数万之众,兴师以与楚战,一战而举鄢郢,再战而烧夷陵,三战而辱王之先人。此百世之怨,而赵之所羞,而王弗知恶焉。合从者为楚,非为赵也。吾君在前,叱者何也?"句下批:"又点一句,与前句亦作两叠调,是章法。"

钱钟书先生《管锥编》于《项羽本纪》"诸将皆从壁上观,楚战士无不一以当十,楚兵呼声动天,诸侯军无不人人惴恐。于是已破秦军。项羽召见诸侯将，入辕门，无不膝行而前。”文下评论史公重沓叠词之妙云：

《考证》：“陈仁锡曰：‘叠用三无不字，有精神；《汉书》去其二，遂乏气魄。’”按陈氏评是，数语有如火如荼之观。……马迁行文，深得累叠之妙，如本篇末写项羽“自度不能脱”，一则曰：“此天之亡我，非战之罪也”，再则曰：“令诸君知天亡我，非战之罪也”，三则曰：“天之亡我，我何渡为！”心已死而意犹未平，认输而不服气，故言之不足，再三言之也。又如《袁盎晁错列传》记错父曰：“刘氏安矣！晁氏危矣！吾去公归矣！”叠三“矣”字，纸上如闻太息，断为三句，削去衔接之词（asyndeton），顿挫而兼急迅错落之致。《汉书》却作：“刘氏安矣而晁氏危，吾去公归矣！”索然有底情味？王若虚《滹南遗老集》卷一五苛诋《史记》文法最疏、虚字不妥，举“诸侯军无不人人惴恐”为“字语冗复”之一例。王氏谭艺，识力甚锐而见界不广，当时友生已病其“好平淡”而不“尚奇峭”，以“经义科举法绳文”（刘祁《归潜志》卷八）。玩其月旦，偏主疏顺清畅，饰微治细，至若瑰玮奇肆之格，幽深奥远之境，皆所未识；又只责字句之直白达意，于声调章法，度外恝置。是故弹射虽中，尠伤要害，匹似逼察江河之挟泥沙俱下，未尝浑观其一派之落九天而泻千里也。即以《史记》此句论之。局于本句，诚如王氏所讥。倘病其冗复而削去“无不”，则三叠减一，声势随杀；苟删“人人”而不“无不”，以保三叠，则它两句皆六字，此句仅余四字，失其平衡，如鼎折足而将覆餗，别须拆补之词，仍涂附之迹。宁留小眚，以全大体。经籍不避“重言”，《尚书》之“不遑暇食”，《左传》之“尚犹有臭”，孔颖达《正义》已道之。《汉书·项籍传》作“诸侯军人人惴恐”“膝行而前”；盖知删一“无不”，即坏却累叠之势，何若迳删两“无不”，勿复示此形之为愈矣。①

有时为了追求感情的淋漓酣畅，常反复使用同一词语，来加强抒情成分，增强感染力量，这又是一种复沓，像《酷史列传》的“何足数哉！何足数哉！”《楚元王世家》的“贤人乎，贤人乎！”《张释之冯唐列传》的“有味哉！有味哉！”《匈奴列传》的“唯在择任相哉！唯在择任将相哉！”《太史公自序》的“意在斯乎！意在斯乎！”“是余之罪也夫！是余之罪也夫！”

① 《管锥编》第一册，第272—273页。

（2）加倍形容。司马迁在《史记》普遍地随意运用。《魏其武安侯列传》："其游如父子然，相得欢甚，无厌，恨相知晚也。"这种极度形容，着意刻画的递接性语言，文意上是极力表现窦婴、灌夫二人的相得，文气上是求其畅足。

《平津侯主父偃列传》："愿陛下详察之，少加意而熟虑焉。""详察""少加意""熟虑"基本上是一个意思，都是希望武帝对他的上书引起注意，对他提出的主张认真加以考虑。换不同的说法加以重复，在于加重语气，表示郑重。

《外戚世家》："欲其生子万方，终无子。""欲连固根本牢甚，然而无益也。"这里的"万方""牢甚"，都是为了加倍形容。

《酷吏列传》："其好杀伐行威不爱人如此。""好杀伐"是一层，这是主意所在；好杀伐是为什么？为的是"行威"，这又是一层；以杀伐行威，够不人道的人，所以又加"不爱人"；"如此"是说竟然达到这种程度！一句话几层意思，层层递加，以达到加倍形容的目的。

又："郡中毋声，毋敢夜行，野无犬吠之盗。"《史记菁华录》批："叠三句，酷焰犹赫！"

《刘敬叔孙通列传》："鲁有两生不肯行，曰：'公所事者且十主，皆面谀以得亲贵。今天下初定，死者未葬，伤者未起，又欲起礼乐，礼乐所由起，积德百年而后可兴也。吾不忍为公所为，公所为不合古，吾不行，公往矣，无污我！'"《史记菁华录》针对最后一段批曰："连下五句，如见其掉头挥手，咄咄不屑之状。"

《高祖本纪》："沛公……乃用张良计，使郦生、陆贾往说秦将，啖以利，因袭攻武关，破之。又与秦军战于蓝田南，益张疑兵旗帜，诸所过毋得掠卤，秦人喜，秦军解，因大破之。又战其北，大破之。乘胜，遂破之。"刘辰翁在《班马异同评》批："两言'大破之'，又言'遂破之'，文如破竹。"吴见思《史记论文》评："'破之'，'因大破之'，'大破之'，'乘胜遂破之'，接连写来，声势赫奕。"又于"秦人大喜，争持牛羊酒食，献享军士。沛公又让，不受，曰：'仓粟多，非乏，不欲费人。人又益喜，唯恐沛公不为秦王。'"下批："一句总收上数节，先言'秦人喜'，后言'秦人大喜'，又'益喜'，步步紧入。"这后一例是写高祖刘邦进入咸阳后约法三章，安抚百姓，秦地百姓对高祖感恩戴德唯恐不及的许多话，所以要不厌其烦地讲那么多,是因为当时老百姓觉得非如此不足以表达其拥戴之情,作者也是极力传达出那种热乎劲,这便是极意形容语之所以出现的原因。

(3)用虚字传神。虚字造成语气,而语气是传达感情造成韵味的重要手段,然而这必得有深厚而强烈的内在感情和较高的语感素质方可达到。虚字的运用使得司马迁把他主观的感情态度、感情色彩找到了一种适当的载体,一种适当的体现方式。

洪迈说:"东坡作《赵德麟字说》云:汉武帝获白麟,司马迁、班固书曰:'获一角兽,盖麟云。'盖'之为言疑之也。予观《史》《汉》所记事,或曰'云',或曰'焉',或曰'盖',其语舒缓含深意……"(《容斋随笔》续笔卷七"迁固用疑字"条)

焦竑则于《封禅书》评曰:"《书》中叠用'盖'字、'若'字、'云'字、'焉'字、'矣'字,皆有意,当玩。"(《史记萃宝评林》)

《史记》的《封禅书》是揭露讽刺历代帝王,特别是秦始皇、汉武帝搞迷信,信神仙,求长生不老的,其中用了许多"盖""若""云"等疑词,把事情写得迷离惝恍,似有若无,又用了许多"矣""焉"等拖长声的语气助词,便构成了强大的讽刺意味。比如:

"自威、宣、燕昭使人入海求蓬莱、方丈、瀛洲。此三神山者,其传在渤海中,去人不远;患且至,则船风引而去。盖尝有至者,诸仙人及不死之药皆在焉。……临之,风辄引去,终莫能至云。"

"及至秦始皇并天下……使人乃赍童男女入海求之。船交海中,皆以风为解,曰未能至,望见之焉。"

用"盖""焉""云"等疑词,表示所讲的事情都是迷离惝恍,根本不可凭信,不足凭信。"盖""焉"不必说了,"风辄引去,终莫能至云"——不加"云"就是肯定的叙述语,加"云"就把它的可靠性打消了,成为飘忽不定之词了。

"于是天子(武帝)始亲祠灶,遣方士入海求蓬莱安期生之属,而事化丹砂剂为黄金矣。"

"(栾)大见数月,佩六印,贵震天下,而海上燕齐之间,莫不扼腕而自言有禁方,能神仙矣。"

"其明年,齐人少翁以鬼神方见上。上有所幸王夫人,夫人卒,少翁以方盖夜致王夫人及灶鬼之貌云。天子自帷中望见焉。"

用"矣""焉"等拖长音的语气词，表示这些事引起的无可改变的消极后果和作者对这种事的深深慨叹和讽意。

所有这些虚字，都饱含讥讽，由于《封禅书》多用这类虚字，多用这种语气，所以全文造成了浓厚的讽刺情调。

还有，司马迁对武帝时外戚卫青、霍去病的靠山卫皇后很看不起，在《外戚世家》中写到卫皇后时，便用了"卫皇后，字子夫，生微矣，盖其家号曰卫氏！"——（他的）出身太微贱了，似乎他家自己号称姓卫。这句话，有了"号曰"，再加"矣""盖"两个虚词，似乎他家自己号称姓卫，那意思是到底姓什么只有天知道。这话里，鄙夷之情流露无遗。在提到卫皇后的姐姐时，还有一句"及卫皇后所谓姊卫少儿"，《史记论文》评："'所谓姊'，与'盖其家号曰卫氏'，尖毒乃尔！"

《酷吏列传》："是时赵禹、张汤以刻深为九卿矣！"《史记菁华录》评："沉痛可味。"

又："其治所诛杀甚多，然取为小治，奸益不胜，直指始出矣。吏之治以斩杀缚束为务，阎奉以恶用矣！"《史记菁华录》评："两'矣'字，有太息之声。"

无论是从遣词造句看，还是重沓、加倍形容、运用虚字传神来造成语言的韵味看，司马迁都不遗余力地追求语言的表现力，追求语言的文学性。人们在同时阅读《史记》和《汉书》以后，都明显地感到两书在语言风格上的差异，而且都在寻找恰切的字眼对这种差异加以说明，有的概括为《史记》雄浑酣畅，《汉书》富瞻严整；有的概括为《汉书》"方以正"，《史记》"圆而神"。无论怎样概括，其中有一点大家的感受恐怕是共同的，即班固的追求趋向于语言的规范性和典雅性，而司马迁则追求表情达意的逼真性和鲜活性。就实质上说，这两种追求在某种程度上反映了语言趋向科学化与趋向文学化的两种不同倾向——与文史结合还是文史分家的两种倾向相适应。

3. 语译古文

创作历史要运用许多古史资料，这是不能回避的问题。司马迁极为重视书面语言的通俗化，与追求古奥典雅的班固绝然相反。所以司马迁引用先秦文献资料，对古奥难懂的古文进行汉代通行语的翻译。例如，我们将《尚书·尧典》与《五帝本纪》对照就可以发现司马迁做了全面的翻译，有的句子直译，有的为意译,有的变换了语序句式和转译了词汇,有的为熔铸改写,表现了司马迁在古语今译上积累了丰富的经验。例如《尧典》中的"允厘百工,庶绩咸熙",十分"佶屈聱牙";《五帝本纪》写作"信饬百官,众工皆兴",这就明白畅达多了。宋人王观国在《学林》卷一中对司马迁转译先秦古籍词汇作了集中的统计,王氏说:

> 司马迁好异而恶与人同。观《史记》用《尚书》《战国策》《国语》《世本》《左氏传》之文多改其正文。改"绩用"为"功用";改"厥田"为"其田";改"肆觐"为"遂见";改"霄中"为"夜中";改"咨四岳"为"嗟四岳";改"协和"为"合和";改"方命"为"负命";改"九载"为"九岁";改"格奸"为"至奸";改"慎徽"为"慎和";改"烈风"为"暴风";改"克从"为"能从";改"浚川"为"决川";改"恤哉"为"静哉";改"四海"为"四方";改"熙帝"为"美尧";改"不逊"为"不训";改"胄子"为"稚子";改"维绩"为"维静";改"天工"为"天事";改"底绩"为"致功";改"降丘"为"下丘";改"纳锡"为"入赐";改"孔修"为"甚修";改"夙夜"为"早夜";改"申命"为"重命";改"汝翼"为"汝辅";改"敕天"为"陟天";改"率作"为"率为";改"宅土"为"居土",如此类甚多。又用《论语》文分缀为《孔子弟子传》,亦多改其文,改"吾执"为"我执";改"毋固"为"无固";改"指诸掌"为"视其掌";改"性与天道"为"天道性命";改"未若"为"不如";改"便便"为"辩辩";改"滔滔"为"悠悠";如此类又多。子长但知好异而不知反有害于义也。

王观国泥古,批评司马迁改字害意,这是完全错误的。但王氏的这番胪列比较是很有意义的,它生动地说明了司马迁语译古文是自觉的创新,系统的转译。司马迁师事孔安国,孔氏就以今文读古文《尚书》,在解说中必然用现代词汇转译古语。所以司马迁的古文今译工作也是有师承的。但是,把今译大量运用于书面语中,司马迁无疑是第一个取得了重大成就的人。

4. 直抒胸臆的评论语言

司马迁在《史记》中经常以"太史公曰"的形式,或评论历史事件,或褒贬历史人物,或对复杂的历史现象作出某种说明。放在篇首的称"序",放在篇末的称"赞",这是司马迁首创的一种史论形式,是《史记》内容不可缺少的一部分。

这些评论语言或长或短，大都直抒胸臆。如《李将军列传》："若此，其旨深矣。"①

《史记》评论语言有时曲折往复，极富变化。且看《项羽本纪赞》：

> 太史公曰：吾闻之周生曰："舜目盖重瞳子"，又闻项羽亦重瞳子。羽岂其苗裔邪？何兴之暴也！夫秦失其政，陈涉首难，豪杰峰起，相与并争，不可胜数。然羽非有尺寸，乘势起陇亩之中，三年，遂将五诸侯灭秦，分裂天下，而封王侯，政由羽出，号为"霸王"，位虽不终，近古以来未尝有也。及羽背关怀楚，放逐义帝而自立，怨王侯叛己，难矣。自矜功伐，奋其私智而不师古，谓霸王之业，欲以力征经营天下，五年卒亡其国，身死东城，尚不觉寤而不自责，过矣。乃引"天亡我，非用兵之罪也"，岂不谬哉！

清人吴调侯、吴楚材《古文观止》评此赞曰：

> 前后"兴""亡"二字相照，"三年""五年"，并见兴亡之速，俱关键。"过矣""谬哉"，唤应绝韵。一赞中，五层转折，唱叹不穷，而一纪之神情已尽。

两吴氏对《项羽本纪赞》曲折往复的特点给予了高度评价。我们再看《六国年表序》中的一段：

> 秦既得意，烧天下《诗》《书》，诸侯史记尤甚，为其有所刺讥也。《诗》《书》所以复见者，多藏人家，而史记独藏周室，以故灭。惜哉！独有《秦记》，又不载日月，其文略不具。然战国之权变亦有可颇采者，何必上古。秦取天下多暴，然世异变，成功大。传曰"法后王"，何也？以其近己而俗变相类，议卑而易行也。学者牵于所闻，见秦在帝位日浅，不察其终始，因举而笑之，不敢道，此与以耳食无异。悲夫！

这段评论，首先对秦国毁灭文化的政策表示惋惜，继而转到"何必上古"，以示战国之权变"亦有可颇采者"。再说秦国以暴力取天下，但又转到"成功大"上来，肯定秦统一天下的进步性。再转到现实，一些学者见秦国是短命王朝，就采取"举而笑之"的态度，不能对秦国历史进行公允评价，作者对此予以批评："此与以耳食无异"，并以"悲夫"收束。一段评论，多次转折，极尽曲折之能事，表现了作者对秦国历史的全面而深刻的认识。

---

① （明）凌稚隆：《史记评林》引。

另外如《五帝本纪赞》《秦楚之际月表序》《游侠列传序》等,都是极有特色的论赞。限于篇幅,我们不引原文,只引《古文观止》对这几篇论赞的评点,以见其风格。

评《五帝本纪赞》曰:

> 此为赞语之首,古质奥雅,文简意多。转折层曲,往复回环。其传疑不敢自信之意,绝不作一了结语,乃赞语中之尤超绝者。

评《秦楚之际月表序》曰:

> 前三段一正,后三段一反,而归功于汉。以四层咏叹,无限委蛇,如黄河之水,百折百回,究未尝著一实笔,使读者自得之,最为深妙。

评《游侠列传序》曰:

> 凡六赞游侠,多少抑扬,多少往复,胸中荦落,笔底抒写,极文心之妙。

这些评论,均能切中要害,有助于我们深刻理解《史记》评论语言的特色。

为了增加评论语言的力量,《史记》还常常引用格言来证实自己的评论,或篇首立论,或篇末明旨,《伯夷列传》《李将军列传》《酷吏列传》《游侠列传》《货殖列传》等论赞就是这样,前代先哲如老子、孔子、管子等人及一些经典中的名言,都成为作者论证自己观点的依据。如《酷吏列传》序:孔子曰:"导之以政,齐之以刑,民免而无耻。导之以德,齐之以礼,有耻且格。"老氏称:"上德不德,是以有德;下德不失德,是以无德。法令滋章,盗贼多有。"一开头就引用孔子、老子的名言来阐明礼义道德的重要性。为后文打下了基础。

总之,《史记》评论语言丰富多彩,有直接明显的论断,有含蓄冷静的论断,有微言讥刺的论断,有言外之意的论断,也有貌似无关的论断,有哲理性的论断,还有叙事性实录性的论断,有时则为夹叙夹议的论断,再有就是运用对照手法加以论断。从语言的运用来看,有的运用重言迭句,有的故作反语,有的设疑问语,有的借他人语,有的引证古书或民间俗语①,成为《史记》语言中一个重要的方面。

五、雄健峻洁婉曲的语言风格

司马迁文章的风格多彩多姿,异彩纷呈,归纳起来,主要有三点:一曰雄

---

① 白静生:《灵活多彩的"太史公曰"》,《河北师院学报》1995 年第 1 期。

健、二曰峻洁、三曰婉曲。分述于次。

一曰雄健。韩愈、辛弃疾、刘熙载诸人认为,雄健是司马迁的风格之一。的确,司马迁笔力劲健,感情充沛,发之为文,使他的作品的文势或大起大落,跌宕有致,或如江河浪涛,滚滚而来,汹涌不绝,给人以雄放流荡的感觉。《项羽本纪》用千钧笔力写项羽那种狂飙突放、不可一世的盖世之勇,文章排宕开阖,浑浩流转,显得很有气势,很有魄力。他的《报任安书》"粗粗卤卤,任意写去,而矫健磊落,笔力如走蛟龙、挟风雨,且峭句险字,往往不乏,读之但见其奇肆,而不得其构造锻炼处。""真是大有力量文字"①。至于毛遂定纵、蔺相如完璧归赵、荆轲刺秦王等等,也都无不写得惊心动魄,一种逼人的气势充溢在字里行间。就连他的十表序文,寥寥短幅也能极尽曲折跌宕之能事,有尺幅千里之势。有人评《三代世表序》说"曲折秀洁,数尺有千寻之势"②。牛运震评《秦楚之际月表序》说:"月表雄峻奇伟,顿挫处遒古可诵。"③张廉卿则誉之曰:"雄逸恣肆,千古一人。"④文之雄健,全在气势。司马迁雄健有力的风格特点,就是由文章中那种旺盛不衰的强烈气势表现出来的。所以方孝孺总颂之曰:波澜壮阔,"如决江河而注之海,不劳余力,顺流直趋,终焉万里;势之所触,裂山转石,襄陵荡壑,回旋曲折,抑扬喷伏,而不见艰难辛苦之态,必至于极而后止"⑤。这是一段非常形象生动的评论。

司马迁文章的气势,首先来自它文章的宽阔远大。清人刘大櫆指出:"文贵大。古文之大者莫如史迁。震川论史记,谓为'大手笔'。又曰'起头处来得勇猛',又曰'连山断岭,峰间参差'。又曰'如书《长江万里图》'。又曰'如大塘上打纤,千船万船,不相妨碍'。此气脉洪大,丘壑远大之谓也。"⑥百三十篇《史记》,反映的是从上古到秦汉之际三千年的历史。在这漫长的历史画廊中,司马迁描绘了大大小小、数以百计的历史事件,刻画了形形色色、风姿有别的人物形象,展现在读者面前的,确实是一幅绚丽多彩的"长江万里图"。面对这幅巨画,读者会惊叹,会兴奋,会感到一股撼动人心的磅礴气势在胸中激

① 《评注昭明文选》引。
② （清）李晚芳:《读史管见》引。
③ （清）牛运震:《史记评注》。
④ （清）姚鼐:《古文辞类纂》引。
⑤ （明）方孝孺:《与舒君书》。
⑥ （清）刘大櫆:《论文偶记》。

荡。这确实是"大手笔",非"大手笔"不能如此!

在具体描述时,司马迁有"来得勇猛"的开端,也有"连山断岭,峰头参差"的文章波澜。前者如《西南夷列传》,李景星说:"传之起首如青天霹雳,如平地奇峰,突兀得势,入后步步照应,有破竹之妙。"①后者如《赵世家》,李景星评道:"通篇如长江大河,一波未平,一波复起,令览之者应接不暇,故不觉其长。用笔节节变化,有移步变形之妙。"②司马迁还善于通过变化使用各种不同的语言来造成种种不同的气势,有时他连用一些表示动作的词语,以短促急迫的节奏,写出当时紧张激烈的情景,造成一种势如破竹、锐不可当的气势,如巨鹿之战;有时用接连不断、层层逼近的反诘句造成一种刺激淋漓、怒气勃勃的气势,如《伯夷列传》对天道的责疑;有时则句式匀称,排比迭用,数语之间连用十几个"也"字,构成一种感情强烈、充畅激奋的气势,如《屈原列传》论《离骚》一节。司马迁还深懂累迭之妙,善于重复取势,如《魏世家》《苏秦列传》《平原君列传》《鲁仲连列传》等篇,都善用重复取势,所以宋人洪迈称赞说:"重沓熟复,如骏马下驻千丈坡,其文势正尔,风行于上而水波,真天下之至文也"。③

二曰峻洁。随着《史记》各篇内容的不同,在文章风格上也呈现出不同,有的雄姿悲壮,有的冷峻深刻,有的低回婉转,有的轻捷飘忽,有的奇谲诙诡,有的热情奔放。而柳宗元独以"峻洁"二字视为司马迁风格。

所谓"峻洁",主要指《史记》文章写得朴素凝练,干净利落,没有东枝西蔓之病。清人恽敬说:"古今之文,越天成越有法度,如《史记》,千古以为疏阔,而柳子厚独以'洁'许之。今读伯夷、屈原等列传,重叠拉杂,及删其一字一句,则其意不全,可见古人所得矣。"④看来文章要写得浑然天成,滴水不漏,不能删除一词一句,方算达到"洁"的境界。《史记》各篇,虽不能说"字字经思,句句有法",已经"无衍词,无泛笔,一字不容增减",但它沉郁高洁,含蓄精深,即便是名家圣手,要想轻易删改,也不是件容易的事。顾炎武《日知录》曾记载了这样一件有趣的事,其言云:

---

① (清)李景星:《史记评议》。
② (清)李景星:《史记评议》。
③ (宋)洪迈:《容斋随笔》。
④ (清)恽敬:《与舒白香》。

　　《黄氏日钞》言苏子由《古史》改《史记》多有不当。如《樗里子传》
《史记》曰："母,韩女也。樗里子滑稽多智"。《古史》曰："母,韩女也。
滑稽多智。"似以母为滑稽矣。然则"樗里子"三字其可省乎?《甘茂传》
《史记》曰："甘茂者,下蔡人也,事下蔡史举,学百家之说。"《古史》曰:
"下蔡史举学百家之说"。似史举自学百家矣。然则"事"之一字其可省
乎? 以是知文不可以省字为工;字而可省,太史公省之久矣。

从此可以知道,司马迁作文,遣字造句是很用心的,名家如苏辙,删改《史记》
的文章也不能尽如人意。难怪明代茅坤说,对《史记》文章,"于中欲损益一句
一字处,便如于匹练中抽一缕,自难下手。"①此话虽不免溢美,但也不是没有
一点道理的。

　　关于"峻洁"的具体内容,柳宗元没有做出明确的阐述,晚清曾国藩曾作
解释。第一,他评论《朝鲜列传》时说"事绪繁多,叙次明晰,柳子厚所称太史
(公)之洁也"②。把纷纭复杂的历史人事写得有条不紊,清楚明了,的确是
《史记》文章所以"洁"的原因之一。曾国藩还以《西南夷列传》为例说:"叙川
边、川南、云南、贵州一带……诸种族,情形异常复杂,虽在今日,尚且很难理清
头绪,太史公却能用极简净的笔法把形势写得了如指掌。他把他们分为三大
部分,用土著、游牧及头发的装束等等做识别,每一大部中复分为若干小部,每
小部举出一个或两个部落为代表,代表之特殊地位固然见出,其他散部落亦并
不挂漏。……这是详略繁简的最好标准"③。梁启超对这篇列传十分推崇,多
次予以表彰,说"这是作文求简法的最好法门"。

　　第二,曾氏评《萧相国世家》说:"萧相之功,只从猎狗及鄂君两段指点,其
余却皆从没要紧处著笔,实事当有数十百案,概不铺写。文之所以高洁也;后
人为之当累数万言,不能休矣。"④这就指出,司马迁文章所以"洁"的第二个
原因,是善于抓住重点作精雕细刻,而将一切对表现人物性格特征无用的东西
全部剔除。《史记》中这种例子真是不胜枚举。如写项羽,侧重描绘巨鹿之
战、鸿门宴和垓下之围三件大事,就把项羽的威猛骁勇和政治上的天真幼稚表

① (明)茅坤:《史记钞》。
② 曾国藩:《求阙斋读书条》。
③ 梁启超:《作文教学法》。
④ 曾国藩:《求阙斋读书条》。

现得淋漓尽致。李广一生经历大小七十余战,司马迁却只写他三次战斗,从而把李广非凡的才智和超人的胆略表现得十分充足。又如启超评《廉颇蔺相如列传》说:

> 记蔺相如完璧归赵及渑池之会两事,从始至末一言一动都记得不漏。这是详记大事之法。因为这两件大事最足表现相如的个性,所以专用重笔写他,其余小事都小叙。廉颇的大事,三回伐齐,两回伐魏,一回伐燕,传中前后只用三四十个字便算写过,绝不写他如何作战,如何战胜,因为这些战术战功是良将所通有,不足以特表廉颇的人格,倒是廉颇怎样的妒忌蔺相如,经相如退让之后怎样的肉袒谢罪,失势得势时候怎么的对付宾客,晚年亡命在外思念故国时怎么的"一饭斗米肉十斤,被甲上马尚示可用"这些小事写得十分详细,读之便可以知道廉颇为人短处在褊狭,长处在重义气、识大体。①

司马迁行文,或从大处着眼,或从小处落墨,总之是非常善于抓住主要的东西作刻意描绘,而将那些可有可无、无关紧要的史料一并删除。因为《史记》写的都是有用的东西,所以它的文字特别干净,特别精练,称之为"峻洁",是最恰当不过的。

三曰婉曲。太史公的文章,有的如浑浩的长江大河,雄奇奔放,豪迈不羁,表现出一种阳刚之美;有的却像微波荡漾的清池曲水,委婉曲折,平易自然,偏于阴柔之美。所以在注意到司马迁雄健的风格特征时,还不能忽视他风格中委婉的一面。古人对司马迁纡徐委婉,含蓄深远的风格特征是有很多评论的,清人刘大櫆指出:"文贵远,远必含蓄。或句上有句。或句下有句,或句中有句,或句外有句,说出者少,不说出者多,乃可谓之远。昔人谓子长文字,微情妙旨,寄之笔墨蹊径之外,又谓如郭忠恕画,天外数峰,略有笔墨,而无笔墨之迹。故太史公文,并非孟坚所知。意尽而言止者,天下之至言也,然言止而意不尽者尤佳。意到处言不到,言尽处意不尽,自太史公后,惟韩、欧得其一二"②。刘氏对司马迁寄于笔墨之外的"微情妙旨"理解颇透,故这段评论把《史记》委婉含蓄的风格特点,指点得异常详尽。

---

① 梁启超:《作文教学法》。
② (清)刘大櫆:《论文偶记》。

我们知道,司马迁是实录作家,具有耿直的性格,他敢于大胆地爱,也敢于大胆地恨,但他的思想,他的感情,并非在所有的时候都像庐山瀑布,一泻无遗的。他风格的另一特色是婉曲不露,常常愿意将自己的是非态度、爱憎感情隐蔽起来,而出之于婉笔,让读者去思考,去回味,给人以含蓄美的快感。

司马迁的委婉笔法,在批评讽刺汉武帝时用得最为充分。比如司马迁对汉武帝的穷奢极欲,为了举行封禅,消耗了大量的人力物力感到不满;对汉武帝为访仙求不死药,甘心情愿受方士欺骗而不能自拔的所作所为,更是无限愤懑。故他的那篇富有滑稽色彩的《封禅书》,曾被古代学者认为是专门讽刺汉武帝的大文章。不过这种讽刺不是直截了当的,而是若明若暗,曲折委婉的,用的是指桑骂槐的手法;需要认真思索才能体会出来。如文中叙到"秦始皇并天下"后,有这样一段话:

> 始皇封禅之后十二岁秦亡。诸儒生疾秦焚诗书,诛僇文学,百姓怨其法,天下畔之。皆讹曰:"始皇上泰山,为暴风雨所击,不得封禅。"此岂所谓无其德而用事者邪?

这里的"始皇",清人吴汝纶就指出是隐射汉武帝的。因为秦始皇封禅后,并未得到上天神灵的庇佑,江山也并未传之万世,而仅传之二世就在"一夫发难,天下响应"的农民起义声中土崩瓦解了;汉武帝虽值盛世,可在盛世帷幕掩盖之中,仍旧是矛盾重重,危机四伏,农民起义已此起彼伏了,这种现状若不加紧改变,其结果并不会比秦始皇好多少。所以这段话表面看来,字字句句是针对秦始皇的,而骨子里,却字字句句都是在警示汉武帝。因此,《封禅书》的结尾含蓄地说:"自是之后,方士言祀神者弥重,然其效可睹矣。"方士还在骗人,皇帝尚未觉醒,然其效果如何? 不言而喻。这个不失尖刻浅露的结尾,受到了古人非常的好评。

司马迁这种"语虽论秦,意乃指汉"的写法,在《平准书》中也有突出表现。这里先看该书结尾一段话:

> 至于秦,卒并海内……中一国之币为三等,黄金以镒名为上币;铜钱识曰半两,重如其文,为下币。而珠玉龟贝银锡之属,为器饰宝藏,不为币。然各随时而轻重无常。于是外攘夷狄,内兴功业,海内之士,力耕不足粮饷,女子纺织不足衣服。士者尝竭天下之资则以奉其上,犹自以为不足也。

这段话字面上说的是"秦"事,其实一字一句都是针对刘彻的。像"于是外攘夷狄"以下几句,完全是汉武帝时代现实的真实写照。汉武帝积极对外扩张,大肆封禅求仙,劳民伤财,人们早已怨声载道。所以敏感的明代学者茅坤读到这里,提笔评道:"不及本朝,而以秦事为言若此,其旨深矣。"①觉得大有言外之意可寻。清人方苞的评语更明确,说这是"举秦事以譬况汉也"②。一针见血,毫不躲躲闪闪。清代另一位学者李晚芳对《平准书》的表现艺术体会更深,评论更细,值得一提。

李氏说,汉武帝时代弊政甚多,弃而不书,则不足为信史;若奋笔直书,又不足为君讳。故"太史(公)于是以敏妙之笔,敷绚烂之辞,若吞若吐,运含讥冷刺于有意无意之间,使人赏其绚烂,而不觉其含讥;赞其敏妙,而不觉其冷刺,笔未到而意已涵,笔虽煞而神仍浑。前用隐伏,将种种包孕,如草芽之在土;后用翻笔显笔,而节节回应,若绿缛之逢春。每于提处,或推原,或突起,用凌空之笔,醒纷更之不一。每段小驻,或绾或含,用概笔,留不尽之神,令人远想其味外之味。将数十年种种弊政,布于万余言之中,乱若散线而不可收拾,乃或离或合,忽断忽接,或错综叙去,或牵连并写,起伏转拉,痕迹俱化,浑如一线穿成,是何等笔力! 八书中唯此书出神入化,骤读之无一语径直,细案之无一事含糊,总括之无一端遗漏,使当时后世,皆奉为信史,而不敢目为谤书,煞是太史公惨淡经营之作。"③看来司马迁用含蓄委婉的手法表现他的"言外不尽之言,味外不尽之味"已经到了娴熟自如,炉火纯青的地步,无怪乎古往今来的文章大家都要对他钦佩之至,一味叫好了。

下面再简单谈谈古人对司马迁风格形成原因的探讨。

一个作家的风格,主要是由他的生活经历、性格特征、美学趣味、艺术修养等因素决定的。不同的作家有不同的个性,所以不同的作品有不同的风格。比如"性格清彻者音调自然宣畅,性格舒徐者音调自然疏缓,旷达者自然浩荡,雄迈者自然壮烈,沉郁者自然悲酸,古怪者自然奇绝"④。像"贾生俊发,故

---

① 《史记评林》引。
② (清)方苞:《评点史记》。
③ (清)李晚芳:《读史管见》。
④ 转引自《古代文章学概论》,武汉大学出版社 1983 年版。

文洁而体清;长卿傲诞,故理侈而辞溢"①。司马迁的性格不同于贾谊、司马相如,故他的风格和他们亦颇有差异。明代方孝孺说:"司马迁豪迈不羁,宽大易直,故其文辉乎如恒华,浩乎如江河,曲尽周密,如家人父子语,不尚藻饰而终不可学。"②方氏注意到司马迁的个性与他作品风格的关系,评其文,先察其人,这种论文方法,是值得肯定的。

在探究司马迁风格形成的原因时,古代学者还十分重视司马迁广泛的生活阅历对作品风格的直接影响。宋人马存在《赠盖邦式序》一文中,对友人盖邦式谈到了周游天下的阅历对司马迁性情的陶冶,和形成多样文章风格的影响。他的评论很精辟,这里援引如下,供研究者参考:

> 子长平生喜游,方少壮自负之年,足迹不肯一日休。非直为景物役也,将以尽天下之大观,以助吾气,然后吐而为书。今于其书观之,则其平生所尝游者皆在焉。南浮长淮,溯大江,见狂澜惊波,阴风怒号,逆走而横击,故其文奔放而浩漫;望云梦、洞庭之陂,彭蠡之潴,涵混太虚,呼吸万壑,而不见介量,故其文停蓄而渊深;见九疑之绝绵,巫山之嵯峨,阳台朝云,苍梧暮烟,态度无定,靡曼绰约,春妆如浓,秋饰如洗,故其文妍媚而蔚纤;泛沅渡汀,吊大夫之魂,悼妃子之憾,竹上犹斑斑,而不知鱼腹之骨尚无恙者乎? 故其文感愤而伤激;北过大梁之墟,观楚、汉之战场,想见项羽之喑呜,高帝之嫚骂,龙跳虎跃,千兵万马,大弓长戟,交集而齐呼,故其文雄勇猛健,使人心悸而胆栗。世家龙门,念神禹之巍功,西使巴蜀,跨剑阁之鸟道,上有摩云之崖,不见斧凿之痕,故其文斩绝峻拔而不可攀跻。讲业齐鲁之都,睹夫子之遗风,乡射邹、峄,傍徨乎汶阳、洙、泗之上,故其文典重温雅,有似乎正人君子之容貌。凡天地之间,万物之变,可惊可愕,可以娱心,使人悲者,子长尽取而为文章。是以变化出没,如万象拱四时而无穷。今于其书观之,岂不信乎?

古文论文,特别讲究有"江山之助",认为"若局促里门,踪迹不出百里外,天下名山大川之奇胜,未经寓目,胸襟何由而开拓?"③胸襟不开阔,那么,其文

① 《文心雕龙·体性》
② (明)方孝孺:《张彦辉文集序》。
③ (清)盛大士:《溪山卧游条》。

之单调乏味也就可以想见了。司马迁则不然,他跋山涉水,足迹几乎遍及祖国各地;伟大祖国的名山秀水,以及历史陈迹,人情风貌,深深地陶冶了他的性情,引发着他的才智,促进了他作品风格的异彩纷呈。所以说,他雄深雅健,逸气纵横的独特风格的形成,和他深广的生活经历关系甚大,这一点,马存的评论已作了最清楚明晰的说明。

第七章 《史记》的进步思想

司马迁作史,并不是历史资料的汇抄和事实的堆积,而是要阐明自己的思想和理想,拿出独到的见解来回答历史是怎样变化发展的。司马迁在《太史公自序》中曾借用孔子的话说:"我欲载之空言,不如见之于行事之深切著明也。"因此,司马迁的思想是熔铸在所叙人物史事中。由于《史记》是一部百科全书式的通史,体大思精,因而熔铸在其中的思想体系,也是宏阔而博大的,智者见智,仁者见仁,无论从哪一个方面都可以展开论述。本章只能集中条列司马迁思想的几个主要方面:政治观、经济观、民族观。本书其他各章已涉及了司马迁多方面的思想,如历史观、天人观、文学观等。还有美学观、战争观、义利观、人才观、荣辱观、生死观等等尚未论及,只好留给教师与读者去发挥和展开了。

一、开明的政治思想

司马迁的政治思想,基本倾向是倡导儒家的"仁政"为本,辅以道家的"无为"为表的统一体,同时对于阴阳、名、法、墨各家也兼收其长,扬弃其短。这在《论六家要旨》中有着明晰的阐述。司马迁的政治思想的形成,不仅仅是融合儒、道及诸子百家的思想资料,而且更主要的是总结历史经验"自古志镜"提出的。所以,司马迁的政治思想属于经世致用型,而不是思辨理论型,他既不是儒家,又不是道家,而是升华历史经验自成一家。主要内容有以下三个方面。

1.崇尚德治,反对暴政

在司马迁笔下,"德治"与"暴政"两相对立,作者的褒贬倾向极为鲜明。《太史公自序》对古圣先贤禹、汤、文、武称颂为德治之君,说夏禹"德流苗裔",

周文王"德盛西伯";对夏桀、殷纣、周幽王、周厉王,以及秦始皇、秦二世这些昏暴之君,贬抑为"暴"。司马迁用这一政治观念模式总结历史经验。在《夏本纪》中,他说"帝桀之时,自孔甲以来而诸侯多叛夏,桀不务德而武伤百姓,百姓弗堪……汤修德,诸侯皆归汤,汤遂率兵以伐夏桀"。在《夏本纪》中说:纣王"好酒淫乐,嬖于妇人……百姓怨望而诸侯有叛者,于是纣乃重刑辟,有炮烙之法。"而周文王"修德行善,诸侯多叛纣而往归西伯"。古代"虞夏之兴","汤武之王",因修仁行义,"德洽百姓"①,而桀、纣之亡,则是因暴虐不仁。中古春秋时期,"弑君三十六,亡国五十二,诸侯奔走不得保其社稷者不可胜数",而"察其所以,皆失其本已"②。这里所说的本,就是仁义之本。近世楚亡汉兴,也因"子羽暴虐,汉行功德"③。汉兴百年之间,"诸侯或骄奢,忕邪臣计谋为淫乱,大者叛逆,小者不轨于法,以危其命,殒身亡国"④。所以司马迁更明确地宣称,他写作《汉兴以来诸侯王表》的目的,就是"臣迁谨记高祖以来至太初诸侯,谱其下益损之时,令后世得览。形势虽强,要之以仁为本。"⑤

司马迁崇尚德治,反对暴政,但并不排斥"法治",而只是认为"刑法"不是治政的根本,不能带来太平,更不应酷烈。循吏、酷吏两传序论对照极为鲜明。《循吏列传序》云:"法令所以导民也,刑罚所以禁奸也。文武不备,良民惧然身修者,官未曾乱也。奉职循理,亦可以为治,何必威严哉?"《酷吏列传序》云:"法令者治之具,而非制治清浊之源也。"十分明显,司马迁认为暴力和法,是治政之"具",不可缺少。但"具"只是手段,不是治政的目的。"汉兴,孝文施大德,天下怀安",这才是目的。为政之道,是以"德治"导致天下太平。

"德治"是儒家政治的根本。"德治"即"仁政",出发点虽然是为了巩固封建统治,具体内容却是轻徭薄赋,主张节制对人民的剥削,缓和阶级矛盾。这一政治的理论基础是"民惟邦本,本固邦宁"⑥。司马迁用古今的历史事实来说明"得民心者得天下,失民心者失天下"这一民本思想,可以说贯穿《史

① 《史记》卷一六《秦楚之际月表序》。
② 《史记》卷一三〇《太史公自序》。
③ 《史记》卷一三〇《太史公自序》。
④ 《史记》卷一七《汉兴以来诸侯王年表序》。
⑤ 《史记》卷一七《汉兴以来诸侯王年表序》。
⑥ 《尚书》伪古文《五子之歌》。

记》全书。但司马迁并没有到此止步。他不仅认识到了人民力量对历史的演进起最后的决定作用,而且肯定人民的反暴斗争,大声赞美革命行动。

所谓"革命",即变革天命,有道伐无道。"革命"词源有两个出处。一是《逸周书·克殷解》,记载武王克商的告天之词,曰:"膺受大命,革殷,受天明命。"一是《周易》卷五孔子所述《革卦·彖辞》曰:"天地革而四时成,汤武革命,顺乎天而应乎人,革之时义大矣哉。"战国时孟子更发展成为民贵君轻说,盛赞武王革命诛"一夫纣"①。汉代景帝时还发生了儒学博士辕固生与道家博士黄生展开的一场汤伐桀,武王伐纣是不是革命的辩论。黄生认为汤、武之举是"臣弑君",大逆不道。辕固生认为汤、武革命是"汤、武与天下之心而诛桀纣"②。可见"革命"是先秦至汉初儒家的一个进步观点。但是,到汉武帝时,罢黜百家,独尊儒术,加强了大一统的思想控制,这时的儒家学说是以董仲舒的三纲五常为基准,原始儒家的民贵君轻说,已被束之高阁。在这样的背景下,司马迁不仅继承了原始儒家民主性的精华,并发扬汤、武革命的观点,又向前推进了一步,提出了反暴政的思想。司马迁为陈涉作世家,把他与汤、武并论:"桀、纣失其道而汤、武作,周失其道而《春秋》作,秦失其政而陈涉发迹。诸侯作难,风起云蒸,卒亡秦族。天下之端,自涉发难"③。项羽灭秦,司马迁热情地歌颂了他,为之立本纪;而项羽暴虐,同样受到司马迁无情的批判。《刺客列传》和《游侠列传》,大旨都是颂扬反暴的精神。所不同的是,《刺客列传》反映的是政治斗争,宣扬扶弱锄强的正义精神。至于游侠,可以说是颂扬绿林义气,宣扬下层人民扶弱救困的"仁义"道德。游侠的出现,是封建社会法制瓦解,匹夫抗愤的一种形式。游侠为受压迫、受冤屈的下层人民伸张正义,而不惜牺牲性命,司马迁歌颂他们,表现了他同情广大人民的反暴愿望,这已经超出了传统的儒家思想,受到正统史家的非难。但这正是司马迁思想闪光的精华之一。

2. 主张顺民之俗,颂扬无为政治

无为政治在理论上是"因循为用"与"多欲滋事"正相反对。纵观《史记》,司马迁所歌颂的圣君贤相,皆"因循为用";所抨击的暴君污吏皆"多欲滋

---

① 《孟子》卷二《梁惠王下》第八章、卷一四《尽心下》第十四章。

② 《史记》卷一二一《儒林列传》。

③ 《史记》卷一三〇《太史公自序》。

事"。五帝三王与汉初君臣都是"因循为用"的;三代末主与秦皇、汉武都是"多欲滋事"的。前者兴盛,无为而无不为;后者衰败,为所欲为而国破家亡。

司马迁所讲的"因循为用",采自道家的思想资料,但却与老庄之道有本质的区别。老子的"无为",主张绝圣弃智,灭去人欲,要把历史拉回到古朴的原始社会中去①。司马迁所讲的"因循"却是顺民之俗,给人之欲。他在《货殖列传》里明确地提出了欲望是历史发展的动力的观点,主张施政要随从民俗。他说:"故善者因之,其次利导之,其次教诲之,其次整齐之,最下者与之争。"因此,《货殖列传》一开篇就把老子的小国寡民主张作为批判的靶子引用。其实《老子》五千言中连一个"因"字也没有。司马迁从"无为"学说中引出"因循"是一种创新和发展。"因循"不是消极的率由旧章,无所作为;恰恰相反,而是"因势利导"之"因",积极地与时迁移。《论六家要旨》说:"与时迁移,应物变化,立俗施事,无所不宜",是用道家的语言,表达了法家的进化论思想。司马迁把老庄申韩合传,是发人深思的。韩非说:"是以圣人不期修古,不法常可,论世之事,因为之备。"又说:"世异则事异","事异则备变"②。司马迁还说:"秦取天下多暴,然世异变,成功大。传曰:'法后王'何也?以其近己而俗变相类,议卑而易行也"③。"法后王"出自《荀子·非相篇》。司马迁所讲的"因循",其治政内容与韩非的随俗施事和荀子的法后王是一脉相承的。

"因循为用"的政治实践是汉初的无为政治,受到司马迁的称赞;"多欲滋事"的政治是武帝的文治武功,因其过度使用民力而受到司马迁的批判。汉初无为在指导思想上是"国家无事","君臣无言";具体措施,则是约法省禁,与民休息。无为治国的原则,高帝在世时已经贯彻,如除秦苛法,开关梁,弛山泽之禁,十五税一等等。汉高祖起自匹夫而得"天统",原因就是他顺民之俗,"承敝易变,使人不倦"。吕太后无为,"民务稼穑,衣食滋殖"。汉文帝"能不扰乱,故百姓遂安",司马迁许之为"德至圣"的仁君。萧何为相,"因民之疾秦

---

① 《老子》第三章:"不尚贤,使民不争……常使民无知无欲,使夫智者不敢为也,为无为,则无不治。"第十九章:"绝圣弃智,民利百倍。"第十八章:"小国寡民,使民有什伯之器而不用,使民重死而不远徙……鸡犬之声相闻,民至老死不相往来。"老子的这些政治主张,均受到司马迁的批判。详见《货殖列传》。

② 《韩非子·五蠹》。

③ 《史记》卷一五《六国年表序》。

法,顺流与之更始"。曹参因循,"天下俱称其美"。文景之世的社会,在司马迁笔下,被描绘成理想的社会。《律书》云:"太史公曰:文帝时,会天下去汤火,人民乐业,因其欲然,能不扰乱,故百姓遂安。自年六七十翁未尝至市井,游敖嬉戏如小儿状。孔子所称有德君子者邪!"

司马迁在《平准书》中明确地指出,汉兴七十年之"盛"的原因,是"国家无事"。所谓"国家无事",并不是没有事和不做事,这乃是与汉武帝时国家多事相对而言。查《汉书》各帝纪,惠帝有城长安之事,高后元年有置孝弟力田官劝农之事,二年有改行八铢钱之事,文帝有平济北王刘兴居叛乱之事,景帝有平吴楚七国之乱之事。这些事是必须要办的,它不是君臣们人为制造出来的,而且在办事时又有所节制,所以说"无事"。例如惠帝几次城长安,都在农闲进行,三十日而罢。"国家无事"的前提是"君臣无言"。曹参为相,日饮醇酒。"卿大夫已下及宾客见参不事事,来者皆欲有言。至者,参辄饮以醇酒,间之,欲有所言,复饮之,醉而后去,终莫得开说,以为常。"曹参对惠帝说:"高帝与萧何定天下,法令既明,今陛下垂拱,参等守职,遵而勿失,不亦可乎?"惠帝曰:"善"①。可见无事、无言就是垂拱无为,守职尽责,依法办事,不滋事扰民。武帝即位则不然。他大事兴为,臣下争言利害,一事未就,一事又起,这就是西汉由盛转衰的原因。《平准书》也有具体描述,"武力进用,法严令具",加之"兴利之臣自此始也",超过了整个国家和人民所能负担的极限,给社会带来了灾难。到了武帝晚年,国家呈现"海内虚耗,户口减半"的残破景象,大类亡秦之迹。汉武帝后期的衰败,司马迁早在元封年间兴隆景象之时就觉察了。所以《平准书》赞语的结尾意味深长地以秦喻汉,用历史的教训来向汉武帝敲警钟。请看司马迁的批评:

> 及至秦,中一国之币为二等,黄金以镒名,为上币;铜钱识曰半两,重如其文,为下币。而珠玉、龟贝、银锡之属为器饰宝藏,不为币。然各随时而轻重无常。于是外攘夷狄,内兴功业,海内之士力耕不足粮饷,女子纺绩不足衣服。古者尝竭天下之资财以奉其上,犹自以为不足也。无异故云,事势之流,相激使然。曷足怪焉。

这里所说的秦统一币制,"然各随时而轻重无常",乃是隐喻汉武帝垄断

---

① 《史记》卷五四《曹相国世家》。

盐铁财货,随意变革币制搜刮民财的写照。集天下之财,用于"外攘夷狄,内兴功业",以至于"海内之士力耕不足粮饷,女子纺绩不足衣服"的境地,而专制者"犹自以为不足"。司马迁批评武帝的多欲,讥刺他的迷信荒诞,就在这"犹自以为不足"上,而并不是对他整个事业的否定。西汉政治从无为转向多欲,乃"事势之流,相激使然",是历史大势和必然发展。雄才大略的汉武帝外征内作,把西汉推向极盛。封禅、改制、正历、四夷归服,一派博大气象。《太史公自序》云:"汉兴以来,至明天子,获符瑞,封禅,改正朔,易服色,受命于穆清,泽流罔极,海外殊俗,重译款塞,请来献见者,不可胜道。"这是前所未有的大一统鼎盛局面,司马迁怎能不歌颂呢? 由此可见,司马迁对汉武多欲滋事的批判,是指他好大喜功,过度使用民力而言,并用以表现他提倡德治,顺从民望的政治观点,以及对文景之世无为政治的依恋和向往。

总之,司马迁赞颂汉初无为,但并不认为无为是不应变化的;他批评武帝多欲,也并不认为武帝的功业一无是处。司马迁的赞颂与批评,均是从顺民之欲的立场出发,总结历史的经验,警告为政者要顺应历史事势办事,以德为治,建立巩固的统治。这反映了西汉新兴地主阶级奋发向上的精神,是应该肯定的。

3. 反对分裂割据,主张大一统

秦朝是中国封建社会的第一个统一国家,但很快走向灭亡。对此,汉代诸儒完全否定秦朝的存在。司马迁批评秦取天下多暴,但肯定秦统一之功在《六国年表序》中有鲜明论述。韩兆琦在评《六国年表序》时说:"汉代学者拘于偏鄙之见,诋毁秦朝是'余朝闰位',说什么汉是'上继周统',这种不顾事实的狂悖之言,深为太史公所不取。司马迁厌恶秦朝的严刑酷法,深责其焚书杀士的倒行逆施;而对其'法后王',对其通权达变的规模方略,有其心悦诚服处。故而在此序中力排众议,揭出而表彰之。"[①]司马迁说"秦取天下多暴,然世异变,成功大",这给秦在中国历史上的功绩给予了大胆的肯定。由此,我们也不难看出司马迁主张大一统的进步的政治思想。同时,司马迁之为汉承秦制造舆论的用意也是十分鲜明的。

政治上,司马迁表现出对削藩的歌颂。他在《太史公自序》中阐明了给晁

---

① 韩兆琦:《史记选注汇评》。

错立传的缘由："敢犯颜色以达主义,不顾其身,为国家树长画。"在司马迁眼中,"陗直刻深"的晁错数上书孝文"言削诸侯事",以及错又上书景帝"请诸侯之罪过,削其地,收其枝郡",目的是为了避免"天子不尊,宗庙不安"的事件发生。晁错是一个替国家树长画的忠臣。但晁错这样做,却引起了诸侯的痛恨,以及丞相申屠嘉和袁盎等诸大臣的不满,必欲将晁错置之死地而后快。丞相申屠嘉因未能如愿,竟至于"怒"而"发病死"。然而吴楚七国最后还是以诛错为名反,又有窦婴、袁盎"进说",错终被"衣朝衣斩东市"。在纷繁的政治斗争中,司马迁使晁错的政治品格和理念在嘉、错、盎三人的矛盾中脱颖而出,继而借邓公和景帝的对话来为晁错平反。《袁盎晁错列传》记载了这段对话如下:

> 上问曰:"道军所来,闻晁错死,吴楚罢不?"邓公曰:"吴王为反数十年矣,发怒削地,以诛错为名,其意非在错也。且臣恐天下之士禁口,不敢复言也!"上曰"何哉?"邓公曰:"夫晁错患诸侯强大不可制,故请削地以尊京师,万世之利也。计画始行,卒受大戮,内杜忠臣之口,外为诸侯报仇,臣窃为陛下不取也。"于是景帝默然良久,曰:"公善言,吾亦恨之。"

这里,可以说司马迁是在此运用"寓论于序事中"的手法,借邓公之口颂扬了晁错"削藩"的政治远见,又借景帝之悔意为晁错昭雪。

司马迁反对分裂割据,颂扬大一统的政治观是符合历史的发展进程的。司马迁在《货殖列传》中说:"汉兴,海内为一,开关梁,弛山泽之禁,是以富商大贾周流天下,交易之物莫不通,得其所欲。"国家的统一,政治的稳定,这是社会经济文化发展的前提。所以司马迁对汉政权的统一和强盛,是倍加赞颂的。《史记》以昂扬的情调反映西汉盛世,颂扬伟大的时代,历史观和政治观都是进步的。

二、富国利民的经济思想

在中国古代史上,司马迁第一个系统地考察了商品经济的特征,还考察了经济与政治、经济与道德民俗的关系,提出了一整套发展生产,扩大交换、富国富家的经济理论,闪耀着朴素唯物史观的思想光辉,达到了划时代的最高水平。司马迁的新思想、新观点发表在汉武帝独尊儒术强化对思想控制的时候,实在难能可贵,是值得认真清理的一笔宝贵的文化遗产。

1. 首创经济史传,并重农工商虞

司马迁的经济思想集中表述在《货殖列传》和《平准书》中。《史记》编目,《货殖列传》卷一二九,七十列传之一;《平准书》卷三〇,八书之一。篇目悬远,是因体例不同,而内容上却是互文相补、不可分割的"表里之文"。《货殖列传》以文景时期繁荣的商品经济为背景,描述了汉初经济的上升运动,肯定商人的历史作用,鼓励发财致富;《平准书》概述了汉武帝时期经济的下降运动,讽刺当世的经济政策。两种背景,相反相成,形成鲜明对照,生动地描绘了汉初至武帝时代西汉经济的事势变化,在翔实的序事之中表达了司马迁进步的经济史观。[①]

从《史记》的笔法义例看,《货殖列传》和《平准书》是异军突起,与全书其他篇目迥然不同。《货殖列传》夹叙夹议,以论为主,篇中所述货殖三十人仅仅是作为议论的例证,有别于其他人物列传。《平准书》侧重评述汉武帝时期争利政策所导致的经济衰败,有别于八书贯通古今的其他篇目。这两篇是用丰富的历史事实充实起来的经济史论,也可称之为经济史传,从内容到形式都是司马迁的首创。从此以后,正史里面才有记载社会经济的篇目。值得注意的是,尔后正史中的《食货志》和《货殖列传》等经济史专篇,虽然在记述的内容上有扩大,但理论体系和思想高度没有一个越过司马迁的。从《汉书》起始的正史《食货志》着重讲土地制度和征税,这和司马迁总结治生之术以发展生产的经济思想是不可同日而语的。即此一端,司马迁首创的这两篇经济史传就可堪称空前绝后的奇作。

司马迁首创经济史传,奠基于他卓越的史识。从战国以来,我国封建统治者就一直推行"重农抑商"的经济政策。到了汉武帝时期,为了加强中央集权的统治,"重农抑商"政策得到全面地推行和发展。盐铁官营,平准均输,算缗告缗,"于是商贾中家以上大率破"。在这样的历史背景中,司马迁研究了商人的活动,认识到商业的兴起是历史发展的必然之"势",真是了不起。《货殖列传》开篇就讲经济发展之势,人俗变迁之理。他引用老子小国寡民的主张作为批判的靶子,指出自《诗》《书》所述虞夏以来,"耳目欲极声色之好,口欲穷刍豢之味。身安逸乐,而心夸矜势能之荣使",这一人俗是随着经济的发展

---

① 本节凡引《货殖列传》及《平准书》均不加注。

而渐染形成的。小国寡民的无知无欲是生产不发达时代原始氏族社会的人俗;最大限度地追求欲望的满足是生产不断发展所积渐形成的文明社会的人俗。这种变化是不可阻挡的"势",司马迁称之为"俗之渐民久矣"。谁要想把历史车轮拉向倒转,使人回到"小国寡民"的蒙昧中去,即使把人的耳目都涂塞起来,挨家挨户进行教化,无论说得多么动听,也是办不到的。司马迁这一形象的假设譬喻,深刻地表明了他用进化的观点看待社会的变化,这是符合唯物主义的认识路线的。

接着,司马迁从经济人俗发展之"势"的观点出发,认识到社会出现农工商虞的分工是不以人们的意志为转移的客观规律。他认为,中国地大物博,人们奉生送死的物质生活资料分布在各个不同的地区。"山西饶材、竹、穀、纑、旄、玉石;山东多鱼、盐、漆、丝、声色;江南出楠、梓、姜、桂、金、锡、连、丹沙、犀、玳瑁、珠玑、齿革;龙门、碣石北多马、牛、羊、旃裘、筋角;铜、铁则千里往往山出棋置。"大自然所提供的这些物质财富,不可能每一个人都去从事所需的直接生产,因此必须分工协作,互相依存。"故待农而食之,虞而出之,工而成之,商而通之。"司马迁还强调指出:"此四者,民所衣食之原也。原大则饶,原小则鲜。上则富国,下则富家。"人们要满足自己的衣食之需,国家要富强,就必须扩大农业、手工业生产,还要开发山泽,发展商业。司马迁引用《周书》的话说:"农不出则乏其食,工不出则乏其事,商不出则三宝绝,虞不出则财匮少。"这里,司马迁不仅突破了重农抑商的传统观念,而且强调了四业并重,缺一不可。他把商业作为人民的衣食之源放到国民生产总体结构中进行考察其作用,并引证齐国的发展历史来说明农工商虞四业早就是古代社会经济的基本结构,国家的盛衰强弱决定于经济基础的厚薄。四业兴旺,国家富强;四业不齐,国家贫弱。司马迁对"重农抑商"这一传统的抑商政策做了彻底的否定。

战国时代的孟子曾经和农家许行辩论,肯定了社会分工的进步意义。孟子的辩论是为了引出"劳心者治人,劳力者治于人"①的结论,为统治阶级的剥削辩护。司马迁发展了孟子的理论,认识到农工商虞的分工是生产发展之"势",是富国富家的基础。他在《平准书》的赞论中有这样两句话:"事势之流,相激使然。"这两句是点睛之笔,极为重要。它说明了司马迁述货殖,载平

----

① 见《孟子》卷五《滕文公章句上》第四章。

准,以事势变化的观点对社会经济的发展作规律性的探索,这就是他高人一等的卓越史识。司马迁站得高,看得远,敢于首创,从而做出了超越前人的伟大贡献。

2. 宣扬欲望动力说,批判了"最下者与之争"的政策

欲望是指人体感官对于物质利益的追求,这是一个活生生的存在。司马迁的前辈,先秦诸子发起的人性之争,都把欲望归之为人性,做出了各自的论述。道家主张绝圣弃智,即灭欲,老子说:"罪莫大于可欲。"①法家主张用刑赏制欲。儒家主张用礼节欲。孔子教育学生的口头禅就是"君子喻于义,小人喻于利。"②孟子倡导养心节欲,他说:"养心莫善于寡欲。"③总之,诸子百家莫不承认人人有欲,但都主张遏制欲望,统治阶级要维护其剥削利益,从而视人的欲望为洪水猛兽。西汉统治阶级鉴于秦末农民战争的风暴,更是不遗余力地大造舆论,挞伐人欲。例如贾谊就说:"其慈子嗜利,不同禽兽者亡几耳。"④司马迁的老师董仲舒替统治阶级完成了一套防范人欲的理论,提出用三纲五常的道德礼教来陶冶人欲。他说:

> 夫万民之从利也,如水之走下,不以教化提防之,不能止也。是故教化立而奸邪皆止者,其提防完也;教化废而奸邪并出,刑罚不能胜者,其提防坏也。古之王者明于此,是故南面而治天下,莫不以教化为大。⑤

司马迁在统治阶级提倡礼义提防以遏制人欲的时代,不同凡俗地自成一格,奏出了透视人欲的异响。司马迁认为逐利求富是所有人的共性,并不是什么邪恶。他引用俗谚说:"天下熙熙,皆为利来;天下攘攘,皆为利往。"他用那支犀利的笔锋,饱蘸浓墨,淋漓酣畅地描绘了一幅社会的逐利图。"深谋于廊庙,论议朝廷"的达官显贵,"守信死节,隐居岩穴"的清雅之士,都为的是"归于富厚"。具有讽刺意味的是"廉吏久,久更富"。至于"陷阵却敌"的军士,"攻剽椎埋"的少年,"走死如鹜"的侠士,"不择老少"的歌伎,"饰冠剑,连车骑"的游闲公子,"不避猛兽"的猎者,"博戏驰逐"的赌徒,"舞文弄法"的吏

① 《老子》第四十六章。
② 《论语》第四《里仁》第十六章。
③ 《孟子》卷一三《尽心章句下》第三十五章。
④ 《汉书》卷四八《贾谊传》。
⑤ 《汉书》卷五六《董仲舒传》。

士,以及医农工商等等百工之人,无不是为了追求财富而忙忙碌碌。在司马迁笔下,凡社会之人,不分贵贱,无论千乘之王,万家之侯,百室之君,还是匹夫编户之民,统统纳入了求利的轨道,彻底打破了儒家宣扬的纲常名分和君子小人的界限,追求财富就是人的共性。"此有知尽能索耳,终不余力而让财矣。"所以司马迁用"富者人之情性,所不学而俱欲者也"这句话对人性作了总括。

如果司马迁到此为止,仅仅指出人性欲财,算不上是一种经济理论,也没有超出先秦诸子学说的水平。司马迁的杰出贡献,正在于他跨出了人性论之争的思辨哲学范畴,进入了生产领域作实地考察,不仅生动地描绘了一幅社会人群的逐利图,而且洞察到"人各任其能,竭其力,以得所欲"是自然之理,是合理的行为。司马迁的前辈思想家只看到人欲争利的一面,而没有看到人欲是动力这一更本质的东西。司马迁第一个提出了人欲动力说。他说:

> 故待农而食之,虞而出之,工而成之,商而通之。此宁有政教发征期会哉?人各任其能,竭其力,以得所欲。故物贱之征贵,贵之征贱,各劝其业,乐其事,若水之趋下,日夜无休时,不召而自来,不求而民出之。岂非道之所符,而自然之验邪?

生产领域中农虞工商的社会分工,流通领域中的物价波动,都不是人为的政教期会设置的,而是在人欲的推动下自然形成,符合于"道"的规律而运动。恩格斯说:"自从阶级对立产生以来,正是人的恶劣的情欲——贪欲和权势欲成了历史发展的杠杆,关于这方面,例如封建制度的和资产阶级的历史就是一个独一无二的持续不断的证明。"①我们不能苛求两千多年前的司马迁去发现人欲背后的阶级斗争,但他提出人欲动力说本身已经接近了真理的边缘,这是那个时代最卓越最有价值的认识。司马迁比他的任何一个前辈思想家都站得高,看得远。

从人欲动力的观点出发,司马迁提出了"善者因之"的主张,批判了"最下者与之争"的政策。他说:

> 故善者因之,其次利道(导)之,其次教诲之,其次整齐之,最下者与之争。

司马迁所说的"因之""利道之""教诲之""整齐之""与之争"都是针对统

---

① 《马克思恩格斯选集》第四卷,第233页。

治者的理财政策而说的。这五种政策方针的具体内容,司马迁没有明确论述。这是因为"其切当世之文而罔褒,忌讳之辞也"①。由于忌讳,司马迁用寓论断于序事的手法,把五种政策的具体内容分散在《货殖列传》和《平准书》中,两相对照可以看出,司马迁鲜明地批判了汉武帝"最下者与之争"的政策,用以衬托出"因之"的"善"。

"因之"的政策就是遵循经济发展的自然规律,放手商人活动,听凭人们追逐财富,发展生产,国家可以得到用不完的财富。司马迁说:"汉兴,海内为一,开关梁,弛山泽之禁,是以富商大贾周流天下,交易之物莫不通,得其所欲,而徙豪杰诸侯强族于京师。"这就是汉初实行的"因之"政策,它带来了经济的繁荣。《平准书》说,汉兴七十年间,"民则人给家足,都鄙廪庾皆满,而府库余货财"。国家储备的钱财以亿计。"贯朽而不可校",太仓的粮食多得"陈陈相因",以"至腐败不可食"。"因之"带来了民殷国富,所以司马迁许之以"善",认为是最好的政策。

反之,"与之争"则"最下",那就是汉武帝所实行的盐铁平准。《平准书》详尽地揭露了"与之争"的每一项政策所带来的弊端,终于导致了经济的衰败。《平准书》从秦亡汉兴的经济凋敝开始述起,经过七十年的休养生息,到汉武帝即位之初,西汉经济发展到了它的高峰,紧接着笔锋一转详细记载汉武帝与民争利的竭财政治,至元封元年止,用卜式语"亨弘羊,天乃雨"作结,意味深长地示意"见盛观衰"。然后在"太史公曰"的评论中简略地追溯殷周以来的经济变革至秦统一为止。这一精心布局的内容安排,以便把汉武帝的事业与秦始皇的功业相对照,引人深思。司马迁明责始皇,暗喻武帝,指出他"无限度"地耗费民力,违背了经济发展的规律,造成了对生产的破坏,应引为借鉴。《平准书》是一篇全面地揭露和批判汉武帝"最下者与之争"的经济政策的战斗文献。

"因之"是放任商品经济的发展;"与之争"是国家粗暴地干预经济,全面地抑制商品经济,是两个极端。"利道之""教诲之""整齐之"是这两个极端之间的层次,在西汉的现实政策中都不同程度地实行过。"利道之"是指"平粜齐物"一类的经济调整政策,保护农工得到均衡的利益,贾谊论"积贮",晁

---

① 《史记》卷一一〇《匈奴列传·赞》。

错论"贵粟"等措施,都是"利道之"。"教诲之"则是儒家主张的以礼节欲的政策。丞相公孙弘以汉相之尊,"布被,食不重味,为天下先";武帝尊显卜式"以风百姓",劝民输费佐国家之急等,这些是教诲的内容。但公孙弘的俭约"无益于俗",尊显卜式亦未见效果,"百姓终莫分钱佐县官"。"整齐之"即是传统的重农抑商,它的强化就是"与之争"了。

单纯从经济的发展来看,"因之"是最"善"的政策,但它也带来了新的问题。《平准书》在叙述汉初经济繁荣的同时,指出了"物盛而衰"的道理。司马迁说:

> 当此之时,网疏而民富,役财骄溢,或至兼并豪党之徒,以武断于乡曲。宗室有土公卿大夫以下,争于奢侈,室庐舆服潜于上,无限度。物盛而衰,固其变也。

司马迁看到了在经济繁荣的背后,潜伏着新的社会矛盾。一是社会财富的两极分化,"兼并豪党之徒,以武断于乡曲";二是统治阶级骄奢淫逸,"无限度"。因此,司马迁赞美"因之",并不等于主张放任政策。为了避免"物盛而衰"的发展趋势和国家的整体利益,司马迁也是赞成适当的"利道之""教诲之"的。但是,司马迁反对违反经济规律的"最下者与之争"的政策,批判它阻遏人欲动力,也就是阻遏了生产的发展。由此可见,司马迁宣扬人欲动力说是有利于人民,有利于经济生产发展的理论,是应该肯定的。

3. 为商人立传,总结治生之术

从生产发展的历史来看,商人的出现是以农业、手工业的分工为前提的。虽然商人不从事直接生产,但他们沟通各地的物产交流,大大推动了生产的发展。《太史公自序》说:"布衣匹夫之人,不害于政,不妨百姓,取与以时而息财富,知者有采焉。作《货殖列传》第六十九"。司马迁为古今三十个商人树碑立传,取名"货殖",耐人寻味。《索隐》引《尚书》孔传云:"殖,生也,生资货财利。"本书前已述及,司马迁并重农工商虞,他是把商业作为人民的衣食之源放到国民生产总体结构中来考察其作用的。司马迁充分肯定了商人的活动对于富国富家的意义,为他们遭受贱视的政治地位鸣不平。他通过白圭之口,把商人与历史上最伟大的政治家、军事家相提并论,许以智、勇、仁、强的品德,作了高度的赞扬。白圭说:"吾治生产,犹伊尹、吕尚之谋,孙吴用兵,商鞅行法是也。是故其智不足与权变,勇不足以决断,仁不能以取予,强不能有所守,虽欲学吾术,终不告之矣。"一个人设若没有智、勇、仁、强的品德是不能成为富商大贾的。司马迁把商人看作人类的精华,因为他们对社会的发展做出了贡献。所以《货殖列传》不着眼于典型人物形象的塑造,而是把古今货殖之人作为一个整体来叙述,总结他们的治生之术供"智者"吸取借鉴,用意在于提倡发展生产。

司马迁总结治生之术有两个方面。一是考察商品的流通,总结财货增殖的经验;二是考察自然地理经济和民俗,总结商业活动推动生产发展的作用。这两个方面都是司马迁的首创,并且取得了卓越的成就。

司马迁对商品流通的考察,获得了一系列符合价值规律的珍贵见解,主要之点有四。其一,知时。计然"旱则资舟,水则资车";范蠡"与时逐";白圭"乐观时变"。这都说的是掌握商业行情,调查市场需要,"逐时而居货",利用供求规律,牟取大利。其二,知物。"积著之理,务完物","腐败而食之货勿留,无敢居贵。"这是说要研究商品学,提高商品的竞争能力。其三,无息币。即加速资金流转,使"财币其行如流水"。为此,必须研究物价涨落规律,懂得"贵上极则反贱,下极则反贵",而敢于"趋时若猛兽挚鸟之发","贵出如粪土,贱取如珠玉"。其四,择地择人。范蠡居陶,因陶为天下之中,"诸侯四通,货物所交易也。"范蠡治产积居,"十九年之中三致千金"。刁间善用"桀黠奴",使他们"逐渔盐商贾之利","终得其力,起富数千万"。

司马迁对自然地理经济和民俗的考察,总结了商业活动生产发展的作用。司马迁分中国为四大经济区。长江以南谓之江南;长江以北分为山东、山西两区,中以华山为界;龙门、碣石一线以北为北方区。在每一个大区下面又分为若干小的经济区。山西区分为关中区、巴蜀区和陇西区。山东区分为三河区、燕赵区、齐鲁区、梁宋区。江南区分为东楚区、西楚区、南楚区、岑南区。北方区基本上是以牧畜业为主的经济区,比较单一。各区域的经济中心是都市。恩格斯指出,商人的使命"现在已经不仅仅从一个人手中转到另一个人手中,并且从一个市场转到另一个市场上去"①。司马迁充分认识到历史赋予商人的这一使命,描述了全国各地的物产、交通、民俗和都市经济。司马迁认为各地的物产提供了人民衣食之源,但要把这些资源变成财富,必须发展生产以求

---

① 《马克思恩格斯选集》第四卷,第 171 页。

流通。江南地势饶富,无饥饿之患,但生产落后,人民"无积聚而多贫"。齐鲁区,本来地瘠民贫。由于太公望鼓励人民极技巧,通渔盐,则人物归之,齐国竟成为"冠带衣履天下"的富庶之邦。三河区地狭民稠,习俗纤俭习事,从事经商,足迹遍天下。农工商虞四业兴旺,关键靠商人来流通。但商业最终依赖于农业、手工业生产,所以司马迁又说:"本富为上,末富次之,奸富为下。"本富指农、林、畜、牧的生产,司马迁列举了一长串本富生产的项目,遍及全国各地的物产。末富指经营商业,周流天下。奸富指劫人作奸,掘冢铸币,舞文弄法,刻章伪书等。经营本富的人,"不窥市井,不行异邑,坐而待收,身有处士之义而取给焉"。不但声誉好,而且收入稳当,故为上。末富资金周转快,"夫用贫求富,农不如工,工不如商"。但经商要资本,又担风险,只有能者巧者才能经营,所以说次之。奸富危身取给,用生命冒险,所以说最下。论者多认为司马迁残存有重本抑末的思想,这是断章取义的失察。司马迁所说的上、次、下是总结治生之术供后人观择,这和统治者推行的重本抑末政策毫不相干。司马迁分区考察全国各地自然地理经济,着重物产、交通、民俗这些要素,也是总结的治生之术。富商大贾在全国范围内经商,必须掌握各地的物产、交通、民俗,才能知时逐利,用奇制胜。司马迁的总结正是给他们提供的"周流指南"。

以上所述两个方面的治生经验,都只适用于有雄厚资本的"智者""巧者"。对于一般的"拙者"又该怎样治生呢? 司马迁提出了由穷致富的普遍原则和分阶段渐进的理论。他说:

> 夫纤啬筋力,治生之正道也,而富者必用奇胜。田农,掘业,而秦杨以盖一州。掘冢,奸事也,而田叔以起。博戏,恶业也,而桓发用富。行贾,丈夫贱行也,而雍乐成以饶。贩脂,辱处也,而雍伯千金。卖浆,小业也,而张氏千万。洒削,薄技也,而郅氏鼎食。胃脯,简微耳,浊氏连骑。马医,浅方,张里击钟。此皆诚壹所致。
>
> 是以无财作力,少有斗智,既饶争时,此其大经也。

这两段话的内容具有辩证的统一。"力"是"力作",人人都具有,所以说勤俭力作是治生的正道。"智"是"计谋",需要有资本。"时"是"机运",需要大资本,大识力。力作不能致富,但只要"诚壹"力作,必有积蓄;运用智巧,投入市场,这就完成了从"无财作力"到"少有斗智"的过渡。等到财力充裕,就要用"奇",创造机运,这就是"既饶争时"。"力作"和"诚壹"是治生的普遍原则，"斗智"与"争时"是创造渐进致富的条件。一个人只要"诚壹"，无论从事什么职业都要务实和专精，再用智巧求奇，就没有不富裕的。司马迁列举了一系列贱业的事例来证明。秦杨田农，田叔掘冢，桓发博戏，雍乐成行贾，雍伯贩脂，张氏卖浆，郅氏洒削，浊氏胃脯，张里马医等等卑贱职业，都能致富千金，成了击钟鼎食之家。至此，司马迁的治生理论体系已经完成，可用八个字来概括，即：人人有欲，人人致富。换句话说，财富面前，人人平等。每一个人都有追求财富的权利，但由于个人的智力、资本等各种条件的限制，每一个人拥有的财富是不等的，无财者要受有财者的支配。财多者，达到巨万财产的富人可与王者同乐，大商人就是无冕之王，司马迁称之为"素封"，这简直是离经叛道。两汉时重农抑商，商人不得衣丝乘车，不得做官，司马迁却称之为"素王"，这与陈胜、吴广起义时发出的口号："王侯将相宁有种乎！"具有异曲同工之妙，都是战斗的朴素唯物主义认识论。

4. 司马迁经济思想的意义与影响

司马迁创立《货殖列传》和《平准书》是学术史上的一件大事，它开创了我国正史记载生产活动的先例，提供了大量的经济史料，成为中国史学的优秀传统。司马迁以他天才的洞察力，从人欲争利的行为中看到了人欲是生产的动力。他考察了生产领域中的社会分工，并重农工商虞，认识到这是古代社会基本的经济结构。司马迁总结了治生之术，获得了许多符合价值规律的见解，肯定了商业活动在促进生产发展中所起的纽带作用，颂扬货殖，为商人立传。特别是司马迁提出的"素封论"的财富观，"崇势利而羞贱贫"，剥去了仁义道德的虚伪面纱，鼓励人人发财致富，并断言人人可以致富。这一切都是离经叛道的异端思想，也就是司马迁超越前辈思想家的卓越贡献。

两千年前的司马迁不可能有价值规律、唯物主义、辩证法这一类概念。但只要有商品经济流通，就有价值规律的客观存在。战国秦汉几百年来商品经济异常活跃，这就给司马迁提供了认识价值规律的客观条件。司马迁高祖司马昌为秦铁官，曾祖司马无泽为汉长安市长，在秦汉之际，分别为新旧王朝首都的经济官，带给司马迁以治生之术的家学渊源。司马迁是一个游踪极广的历史学家，他壮游全国，深入考察了各地的物产、交通、民俗和都市经济，还研究了古今商人活动的历史资料，使他的每一个观点都有生活经济基础。司马迁又受"腐刑"之祸，思想感情发生了重大转变，把眼光投向下层社会，同情人民。这些是司马迁形成先进思想的主观条件。这些主观条件很难集中在一个人身上,这就是在几百年的商品经济活动中,只产生了一个司马迁的历史原因。

在中国思想史上,司马迁进步的经济思想就像一束火花一样,只在天空一闪即逝,这也有深刻的历史原因。首先,商品经济的发展为以自然经济为基础的封建社会所不容。汉武帝加强中央集权,用"与之争"的政策取代了"因之"的政策,把重农抑商推向极端化,商贾遭摧残,"中家以上大率破"。中国古代自由竞争的商品经济从此衰落了。皮之不存,毛将焉附。此后,再也没有人去研究价值规律了。其次,司马迁的异端思想未能产生在百家争鸣的战国时代,没有形成一个学派。他是一花独放在漫长的寒夜,很快凋落,这是必然之理。此外,司马迁的经济思想是从直观中得来的经验。这种直观经验,一方面它本能地符合唯物主义的认识路线,并具有朴素的辩证法思想;另一方面,它不能形成科学的体系,最终的结论又退回到了唯心主义的立场上来,不能解释客观存在的现实社会。司马迁的最终结论是人人可以致富。但是,客观的现实是成千上万的人民受少数人压迫、剥削,永远不能改变他们悲惨的命运。司马迁不但未能认识阶级斗争,而且把"千则仆,万则役"看成是天经地义的规律,这就掩盖了阶级斗争。"能者辐辏,不肖者瓦解",在现实生活中是个别现象,司马迁上升为一般规律,因而用"巧"与"掘"来解释阶级压迫,这当然是唯心主义的认识论。虽然我们不能苛责司马迁的历史局限性,但这造成了他的理论不能具有实践性,也就是他总结的治生之术不能引导人人致富,应该说这也是司马迁的先进经济思想在中国封建社会得不到发展的一个原因。

三、民族一统思想

中华民族是以汉族为主体的多民族大家庭,因此,如何处理好主体民族与周边少数民族的关系,这不仅是历代统治阶级需要认真、慎重考虑和解决的问题,而且也是历来史学家们需要认真考虑和不可回避的问题。在《史记》之前的众多的中国古代典籍中,虽然也不乏对少数民族的许多记载,然而,一方面这些记述都只不过是片鳞只羽,凤毛麟角,缺乏系统性、完整性;另一方面,这些典籍和儒家代表人物,都宣扬"夷夏之辨",孔子修《春秋》"内诸夏而外夷狄",司马迁第一个以其卓越的史识、前所未有的胸怀和宽广的眼界,站在历史和时代的高度,系统地记载了中国境内各民族的历史,在中国古代史上闪耀着夺目的光辉,这是值得认真总结的宝贵文化遗产。

1. 司马迁首创民族史传

中国自古就是一个由多民族组成的国家。周初分封时就有许多内附的"夷狄"之国。例如吴太伯之勾吴,楚子荆蛮都不是华夏民族。周襄王后是翟人之女,三家分晋的赵襄子之母也是翟人之女。春秋五霸之一秦穆公取由余于戎,"益国十二,开地千里,遂霸西戎"①。中华民族的历史,是汉族和各个少数民族共同创造的历史。但是,儒家的正统思想却一再宣扬"夷夏之辨",以中原华夏民族为冠带之国,贬称周边少数民族为夷狄之邦,以区分种族贵贱。因此,我国周边民族被贬称为东夷、西戎、南蛮、北狄,视为荒服之地。孔子修《春秋》,内诸夏而外夷狄。孟子在辩论中,直斥楚人许行说话像鸟叫,称之为"南蛮鴃舌之人"②。《诗经》上说:"戎狄是膺,荆舒是惩"③。膺同惩,都是打击的意思。这两句诗,经孟子的断章取义,变为后世历代统治者压迫周边各族的理论根据。西汉大儒董仲舒提出的纲常伦理学说,也推广到民族关系上来。董仲舒说:

> 《春秋》慎辞,谨于名伦等物者也。是故小夷言伐而不得言战,大夷言战而不得言获,中国言获而不得言执,各有辞也。有小夷避大夷而不得言战,大夷避中国不得言获,中国避天子而不得言执,名伦弗予,嫌于相臣之辞也。是故大小不逾等,贵贱如其伦,义之正也。④

中国,指华夏诸侯。按照董仲舒的上述说法,诸侯不能与天子平等,大夷小夷不能与华夏诸侯平等,甚至小夷与大夷也不能平等。各民族的大小被董仲舒说成是天然的等级序列,在民族关系的用语中都要表现出等级次序来。随着儒家思想取得独尊的地位,"大小不逾等"的大汉族主义逐渐形成了。因此,民族史在中国正史中也就不可能得到应有的地位。

但是,司马迁却在"罢黜百家,独尊儒术"的汉武帝时代,独步史坛,在他的《史记》中首创民族史传。从《匈奴列传》到《西南夷列传》,司马迁一共写

---

① 《史记》卷五《秦本纪》。
② 《孟子》卷五《滕文公上》。
③ 《鲁颂·閟宫》。
④ 《春秋繁露·精华》。

了五篇少数民族史传。各篇史传独立成篇,详今略古,着重叙述汉武帝时期各周边民族与中原王朝的关系。

司马迁笔下的民族史传有一个共同的主题,即:东西南北各个少数民族均为天子臣民,他们的历史发展是走向统一。《太史公自序》对此做了明确的表述,其辞曰:

> 汉既平中国,而佗能集杨越以保南藩,纳贡职,作《南越列传》第五十三。

> 吴之叛逆,瓯人斩濞,葆守封禺为臣,作《东越列传》第五十四。

> 唐蒙使略夜郎,而邛筰之君请为内臣受吏,作《西南夷列传》第五十六。

"集杨越以保南藩","葆守封禺为臣","请为内臣受吏"等等,鲜明地表现了民族一统思想。两越、西南夷等等周边民族,都愿在天子治下,并入中国版图。因此,司马迁打破了董仲舒的所谓"小夷避大夷""大夷避中国"等等的"名伦秩序",把民族史传与名臣将相的列传交错等列。《匈奴列传》列于李广和卫青、霍去病的列传之间,《西南夷列传》下联司马相如列传,这是因事相连。因为李广和卫青、霍去病是征匈奴的名将,司马相如力主通西南夷。司马迁用这种因事相连的编列方法,表现了他的民族一统和等列天子臣民的思想。司马迁的这种布局,反映了他那匠心独运的史识义例。

然而,司马迁的这种真知灼见,却受到了一些正统封建史家的责难。例如清代学者赵翼不究司马迁之史例,批评司马迁编次杂乱无章,是"随得随编",甚至认为"朝臣与外夷相类"的编次是不伦不类①。赵翼出于大汉族主义的偏见,认为民族史传只能置于列传之末,决不能与朝臣等列。透过赵翼对司马迁的批评,更加显示出司马迁民族一统思想的光辉。

对比见义,司马迁对《大宛列传》的处理十分引人注目。《大宛列传》记叙外国史事远至中亚,故特别分出,编于类传之中,司马迁也做了明确的交代。《太史公自序》说:

> 汉既通使大夏,而西极远蛮,引领内向,欲观中国,作《大宛列传》第六十三。

---

① 《廿二史劄记》卷一。

我们将"通使大夏……欲观中国"与前面所引"请为内臣受吏"等等作一对照，不难看出，司马迁对中外的界限是区分显然的。《史记》中的《大宛列传》，在《汉书》里被更名为《西域传》。值得注意的是，司马迁为什么不用"西域"命篇呢？推其义有两点。第一，汉武帝通西域是以征大宛为其标志的。该传内容，首尾皆叙大宛，而中亚、西亚各国的情况穿插其间，是以附见形式记载的。第二，以大宛为分界，大宛以东，敦煌以西，司马迁视为匈奴右地，是国内民族，故在《大宛列传》中略而不叙。大宛以西，即葱岭以西之中亚、西亚列国，乌孙、康居、奄蔡、大月氏、安息、条枝、大夏等国，是外国民族，故附入《大宛列传》中。班固作《西域传》时不分内外，把葱岭以东以西广大地域统统纳入一传之中。颜师古作注时，把《西域传》分为上下两卷，也是以葱岭为界，当是颜氏参照《史记》的结果。

班固是继司马迁之后的一位史学大家，但由于他受正统思想的束缚，抛弃了司马迁的史识义例，在如何为少数民族立传的问题上反而倒退了一大步。班固写《汉书》，不仅将司马迁作为国外民族处理的《大宛列传》改为内外不分的《西域传》，而且把几个国内周边民族史传合成一个史传，也视为外纪，排列在列传之末。班固宣称："于惟帝典，戎夷猾夏，周宣攘之，亦列《风》《雅》。"又说："西南外夷，种别域殊"，"王师骍骍，致诛大宛。"①这是封建正统思想意识的鲜明反映。班固以后的史家，大都效法《汉书》，把民族史传侧于列传之末。司马迁民族一统的等列的进步史观在《史记》之后的纪传史中未能得到发扬，无疑地班固是始作俑者。至于撰《三国志》的陈寿，虽有良史之才的美称，却不立民族史传，不能不说是一个很大的遗憾。因为三国时期的国内各少数民族是相当活跃的，他们都不同程度地参与了中原的逐鹿斗争。通过对比，我们可以看出，司马迁首创民族史传，区别国内外民族，各民族史传独立成篇，这一系列体例，不仅反映了他的博学和才华，而且更重要的是反映了他的杰出的思想和史识。

我们比较了马、班史识，指出了班固民族史观的倒退。但是，我们也应看到，《汉书》毕竟为周边民族立了史传，并在断代史中详究了民族史的发展过程。继班固之后的纪传史家，大都继承了这一做法。例如《后汉书》这部断代

---

① 《汉书》卷一〇〇《叙传》。

史也详细地记述了少数民族的历史发展,尤其是《西羌传》对羌族历史的记叙十分精妙,保存了丰富的民族史料。这说明,司马迁为民族立史传的思想在断代的正史中被肯定下来,《汉书》起了榜样的作用,班固之功不可泯没。当然,创始之功是属于司马迁的,这是中国史学发展史上的一个重要成果。

2. 司马迁民族一统思想的基本内容

司马迁首创民族史传,基于他进步的民族一统思想。这一思想的基本内容,主要有以下五个方面。

(1)民族同祖同源意识。司马迁认为,中国境内各民族皆为黄帝子孙,都是兄弟,是一家人,他们的根是相同的。他在《五帝本纪》《夏本纪》《殷本纪》《周本纪》中记载了五帝三王都是黄帝的苗裔,并在《三代世表》中谱列了五帝三王的承传世系。

不唯如此,司马迁甚至还认为春秋战国各诸侯国以及春秋战国时期被认为是少数民族而予以蔑视的匈奴、东越、闽越也都是黄帝的子孙,与黄帝是一家人。他在《秦本纪》中说:"秦之先,帝颛顼之苗裔。"在《楚世家》中说:"楚之先祖出自帝颛顼高阳。"在《越世家》中说:"越王勾践,其先禹之苗裔,而夏后帝少康之庶子也。"在《吴太伯世家》中说:"余读《春秋》古文,乃知中国之虞与荆蛮勾吴兄弟也。"在《匈奴列传》中说:"匈奴,其先祖夏后氏之苗裔也,曰淳维。"在《东越列传》中说:"闽越王无诸及东越王摇者,其先皆越王勾践之后也。"等等。

其实,我国历史上很早就有夏周西来和殷自东来,出自夷、羌、戎等少数民族的说法。如《孟子·离娄下》说:"舜生于诸冯,迁于负夏,卒于鸣条,东夷之人也。文王生于岐周,卒于毕郢,西夷之人也。"又陆贾《新语·术事篇》则说:"文王生于岐夷,大禹出自西羌"①。至于殷周,其先祖最初可能属于东夷民族集团的一支。而司马迁说匈奴、秦、楚、吴、闽越都是黄帝的子孙,这就更不可靠了。因为中国境内这许许多多的民族,根本不可能出于同一个祖先。司马迁各民族皆为黄帝子孙的说法虽然是不科学的,但它反映了春秋战国以来各诸侯国在互相兼并、相互融合中所形成的那种逐渐统一的民族大一统的政治

---

① 据《孟子正义》注疏,东夷者对西羌言之,则岐周之地为东夷也。此外,陆贾之说不可信。这里引用,只是说明历史上有这种说法,为司马迁所不取,而司马迁的说法是可信的。

趋势。是出于对天下一统格局形成的歌颂,也是在建立民族一统人文的一种文化观念,是值得肯定的。

(2)民族等列思想。所谓民族等列思想,并非今天所说的各民族不分大小、强弱,均处于平等的地位并享有平等的权利的民族平等观。在"内诸夏而外夷狄"的传统思想作用下,司马迁只可能站在时代的前列,而不可能超越历史时代打破封建伦常秩序而形成所谓的民族平等观念。他进步的民族观在于:他第一次打破了"种别域殊"的内外界限,破除了唯我独尊的以华夏为中心的大汉族主义,而视中国境内的各民族为一个统一的密切联系的整体。在《史记》中,他记述了华夏之外的各民族,如匈奴、南越、闽越、西南夷,以及朝鲜等。他把这些少数民族都看作是中华民族的重要组成部分,都是置于民族一统大范围之内。认为东南西北各少数民族,都是天子臣民,他们是一统天下的成员,他们的历史是走向统一的。司马迁认为各民族都有自己的优秀传统和文化,对中华民族都有自己的不可忽视的特殊贡献。而各民族的风俗习惯,自有其形成的种种经济的、地理的、历史的原因,自有其存在的合理性,无论哪一个民族,即使是先进的民族,也不应以自己的风俗习惯为标准,去衡量、要求别人,不能轻易地把人家视为落后、愚昧而加以鄙薄与歧视。各民族的经济发展、繁荣与物产交流,对促进汉帝国的繁荣昌盛,对中华民族一统经济的发展都具有重要的作用。

(3)承认周边各民族有同等的"革命"权利。这里所谓"革命",是指革故鼎新,变革天命,不同于今天的革命观念。这一词源出自《逸周书·克殷解》《周本纪》作了摘引。司马迁说:"膺更大命,革殷,受天明命。"革命,就是推翻失去天命的暴君,拥戴获得天命的仁德之君主登极,改朝换代。武王伐纣,陈涉首难,司马迁都称之为"革命"。秦亡后,楚汉相争,项羽暴虐,汉王仁德,结果楚灭汉兴。南方越族参加了秦汉之际人民反暴政的斗争,司马迁作了肯定的记载。《东越列传》说:

> 诸侯畔秦,无诸(闽越王)、摇(越东海王)率越归鄱阳令吴芮,所谓鄱君者也,以诸侯灭秦。当是之时,项籍主命,弗王,以故不附楚。汉击项籍,无诸、摇率越人佐汉。

东越反秦佐汉,参与中原的政治斗争,司马迁特别加以记载。表现了他承认周边各民族有同等的"革命"权利的思想,这在当时是了不起的进步思想。

（4）坚持民族统一，反对民族分裂。坚持民族统一，反对民族分裂是司马迁民族一统思想的主要内容之一，它贯穿于《史记》的始终，特别是在一百多年的西汉历史记述中尤为突出。秦统治时期，中国已基本上形成了一个统一的多民族国家。西汉立国后，随着中央集权制的加强，以汉族为主体的各民族之间的联系有了进一步的加强，统一的趋势日益发展。但是，刚刚建立起来的西汉王朝面临着两个问题：一是封国林立；二是"四夷"未宾，构成对西汉王朝的严重威胁。因此打击封国割据势力，安定"四夷"，是巩固西汉中央集权、维护其一统天下的首要任务。汉初几十年中，统治者采取了削弱诸侯王势力和限制其权利的种种措施，"强本干弱枝叶"，即消灭或削弱诸侯势力，加强中央集权，巩固大一统。司马迁称赞"削藩"政策所取得的成果，表现了他坚持民族统一、反对民族分裂的民族大一统思想。

汉初，由于连年战争，兵连祸结，经济萧条，满目疮痍，以致"自天子不能具钧驷，而将相或乘牛车，齐民无藏盖"①。在这种情况下，由于西汉统治者忙于经济的恢复和打击封建割据势力，对周边民族不便加兵，便采取"安抚"的政策，对西南夷和两越采取置国封王的策略，对匈奴采取"和亲"的政策。汉初与匈奴的和亲政策，从高祖始，经惠帝、高后、文帝、景帝，直到武帝初年始终没有改变。"和亲"是在汉王朝政局未稳、国力空虚、敌强我弱的特殊情况下所采取的政策。它以有限的牺牲来换取整体的内政安稳、休养生息、发展经济、积蓄力量而赢得时间。同时缓和了汉与匈奴间的矛盾，减少了匈奴贵族野蛮的军事掠夺，避免了汉、匈两方大规模的战争，促进了中原与匈奴间政治、经济、文化的交流，使双方形成相互依存、友好往来的密切关系。司马迁正是看到了这一点，对汉初坚持和亲的四帝给予高度赞扬："黎民得离战国之苦，君臣具欲休息乎无为，故惠帝垂拱，高后女主称制，政不出房户，天下晏然……民务稼穑，衣食滋殖"②，"天下殷富"③。在这些赞语中，司马迁突出了一个"安"字，国家安定，无杀伐之祸，无徭役之苦，这乃是发展经济、强国富民的一个极为重要的条件。

但是，汉初的和亲，并没有彻底地消除匈奴对西汉的威胁。匈奴尽管与汉

① 《史记》卷三〇《平准书》。
② 《史记》卷九《吕太后本纪》。
③ 《史记》卷一〇《孝文帝本纪》。

"约为兄弟",却始终没有停止对汉边的掳掠。为解除边患,从公元前133年到前119年,武帝先后对匈奴发动了十几次反击战,尤其是前127年、前121年、前119年三次大规模反击战,给双方都带来了巨大的损失。司马迁对此在《史记》许多传记中予以详细的记述,并鲜明地表现了他坚持民族团结、反对分裂,歌颂民族间和平相处、友好往来,反对民族侵扰的大一统民族思想。在他看来,不管是哪一方,哪个民族,实行民族侵扰都是应该受到批判的。

(5)对民族融合与统一的赞颂。周边各民族与华夏族的关系始终是密切相连的。他们之间的政治、经济、文化交流始终是非常频繁的。秦汉之后,随着民族大一统局面的出现,统一的多民族国家的形成和汉族为主体的各民族共同体的发展,各民族之间的经济文化交流则更为频繁。司马迁在《史记》各篇民族列传以及《刘敬列传》《韩信列传》《卢绾列传》《卫将军骠骑列传》《司马相如列传》《货殖列传》《平准书》等许多传记中,详细记述了各民族之间的相互融合与友好往来,详细记述了各民族之间的频繁的经济、文化交流,并对这种民族间的政治、经济、文化交流和民族融合,予以热情的歌颂。认为这对促进民族关系、加强民族了解与融合,增强民族凝聚力,对统一的多民族国家的巩固与发展,都具有重大的作用。这也是司马迁民族一统思想的一个重要方面。

3. 司马迁民族一统思想形成的历史条件及其影响

司马迁民族一统思想的形成有着当时的历史条件,绝不是偶然的音韵天成。我们认为有以下几个方面。

第一,各民族人民之间的经济、文化交流走向民族一统。建元六年,唐蒙通使夜郎,拉开了汉武帝经略西南夷的序幕。唐蒙此行契机,是他在出使南越时,得食蜀枸酱。唐蒙回到长安,从蜀人商贾中得知,蜀枸酱是通过夜郎辗转到南越。巴、蜀与夜郎、滇等地的联系更为紧密。《西南夷列传》追溯了西南各族人民与内地交往的历史。战国时楚的势力就达于滇国,秦统一在南夷地置县邑,汉初弃置西南夷,但民间往来十分活跃。笮马、髦牛及其他土特产品源源不断地输入巴、蜀,然后向内地扩散,蜀中大商贾很多就是这样致富的。《货殖列传》还对全国各地的经济文化交流作了生动的记载,汉人生产的卮、姜、丹沙、铜、铁、竹、木等产品,很受各族人民的欢迎。反之,汉人也需要民族地区人民生产的特产、畜产。例如从南夷嶲、昆明族输入的木棉榻布就是一种畅销货。"文采千匹、榻布皮革千石……此亦比千乘之家"①。这里把榻布与文采、皮革相提并论，以千石计量，可见输入量之大。各民族之间密切的经济文化交流，其必然的趋势是走向民族一统。元光六年（前129年），司马相如略定西夷，邛、笮、冉駹、斯榆之君皆请为内臣。"除边关，关益斥"②。总之，客观的历史发展形势，是司马迁形成民族一统思想最重要的历史条件。

第二，汉武帝向周边民族地区推广郡县制度，造成了促进民族一统的政治形势。汉武帝为了巩固大一统的封建帝国，对侵扰内地的匈奴采取了坚决的反击措施，将其逐出漠南。派张骞通使西域，开拓河西，"断匈奴右臂"。汉武帝不仅在河西设立郡县，移民屯垦，而且在西南夷和两越地区推广郡县制度。汉武帝的这一政治措施顺应了历史的发展趋势，受到了各族人民的拥戴。在推行郡县过程中，汉武帝不是采取简单的武力征服，而是注意加强经济文化的影响，促进民族一统。《史记·平准书》记载说：

> 汉连兵三岁，诛羌，灭南越，番禺以西至蜀南者置初郡十七，且以其故俗治，毋赋税。

"且以其故俗治，毋赋税"，这一政策体现了对各民族人民习惯的尊重，还给内附各族人民带来了经济上的好处。汉武帝的主观意图是宣扬大汉威德，但客观上符合人民的愿望，大大促进了民族间的融合感情。汉武帝又对各民族的上层人物实行笼络政策，给他们封侯、做官。金日磾是匈奴人，后来成了汉武帝的辅佐大臣之一。京师长安置有胡越羌骑，这也是一种政治恩遇，即各民族组成的部队都有权利参与保卫京师，示四海臣民为一统。内迁的羌、胡、氐、匈奴等降民"皆衣食县官"，置典属国妥为安置。汉武帝的这一系列措施，巩固了汉家的大一统天下，也促进了民族一统的政治形势，这对于司马迁形成民族一统思想也是一个重要的历史条件。

第三，司马迁奉使西南夷设郡置吏，对民族历史积累了实地的考察经验。司马迁奉使西征，已详本书第一章，兹从略。

综上所述，司马迁首创民族史传，等列各民族均为天子臣民；认为各个民族都是客观存在的实体，而详究各族人民的历史，分别立传；赞颂民族一统，并

---

① 《史记》卷一二九《货殖列传》。
② 《史记》卷一一七《司马相如列传》。

从心理要素(各民族皆为黄帝子孙)和经济文化等方面的联系,论证各民族的历史发展走向一统。这些就构成了司马迁进步的民族一统思想。司马迁民族一统思想的形成并不是个人的天才创造,而是那个时代的必然产物。具体地说,这一思想来自秦汉封建大一统的完成和巩固,来自汉武帝推行民族地区郡县化政策的影响,来自对民族地区的亲身经历和考察。此外,司马迁撰述历史坚持实录精神,也是一个重要的条件。由于司马迁生逢其时,躬奉其事,所以他成为一个卓越的进步历史学家。他在《史记》中所反映的民族一统思想是十分可贵的,它远远地超过了同时代的思想家而独步当时。

司马迁的民族一统思想,尽管没有被中国古代封建统治者完全吸收,但其主导精神已融入传统文化中。两千多年来,各民族皆为黄帝子孙的同根同祖意识,始终浸润着我国人民的思想感情。这是一种向心力、凝聚力,是一种回归的力量。这种力量的源泉,不是狭隘的民族主义,而是一种内容丰富的、包括政治、经济、文化各种要素在内的"实体",而文化的要素有时更占有重要的地位。华夏文明照耀在天地间,使人们具有自豪感和自信心,因而是无比的精神力量。因为它在当时世界上,是一种伟大的文化体系,是统一中国的凝聚力。它要求人们统一于华夏,统一于"中国"。这"华夏"与"中国",不能理解为大汉族主义,或者是一种强大的征服力量。它是民族意识的升华,已是一种标准、一种水平、一种理想,一种自民族、国家实体升华了的境界。这种境界具有发达的经济,理想的政治,先进的文化水平,因而具有无比的凝聚力与号召力。它已深深地扎根于世世代代中华民族成员的心理之中并使之形成一种思维习惯,得到了世世代代黄帝子孙的认同。因而至今人们每年都要祭祀轩辕黄帝,而海外的华人也以"炎黄子孙""华人"自称,就连海外的街道也被命名为"华人街"或者"唐人街"。由此可见,司马迁各民族皆为黄帝子孙的观点,对形成共同的民族心理素质和民族精神、加强民族凝聚力和向心力,产生了多么深远而巨大的影响。

第八章 历代的《史记》研究

　　《史记》问世两千多年来，阅读和研究它的人不可胜数，并传播海外。各种校勘、注释、考证、评论等专著大量出现，成了一项专门学问，即"史记学"。"史记学"之名由宋人王应麟提出。他说："司马氏《史记》有裴骃、徐广、邹诞生、许子儒、刘伯庄之音解……《史记》之学，则有王元感、徐坚、李镇、陈伯宣、韩琬、司马贞、刘伯庄、张守节、窦群、裴安时。"①王应麟称"史记学"为"《史记》之学"，形成于唐代，这与实际的发展是吻合的。大体说来，汉唐是"史记学"的形成时期，宋元明清及近代是"史记学"不断深入发展的时期，新中国成立以来的现当代是"史记学"的高峰，是全面丰收的时期。

一、汉唐时期的《史记》研究

　　由汉至唐开元年间"三家注"问世，历经八百余年，"史记学"形成。

1.《史记》流传，为杨恽所布

　　司马迁《史记》完成之日，正是汉武帝"罢黜百家、独尊儒术"的思想确立之时，战国时代"百家争鸣"的局面荡然无存，人们的思想受到禁锢。在正统思想家眼里，《史记》是离经叛道之作，被目为"谤书"。因此，《史记》在两汉时上层统治集团中的传布，受到政府严格的控制。《汉书·宣元六王传》载，成帝时，东平王刘宇来朝，上书求《太史公书》，成帝以问大将军王凤。王凤以为《太史公书》有"战国从横权谲之谋，汉兴之初，谋臣奇策，天官灾异，地形厄塞，皆不宜在诸侯王，不可予"。成帝竟纳其言，遂不与东平王书。

　　《史记》流布民间，是宣帝时司马迁外孙杨恽向外传播的。《汉书·司马

---

① 《玉海》卷四十六《唐十七家正史》。

迁传》载其事云:"迁既死后,其书稍出。宣帝时,迁外孙平通侯杨恽,祖述其书,遂宣布焉。"从此开始了《史记》的研究,如同西汉古文经学一样,在民间士大夫中流传,到了东汉逐渐扩大。汉班彪续作《史记后传》六十五篇,其子班固扩充独立为《汉书》。《汉书》由于受到统治者的宣扬,加之是一部汉代近代史,首尾完具载述西汉一朝,所以成书不久,就大行于世,被目为五经之亚。《汉书》却是仿《史记》的体例。反过来,它推动了《史记》的流传。东汉后期,《史记》流布渐广。桓帝时,《史记》已成为司马迁书之专名。这时已有两部《史记》音注书问世。有延笃《音义》一卷,无名氏《音隐》五卷①。延笃,东汉顺桓时人,传见《后汉书》卷五十四,卒于桓帝永康元年,即公元167年。

2. 汉代学者对《史记》的批评

两汉是"史记学"的厄困时期,汉儒对《史记》多持批评态度。最早批评《史记》的学者是西汉末年的哲学家和文学家扬雄。《汉书·扬雄传》班固转述雄言曰:"太史公记六国,历楚汉,迄麟止,不与圣人同,是非颇谬于经。"扬雄又在《法言·重黎篇》中对照司马迁与孔子思想的不同点,指出:"仲尼多爱,爱义也;子长多爱,爱奇也。"这里将司马迁传人之"奇"是作为儒家"义"的对立面而提出的,表现了扬雄的卫道立场。他的"是非颇谬于经"的指责,实开班彪、班固父子批评《史记》的先河。《汉书·司马迁传·赞》载其言曰:

> 论大道则先黄老而后六经,序游侠则退处士而进奸雄,述货殖则崇势利而羞贱贫。

这就是所谓的不合于"义"的"史公三失"。在东汉随着儒学的神秘化,在统治集团,《史记》受到严厉的非难。光武建武四年(28),博士范升反对为《左传》立博士,涉及《史记》,认为太史公多引《左氏》,抨击《史记》"违戾五经,谬孔子言"②。东汉末王允竟直斥《史记》为"谤书"③。

班氏父子对"史公三失"的批评,在今天看来无疑是错的。然而在汉代乃至整个封建社会都具有权威性,可以说在"史记学"发展史上左右舆论两千年。批评《史记》者必引"史公三失"为佐证,金代王若虚甚至发出了"迁之罪

---

① 见《史记索隐后序》。
② 《后汉书》卷三十六《范升传》。
③ 《三国志·董卓传》裴松之注引谢承《后汉书》载王允之言曰:"昔武帝不杀司马迁,使作谤书,流于后世。"王允之言又载于范晔《后汉书·蔡邕传》。

不容诛矣"的极端论述①。肯定《史记》者，不破"史公三失"之说，则不中肯綮。以至历代巨子，如魏晋六朝的王肃、张辅、葛洪、裴松之、范晔；唐宋的刘知幾、晁无咎、秦观、沈括、倪思、黄震、叶适、郑樵；明清的邓以讚、董份、陈仁锡、李贽、袁文典、梁玉绳等，无不对班氏父子的批评或马班优劣展开一次又一次的辩论，形成了一个"史记学"的分支"马班优劣论"，通称"马班异同"。这种争论至今仍在进行，不过"史公三失"在今天已从唯物史观的角度得到了廓清。它不仅不是司马迁之"敝"，而且恰恰是司马迁思想中光彩夺目之"长"。不过班氏父子虽有"史公三失"之批评，而对《史记》仍然是一分为二的，《汉书》效法《史记》的成功，应该说班氏父子是《史记》一大功臣。但大气候却是对《史记》不利，所以两汉是《史记》的困厄时期，流布不广。

3. 史记学的奠基与形成

魏晋南北朝是史记学的奠基时期，人们对《史记》与《汉书》的注释与研究，并行发展，至隋唐而集中古研究之大成，形成了专门的"史记学"与"汉书学"。这是因为随着汉王朝的瓦解，《汉书》独尊地位受到冲击，《史记》"谤书"之说得到辩诬。客观环境的变化，扫除了《史记》流传的障碍。而这一时期纪传体史学的大发展，又推动了《史记》的研究。

第一个为《史记》"谤书"辩诬的是魏王肃。《三国志·王肃传》载，魏明帝曹叡问王肃曰："司马迁以受刑之故，内怀隐切，著《史记》非贬孝武，令人切齿。"肃对曰："司马迁记事，不虚美，不隐恶。刘向、扬雄服其善叙事，有良史之才，谓之实录。汉武帝闻其述《史记》，取孝景及己本纪览之，于是大怒，削而投之。于今两纪有录无书。后遭李陵事，遂下迁蚕室。此为隐切在孝武，而不在于史迁也。"其后，裴松之作《三国志注》，也委婉地驳斥了王允的"谤书"说。裴松之云："史迁纪传，博有奇功于世，而云王允谓孝武应早杀迁，此非识者之言。但迁为不隐孝武之失，直书其事耳，何谤之有乎？"裴松之为尊者讳，不相信"谤书"说出自王允之口，但他驳斥"谤书"说却是旗帜鲜明的。

晋人傅玄、张辅论马班优劣，竟直斥班书不如迁书。《汉书》的独尊地位受到冲击，《史记》日渐受到重视。从魏晋至隋唐，以"三家注"为标志，形成"史记学"发展的一个高峰。这一时期的注家，见于《隋书》及两《唐书》等三

---

① 《潜南遗老集》卷十九《史记辨惑》。

书史志记载的有十五家。列目如下：

《史记音义》十二卷,南朝宋徐广撰；

《史记集解》八十卷,南朝宋裴骃撰；

《史记音义》三卷,梁邹诞生撰；

《史记注》一百三十卷,唐许子儒撰；

《史记音》三卷,唐许子儒撰；

《史记音义》二十卷,唐刘伯庄撰；

《史记注》一百三十卷,唐李镇撰；

《史记义林》二十卷,唐李镇撰；

《史记地名》二十卷,唐刘伯庄撰；

《史记注》一百三十卷,唐王元感撰；

《史记注》一百三十卷,唐陈伯宣撰；

《史记注》一百三十卷,唐徐坚撰；

《史记纂训》二十卷,唐裴安时撰；

《史记索隐》三十卷,唐司马贞撰；

《史记正义》三十卷,唐张守节撰。

上列诸家注疏,流传下来的只有三家,即南朝宋裴骃《史记集解》、唐司马贞《史记索隐》、唐张守节《史记正义》,世称"三家注"。"三家注"是汉唐时代"史记学"集大成之作,至今仍有重要的学术地位,是研究《史记》的必读参考书。起初"三家注"各自单行,自南宋起"三家注"与《史记》正文合刻流传,直到今天通行的标准本《史记》都是"三家注"附于《史记》合排。中华书局点校本《史记》继承这一传统,方便读者。

4. 唐代奠定了《史记》在史学史和文学史上的地位

《史记》问世,"自成一家之言",开私人修史之风,《汉书》断代运用纪传体的成功,激发了后代史家的效仿。魏晋南北朝时期的分裂,"以史为鉴"又具有现实意义。因此这一时期史学发达,有一百余家,其中纪传史居于首位。如晋司马彪《续汉书》、陈寿《三国志》,南朝宋范晔《后汉书》、齐臧荣绪《晋书》、齐沈约《宋书》、梁萧子显《南齐书》,北朝北齐魏收《魏书》,都是纪传史名著。有唐建立,最高统治者极为重视修纪传史,颁令为正史,并开设史馆大修前代国史。唐代官修《晋书》《梁书》《陈书》《北齐书》《周书》《隋书》《南史》《北史》，一律用纪传史。唐修《隋书》在《经籍志》中列四部书目为经、史、子、集，而史部又以纪传史为第一，自此纪传史成为修史正宗，具有至高无上的地位。以后历代建国，都开局修前朝历史，中国从此有了一部洋洋大观、贯通五千年文明的纪传体"二十四史"，加《新元史》和《清史稿》合称"二十六史"，《史记》居首，也取得了独尊的地位。《史记》的正史地位是在唐代得以确立的。

唐代科举有"三史"之目，即《史记》《汉书》《后汉书》列为科举考试科目，鼓励士人研习"三史"，通过科举选拔治史人才，这对于学习《史记》起了很大的推动作用。由于统治阶级的提倡，唐代精研"三史"成为时尚，因此唐人的"三史"注解都获得了高水平的成就，这绝不是偶然的。

唐代散文大家韩愈、柳宗元倡导古文运动，反对六朝骈俪遗风，以《史记》为旗帜，从而奠定了《史记》在文学史上的地位。《史记》在唐代的影响是空前的。

自唐以后，扬班抑马倒向，转而扬马抑班，人们对《史记》的评价越来越高，研究和学习《史记》的人也越来越多。集成前代《史记》研究成果的"三家注"在唐代完成，《史记》在史学史和文学史上的地位在唐代得以确立，《史记》研究成了一门学问，与时推移，得到了健康的发展，取得了丰硕的成果，唐人的贡献具有划时代的意义。

二、宋元明清及近代的《史记》研究

宋元明清及近代，是"史记学"不断向前深入发展的主要时期。据不完全统计，这个时期的研究成果总量论著有二三百部，论文近千篇。这一时期的研究有如下一些特点。

其一，流传广布。汉唐之际，书籍为简牍与抄本，受到物质条件的极大限制，自宋以后，图书大量刻印，《史记》于是从少数人的案头读物逐渐成为一般人都能看到的常用书。因此，这一时期研究和阅读《史记》的人日益增多，从名师硕儒到莘莘学子，无论学文、学史，没有不读《史记》的。仅有清一代，研究《史记》留下著述文章的就有三百余人。研习者多，自然名家辈出。其二，研究范围广博，方法细密。大凡"史记学"包含的主要内容，这一时期都已提出，并有相当的建树。诸如司马迁的时代、生平、思想，《史记》的体例、内容、成书原因、主要成就、价值、影响，以及马班异同、残缺续补、文字真伪、史事抵牾等等，均提出研究，并有所深入。方法有比较，有评论，有考证，用力勤而细密。比如《史记》文字真伪问题，这一时期的学者就做了许多艰苦细致的考辨校定工作。王若虚、赵翼、钱大昕、梁玉绳、崔适、王念孙、何焯、钱泰吉、张文虎、郭嵩焘等都有专门著作。其三，著述形式多样，内容丰博。如果说汉唐时期《史记》研究的主流是注疏，又由于唐代"三家注"的杰出成就，宋代以后注疏只是一个侧面和支流，评点、考证、专题研究成为《史记》研究的主流。大体上说，宋明以评点为主流，清代以考据为主流，近代以思想研究为主流，专题研究马班异同成为专门学问。研究成果的表述，形成多样的著作，有眉批、评点、札记、书后、志疑、考异、测义、知意、达旨、探原、发微、订补、琐言、辑评、集说、读法、评注等等，琳琅满目，应有尽有。大量《史记》论文和皇皇巨著的不断涌现，标志着宋元明清及近代是史记学大发展和深入的重要历史时期。下面着重评述这一时期的主流成果，即宋明人的评点、清人的考证，以及近代的《史记》研究。下分四个细目来说。

1. 宋人的《史记》评点

宋代以前对《史记》的评论只有零星的议论，没有形成风气。宋代统治者重视史学的修撰，《新唐书》《新五代史》《旧五代史》以及《资治通鉴》都在北宋完成。科举考试改诗赋为策论。政治形势影响文化风尚，所以宋代士人钻研史书十分努力，并形成好发议论的习惯，从而开了评论《史记》的风气。宋人刻《史记》和评《史记》成为一代士风。欧阳修、曾巩、王安石、三苏(苏洵、苏轼、苏辙)、二程(程颢、程颐)、罗大经、刘辰翁、黄震、洪迈、郑樵、吕祖谦、晁公武、王应麟、叶适、王若虚，以及秦观、黄庭坚、黄履翁、陈振孙、朱熹、辛弃疾、马存等数十人，都对《史记》作过认真的分析评论，尽管专门著作不多，而散论文章可以说是洋洋大观，数量、质量都可称雄一代。

宋人对《史记》总体的评论，识见高于唐人一筹。首先，对司马迁开创纪传体的认识，以郑樵为代表作了很高的评价。他称《史记》五体，"本纪纪年，世家传代，表以正历，书以类事，传以著人，使百代而下，史官不能易其法，学者不能舍其书。六经之后，惟有此作"①。其次，对于《史记》个体的评论，也都

---

① 《通志总序》。

提出了创新的见解。如林论"本纪",认为司马迁是"以事之系于天下则谓之纪"①,超出了刘知幾"以天子为本纪"的认识。唐人评史,以刘知幾《史通》为最高水平,而刘知幾对史表认识不深,甚至有废表之论②。郑樵的《通志总序》则说:"《史记》一书,功在十表。"吕祖谦的《大事记解题》卷一详为申说,认为"《史记》十表,意义宏深",故"学者多不能达"。他阐述十表"宏义"说:"《三代世表》以世系为主,所以观百世之本支也。《十二诸侯年表》以下以地为主,故年经而国纬,所以观天下之大势也。《高祖功臣年表》以下以时为主,故国经而年纬,所以观一时之得失也。《汉兴以来将相名臣年表》以大事为主,所以观君臣之职分也。"吕氏的评论,第一次揭示了《史记》十表的编制方法和功用,开阔了人们的眼界,在当时和后世都有很大的影响。五体结构的互见法,也为宋人苏洵所首发。

2. 明人评点《史记》的杰出成就

元代由于政治的原因,整体社会学术空气不浓,《史记》研究成绩不大。但元代用戏曲形式宣传《史记》,在普及方面取得了空前的成就。据今人傅惜华《元代杂剧全目》所载,元代取材于《史记》的杂剧有一百八十余种,而且大多为演出本。这么多的《史记》戏在全国大小剧场上演,《史记》的人物故事,广为人知。这无疑为明清以来的"史记学"发展,奠定了深厚的群众基础,因此元代的《史记》戏,亦应值得大书一笔,故附论于此。

明人研究《史记》,承袭宋人的评论余风,发展壮大成为一代主流。明人评点改变了宋人因人因事立题的单篇论文和读书笔记的形式,而以恢弘气度对《史记》全书评点,出现了形式多样的评点专著。最基本的形式是在《史记》原文上用五彩笔作圈点、夹批、眉批、总批。著名的评点专著有杨慎《史记题评》、唐顺之《荆川先生精选批点史记》、茅坤《史记钞》、归有光《归震川评点本史记》、钟惺《钟伯敬评史记》等。另一种形式是搜集荟萃历代学者以及时贤的评论精语,一一标注在《史记》有关正文之上,号称"史记评林"。此由凌稚隆的《史记评林》发其端,后继者纷起,有李光缙等人的《史记萃宝评林》,陈仁锡的《史记评林》,葛鼎、金蟠的《史记汇评》,邓以讚的《史记辑评》,朱子蕃

---

① 《古今源流至论》后集卷九《史学》。
② 刘知幾论史体,见《史通》卷二《本纪》,废表之论见《史通》卷三《表历》。

的《百大家评注史记》，陈子龙和徐孚远的《史记测义》等多种辑评专著。辑评形式，灵活自由，文字可长可短，内容丰富多彩，有总体分析，有细事发微，有人物评论，有史实考证，有感则发，无话则省。辑评精语，夹注在作品中，或书写在眉端，时时提起读者的注意，帮助读者思索品味，把自己的欣赏和感受上升到理论的高度。因此辑评很受读者欢迎，流风所及，也成了清代和近代的一种最基本、最普遍的研究方法。晚清以后，形式又有所发展。如清末郭嵩焘的《史记札记》，已不录《史记》全文，而是摘引有关原文，然后发议论。近代李景星的《史记评议》，则完全抛开原文，没有夹批，只有百三十篇的评。

明人评点《史记》的内容非常丰富，史事、人物、编纂体例、文章风格、艺术手法，无所不及。行文内容不似宋人以议论为主，而是紧贴《史记》原文以分析为主，语言明快，通俗易懂，不发空论，能够引导读者进入欣赏的境界。所以，像茅坤、杨慎、唐顺之、归有光、余有丁等人的见解，就成为品题《史记》的圭臬，深受读者喜爱。明人抉发司马迁的写人艺术，以及《史记》与小说的关系，更有精绝的分析评点，发前人所未发，如明末清初文学评论家金圣叹对《史记》文学技法的评论，就独树一帜，作出了杰出的贡献。

3. 清人的《史记》考证与研究

清代是旧时代"史记学"发展的高峰，研究者之多与成绩之丰，都是前所未有的。清人研读《史记》，留下文章著述的作者有三百余人，著名的专著有几十部。如王鸣盛《史记商榷》、钱大昕《史记考异》、赵翼《史记札记》、杭世骏《史记考证》、王元启《史记三书正讹》、邵泰衢《史记疑问》、邱逢年《史记阐要》、梁玉绳《史记志疑》、林伯桐《史记蠡测》、王筠《史记校》、程余庆《史记集说》、张文虎《校勘史记札记》、尚镕《史记辨证》、郭嵩焘《史记札记》、潘永季《读史记札记》、李慈铭《史记札记》、方苞《史记注补正》、牛运震《史记评注》、杨于果《史汉笺论》、杨琪光《史汉求是》和《读史记臆说》、鹿兴世《史记私笺》、储欣《史记选》、王又朴《史记七篇读法》、汪越《读史记十表》、汤谐《史记半解》、邵晋涵《史记辑评》、高塘《史记钞》、吴敏树《史记别钞》、沈家本《史记琐言》、王治皞《史记权参》、吴见思《史记论文》、吴汝纶《桐城吴先生点勘史记》等等，都是研精覃思的力作。此外，像顾炎武《日知录》、李晚芳《读史管见》、刘熙载《艺概》、曾国藩《求阙斋读书录》、刘大櫆《论文偶记》、林纾《春觉斋论文》等著作中，也对《史记》发表了许多精到的评论。

　　《史记》载三千年历史,时间长,人事多,地域阔,司马迁的记述难免有疏漏。《史记》流传,必然发生文字歧异。后人的研究,也有得有失。对这些问题进行一番梳理,考辨是非,是非常必要的。清代乾隆、嘉庆年间,学术界考据成为一代风气,学者以考据方法,对古代文献进行通盘分析整理,成就斐然,学术史上称为乾嘉考据学,《史记》考证就是在这一风气下发展起来的。追溯《史记》考证,第一人是三国时的谯周,他著有《史记考》以纠《史记》之误。该书唐以后失传,遗说见于《史记》"三家注"引录。宋人以疑古精神读《史记》,因疑而辨,也做了一些考辨工作。不过宋人的考辨还停留在质疑发难,提出问题的阶段。到了明代,《史记》考证才有所发展,出现了柯维骐《史记考要》、郝敬《史记愚按》等考证专著,为清人的考证起了铺路奠基的作用。清人的《史记》考证,通过训诂、笺释、校勘、辨伪等方法和手段,对《史记》做了全面系统的整理研究。清代著名的考据学家,如王鸣盛、钱大昕、赵翼、何焯、王念孙、梁玉绳等人,都在《史记》考证上下过一番功夫。其中以梁玉绳的成绩为最大,他的《史记志疑》可代表清人《史记》研究的水平。这些学者,重视实证,力戒空谈,穷年累月搜集资料,进行归纳、排比,"究其异同,核其始末",言必有据,据必可信,孤证不立,必以多项证据定是非,因此他们的考据有较高的学术价值,受到世人的推重。

　　清人考证《史记》的方面很广,大至重大的历史事件,小至一地一名,一字一音都不放过。清人考订文字、史实、地名、人名、年月,以及考证《史记》疑案,用力之勤,贡献之大,任何一个时期无可比拟。另一方面,我们也应看到,清人的考证也有很大的局限。从方法上主要是以文献证文献,比起近代王国维的二重证据法,就逊色一等,这是时代的局限。其次,微观的研究用力甚勤,而宏观的把握则不足,导致有的考证似是而实非。例如梁玉绳《史记志疑》考列《伯夷列传》十大矛盾,认为"史所载,俱非也"。殊不知司马迁本来就视伯夷、叔齐同许由、卞随、务光一样,其事迹都在疑似之间,只不过是借题发挥罢了。司马迁不仅是史学家,他还是文学家和思想家,不把握这个宏观,考证难免成为迂阔之见和皮毛之论。有时钻牛角,为考证而考证。不过瑕不掩瑜,清人《史记》考证的总体成就,在"史记学"发展史上是值得大书特书的。

4. 近代研究《史记》的特点

　　这里所说的近代,是指 1905—1949 年,45 年,正当 20 世纪的上半世纪。

这一时期中国社会发生了翻天覆地的大变化,政治的动荡带来思想的活跃。资产阶级和马克思主义两种思想体系、两种研究方法从西方传入中国,在古老神州大地上激发了"五四"新文化运动。在这一大背景下的《史记》研究,具有继往开来的重要作用,呈现出与以往不同的一些新特点。从总体上说,这一时期的研究,一方面是对封建时代的《史记》研究成果开始了批判总结,另一方面是在继承前人研究成果的基础上有所创新。具体说,是全面继承清人的研究余绪,仍以考证与评议为两大主流,但更具有理论色彩,识见上了一个新台阶。这时期的注家仍然寥落,这方面与日本学术界相比,尚有差距。20 世纪30 年代日本学术界出版了泷川资言的《史记会注考证》,尽管有许多不足,但它毕竟是继《史记》"三家注"之后近代的一部集成著作,其价值不能低估。这说明近代的《史记》研究是一个过渡时期,它为新中国成立以后"史记学"的深入发展打下了坚实的基础。

近代半个世纪《史记》研究的总成果相当可观,重要的学术论文有一百余篇,专著几十部。考证方面,崔适的《史记探源》、鲁实先的《史记会注考证驳议》、朱东润的《史记考索》、李奎耀的《史记丛考》、余嘉锡的《太史公书亡篇考》;评议方面,魏元旷的《史记达旨》、杨启高的《史记通论》、刘咸炘的《太史公书知意》、齐树楷的《史记意》、李景星的《史记评议》、施章的《史记新论》、李长之的《司马迁之人格与风格》;注疏方面,李笠的《史记订补》、吴国泰的《史记解诂》;书法方面,靳德峻的《史记释例》;太史公行年方面,张鹏一的《太史公年谱》、郑鹤声的《司马迁年谱》等等,都是各具特色的专著。一大批著名学者如章炳麟、梁启超、罗振玉、王国维、鲁迅、茅盾、刘师培、钱玄同、顾颉刚、罗根泽、闻一多、朱自清、范文澜、吕思勉、翦伯赞、郑振铎等,也在他们的著作或论文中程度不等地评述了《史记》。这一时期创立的史学史、文学史大都给予《史记》以专章、专节的论述,使《史记》在我国史学史和文学史上的崇高地位得到了更牢固的确立。

三、现当代的《史记》研究

1949 年中华人民共和国的成立,标志着中国社会跨入了新的时代,这给学术研究带来了全新的思想观念。《史记》研究发生了质的变化,走上了新的发展道路,这就是现当代的《史记》研究,已历 70 年。如果以《史记》研究成果内容所体现的时代性与研究方法的更新为依准,新时期《史记》研究的 70 年可分为前后两个发展阶段。前段指 1950 至 1979 年的 30 年为现代的《史记》研究,是学术界运用马克思唯物主义研究《史记》初见成效和逐步深入的时期,成果不十分显著而开拓面较为宽广。后段 40 年指 1980 年以来至今,是《史记》研究获得全面丰收的高峰时期,步入了黄金时代,研究成果与研究方法都具有不同于前代的许多新特点。

1. 现当代《史记》研究的特点

古代与近代的《史记》研究,偏重微观,在名物典章、地理沿革、文字校勘、音韵训诂、版本源流,以及疏解、读法、评注等方面下功夫,方法是抄撮材料,排比引证,集甲说乙云,这就是传统注疏与乾嘉考据的治学方法,唐代形成的《史记》三家注是传统方法的一个界碑。传统方法历经 2000 多年没有多大改变。现当代的《史记》研究宏观与微观并重。当代的古籍整理是传统微观研究的延伸,成果表现为点校、新注、解读、语译等注疏工作。宏观研究阐释思想内涵,大量的论文论著成果表明了宏观研究成为主流。宏观研究的特点,主要有四个方面。

(1)唯物史观的方法。古代传统研究对司马迁"一家之言"的思想只有零星的探索,而且立论肤浅,例如"史公三失",争论两千年也没把它说明白。当代学术界在唯物史观指导下,把司马迁的写作活动与当时社会政治、经济状况紧密地联系起来,不仅揭示了司马迁历史活动的动机,而且能够从社会关系的总体中分析这种发展的客观规律性,看出物质生产发展是这种关系的根源。这种从广阔的历史背景上去考察司马迁思想的方法,就是唯物史观方法,在 20 世纪 80 年代以来宽松的学术氛围中为新一代论者所普遍掌握,推动了"史记学"的迅猛发展,论说理据充实,平允中肯,标志着研究者思想理论的成熟。

(2)纵横比较的方法。古代的《史记》研究,比较方法局限于马班异同。当代的《史记》研究大大开拓了比较的范围,概括地说有三个方面。其一,是《史记》篇目自身的比较,提示司马迁运用互见法的成绩。其二,是将《史记》与前代、后代的史学和文学做比较。《史记》与前代的比较,如《史记》与《春秋》《左传》《战国策》、诸子的比较,与《离骚》《楚汉春秋》等的比较,探索司马迁对前代思想及资料的继承;《史记》与后代的比较,除与《汉书》外,还与《资治通鉴》以及政书、戏曲、小说作比较,探索司马迁对后世文化的影响。其三,是将《史记》与国外的史学、文学著作比较,结果是,司马迁在知识的积累、认识的深度、表现力的强度方面,都是同时代东西方最杰出的代表人物。因此,司马迁不仅是汉代的文化巨人,而且可以说是整个古代世界的文化巨人。

(3)各种新方法的借鉴与运用。随着现代化的进程,中国与世界文化的交流更加广泛和深入,国外的文化传入中国,有新学科的传入,有新方法的尝试。如系统论、价值论、艺术辩证法等都运用在《史记》研究上。

(4)文献与考古相结合。近代考古学的发展运用于《史记》研究,首推王国维用甲骨文、金文证明《史记》记载的三代历史为可信。王国维和郭沫若都运用汉简考证司马迁生卒,利用考古材料全面论证《史记》的史料价值,陈直的《史记新证》做出了新贡献。吴树平等人的《全注全译史记》也大量吸收考古成果,成为一大特色。如果说近代的《史记》研究是新旧交替的一个过渡时期,那么,现代、当代是研究方法全面更新的收获时期。当代的《史记》研究,更偏重宏观,以历史的研究为主导,把《史记》从"史料学"的研究水平提高到"史记学"的研究高度上来,把司马迁和《史记》放到中国文化、中国思想文化史的大背景中进行评述,走上了科学化的轨道,从而把司马迁的思想研究作为主轴提到议事日程,开拓了"史记学"的新格局。近人和今人运用考据,一般均能将考据与唯物史观的分析方法结合,宏观与微观互相补充,考论结合,提高了研究水平。在这方面,当代学者施丁的《马班异同三论》,陈可青的《太史公书凡例考说》,吴汝煜的《史记与公羊学》,张大可的《太史公释名考辨》《史记断限考略》《史记残缺与补窜考辨》,刘家和的《史记与汉代经学》,赵生群的《史记〈战国纵横家书〉史料价值考论》《司马迁所见〈晏子春秋〉〈管子〉考》等,都是考论结合的佳作。

2. 当代《史记》研究的发展趋势

当代《史记》研究的发展趋势是提高与普及双向发展,前者总结,后者开拓,盛况空前。主要标志有以下四个方面。

(1)队伍宏大,成绩显著。《史记》问世 2000 多年来论文积数有 5000 余篇,当代论文占总量的 70%,有 3500 余篇;论著积数有 293 部,当代论著占总量过半,有 150 余部;作者积数 2028 人,当代作者占总量的 60%,有 1200 余人。这些数据足以说明,当代"史记学"研究队伍宏大,成绩显著,是"史记学"发展的一个黄金时代。

（2）方法更新,中青年学者大放异彩。20世纪80年代是老中青学者共展宏图的时代。例如20世纪80年代初开展的司马迁与公羊学的讨论,杨向奎首发其端,张维华继之于后,他们两位是老一辈专家。陆永品、施丁、吴汝煜是当时的中年学者,赖长扬是崭露头角的青年学者。司马迁与公羊学这一课题,正是在老中青学者共同参与的热烈争鸣中取得突破的。中青年学者视野开阔,锐气旺盛,引进了系统论、比较研究等新方法,许多重大课题的攻关在他们手中完成,已出版的有分量的著作十之八九也出自他们之手。白寿彝《史记新论》（1981）、程金造《史记管窥》（1985）、吴中匡的《史记太史公自序注说会纂》（1985）等是前辈学者的成果,施丁、陈可青的《司马迁研究新论》（1982）、陆永品的《司马迁研究》（1983）、聂石樵的《司马迁论稿》（1985）、张衍田的《史记正义佚文辑校》（1985）、郭双成的《史记人物传记论稿》（1985）、宋嗣廉的《史记艺术美研究》（1985）、吴汝煜的《史记论稿》（1986）、李少雍的《司马迁传记文学论稿》（1987）、何世华的《史记美学论》（1989）、可永雪的《史记文学成就论稿》（1991）、仓修良的《史记辞典》（1991）、韩兆琦的《史记通论》（1996）、杨燕起的《史记的学术成就》（1996）等是中年学者的代表。张大可出版了《史记研究论集》（1985）、《史记论赞辑释》（1986）、《史记全本新注》（1990）、《司马迁评传》（1991）、《史记精言妙语》（1998）、《史记文献研究》（1999）、《史记十五讲》（2010）,以及合作的《司马迁一家言》（1995）,总成果近400万字,在学术界独树一帜。《史记》全本新注不下十余种,其中王利器主编的《史记注译》（1988）、张大可的《史记全本新注》（1990）、吴树平等人的《全注全译史记》（1995）、韩兆琦的《史记笺证》（2004）等四种各具特色,是其佼佼者。此外还有全本《白话史记》六种。

长江后浪推前浪,20世纪90年代涌现出了一批青年学者。覃启勋的《史记与日本文化》（1989）、俞樟华的《史记新探》（1994）、赵生群的《太史公书研究》（1994）、《史记文献学丛稿》（2000）、张新科和俞樟华的《史记研究史略》（1990）、韦苇的《司马迁经济思想研究》（1995）、陈桐生的《史记与古文经学》（1995）、程世和的《史记——伟大人格的凝聚》（1995）、张玉春的《史记版本研究》（2001）、陈曦的《史记与周汉文化探索》（2007）,表现了青年学者的实力。1980年代的中青年学者,20年后的今天已进入了中老年,但又一代中青年学者成长起来。从总体上看,中青年学者数量大,一批一批成长,目前正处于巅峰状态,他们在中国史记研究会这一学术平台上成为主力军,并且自觉地肩负起重任而大放异彩,这是20世纪80年代以来"史记热"持续不衰的根本保证。

(3)研究领域不断扩展,研究课题不断深入。20世纪80年代以来的《史记》研究者,对司马迁思想和《史记》文、史、哲、经的内涵展开了全面的研究,《史记》百科全书的价值正在日益不断深化阐释和显露。对司马迁的历史观、政治观、经济观、社会伦理观、学术观、历史编纂学、历史文学、艺术表现手法、马班异同、《史记》与《春秋》等各个方面都做了比较深入的研究,提出了不少引人注目的新观点。此外,司马迁的战争观、美学思想、法律思想、民族思想、人才学思想、天文学、医学成就、《史记》与档案资料、《史记》与地方志等等课题,不断被开发,而且都有系列论文发表或专题论著出版,取得了丰硕的成果,研究的水平和质量大大提高。总之,1980年代以来取得了许多重大课题的突破。例如司马迁与公羊学、《史记》的疑案研究,包括司马迁行年、《史记》断限、《史记》残缺与补窜、"太史公"释名、司马谈作史等等,都有新的探索。

(4)协作攻关,总结性的界碑工程提上议事日程。唐代完成的《史记》"三家注",是"史记学"的奠基工程,此后历经一千四五百年,由于20世纪80年代以来的"史记热"和新方法的运用,总结性的界碑工程历史性地落到了当代《史记》研究者的肩上。20世纪80年代中期开始,出现了更为可喜的形势,学术交流扩大,横向联系加强,全国性的《史记》学术研讨会从1985年到1999年15年间举办了六次;2001年中国史记研究会成立,每年举办一次全国性的学术交流研讨会,除2003年因为"非典"停开一次研讨会,截至2021年底,出版的年会论文集《史记论丛》已达20集,成为系列论著。这是当代《史记》研究步入黄金时代的一个标志,极大地促进了全国各地学者之间的交流与合作,推动了《史记》研究向纵深发展,也促进了总结性工程的开展。中国史记研究会2005年推出《史记研究集成》1—14卷,这套丛书在2014年扩展为总20卷,更名为《史记论著集成》已于2015年8月推出。中国史记研究会还选编了《史记论丛》专辑6卷,也于2015年8月推出。两套丛书为2015年10月在陕西司马故里学府渭南师范学院召开的大型国际学术研讨会纪念司马迁诞辰

2160 周年献礼,也是中国史记研究会成立 15 周年来开展学术活动的一个阶段性总结。中国史记研究会还在 2008 年启动了《史记疏证》学术工程,经过十四年的不懈努力,目前已进入定稿阶段。《史记疏证》的完成,毫无疑义是对 21 世纪初"史记学"的一项大总结,具有划时代的界碑价值。

文学界对《史记》文学性与艺术美的研究,达到了一个全新的境界,大大提高了《史记》的知名度,在当代《史记》研究中扮演了生力军的角色。另外,普及工作也做得有声有色。《白话史记》《漫画史记》《绘画史记》《史记精言妙语》《史记》故事等等普及读物,百花齐放,光彩夺目。普及工作将是今后一个时期的方向,随着精神文明建设的不断深入,《史记》不再是少数文人墨客的案头物,而将成为广大人民所共享、共识的文化艺术品。

3. 20 世纪下半叶中国台湾地区的《史记》研究

中国台湾地区的《史记》研究,兴起于 20 世纪下半叶,持续不断发展,每年都有新出的论文和专著推出。据不完全统计,20 世纪下半叶大约发表论文 400 多篇,出版专著 40 余部①,这一成绩是很可观的,它说明了台湾学者的辛勤耕耘。台湾的《史记》研究队伍,也具有老中青齐头并进的特色。老一辈专家如徐文珊、王叔岷、钱穆、施之勉、劳榦等人是大陆去台的一批知名专家。中青年学者大都是 70 年代以后崛起的新秀,如《〈史记〉导读》的作者田博元、《史记解题》和《史汉关系》的作者吴福助、《司马迁之学术思想》的作者赖明德、《史记论赞研究》的作者施人豪、《司马迁的世界》的作者郑生等,他们已成为台湾《史记》研究的骨干力量。老一辈学者长于考证、校勘,中青年新秀注意引进西方的一些理论,从新的视角重新评价《史记》,涉及一些前人和大陆学者研究较少的问题,提出了一些新颖独到的见解。台湾的老中青《史记》研究学者十分活跃,水平也较高,《史记》普及的工作很出色,专题研究的工作很深入。

对《史记》开展白话今注今译、导读评介、选读精粹、新编故事、在大学开设专题课等等,都属于不同层次的普及工作,台湾的老中青学者都投入了很大的力量,取得的成绩十分显著,出版了不少有分量的专著。《史记今注》有马持盈与劳榦、屈万里两家,《白话史记》有六十教授合译本。此外,杨家骆的《史记今释》、徐文珊的《史记评介》、李永炽的《历史的长城——史记》、郑生

① 本节的写作依据,参阅张新科、俞樟华:《史记研究史略》第八章,三秦出版社 1990 年版。

的《史记的故事》、周虎林的《司马迁与其史学》,以及《国学丛书》本《史记精华》等,都是在台湾影响较大的读物。六十教授合译的《白话史记》和马持盈的《史记今注》流传内地,颇受学人注目。尤其是《白话史记》成为古典今译畅销书。台湾学者的普及工作带有自觉性和计划性,他们的目的就是要在台湾地区兴起文化复兴运动,让《史记》这样的优秀名著深入人心,家喻户晓,人人能读,个个能讲。如马持盈在《史记今注》的说明中,开宗明义地提出,他今注的目的就是"辅导读者能够轻松愉快地阅读《史记》,并进而引起其研究中国文化的兴趣,加强其宣扬中华文化的能力"。《白话史记》的凡例也说:"本书编译的目的在于求《史记》的普及化,适用于一般有基本文史知识的大众。"又说:"希望透过本书,有更多人有兴趣及能力研究《史记》原文,进而研究其他中国古籍。"这些说明鲜明地揭示了作者普及祖国文化精品的自觉性。1967年7月28日,台湾地区成立了中华文化复兴运动推行委员会,在该委员会的倡导和组织下,大量的古籍被重新注释或翻译。台湾地区的《史记》研究成果,也正是在这种弘扬中国文化的浓厚氛围中出现的。

台湾学者在大力普及《史记》的同时,在专题研究方面下的功夫很深,高水平的学术论文及学术论著不断涌现。综括言之,有以下几个特点,值得借鉴和注目。

其一,注重考证,功力厚实。台湾学者在考订《史记》方面的成果较多,如赵澄的《史记版本》、钱穆的《史记地名考》、张森楷的《史记新校注》、海屏的《史记的补续与改窜问题》、曲颖生的《史记八书存亡真伪疏辨》、高葆光的《史记终止时期及伪篇考》、李崇远的《史记篇例考述》、陈槃的《史记世家缀录》、阮芝生的《太史公怎样搜集和处理资料》、庞德新的《从考古资料看史记的几个问题》、吴福助的《汉书袭录史记考》、胡韫玉的《史记汉书用字考证》等等,都是各自在某一专题上用功取得建树的论著。对《史记》全书的文字、史实作校勘、考订取得突出贡献的应推王叔岷的《史记证》和施逸之的《史记会注考证订补》。两位作者都是先在杂志刊发文章,而后结集出版。考证文字以系列论文形式见诸杂志,表明它写得很精粹。

《史记证》对《史记》全书逐篇作证,主要内容有五个方面。(1)字句整理。下分证成旧说、补充旧说、修正旧说、审定旧说、新出己见五目。(2)史实探源。下分史实来源、史实补充、史实参证三目。(3)陈言佐证。主要是考证

《史记》中的引文出处。(4)佚文辑录。下分可补入正文者、可补入注文者、无从附丽者三目。(5)旧注补。下分字句整理、位置审定、立说所本、佚注拾补四目。从《史记证》的立目内容来看,体系博大。全书作者创见为主,前人时贤之说与证无关系者,概不录引,重点突出,本书在台湾学术界享誉很高。刘本栋在《六十年来之史记研究》一文中评论说:"是书引证博赡,考辨精审。每一疑义,必求其至当而后已,使史公二千年来不白之旨,昭然焕然。可谓不仅有功史学,抑且嘉惠士林矣!"

《史记会注考证订补》是施之勉订正日本泷川资言《史记会注考证》的一部力作。泷川氏之书是《史记》"三家注"问世一千余年后又一次集大成的集注专书,功绩不可泯没。但以一人之力搜采千余年来中日两国的学术成果,不是一件容易的事,所以错误和缺漏不可避免。该书问世后,受到我国多位学者的驳正。计有:鲁实先《史记会注考证驳议》、程金造《论泷川资言的会注考证》、钱钟书《管锥编》中有读《史记会注考证》58 则、钱穆有《评日人泷川龟太郎史记会注考证》、张以仁有《读史记会注考证札记》等。施之勉的《订补》对泷川氏之书做了全面系统的补苴匡正,用力之勤非上列诸书可比,因此在台湾学术界也博得很高的声誉。

其二,对司马迁的学术思想做了广泛的探讨,挖掘较深。台湾学者不仅在《史记》的微观研究考证方面的功力厚实,在宏观思想方面的研究也卓有成就,涉的范围也很广泛。如黄俊郎的《司马迁撰写史记的动机》、林宗霖的《司马迁创作史记的历程及其评价》,以及阮芝生的《试论司马迁所说的"究天人之际"》和《试论司马迁所说的"通古今之变"》,着重探讨了司马迁的作史动机和目的;阮芝生的《司马迁的史学方法与历史思想》、施人豪的《史记论赞研究》,分别从历史编纂学和论赞角度分析了司马迁的史学思想;邓璞磊的《司马迁政治思想之研究》评述了司马迁的政治思想;孔庆宗的《史记货殖列传在我国古代经济思想上的价值》,评价了司马迁进步的经济思想;周虎林的《司马迁的儒家思想》、洪安全的《孔子之春秋与司马迁之史记》、王基伦的《孟子与史记之关系》,比较深入地探讨了孔孟对司马迁的思想影响;汪惠敏的《司马迁对儒道二家思想之融合》,指出司马迁受儒道两家思想影响很深;陈乃鼐的《史记历书历术甲子篇理论之研究》肯定了司马迁在历法学上的贡献,如此等等,不胜枚举。几乎有关司马迁和《史记》中的所有问题,都有论文探讨,说明了台湾学者的思路是开阔的。同时还出版了对司马迁思想研究挖掘较深的学术专著,赖明德的《司马迁之学术思想》就是一部代表作。

《司马迁之学术思想》全书十章,40余万言,是一部恢宏大论。该书对司马迁生长的时代和社会,司马迁的读书游历和师友,司马迁撰写《史记》的心理背景,司马迁的经学,司马迁的史学,司马迁的诸子之学,司马迁的文学,司马迁的历学,司马迁的政治、经济、社会思想等,都做了深入的评述。特别值得称赞的是,作者把司马迁放在广阔的大一统西汉社会和学术发展的背景之中,评论司马迁的学术思想,做到言之有理,持之有故,很有说服力。全书议论风发,新见迭出,语言流畅,文笔生动,有很强的可读性,在台湾地区成为畅销书。

其三,比较研究,细致深入。台湾学者好做比较研究,对照互证,议论纵横。例如马班比较,就是一个颇感兴趣的课题。吴福助的《史汉关系》和《史汉体例比较》、刘安立的《从史记汉书儒林传比较司马迁及班固的思想》、徐复观的《史汉比较研究之一例》等论文,从不同角度比较马班异同,提出了新看法,分析十分细腻。例如《史汉比较研究之一例》长达六万言,分九个专题论证,对《史》《汉》两书的体例和文字一一列目比较,使人们在全面比较中能够清晰地看出马、班不同的旨趣和不同的风格。例如作者对《史》《汉》文字之比较,结论是:史公的文化疏朗跌宕,富于变化,文句的组成较为圆满,篇章的结构线索分明,照应周密。而班氏的文体较为质重简朴,缺少变化,结构的线索不甚分明,文字较《史记》为古奥。在叙事上,史公较精确而能尽量保存历史形象生动的原貌;而班氏渐流于空洞,对人物渐流于抽象化。但《汉书》中有的传也写得很绵密。由于作者的分析是建立在翔实的比较基础上,故较为平实中肯。

台湾学者的《史记》研究,硕果累累,非常丰富。进入21世纪以来,海峡两岸的学术交流也已逐渐展开。我们深信,在不远的将来,这种交流将会进一步加强。海峡两岸学者携手齐进,一定会把《史记》的研究推向一个新阶段。

第九章 《史记》版本

《史记》流传两千多年以来,影响很大,历代抄本、刻本以及近代活字本,十分繁多。但是流传下来的古代善本并不多,唐以前抄本仅有少许残卷。《史记》刻本始于北宋,有三家注单刻本,南宋始有合刻本,嗣后又有新刻本。有的侧重文字训释,有的侧重文章评论。贺次君撰《史记书录》,著录《史记》版本64种,这是我们今天所能见到的宋代以来的各种版本,其中明刻最多约占二分之一,达29种,宋刻本次之有16种,再次为清刻本,辽金元最少。《史记书录》所著版本,皆作者亲自翻阅、比勘,按时代先后排列,逐本分析,是集《史记》版本研究大成的一部著作,1958年商务印书馆出版。但贺氏《书录》,冗赘繁琐,缺乏条理,不便披阅。兹以贺氏书为主,参考他书,择其重要版本,分为五目,作简明介绍如下。

一、宋代以前的古钞本

现存《史记》钞本都是残本,计有17种,可分为四类。

1. 六朝钞本

有两件。第一件是《史记集解·张丞相列传》的残卷,第二件是《史记集解·郦生陆贾列传》一卷。原件均藏于日本京都之高山寺,1918年罗振玉曾影印,以《古写本史记残卷》刊出,北京大学图书馆有收藏。

2. 敦煌唐钞卷子本

有三件。第一件是《史记集解·燕召公世家》残卷,第二件是《史记集解·管蔡世家》残卷,第三件是《史记集解·伯夷列传》残卷。这三件都出于敦煌石窟,被法人伯希和盗去,现存巴黎国家图书馆,中国国家图书馆有缩微胶卷。

3. 唐钞本

有六件，其中五件是卷子本。第一件是《史记集解·夏本纪》一卷，藏于日本京都高山寺。第二件是《史记集解·殷本纪》一卷，原藏日本高山寺，后归内藤文库。第三件是《史记集解·周本纪》一卷，藏于日本高山寺。第四件日本是《史记集解·秦本纪》一卷，原藏日本高山寺，后归岩崎文库。第五件是《史记集解·高祖本纪》一卷，藏于日本宫内省。第六件是《史记集解·河渠书》残卷，藏于日本神田文库。以上六件钞本，第一件未见影印。第二件，1917 年罗振玉影印，第六件，1918 年罗振玉影印。第三、四、五件，中国国家图书馆藏有缩微胶卷。

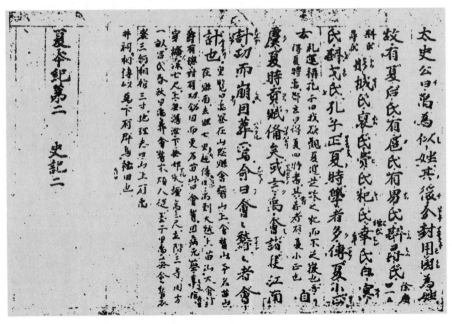

京都高山寺旧藏古钞本《史记集解·夏本纪》书影

4. 藏于日本而国内未见的钞本

计有六件。第一件《五帝本纪》残卷，宫内省藏。第二件《吕后本纪》残卷，毛利文库藏。第三件，《文帝本纪》残卷，东北帝国大学文库藏。第四件，《景帝本纪》残卷，野村氏旧藏，后归久原文库。第五件，《孝武本纪》残卷，在日本有关记载中说"崇兰馆藏"，但未见其书。第六件，《范雎蔡泽列传》残卷，宫内省藏。

二、三家注刻本

1.《集解》单刻本

自从南朝刘宋时裴骃撰《史记集解》后,《史记》全文即随《集解》以行,不再有白文无注本。宋人刊刻《史记》最初均为《集解》本。裴骃最大的贡献,不仅"集解",而且纠正错讹,整理文字,对《史记》做了一次全面的文字校勘审定工作,唐代的《索隐》《正义》对《史记》原文均是据《集解》本文字。因此,《集解》本是《史记》版本的源头。今存《集解》本有十行本、十二行本、十四行本、九行本,分述于次。

（1）十行本

①《史记集解》残卷北宋景祐间刊本,中国国家图书馆藏。

《史记书录》云:存《项羽》《高祖》《吕后》《孝文》《孝景》《孝武本纪》六卷,《三代世表》《十二诸侯年表》《六国年表》《秦楚之际月表》《汉兴以来诸侯王年表》五卷,《吴太伯》《齐太公》《鲁周公》《燕召公》《管蔡》《陈杞》《卫康叔》《宋微子世家》八卷,《信陵君》《春申君》《范雎蔡泽》《乐毅》《廉颇蔺相如》《田单》《鲁仲连邹阳》《屈原贾生》《吕不韦》《刺客》《李斯》《蒙恬》《张耳陈馀》《大宛》《游侠》《佞幸》《滑稽》《日者》《龟策列传》《货殖列传》《太史公自序》二十一卷,共四十卷。每半叶十行,行十九字,注双行,行二十五、二十六字不等。白口,左右双边。版心上记本叶字数,鱼尾下题"史本纪×"四字,中记本卷叶数,下记刻工郭书、魏正、郭敦、吴永年、伍祥、曹允、陈彦、范倾敏、余翌、詹允、刘山、赵宗义等姓名。正文第一行题《××本纪》,空三字题"史记×"三字,每卷均小题在上,大题在下,卷末空一行标小题。

②《史记集解》一百三十卷北宋景祐间刊,明弘治三年(1490)补刊本,中国国家图书馆藏。北宋太宗淳化五年(994),合刻《史记》、两《汉书》等三史为最早之《史记》刻本。但此本不传,优劣无从妄议。景祐本为今存最早之北宋刊本。此本南宋绍兴年间重刻,称南宋绍兴本。到了明孝宗弘治三年(1490),又在此本残本基础上补刊成一百三十卷补刊本。旧版版式一同景祐本。补刊部分,仿景祐本,唯是细黑口,四周双边,版心上题"弘治三年刊"。字体、刻工均不及宋本。以上北宋景祐本、南宋绍兴本、明弘治本三种,均为

《史记集解》单刻本,由宋至明有承传关系,每半叶十行,故又称"十行本"。

(2)十二行本。此本为南宋刻《史记集解》之有年月可稽者,一百三十卷,是绍兴十年(1140)邵武朱中奉刊本。缪荃孙《艺风堂文漫存·癸甲稿》卷三有此书题跋,说:"《史记集解》一百三十卷,明弘治补刊北宋景祐本书影,宋刻本,每半叶十二行,行二十二字,大小字同,高四寸六分,白口,单边。口上一鱼尾下署'史记几',下号数。目录作'大字史记',目录后牌子三行'邵武东乡朱中奉宅刊行校勘即无讹舛绍兴庚申八月朔日',字瘦劲。"张元济、傅增湘、贺次君诸家对此本均有记述。此本正文与注文多与北宋监本相同而与他本不同,可与他本互勘。

(3)十四行本。现藏中国国家图书馆,1955年文学古籍刊行社影印。傅增湘先生认为是北宋刊本,亦有学者据此本避讳与版式认为是南宋初复刻北宋本。此本无目录,可能是缺失。在一百三十卷中,有明、清人抄配补缺,因此是今天能见到的较古而又较为完整的《史记集解》单刻本。此本每半叶十四行,故称"十四行本"。行二十四至二十七字不等,注双行小字,行三十四至三十九字不等。白口,左右双边,版心上记第几册本纪几。卷首有《史记集解序》,序题下钤有"乾学""徐健庵"印记,又钤有"瞿镛""瞿启甲印""铁琴铜剑楼"等印记,盖先后为清昆山徐乾学与常熟瞿氏所藏。

(4)九行本。《集解》单刻本中有一种是南宋绍兴(1131—1162)间淮南东路转运司刊本,是半叶九行本,行大字十六字,注双行,二十至二十三四字不等。左右双边,版心上记本叶字数,鱼尾下题"史记×"三字,下记刻工人名。此本传世不多,有残本四部,其中两部为宋元明初递修本,未递修者一为存三十卷的残本,一为仅存一卷的残本。在宋元明初递修本中,一为国家图书馆所藏,淮南东路转运使司原刻存完整者七十八卷,又残卷二卷清抄补全;另外五十卷中用北宋蜀大字本配补九卷、明抄补三十卷、清抄配补十一卷。此本宋洪迈在《容斋随笔》中有记述,文字在不少地方较他本为精,限于篇幅,例证略。

《集解》单刻九行本中,另有一宋刻蜀大字本,每行十六字,白口,左右双边,版心记大小字数,鱼尾下题"本纪××",下版心记刻工姓名。此本仅存九卷,用来配补上述淮南东路转运使司刻本。

2.《索隐》单刻本

《史记索隐》三十卷,明崇祯十四年(1641)毛氏汲古阁北宋大字本。

《史记书录》曰:首裴骃《集解序》,载其全文,司马贞为之注;《史记》本文惟标注之字句,不录全文,盖亦陆德明《经典释文》之例,乃《经》《传》剔行之古法,故其卷数与传世《史记》以一百三十篇为一百三十卷不同。首行题"史记索隐卷第一",下题"小司马氏撰"五字。次行出"五帝本纪第一"六字,下为注,注双行,行二十五字,注下接"黄帝"二字,下为注,又下接"少典之子"四字,下为注。每卷所出《史》文及注均连书,不提行;一卷完则另起标题。全书三十卷。第一卷为《五帝本纪》至《周本纪》……第二十八卷为《日者列传》至《太史公自序》,第二十九卷为《五帝本纪述赞》至《三王世家述赞》,第三十卷为《七十列传述赞》。又有《补史记序》,记其补《三皇本纪》之由。后附条例,论《史记》体制……末即所撰《三皇本纪》,并有自注。此本无目录,盖古书目录多置于末,《太史公自序》即《史记》之目录也。毛氏此刻,谓是"北宋秘省大字刊本",四库即据此著录,故其注文多胜于南宋诸刻。毛晋谓刊刻此本,"亟正其伪谬重脱",是北宋秘省原本,错脱已多,毛晋特为之校勘改正。此本于考校今本《史》文及注,至为重要。

3. 二家注合刻本(《集解》《索隐》合刻本)

(1)《史记集解索隐》残卷

南宋乾道七年(1171)建溪蔡梦弼刊本,中国国家图书馆藏。

《史记书录》曰:此本残缺,今见者存九十一卷。刘燕庭百衲本《史记》中有十五卷,亦是此本。合此二者,并去其重复及孱入,蔡刊之幸存于今世者止九十五卷耳。首有司马贞《补史记序》,次《索隐序》,次《目录》,次《三皇本纪》。《三皇本纪》后有"建溪蔡梦弼傅卿亲校刊于东塾,时岁乾道七月(按:"七月"乃"七年"之讹)春王正月上日书"题记二十六字,凡两行。《五帝本纪》大题在下,小题在上,各卷均同。每半叶十二行,行二十一字,注双行,行二十八字,白口,四周双边。版心鱼尾上记本叶大小字数,但亦有不记者。鱼尾下题"纪一""表一""书一""世家二十五""列传一"等式,无刻工姓名。其他款式多与黄善夫本同。《史记集解》《索隐》合刻,今传以此本为最早。

(2)张杅桐川郡斋二家注合刻本残卷

南宋孝宗淳熙三年(1176)刊于常州,中国国家图书馆藏。

此本国内现存仅一部,残本,存六十卷,现藏于中国国家图书馆。此本半

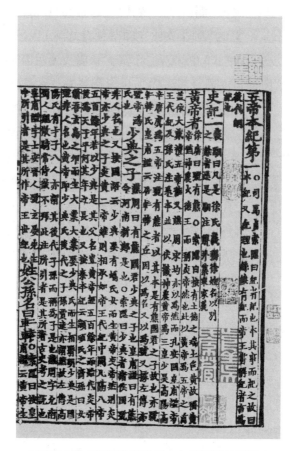

中国国家图书馆藏南宋乾道七年建溪蔡梦弼刊本

叶十二行,行二十五字,注双行,行二十五字。白口,左右双边。版心鱼尾下题
"史记×"三字,其下记刻工姓名。此书首目录,次裴骃《集解序》,次司马贞
《索隐序》。前为小题,题"五帝本纪第一",下有司马贞《索隐》注;次行为大
题,题"史记一",下为裴骃《集解》注。书首目录之后,有淳熙三年广汉张杅
跋,说此本乃据蜀刊小字本而用"中字书刊之"。张氏认为《孝景本纪》《孝武
本纪》《汉兴以来将相名臣年表》《礼书》《乐书》《律书》《三王世家》《傅靳蒯
成列传》《日者列传》《龟策列传》等十篇,是班固在《汉书·司马迁传》中所说
的"而十篇缺,有录无书"者,均系后人补作,因而将其中的九篇删去,唯《日者
列传》一篇,张杅认为"大类庄周书意"而予以保存,用双行小字在后面附刊出
来。此外,部分篇(卷)中的补作文字亦行删除。

（3）澄江耿秉重修桐川郡斋本

南宋孝宗淳熙八年（1181）刊，中国国家图书馆藏。耿秉本为重修桐川郡斋本，晚于张杅本五年，纠正了张杅本的一些讹误。

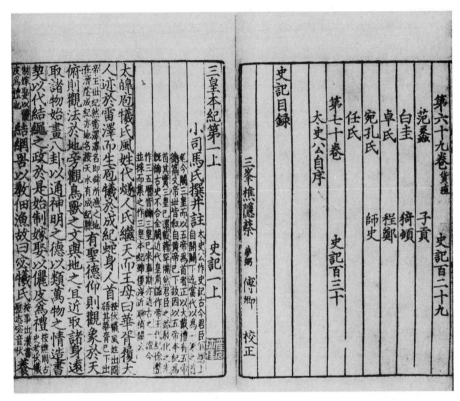

中国国家图书馆藏《史记集解索隐》两家注合刻南宋耿秉重修桐川郡斋本书影

耿秉本卷首有澄江耿秉序。此本的特点有二，其一是所收"索隐"较南宋蔡梦弼本、黄善夫本多出四十余条。蔡本黄本均为二家注合刻。这两本在合刻时，凡"索隐"与"集解"重复者，均将"索隐"删去。耿秉本在二注重复时也以"集解"为主，但或不删"索隐"，或虽删而注出"索隐注同"。其二是耿秉本比明毛氏汲古阁《索隐》单刻本的脱误要少。耿秉本流传至今，国内仅见一部，卷数齐全，现存中国国家图书馆。

现在所知最早的二家注合刻本是南宋高宗绍兴（1131—1162）间的杭州刊本。此本现已无存，只是在清人刘燕庭所集百衲宋本中还留存有残卷十卷，其中本纪三卷（《项羽本纪》《高祖本纪》《吕太后本纪》）、列传七卷（《游侠列传》《佞幸列传》《滑稽列传》《日者列传》《龟策列传》《货殖列传》《太史公自序》）。每卷小题在上，大题在下，每半叶十二行，行二十四五字不等。注双行，行二十四五字不等。白口，左右双边。版心上记本叶字数，隔水下有"史记×"字样，下记本卷叶数及刻工姓名。从讳字看，当为南宋孝宗时重刻。此外，二家注合刻本，元刻蒙古中统二年（1261）平阳道段子成刊本《史记集解索隐》一百三十卷，明刻天顺七年（1463）丰城游明刊本《史记集解索隐》一百三十卷，是元明时代的善本。

4. 三家注合刻本

所谓三家注，是在裴骃的《集解》、司马贞的《索隐》之外，加上了张守节的《正义》。张守节与司马贞同为唐玄宗时人。他为《史记》作的注称为《史记正义》，成书于唐开元二十四年（736），原为三十卷。到宋代，将《正义》与《集解》《索隐》同《史记》正文合刻，产生了《史记》的三家注本，而《正义》单行本遂失传。

三家注合刻本较多，这里只介绍最为世所称的两个刊本，一是南宋黄善夫本，二是元彭寅翁本。

（1）《史记集解索隐正义》一百三十卷

南宋庆元二年（1196）建安黄善夫刊本，中国国家图书馆藏黄本残卷六十九卷。日本有数种藏本，上海涵芬楼据日藏本影印发行，流传广泛。

张元济曰：其三家注俱全者，宋刻有黄善夫本。首《集解序》，次《补史记序》，次《索隐序》，次《索隐后序》，次《正义序》，次《正义论例谥法解》，次目录。《集解序》后有"建安黄善夫刊于家塾之敬室"木记二行，目录后有"建安黄氏刻梓"木记一方。半叶十行，每行二十字，小注二十三字。前有《三皇本纪》《老》《庄》二传，已升在《伯夷传》前，注云依《正义》本，然目录却未改。无刊刻年月，宋讳避至光宗，当刊于绍熙之世。此本未见我国著录，唯日本涩江全善、森立之《经籍访古志》载之，余为涵芬楼在京师收得半部，亦由日本来者。尚有安成郡彭寅翁刊本，亦三注俱全，半叶十行二十一字，小注同，不著年月，验有板式，为之刊本。①

《史记书录》曰：按日本《经籍访古志》谓黄氏与《史记》同时刊有《汉书》，其《汉书目录》后有"集诸儒校本三十余家，又五六友澄思静虑，雠对异同，是

---

① 张元济：《校史随笔》，上海古籍出版社 1998 年版。

正舛伪。始甲寅之春,毕丙辰之夏。建安黄善夫谨启"识语。甲寅即宋光宗绍熙五年(1194),丙辰即宋宁宗庆元二年(1196),故知《史记》刻成亦在庆元二年。日本藏书家称为"庆元本《史记》",上海涵芬楼影印本亦题为"南宋庆元黄善夫《史记》"也。

南宋黄善夫本,是最早的三家注合刻本。黄本校刻精善,讹误较少,若与他本对校,不仅远优于明代的两个著名版本——柯维熊本和王延喆本,而且胜过南宋二家注之蔡梦弼本、张杅本。

黄善夫本国内未见全帙,现存皆为残本。涵芬楼曾收有黄本六十九卷,是张元济先生在北京正文斋收得,来自日本。现今国家图书馆所藏六十九卷黄本即此书。日本米泽上杉隆宪家藏黄本《史记》一部,一百三十卷,是目前所知存世的唯一全本。但此本内亦有补写十余页。1936年上海商务印书馆曾影印黄善夫本《史记》一百三十卷,是用涵芬楼所藏之六十九卷,以日本上杉侯爵所藏之黄本补配齐全[1]。《百衲本二十四史》中《史记》一书,亦用此本缩小影印。故黄善夫本虽原刻鲜见,但有影印本行世,反而较易见到。

(2)《史记集解索隐正义》一百三十卷

元世祖至元二十五年(1288)安福彭寅翁刊,中国国家图书馆藏。

此本国家图书馆存七十七卷,有十卷为抄本,实乃六十七卷。据贺次君先生说,"日本宫内厅、庆应大学、大谷大学、天理大学皆藏有此本全帙"(《史记书录》第114页)。彭本每半叶十行,行二十一字;注双行,行二十一字。细黑口,左右双边。此本《正义》与黄善夫本大致相同,讹误处较黄本多,但也有可正黄本错误之处。彭本的特点在于对三家注作了大幅度删削,以《周本纪》为例,较大幅度删削即有七八十处之多,其中最少删去四字,最多删去七十八字(一二字者不计在内)。对三家注在删削之处,还有增改,如:《周本纪》中"武王为殷初定未集,乃使其弟管叔鲜、蔡叔度相禄父治殷"句下《正义》有"按:二说各异,未详也"[2],而彭本改"未详也"为"未详孰是"。

明刻三家注本常见的是"嘉靖三刻"和"南北监本"。"嘉靖三刻"的第一刻是嘉靖四年至六年(1525—1527)金台汪谅刊刻的《史记集解索隐正义》一

---

[1] 《张元济傅增湘论书尺牍》,商务印书馆1983年版,第256、273页。

[2] 《史记》,中华书局1982年版点校本,第127页。

百三十卷。此本因由莆田柯维熊校正,故世多称为"柯本"。第二刻是嘉靖四年至六年震泽王延喆刊刻的《史记集解索隐正义》一百三十卷,世称"王延喆本"。第三刻是嘉靖十三年(1534)秦藩朱惟焯刊刻的《史记集解索隐正义》一百三十卷。嘉靖二十九年(1550)朱怀埢重修。中国国家图书馆藏有嘉靖十三年原刻本,北京大学图书馆、四川大学图书馆藏有嘉靖十三年刊二十九年重修本各一部。以上三种,因皆刻于嘉靖年间,故称作"嘉靖三刻"。明刊本中较常见的还有"南北监本"。南监本有三种,北监本有一种,即:(1)明嘉靖九年(1530)刊刻,南京国子监祭酒张邦奇、司业江汝璧校勘的《史记集解索隐正义》一百三十卷。半叶十行,行二十一字;(2)明万历二年至三年(1574—1575)刊刻,南京国子监祭酒余有丁、司业周子义校正的《史记集解索隐正义》一百三十卷。半叶十行,行二十一字;(3)明万历二十四年(1596)刊刻,南京国子监祭酒冯梦祯、司业黄汝良校正的《史记集解索隐正义》一百三十卷。半叶十行,行二十一字;(4)明万历二十六年(1598)刊刻,北京国子监祭酒刘应秋、司业杨道宝校正的《史记集解索隐正义》一百三十卷。半叶十行,行二十一字。明嘉靖三刻优于南北监本,三刻中柯本最善。南北监本校勘不精,讹误较多,对《索隐》《正义》又多删削,故不为藏家所重。

三、《史记》评林本

评林本始自明代,这是有别于三家注及其他注本而言。明人崇尚评论,是当时风气。史书评论,分一句一段的小评和全篇总评两种形式。评论与正文合刻。小评刻于书眉,总评刻于篇末。或称"评林",或称"题评",或称"辑评",或称"集评",或称"汇评"等等,名虽各异,质实同,总称"评林本"。又有一种"评点本",略有不同,亦属此类。

1. 主要评林本

(1)《史记题评》一百三十卷

明杨慎、李元阳辑,高士魁校。明嘉靖十六年(1537)胡有恒、胡瑞敦刊本。此本为杨慎讲学,其弟子李元阳辑,高士魁校,此书有三家注。杨氏辑前代评论和自己对疑难句、段的疏解均刻于书眉之上,不署明"某某曰"的评论是李元阳的话。

（2）凌稚隆《史记评林》一百三十卷

明吴兴凌稚隆辑校,明万历四年（1576）刊本。此本版分上下两栏,下栏为《史记》正文和三家注,上栏是评论。凌氏辑录的历代的《史记》评论,收罗广博,内容丰富,故称"评林"。对正文校勘,凡存疑者都用小字旁注。个别评论不入上栏者亦用小字旁注。篇后有总评。凌本辑录的历代名家有:魏陆机,梁沈约、刘勰、李萧达,唐刘知幾、韩愈、白居易、柳宗元,宋欧阳修、司马光、苏洵、苏辙、郑樵、倪思、吕祖谦,元吴澄、金履祥,明唐顺之、吴宽、丘濬、杨士奇、方孝儒、杨慎、田汝成、李梦阳、许应元、柯维骐、余有丁、茅瓒、茅坤等。对苏辙的《古史》和吕祖谦的《读书杂记》全部录载。对《史记》正文取材于古书如《诗》《尚书》《左传》《国语》《世本》《战国策》《吕氏春秋》《楚汉春秋》等,凡引用不详或不全的,凌氏均抄录全文于上栏作参考。凌氏认为古书中可与史文互相印证、互相发明的地方,也都摘录在上栏里。这些典籍包括了先秦诸子、《风俗通》《白虎通》《越绝书》《说苑》《新序》《论衡》《韩诗外传》等。这对于研究《史记》与原始材料的相互关系省去了查找资料的繁琐劳动,至为方便。凌氏还对史注均作校勘,许多考订有独到见解,不仅胜过明柯维熊本,而且许多地方不比南宋本差。明陈仁锡的《史记评林》、清梁玉绳的《史记志疑》都是依据凌本。由于有上述特点,凌本是评林本中的佳乘,影响很大。清光绪十年（1884）湖南刘鸿年翻刻本,对正文和注均作有补证。

凌稚隆:《史记评林》,天津古籍出版社 1998 年版,影印明万历年间李光缙增补本书影

(3)《增补史记评林》一百三十卷

明李光缙增补。

增补本流传海外,日本曾五次刊刻:(1)永宽十三年(1638);(2)延宝二年(1674);(3)宽文十三年(1673);(4)明和七年(1770);(5)明治二年(1869)。朝鲜也有翻刻。泷川氏的《史记会注考证》大多取材于此。

(4)陈仁锡《史记评林》一百三十卷

明陈仁锡评,明崇祯元年(1628)刊。此本特点有二:一是陈氏评论辞由己出,不录前人评论。陈氏评论对《史记》精神、司马迁旨意了解很深。对史实的评论有许多创见,对每篇的评论精当,甚为晚明学者所推重。嗣后葛鼎、金蟠刻《史记汇评》基本取陈说。二是陈本注重断句和校勘,较为实用。

(5)《归震川评点史记》一百三十卷

归氏为桐城派文宗,他的评点为明清两代文章家所重视。"好古者照临一本,珍若拱璧。"①归氏评点本与评林本有区别。不取三家注,评语用双行小字夹于正文中。正文加圈点,钩玄文章意境。清方苞撰《史记评点》四卷,是归氏本的延续。

2. 其他评林本

(1)《史记辑评》二十四卷明邓以讚辑。此本无三家注,评语浮泛。但刊刻较精,字画整齐。

(2)《史记集解索隐正义》一百三十卷

明钟伯敬辑评。此本任意删节三家注,评语无足采。

(3)《史记》一百三十卷

明钱塘钟人杰刊本。此本专注文章评语。

(4)《史记测义》一百三十卷

明陈子龙、徐孚远撰。

此本对史实、注文有不少订正发明之处,为清武英殿本考证所采择。

(5)《史记汇评》一百三十卷

明葛鼎、金蟠评。

---

① 刘声木:《桐城文学撰述考》卷一,黄山书社 1989 年版。

（6）《史记集评》一百三十卷

明崇祯间朱东观辑，朱氏家刻本。

（7）《桐城吴先生点勘史记读本》一百三十卷

清吴汝纶点勘。

此本承归、方二氏之衣钵，圈点并加句读。

评林本创始于杨慎，推波于凌氏。然杨、凌二本可取精华者不少，嗣后评林峰起，大多空泛虚浮，很少有创新的观点和真实的学问。但评林对《史记》精意、司马迁思想的研究颇为重视，开辟了新途径，是值得注意的。

四、《史记》百衲本

上海涵芬楼影印百衲本《史记》书影

《史记》的百衲本是清人辑宋本之残卷补以成完帙之本。"百衲"之义谓残卷补缀有如僧衣，故名之。因为宋刻《史记》即使是断简残篇也很珍贵，把各个残本汇集起来，凑成一部完书，称为百衲本《史记》。

最早的一部百衲本《史记》是清代钱曾（字遵王）汇集而成的。他在《读书敏求记》中说："余藏《史记》有四，而开元本亦其一焉。今此本乃集诸宋版共成一书，小大长短，各种咸备。李沂公取丝铜之精者杂缀为一琴，谓之百衲，予亦戏名此为《百衲本史记》以发同人一笑焉。"但此本未流传下来。

傅增湘《藏园群书题记》说:"大兴朱笥河有百衲本《史记》,刘燕庭家亦有之。"朱本不传。刘氏原刻亦不存,有清宣统三年(1911)贵池刘世珩玉海堂影印本、上海涵芬楼影印本二种。涵芬楼本较玉海堂本为佳。

目前留存下来而能见到的是清宣统三年(1911)贵池刘世珩玉海堂影印本和上海涵芬楼影印本。刘氏百衲本包括宋刻四种:1.南宋绍兴初年杭州翻刻的北宋《史记集解》残本,即与1955年文学古籍刊行社影印的十四行本同,在百衲本中有七十五卷;2.北宋景祐年间刻本《史记集解》残本,为十行本,计存十九卷;3.南宋《史记集解索隐》合刻本残本,计存十卷,此本未见单行,亦未见藏书家著录;4.南宋乾道七年蔡梦弼《史记集解索隐》合刻本,计存二十六卷。四种合计为一百三十卷。

刘氏百衲本影印本各大图书馆均有藏。

五、《史记》的通行版本

这里所说的通行本是指正史系统的官私刻本。宋元刊本多已不传。保存下来的正史系统原刻本有:

(1)明汲古阁本十七史;

(2)明南北监本二十一史;

(3)清武英殿本二十四史,广东新会陈氏翻武英殿本,湖南宝庆三味堂翻殿本,四川成都局翻殿本;

(4)五局合刻二十四史;

(5)清末石印二十四史本,同文书局本,竹简斋本,涵芬楼本;

(6)晚清活字二十四史本,图书集成本;

(7)民国商务印书馆影印百衲本二十四史;

(8)商务四部丛刊本二十四史,丛书集成本二十四史;

(9)中华书局四部备要本二十四史;

(10)开明书店缩印本二十五史。

上述通行本中汲古阁本《史记》、武英殿刻本《史记》、五局合刻金陵本《史记》是三大善本,其中武英殿本最流行。殿本以明监本为底本,校以当时所得善本,附以考证,参与工作者有张照、杭世骏、齐召南等。金陵本为金陵局所翻汲古阁本为底本又经张文虎参酌多本精校,号晚清善本。

(11)中华书局标点本《史记》一百三十卷。

此本是新式点校的唐代三家注合排本,1959 年初版,竖排繁体字印刷,分为 10 册,235 万字。《史记》版本定型于唐代三家注,而奠基于南朝宋裴骃《史记集解》①。点校本《史记》的出版,是学术界继唐代三家注定本以来最精善的一次整理,集千余年来学术研究之大成,在《史记》版本校勘学研究发展史上,是一个重要的里程碑。

中华书局点校本《史记》修订本书影

点校本《史记》,以清同治年间金陵书局刊行的《史记集解索隐正义》合刻本为底本,这就保证了迄今为止《史记》校勘的最佳质量。因为金陵书局本经晚清著名校勘学家张文虎与唐仁寿校订。张、唐二人根据钱泰吉的校本,博采宋元明清诸善本汇校汇考,又采择梁玉绳《史记志疑》、王念孙《读书杂志》、钱大昕《史记考异》等书成果,详为校刊,考其异同,世称善本。点校本在此基础上参考凌稚隆的《史记评林》、吴见思的《史记论文》、张裕钊校刊的归方评点本和吴汝纶点勘本等的句读,对《史记》原文和"三家注"作了全新的断句、标点和分段整理,是最便阅读的读本。此本有两大特点。第一,分段精善。一般

---

① 参阅裴氏《史记集解序》与《四库全书提要》。

是每事一段。但为了避免琐碎,凡事情简易、文字短小者,数事合为一段。反之,一个大事件,文字很长,则按事件发展的波澜分成若干段。如《项羽本纪》的"鸿门宴"一节就分为四段。分段精善,使史实内容条理清晰,线索分明。第二,技术处理合理。为了段落之间眉目清楚,根据段与段之间的不同联系作了不同的技术处理。凡大段之间空一行。二人以上合传,关系密切的叙完一人事迹接续一人事迹时空一行;关系不密切的,人物之间空两行;附传人物为一组,之间不空行。正文中的大段引文如《秦始皇本纪》和《陈涉世家》所引《过秦论》,以及后人增补的文字如《张丞相列传》《郦生陆贾列传》所附增窜文字均另起一行,低两格以示区别。年表部分,在书眉上标注了公元纪年,又在《十二诸侯年表》《六国年表》《汉兴以来诸侯王年表》的双页码的左边加上国名标尺,阅读和考证都十分方便。在《史记》正文中,将张文虎特别喜欢保存的古字都改成今体字,改回避讳的缺笔字,版刻异体字改作现在的通行字。对"三家注",则用小号字分条排列于各段正文之后,标注号码对应。《史记》经过这样整理以后,具有很高的学术价值,具备了新的时代风貌,有利于统一《史记》学习和研究者的"语言",不仅给广大读者提供了精善的读本,也给专门研究者提供了完善的引证本。这一成果,也为我国古籍整理作出了有典范意义的重要贡献。

2013 年,中华书局又出版了点校本的升级版《史记》修订本,并于 2013 年 10 月 19 日在全球同步首发,从此海内外广大读者有了一部更好的《史记》标准本。修订本在继承点校本《史记》全部学术成果的基础上做了两大修订工作。一是对底本讹、脱、衍、倒所做的校改,出了校勘记达 3400 余条;二是订正了原点校本标点讹误,使《史记》文本更加精善。

第十章　《史记》在国外的流传与影响

1956 年,联合国教科文组织列司马迁为世界文化名人,当之无愧。《史记》流传海外已过千年,现当代更是日益走向世界。司马迁与他同时代西方最伟大的历史学家希罗多德和传记作家普鲁塔克比较,不仅毫不逊色,而且在史家、史识及其创作的规模体制上,都要强于希、普二氏。司马迁是中国的,也是世界的一位文化巨人,在人类文化思想史上应享有崇高的地位。本章分为三个节目来谈。

一、《史记》在国外的流传

由于种种原因,我们对于《史记》在国外的流传情况及其研究,了解不多。近年来有零星的著述出现。值得介绍的是,武汉大学覃启勋出版了《史记与日本文化》①,系统地介绍了《史记》在日本的流传情况及其影响,填补了学术空白。张新科、俞樟华二人所著《史记研究史略》一书②,写了《国外史记研究概述》一章,也作了简略介绍。这里据二书提供的资料,撮述其要。

据中国史籍记载,在魏晋南北朝时,《史记》已流传到国外,首先是毗邻的朝鲜半岛。李延寿《北史·高丽传》和《旧唐书·高丽传》都记载了《史记》与中国的《五经》及两《汉书》等汉籍传播到朝鲜半岛,备受当地人的喜爱。据韩国《出版杂志》1988 年 2 月 5 日介绍,汉城大学人文科学研究所出版的汉学家李成珪的《史记》抄译本,收入《大学古典丛书》,列为大学生的基本阅读书,这在国外是不多见的。

---

① 覃启勋:《史记与日本文化》,武汉大学出版社 1989 年版。
② 张新科、俞樟华:《史记研究史略》,三秦出版社 1990 年版。

《史记》在日本流传最广。据覃启勋的考证,《史记》是在公元 600 年至 604 年之间,由日本圣德太子派出的第一批遣隋使传入日本的,并立即在政坛上产生影响。明清之际,是《史记》东传日本的黄金时代,不仅数量大,而且品种全。《史记》全本、选本、各种注本及工具书,无所不包。

《史记》传入日本后,受到社会各界的极大重视,在政治、教育、史学、文学等各个方面都产生了巨大的影响。

在政治方面的影响。公元 604 年,日本圣德太子颁布《宪法十七条》,引进了《史记》蕴含的儒学义理及封建大一统思想,为公元 605 年的"大化改新"奠定了理论基础。圣德太子认为日本国君称"大王"已不合时宜,而从《史记·秦始皇本纪》中移用"天皇"的称号加给了推古天皇,从此,历代天皇成了日本民族的象征和日本民族内聚的核心。天皇神权制度的建立是深受《史记》所载天人感应思想影响的。据日本《正斋书籍考》《三代实录》《日本纪略》以及《扶桑略记》等史书的记载,推古天皇以降,历代天皇都有攻读《史记》的风气。著名的明治天皇就特别喜欢读《史记》,他每逢二、七为专攻《史记》日,所用课本为鹤牧版之《史记评林》。此外,为了培养大批了解外国的政治人才,日本朝廷曾将数百"传生"组织起来攻读《史记》等"三史"。与此同时,日本皇室还经常将《史记》作为赐品恩赐给政府库,以供政府之文武百官学习研究。

在教育方面的影响。明治以前,《史记》是宫廷教育和藩校重要的教学科目,明治以后普及于大、中学校。圣德太子就是精读《史记》的人。由于宫廷教育对《史记》的重视,使得许多朝廷官员也雅爱《史记》,不仅能理解《史记》所述义理,而且取材《史记》题诗作赋。到了奈良、平安时代,《史记》不仅是宫廷教育的必修课,而且是日本"纪传儒"的必读书。在室町、江户时代,《史记》更是日本政治家普遍爱读之书。著名的培养武士的足利学校和幕府所属各藩校都把《史记》等汉籍定为必修的教学科目。日本中世纪武家教育对《史记》的重视,说明已在教育上普及于中层。明治以后,《史记》已普及于广大社会。日本人学习《史记》很重视对实际知识的吸收。政治家吸收《史记》蕴含的儒学义理,士庶百工重视具体知识。例如医学家们就把《扁鹊仓公列传》列入必读之书,从中吸取医药学知识。总之,《史记》在教育上对日本朝野各阶层产生了重大影响,以至于僧侣研读《史记》,产生了桃源瑞仙这样的《史记》研究高僧学者。

在史学方面的影响。《史记》传入日本是中国史学传入日本的标志,在此之前,日本尚无自己的国史和史学。日本第一部国史《古事记》、第二部国史《日本书纪》先后于公元712年、720年完成,这两部书虽然都是编年体,但都直接受到了《史记》的影响。从时间上比较,日本国史是在《史记》传入一百多年以后才产生的,无疑是受《史记》启发而作的。从名称上比较,《古事记》与《日本书纪》两书的得名,与《史记》直接有关。中国第一部正史《史记》用"记",第二部正史《汉书》用"书",故日本第一部国史《古事记》用"记",第二部国史《日本书纪》用"书"之名,仿照痕迹至为明显。《日本书纪》原名《日本书》,该书体例仿《史记》撰写"纪""传""世家""志""表",因只写成了编年的帝王本纪,故于"书"之后加注小字"纪",而为《日本书纪》,传抄而成《日本书纪》。从内容上比较,《古事记》是集日本太古神话大成的史书,《日本书纪》也以神话传说开篇,这些都是依仿《史记·五帝本纪》以神话传说为述史开篇的重要例证。在记述情节上也有取资于《史记》的例证。比如《五帝本纪》有"汤汤洪水滔天,浩浩怀山襄陵"的传说,而在《古事记》中也有"这个漂浮着的国家"的上古洪荒记载。日本学者津田左右吉先生在研究《古事记》的"物语"时,认为仁德天皇都宇治稚郎之子相互让位的故事,再现了吴太伯与伯夷叔齐的故事。由上所述,《史记》开启日本史学,其影响是无可估量的。

在文学方面的影响。首先,《史记》传入日本以后,促使了日本记纪文学的产生。记纪文学是日本古典文学的重要组成部分。《古事记》与《日本书纪》就是日本记纪文学的代表作。在《史记》对这两部著作产生史学影响的同时,也产生了文学影响,可以说这也是《史记》本身的性质与价值决定的。其次,日本著名古典文学《源氏物语》与《史记》有着重要的渊源关系。该书写成于11世纪,作者紫氏部自幼受到良好的家庭教育,系统地学习了《史记》,因此,在后来的写作中,能像司马迁作《史记》一样广泛取材,精心制作故事,反映社会实态,并使作品充分显示出富于感情、善于描写和趋于自然的特色。作者还大量引用《史记》的文辞典故,甚至将《史记》中戚夫人的形象灵活地移植于《源氏物语》中,塑造了一位与之相类的桐壶皇后,进而通过细腻的构思和语言,揭示了当时日本社会的真相和复杂矛盾。第三,《史记》在日本汉诗领域地位显著。日本汉诗,指用汉字所写律诗,其中咏史诗大都直接取材于《史记》及司马迁的经历。

《史记》在日本产生重大影响,自然有主客观的原因。主观因素是《史记》本身的价值所决定的。日本学者对《史记》取得的文史成就有很高的评价。如冈本监辅说:"《史记》上补《六经》之遗,下开百史之法,具体莫不兼该,其文章变幻飘逸,独步千古。"对《史记》的史学和文学总成就作了肯定的评价。长野确称赞《史记》为"良史"。斋堂正谦评价《史记》文章为"群玉圃""连城之宝"的"绝佳"之作。日本诸多学者的评论,不一一具引。客观因素有两个方面,一是政治影响,日本上层社会从皇室到臣僚都极为重视《史记》,世风所及,被于众庶。二是日本汉学界研究《史记》取得重大成果。据初步统计,日本历代以来研究《史记》的名家有近 160 人,研究的专著较重要的有近 200 种,至于单篇的论文则不胜枚举。在日本学术界有一支实力强大的《史记》研究队伍,历史悠久。就近现代而言,泷川资言、水泽利忠、宫崎定市、野口定男、加地伸行、池田四郎次郎、池田英雄等就是知名的《史记》研究专家。

日本学者研究《史记》,具有很多可资借鉴的地方。第一,重视《史记》的和译,普及工作做得很有生气。据日本资料记载,著名僧人、学者桃源瑞仙于文明年间(1464—1487)亲手写成《史记桃源抄》十九卷,这是日本最早的"国字解"《史记》。日本大正十四年(1925)五月五朋堂书店出版了本哲三的《对译史记》,将原文与译文对举,极便阅读。据不完全统计,日本的《史记》全译本和选译本有近百种之多。诸多和译的本子,为广大不通汉语的日本民众学习《史记》创造了有利条件。第二,重视原文训诂与校勘。这方面集大成的工作,不能不首推泷川资言的《史记会注考证》及水泽利忠的《校补》。这两部书传到国内,对中国学者研究《史记》也有很大的帮助。第三,突出人物传记,研究文史并重。这里所说的人物传纪包括《本纪》《世家》《列传》三个部分。日本的普及读物《中国古典名著解说》在介绍《史记》时就详于人物传记而略于书表,并称誉《史记》是"探求人类历史的名著"。专家著作如野口定男的《读史记》,全书十五篇论文,第一部分三篇为总论,第二、三两部分凡十二篇论文,只有一篇论表,而有十一篇论人物传记。第四,长于资料汇集。资料汇集是科学研究的基础。日本学界在《史记》研究方面之所以取得丰硕成果,是与日本学者注重资料汇集密不可分的。

上述日本学者研究《史记》的特点,许多方面值得我们借鉴。特别在资料汇集上,有两部名著值得介绍。

其一,《补标史记评林》,这是一个汇评读本。是书成于1884年6月,辑评者有井范平。我国明代学者凌稚隆的《史记评林》汇集了由晋至明的150家评论,引用书目达140余种,后又经李光缙增补,内容更为丰富,几乎将明以前评论《史记》的零散文章都搜集在一起了,为读者阅读和研究提供了大量的资料,在明清时代备受读者欢迎。是书传到日本以后,有井范平以为不足,再次作了增补,除订正谬说外,补充凌氏的遗漏以及大量清人评论,称《补标史记评林》。有井范平本人也加了不少按语,侧重于《史记》文章的艺术评论。如有井氏评论司马迁写项羽、高祖两个人物说:“《项羽纪》奔腾澎湃,《高祖纪》汪洋广阔,笔仗不同,各肖其人,可谓文章有神矣。”又如评苏秦、张仪二传说:“史公作传,每一人用一种笔仗,至苏、张二传,笔仗相配,机调又相合。苏传有苏代附传,张传有陈轸附作,是笔仗相配也。二传纵横变化,极写精神态度者,亦相似,是机调相合也。盖史公胸中早知以苏、张为反复一流之人也。”这些评论指出了司马迁写人艺术笔法多变,是很中肯的。

其二,《史记研究书目解题》,池田四郎次郎和池田英雄父子合著,1978年10月由日本明德出版社出版。全书分版本、总说、校订注释、校勘、文字、音韵、文评、佳句、名言、史汉异同、太史公年谱、地理、国字解、稗史、史记研究关连图、附录等十六个部分,对600多种《史记》研究的有关著作做了题要介绍。该书将中日两国的《史记》版本,《史记》注疏,《史记》研究专著、工具书,以及涉及《史记》的论著如顾炎武《日知录》、章学诚《文史通义》、梁启超《中国历史研究法》及《要籍解题及其读法》等都包举于一编。其书规模之宏大,体例之专精,涉猎之广博,收书之宏富,远远超过我国同类著作,有很高的学术价值。日本学者可通过该书了解我国一千多年来《史记》研究的基本成就和发展变化;同时中国学者也可通过该书了解日本学者的研究成果。该书著录日本学者的《史记》研究论著有190多部,成就斐然。从题评看,日本学者的论著内容丰富,形式多样,有的是选读,如安滕定格的《史记读本》、田中庆太郎的《史记读本》及《幻云史记抄》等;有以辨误为主的,如恩田维周的《史记辨疑》、古贺煜的《史记匡谬》等;有以辑遗为主的,如水泽利忠的《邹诞生史记音佚文拾遗》《刘伯庄史记音义佚文拾遗》《陆善经史记注佚文拾遗》等;有以考证为主的,如龟井昱的《史记考》、大岛贽川的《史记考异》、冈本保孝的《史记考文》、泷川资言的《史记会注考证》、水泽利忠的《史记会注考证校补》等;有以评论为主的,如三岛毅的《史记论赞段解》、竹内照夫的《司马迁史记入门》等;还有以翻译为主的,如本哲三的《对译史记》,加滕繁、公田连太郎合著的《译注史记列传》,小竹文夫的《现代语译史记》等;此外,还有以研究版本为主的,如冈本保孝的《史记传本考》、池田四郎次郎的《史记的版本和参考书》、水泽利忠的《史记古本考》等等。

在国外《史记》研究中,前苏联人民也很重视司马迁和《史记》,一些学者在研究中国古代史和中亚西亚各民族的时候,广泛地运用《史记》这部不朽著作的资料。在前苏联的一些大学中,研究中国历史和中国文学的学生都选了《史记》这门课程。苏联汉学家科学院院士阿列克塞耶夫曾翻译了司马迁的许多著作。国立文学出版局出版了司马迁的选集。1955 年 12 月 22 日,苏联学术界在莫斯科举行盛大晚会,纪念伟大的史学家和文学家司马迁诞生二千一百周年。1955 年 12 月 27 日《光明日报》发表了学者雅·沃斯科波依尼科夫写的报道。从这篇报道中,我们可以了解苏联学者对司马迁的《史记》的重视和评价。苏联科学院通讯院士古别尔在开幕词中称赞司马迁是“中国的第一个历史学家、最伟大的文学艺术家和古代中国的一位卓越学者的《史记》的编辑者”。历史学硕士图曼在会上发表了长篇的学术报告,生动地叙述了司马迁的生活道路和创作情况,高度评价了司马迁的学术地位,认为“司马迁真正应当在大家公认的世界科学和文化泰斗中占有重要的地位”。

在西方国家,美、英、德、法、波兰等国的汉学家也对《史记》很感兴趣。美国汉学家瓦特逊著有《司马迁传》,罗切斯特大学魏汉明教授正在选译《史记》。英、德汉学家也翻译过《史记》中的名篇。法国汉学家沙畹曾把《史记》从《五帝本纪》到《孔子世家》这些篇章译成法文,并加以注释,这在法国是一个有影响的读本。法国还出版了法籍华人学者左景权先生的《司马迁评传》。1980 年代,法国巴黎还成立了《史记》研究中心,这是国际上第一个专门的《史记》研究机构,它对法国汉学家们研究《史记》,起了很好的组织推动作用。

世界各民族所创造的具有世界意义的伟大文化珍品,既是一个民族的文化财富,也是整个人类的文化财富。《史记》不仅是中国古代文化宝库中的艺术珍品,也是世界古代文化园地里的奇葩。1956 年司马迁被列为世界文化名人,既是中华民族的骄傲,也是全人类的骄傲。随着现代科学文化的进步,文化交流的加强,世界各国人民研读《史记》和尊敬司马迁的人越来越多,研究司马迁和《史记》将进入一个新阶段。1979 年,我国外文出版社出版了英文版《史记选》,也为外国朋友阅读《史记》提供了方便。

二、司马迁与希罗多德和普鲁塔克

中国从春秋战国到秦汉大一统,文化思想界从百家争鸣到司马迁时代的儒学独尊,产生了许多思想家、文学家和历史学家,司马迁是一位杰出的代表。西方世界与东方中国对应而文化学术最发达的国家和地区,只有古希腊可与东方媲美。从公元前 5 世纪到公元 1 世纪,古希腊文化产生的各学科大师也是群星灿烂。伟大的历史学家有希罗多德和修昔底德,传记作家有普鲁塔克。本题研讨司马迁与希普二氏之比较,对于定位司马迁在世界文化思想史上的地位和影响是很有意义的。

1. 司马迁与希罗多德

希罗多德,古希腊历史学家,约生于公元前 484 年,卒于公元前 425 年,享年 60 岁,与司马迁一生(前 145—前 86)年岁相仿,早于司马迁三个世纪。希氏所著《历史》在西方有"历史之父"的美誉。司马迁所著《史记》,苏联大百科全书称之为"中国史学之父"。司马迁和希罗多德是东西方两个最伟大的历史学家。前者的著作奠定了中国史学的独立地位,后者的著作奠定了西方史学的独立地位。

(1)希罗多德的经历。公元前 484 年,希罗多德出生在小亚细亚哈利卡纳苏城一个奴隶主贵族家庭。他从小受到系统的教育,勤奋好学,博览群书,尤其酷爱史诗,对荷马、梭伦、埃斯库洛斯等希腊古代名家有深入的研究,这为日后成长为一个伟大的历史学家打下了坚实的基础。希罗多德叔父帕息斯是一位著名的诗人,公元前 461 年因反抗僭主暴政被杀头,时年 23 岁的希罗多德受牵连遭流放到萨摩斯岛,8 年后才重返故乡。重获自由的希罗多德,时年 30 岁,时间在公元前 454 年。随后希罗多德离开故乡,开始了长达 8 年的漫游。希氏在西亚、北非、希腊半岛、地中海沿岸等古代欧亚非西方世界广大地区留下了自己的足迹。东方,希罗多德到了腓尼基、叙利亚、巴比伦,以及波斯帝国的腹地,两河流域的发达文化让希氏徘徊流连。南方,希罗多德到了埃及、北非。他沿尼罗河而上,考察尼罗河长期泛滥的原因。埃及宏伟壮丽的金字塔让希氏折腰陶醉。北方,希罗多德到了黑海北岸的西徐亚、色雷斯、马其顿等国。希罗多德的渊博学识吸引了马其顿王家大臣与之交游,加深了希氏对当时政治的了解。西方,希罗多德到了意大利半岛南部,他对繁荣的西西里岛赞不绝口。公元前447年,38岁的希罗多德来到雅典,雅典的民主政治和兴盛的文化深深吸引了希罗多德。希氏在盛世的文化氛围中开始了《历史》的写作。经过18年的努力,公元前430年,《历史》正式发表,全书共九卷。希氏完成《历史》,时年54岁。

(2)《历史》的内容和编纂方法。希罗多德的《历史》全称《希腊波斯战争史》,核心内容是反映公元前5世纪上半叶希波战争这一历史变革的大事件。希波战争是以雅典为核心的希腊城邦和波斯帝国之间的战争。公元前500年,小亚细亚沿岸最大的希腊城邦米利都起兵反抗波斯的统治,拉开了希波战争的序幕。公元前493年米利都反抗失败,城邦被毁。

公元前492年,波斯大举进攻希腊本土,战争持续绵延了43年,直到公元前449年,雅典派富豪卡里阿斯到波斯首都苏撒订立和约,史称《卡里阿斯和约》,波斯承认小亚细亚希腊各城邦独立,决定退出爱琴海,希波战争结束。43年的希波战争分为两个阶段,从公元前492年到公元前479年的14年为第一阶段,波斯三次大举进攻希腊,三次惨败,波斯被逐出巴尔干半岛,雅典已经赢得了战争的全胜。从公元前479年到公元前449年的30年是雅典的扩张,波斯被逐出了爱琴海。《历史》记述的希波战争到公元前479年为止。波斯三次入侵希腊的战争,第一次在公元前492年,第二次在公元前490年。这两次入侵都是波斯皇帝大流士发动的,他两次大举入侵均遭惨败。第三次希波战争在公元前480年,波斯皇帝薛西斯从水陆两路大举入侵,起初波斯军以众击寡赢得主动,薛西斯进入了雅典。但是海战波斯军战败,几乎全军覆没。薛西斯不敢逗留,率主力退回亚洲,公元前479年留在希腊本土的波斯军被肃清,小亚细亚各城邦获得独立。弱小的雅典打败了强盛而庞大的波斯帝国,是值得记述的历史大事件。波斯帝国从此走向衰落。

希氏《历史》的创作有以下三大特点,从而奠定了希氏"历史之父"的地位。

第一,着眼世界范围研究历史的方法。希氏《历史》九卷,其中只有后五卷写希波战争,前四卷及第五卷前 20 节,有两卷写亚述、巴比伦和波斯,一卷专述埃及,此外一卷多记述欧亚草原地带的斯基泰族。由于希罗多德要探索战争的起源并介绍希腊及邻国的历史文化,所以突破了狭隘的地域,尽可能记述他所知的世界范围的历史,内容包括希腊诸岛、西亚、北非、黑海沿岸、地中海中部的意大利和西西里岛等地区。《历史》以希波战争为主要内容,不只是空间扩展,而且时间上溯希波战争以前的希腊、波斯的社会及人文历史,诸如民族分布、经济生活、政治制度、风土人情、宗教信仰、名胜古迹等丰富内容,为我们展现了古代亚非欧近 20 个国家和地区的民族生活图景,俨然是一部世界通史和百科全书。

第二,希罗多德有进步的历史观。他怀抱着满腔的热情,自觉地来写《希腊波斯战争史》,称颂雅典的民主自由,批判波斯的独裁专制,弱小的雅典战胜强敌波斯,正是民主自由战胜独裁专制的生动例证。希罗多德说:"当雅典人蜷伏在暴君统治下的时候,他们一点也说不上有什么比其邻邦居民来得优越的地方;然而一旦挣脱了暴君的统治,他们就肯定地变得英勇盖世了。"由于"获得了自由,就人人竭其所能地争先效力,把国事当做自己的事了。"①希氏还时常通过书中人之口,称颂民主,反对独裁。例如,他借书中人欧塔涅斯之口,主张废除独裁统治,说:"在法律面前人人平等,因此我的意见废掉独裁统治,增加人民权力,一切事情必须取决于公众。"此外,希氏还主张各民族互相尊重和学习,他极力称扬希腊文化,但并不是希望中心主义者。希氏认为东方文明优于希腊文化的地方应予吸收。他肯定埃及的太阳历比希腊历法准确,埃及的几何学、量地法、建筑技术,巴比伦的日晷和计时法,腓尼基的文字等等,都给希腊带来积极的影响。

第三,开创了叙述体的纂史方法。希氏《历史》一改以往内容博杂、结构松散的记事特色,确立以历史事件为纲,全面记述史事的编纂体裁,对每一件事情都予以详细叙述,载其因果,记事系统连贯,史事来龙去脉清晰,系统性、丰富性、灵活性,成为西方极为盛行的体裁。

(3)司马迁与希罗多德之比较。如上所述,希罗多德的《历史》与司马迁的《史记》,两书的思想旨趣一脉贯通。共通的百科全书,进步的历史观,开创的历

---

① 《历史》,商务印书馆 2005 年版。

史编纂方法,就像是一对双胞胎。司马迁与希罗多德,远隔千山万水,而两人的史识见解,英雄所见略同。此外,还有以下的一些共通点。再列举三端。

其一,两人都是自觉的历史家。所谓自觉,系指史家以修史为己任,全身心投入,有明确的著书目的。司马迁承父志,效《春秋》著《史记》,以"网罗天下放矢旧闻,考之行事,稽其成败兴坏之理","述往事,思来者",实现"究天人之际,通古今之变,成一家之言"。目的是完成一代大典,为后王立法,为人伦立准则,成为一部人伦道德教科书。希罗多德的著述目的,《历史》开宗明义指出:"在这里发表出来的,乃是哈利卡纳苏斯人希罗多德的研究成果。他之所以要把这些研究成果发表出来,是为了保存人类所达成的那些伟大成就,使之不致因为年代久远而湮没不彰,为了使希腊人和异邦人的那些可歌可泣的丰功伟绩不致失去其应有的光彩,特别是为了要把他们之间发生战争的原因记载下来,以永垂后世。"两人的著述目的,旨趣相同,保存历史,志古自镜,探索历史演变的原因。

其二,取材宏富,记事实录,重视史料的考订和批判工作。《史记》记事实录,众所周知。希氏《历史》,前四卷有闻必录,有些地方失于轻信,后五卷叙事严谨可靠。同一历史事件,史料有多种来源,司马迁两传存疑。希氏记事,有的传闻也是记史存故,未必为信史。希氏特作交代说:"我的责任是报道人们所说的一切,但我自己并不一定就相信这些事是真实的。"有时说:"这可能是真实的",或者说:"我不知道是不是真有其事。"这样的"声明",书中俯拾皆是。希氏记载这些他并不认为是真实的传说,是作为存疑,并引为艺术手段,使自己的叙述生动活泼,色彩鲜明,引人入胜。

其三,《史记》与《历史》都是文史名著,既是史学,又是文学。两书文笔生动,清新华美,语言流畅而富有韵律。司马迁和希罗多德都做到了把严肃的科学历史内容与具有高度艺术性的表达方法相结合,可以说两人的历史创作都是用散文写成的史诗。

《史记》贯通的是三千年历史,《希腊波斯战争史》着重写的是一场战争,两书的博大思精不可同日而语,但希氏早于司马迁三个世纪,两人各自创作了精彩绝伦的一代大典。一个是东方文明的史学之父,一个是西方文明的史学之父,司马迁与希罗多德比较,不必分伯仲,两人是永远闪耀在历史天空上的一对双子星。

2. 司马迁与普鲁塔克

普鲁塔克,生于公元 45 年,死于公元 120 年,享年 76 岁,约晚于司马迁两个世纪。普氏是古罗马帝国早期的希腊作家。

(1)普氏的身世。普氏出生在希腊比奥提亚地区西北部一个小城镇洛涅亚的一个贵族家庭。祖父兰普利知识渊博,父亲奥托布通晓哲学、历史,而且是一个有名的传记作家。普氏出身书香门第,自幼恭承庭训,受到良好学术文化的熏陶。

公元 66 年,普氏 21 岁,来到文化教育中心雅典,受业于柏拉图主义者阿摩尼,学习哲学、数学、历史学、修辞学,兼攻医学。此外,自修诗学、演说术、美术和音乐理论,以及当时的自然科学。

普氏访学雅典后漫游各地。他游历了许多希腊城邦,访问过埃及和小亚细亚,两次游历罗马帝国。普氏在游历中结识了许多文化精英,还有一些政要朋友。其中罗马皇帝图拉真的宠臣索希乌斯·谢涅齐奥给予普氏重大影响,两人过从甚密。通过索氏,普鲁塔克与图拉真和哈德良两朝罗马皇帝交往,教过图拉真哲学,做过哈德良的师傅。图拉真赏赐普氏执政官的荣衔,哈德良任命普氏做了三年亚该亚省省长。普氏一生担任过许多公职,特别是荣任德尔斐阿波罗神殿的终身祭司。但普氏无论处于怎样的高位,一生笔耕不辍,著述多达二百余种。《道德文集》就是普氏现存各种著述的合集,《名人传》是其代表作。

普氏与司马迁之比较,就是他的这部《名人传》可与《史记》比肩。《史记》与《名人传》是古代东西方最伟大的两部人物传记作品。美国大百科全书列名世界古代伟大的传记作家,司马迁第一,普氏位居其后第三。

(2)普氏的《名人传》。普氏《名人传》原名《希腊罗马名人平行列传》,意即《比较传记集》。全书 50 篇传记,其中 46 篇以类相从,分为 23 组。有 21 组是以一个希腊的名人与罗马的名人并列,后面附以名为《比较》的评论短文。还有两组,每组 4 传,一组是希腊人,一组是罗马人,后附以《比较》。在 50 篇之中另有 4 篇单个人物传记。这 4 个单传,可以看作是在整齐之中的变例。以上全书 50 篇,共写了 54 个人的传记,全都是帝王将相,即在政治上军事上叱咤风云的人物,而思想家、哲学家、诗人、科学家无一席之地。传记排列大体按时间先后,第一对传记是雅典的创立者提修斯和罗马城的创立者罗慕洛(公元前 9 世纪),一直写到公元 1 世纪的罗马皇帝加尔巴和奥托(两人都死于公元 69 年），包括大约一千年的历史。

普氏只写帝王将相，主旨是以人物传记形式写历史，把罗马皇帝与希腊国主并列评说，这是独特的研究方法与编纂方法。梁启超在《中国历史研究法》（外二种）中评论说："（《名人传》）这部书的组织，虽然有些地方勉强比对，不免呆板，但从比对论列之故，一面可以发挥本国人的长处，亦可以针砭本国人的短处。两两对照，无主无宾，因此叙述上批评亦比较公平。"

（3）司普二氏比较之异同。司马迁与普鲁塔克分别生活在东西方两个社会制度完全不同的国家，两人相隔空间距离两万多里，时间距离两个世纪。但两人的经历和创作成果有许多共同点，其不同点是各自的特色。两人比较，可以带给我们许多启迪。

首先，两人经历有三大共同点。其一，司普两人都出生在书香门第之家，司马迁是史官世家，普鲁塔克是传记世家，学术文化厚重的家庭带给两人极高的文化修养。其二，两人在青年时代都游历了许多地方，接触广阔的社会，并且两人都跻身于统治权力的中心，与帝王将相交游。其三，两人都处于国家的极盛时代。司马迁一生与汉武帝相终始，是两汉的极盛时代，普鲁塔克生活在"罗马的和平"年代，宏阔昂扬的时代是产生伟大作品的背景。可以说，《史记》《名人传》两部世界顶级作品都是时代的呼唤产生的。两人经历的不同点，普鲁塔克出身豪门，一生顺利，这一优越条件影响普氏眼界只盯住上层，所写局限于帝王将相。司马迁出生于一般的中产之家，比普氏寒微得多，曾"耕牧河山之阳"，了解社会下层，晚年又受"腐刑"之祸，身遭危困而发愤著书，升华了《史记》主题。《史记》体大思精，囊括三千年历史，写尽社会人生百态，固然帝王将相是《史记》的主体，而社会各色人物，全方位纳入了《史记》，文学家、思想家、天文家，以及社会下层民工技术之人都在《史记》中有位置。内容的丰富性、全面性，《名人传》无法与《史记》相比。司马迁的识见与目光的深邃，都比普氏要高。

第二，《史记》与《名人传》比较，有五大共同点。其一，两书都以人物为中心载述历史，塑造典型人物，积累了写人艺术。其二，两书都是实录记事。其三，两书都充满激情，作者直抒评论。《名人传》后有《比较》的评论，《史记》篇后有"太史公曰"。其四，两书都创造了历史的比较研究方法。《名人传》的比较特点极其鲜明，此为普氏的一大创造，梁启超给予了高度评价。《史记》

中有类传、合传,就是司马迁引入比较法创作的篇章。《鲁仲连邹阳列传》,两人不同时代,合于一传,司马迁在《太史公曰》明确交代说:"比物连类有足悲者。"比物连类就是比较法。其五,两书文采斐然。两书的区别点表现为两书各自的突出特点,主要有两个方面。《名人传》的比较方法比《史记》更为突出,此其一。《名人传》主旨是文学作品,全书只写传记;《史记》主旨是"究天人之际,通古今之变,成一家之言",首先是历史,文学是第二位的,此其二。两书都是文史名著,普氏侧重的是文学,司马迁侧重的是历史。

三、司马迁在世界文化思想史上的地位和影响

司马迁把一生全部贡献给了《史记》,司马迁和《史记》是一个不可分割的名字。评价司马迁在世界和世界文化思想史上的地位和影响,也就是评价《史记》的地位和影响。《史记》是一部空前的历史巨著,也是一部杰出的传记文学名著,自成一家之言。也就是说,司马迁集史学家、文学家、思想家于一身,在中国古代史上是前无古人、后无来者的一位文化巨人,在世界古代史上也是罕见的天才。

1. 伟大的历史学家

作为历史学家,司马迁的《史记》被誉为"史家之绝唱",在我国古代史学史上树立了一座巍峨的丰碑。司马迁的创作,是对先秦史籍和文献做了集大成的总结,不仅给后来的史学发展提供了范例,而且开拓了广阔的领域,从而奠定了史学的独立地位,结束了史学的童年。司马迁成为中国历史学之父,《史记》成为两千年来传统史学的优秀楷模。

司马迁创立的纪传体被传统史学家奉为作史圭臬。唐代设馆修史,以《史记》开创的纪传体为"正史",从此纪传史居于独尊地位一千余年。历代史学家踵其遗轨修成蝉联而下的列朝正史,从《史记》至《清史稿》积数有二十六种之多,四千零四十二卷,洋洋近五千万言,按各史的朝代序列完整无缺地保存下来,故学术界有中华民族全史之称。记事起黄帝讫大清,中华民族五千年悠久文化发展的规模体制,载述毕于此编,司马迁的首创之功,可与日月并垂悬。

《史记》的影响,远远不限于正史系列。司马迁开创的"通史家风",为司马光、郑樵所继承,写出了《通鉴》《通志》。《史记》所创"八书",《汉书》扩充

为"十志",为正史系列所继承。唐以后别支分出,发展成为各种典制体专史系列,贯通的有《通典》《通考》等所谓"十通"系列,断代的有历代《会典》《会要》系列。此外,经济史、学术史、地方史、少数民族史等专史领域,追本溯源,都由《史记》发其端。

2. 杰出的文学家

作为文学家,司马迁开创了散文叙事的传记文学,《史记》遗泽后世,成为历代文学大家和千万计读者学习、借鉴的典范。《史记》对后世传记文学、散文、小说、戏曲都产生了深远的影响。

《史记》对后世文学的影响,最直接的是散文。司马迁的散文成就,不仅代表了汉代文学的高峰,而且在散文发展史上,也起了承先启后的作用。

"唐宋八大家"是我国古典散文的杰出代表,他们反对六朝骈文,提倡古文,把《左传》《史记》当作旗帜。《左传》散文叙事有具体的过程,而且富有文学性,在散文史上是一个发展。但《左传》散文以记事为主,还缺乏人物形象的塑造,它又受到解经编年的限制,还没有充分发挥出散文完整叙事的特点。《史记》散文广泛吸收先秦诸子散文与《左传》《国语》《战国策》等叙事散文的特长,创造出《史记》独具的史传文学,把散文的发展推向了一个新的高峰。唐代古文运动的先驱者独孤及说:"荀、孟朴而少文,屈、宋华而无根。有以取正,其贾生、史迁、班孟坚云尔。"①这是说司马迁的文章比荀子、孟子更富有文采,又没有屈原、宋玉"华而无根"的弊病,岂不是说司马迁文章比荀子、孟子、屈原、宋玉还要高一筹吗!从历史叙事的角度看,《史记》完整地叙述历史事件的发展过程,有个性鲜明的人物刻画,又广泛深刻地反映了社会生活,它远远地超越了《左传》。所以"唐宋八大家"提倡的古文运动,主要是学习、效法《史记》,追步司马迁,把《史记》文章当作古文典范来借鉴。"唐宋八大家"之后的明清评点家,尤其是清代桐城派古文家,更是把《史记》奉为古文正宗。这说明自宋代以后,《史记》对散文的发展,仍有巨大的影响。李长之先生有极精到的评述。李氏说:

> 司马迁的风格是丰富的,他的风格配合着内容而有变化……韩愈得了这种风格的一部分,是矫健;欧阳修得了这种风格的一部分,是唱叹。

① 《全唐文》卷五百一十八梁肃《毗陵集后序》。

归有光学了他那在琐屑处传神,在平淡处抒情的小巧。方苞学了他纪事文的有层次和干净利落处。一直到林纾,还用了司马迁的风格介绍了西洋资产阶级上升期的一些文学名著。这些人所得或大或小,或深或浅,但司马迁在散文风格方面的影响之大却可见了。①

从写人文学角度看,司马迁创造了史学与文学高度统一的传记文学,因此,《史记》不仅影响了后世史传、杂传的写作,也深深地影响后世小说和戏剧的创作。司马迁是人物形象创作典型化的奠基人。只要提起司马迁,人们的脑中就会浮现出屈原、魏公子、廉颇、蔺相如、项羽、刘邦、张良、韩信、樊哙、李广,以及荆轲、聂政、朱家、郭解等一系列人物的形象。司马迁"以文运事"的写人艺术,直接影响"因文生事"的后世小说,使中国小说具有不同于西方小说的独立特点。中国小说故事性强,开头结尾与情节结构都带有史传的特点,这是受《史记》影响的结果。反过来觉得《史记》若干人物仿佛就是生动的历史小说。

中国古典小说的发展主要有三个时期。一是六朝志怪小说,二是唐五代传奇,三是宋元明清的话本和通俗小说。各个历史时期的小说无不受到《史记》的深刻影响。

由上所述,在中国文学发展史上,司马迁是当之无愧承前启后的杰出的文学家。他创作的《史记》传记文学,具有多方面的文学价值,是中国古典文学中无与伦比的精品。

3. 卓越的思想家

作为思想家,司马迁具有崇高的人格和创新的精神。他的崇高人格和创新精神,主要表现在以下三个方面:一是忍辱负重,发愤著书,实现了"成一家之言"的理想;二是勇于探索和创新,创作了划时代的纪传体通史,用以稽其成败兴坏之理,志古自镜;三是严格地忠实于信实可靠的历史,不与圣人同是非。这些精神和品格,都是值得我们继承和发扬的。

司马迁忍辱发愤,实现了"成一家之言"的理想,为人们树立了以"立名"为核心思想的进步荣辱观和生死观,对后世也产生了深远的影响。北齐颜之推在《颜氏家训·名实》篇中说:"劝其立名,则获其实。且劝一伯夷,而千万

---

① 李长之:《中国文学史略稿》第二卷,五十年代出版社 1954 年版。

人立清风矣;劝一季札,而千万人立仁风矣;劝一柳下惠,而千万人立贞风矣。"这是说,杰出人物的修身立名可以影响一代人的风气。在封建社会,个人的修身立名是一种积极进取的人生观。"青史留名",不仅是古代一切志士仁人奋斗和追求的目标,而且深入人心,普通老百姓都懂得"青史留名"的深刻意义。南宋民族英雄文天祥在《过零丁洋》诗中曾写下了"人生自古谁无死,留取丹心照汗青"的壮烈诗句,至今仍是激励人们斗志的座右铭,可以说这就是司马迁名重泰山的"立名"精神。司马迁撰述《史记》获得了空前的成功,也正是"立名"信念推动的结果。明代柯维骐效法司马迁发愤修史,竟然自处宫刑,其行为固然可笑,但也说明了司马迁忍辱发愤的精神对后世产生的强烈影响。

作为思想家,司马迁的伟大更体现在他创作实践中的不断创新精神。司马迁非常尊敬他的父亲,也无限推崇孔子,但是他并不墨守父训和死抱经文。他的创新精神突破了父亲的规划和圣人的遗则。可以说,创新既是司马迁品格的集中反映,也是《史记》的最大成功。《史记》之所以是一部划时代的伟大著作,用最简练的语言来概括,就是前文第三章所说的,这部巨著从内容到形式都是划时代的创新。

《史记》的创新,总括成一句话,就是司马迁创造了百科全书式的"纪传体通史"。这不仅仅是史学发展史上的一次划时代的创新,而且在文学史和思想史上也树立了一座里程碑。从司马迁"立言"角度来看,五体结构的纪传体,乃是"一家之言"的表述形式;而贯通百家学说以建立统一的新思想体系,这就是"一家之言"的内容,其核心思想是稽其成败兴坏之理以志古自镜。因此,司马迁的思想体系不是思辨哲学,而是经世致用的总结历史经验,在述往事、思来者中形成"一家之言"。由于司马迁的"一家之言"融会贯通了百家学说,所以它是对"独尊儒术"思想体系发出的异端。这一异端思想,使司马迁突破了封建主义的正统和愚忠的思想束缚,敢于实录历史,讥刺君王,非议圣人,反对暴政,同情人民的苦难,并在《史记》中突出了重视人民力量的思想,这些就是《史记》的人民性思想成分。司马迁的"一家之言"是我国古代异端史学的优秀传统,是应该肯定的。

司马迁的鲜血和生命化成了《史记》,给华夏子孙留下了宝贵的文化遗产,他将永远值得人们祭奠!

下 编

《史记》选读

【说明】《〈史记〉导读》下编"《史记》选读"共选文二十五篇,限于篇幅,过半数选文为节选。篇篇皆是《史记》中的精华。本纪、表、书、世家、列传五体皆备。每种体裁有说明。选文及"五体说明",大致勾勒了司马迁的写作宗旨以及《史记》全书内容结构的轮廓。选文既供选讲,亦供阅读。

一 十二本纪选讲

【说明】《史记》十二本纪缺《今上本纪》。今本《孝武本纪》是补缺者截取《封禅书》所补,为《史记》之重复篇目,故十二本纪只有十一纪。

《五帝本纪·正义》引裴松之《史目》云:"天子称本纪,诸侯曰世家。"张守节发挥说:"本者,系其本系,故曰本;纪者,理也,统理众事,系之年月,名之曰纪。"刘知几曰:"盖纪者,纲纪庶品,网罗万物,论篇目之大者,其莫过于此乎!"又云:"盖纪之为体者,犹《春秋》之经系日月以成岁时,书君上以显国统。"(《史通》卷二《本纪》)据此,"本纪"之义有五:

1."本纪"为法则、纲要之意,它"纲纪庶品",故为最尊贵之名称。

2."本纪"为记载天子国君之言事所专用。

3."本纪"是"网罗万事"的,即国家大事无所不载,不得视为人物传记。

4."本纪"编年,记正朔,象征天命攸归。从编纂学角度立论,编年记事是我国史法的优秀传统,使叙列的历史事件,兴衰发展的线索分明,它创自《春秋》。

5."本纪"效《春秋》十二公,故为十二篇。《太史公自序》云:"著十二本纪。"

十二《本纪》编年记正朔,与《十表》互为经纬,划分时代段落,为《史记》全书纲纪。十二《本纪》以王朝为体系,序列为:一、五帝本纪,二、夏本纪,三、殷本纪,四、周本纪,五、秦本纪,六、秦始皇本纪,七、项羽本纪,八、高祖本纪,九、吕太后本纪,十、孝文本纪,十一、孝景本纪,十二、今上本纪。

五帝本纪(节选)

【题解】《五帝本纪》载父系传说时代帝系相承,同姓而非一家,不是一个王朝。本篇述史寓含司马迁的卓越历史观,是《史记》全书的一个缩影。儒家经典《尚书》记事起于尧,宣扬让德;司马迁向前推至黄帝,是宣扬天下大一统。五帝时代约当公元前二十四、前二十三世纪,距今四千多年,正当原始公社进入军事民主部落联盟时代,司马迁的记载符合历史进程。黄帝、颛顼、帝喾、唐尧、虞舜五帝禅让相承,典礼制度一步步完善。黄帝用战争统一诸侯,表明平乱世要用暴力。尧、舜二帝举贤任能,天下大治,表明治国要用德,故篇末总括说:"自黄帝至舜、禹皆同姓而异其国号,以章其德。"黄帝草创国家,虞帝时制度大备,鲜明地表现了司马迁进化论的历史观。

黄帝者,少典之子,姓公孙,名曰轩辕。生而神灵,弱而能言,幼而徇齐,长而敦敏,成而聪明。

轩辕之时,神农氏世衰。诸侯相侵伐,暴虐百姓,而神农氏弗能征。于是轩辕乃习用干戈,以征不享,诸侯咸来宾从。而蚩尤最为暴,莫能伐。炎帝欲侵陵诸侯,诸侯咸归轩辕。轩辕乃修德振兵,治五气,艺五种,抚万民,度四方,教熊罴貔貅貙虎,以与炎帝战于阪泉之野。三战,然后得其志。蚩尤作乱,不用帝命,于是黄帝乃征师诸侯,与蚩尤战于涿鹿之野,遂禽杀蚩尤。而诸侯咸尊轩辕为天子,代神农氏,是为黄帝。天下有不顺者,黄帝从而征之,平者去之,披山通道,未尝宁居。

东至于海,登丸山,及岱宗。西至于空桐,登鸡头。南至于江,登熊、湘。北逐荤粥,合符釜山,而邑于涿鹿之阿。迁徙往来无常处,以师兵为营卫。官名皆以云命,为云师。置左右大监,监于万国。万国和,而鬼神山川封禅与为多焉。获宝鼎,迎日推策。举风后、力牧、常先、大鸿以治民。顺天地之纪,幽明之占,死生之说,存亡之难。时播百谷草木,淳化鸟兽虫蛾,旁罗日月星辰水波土石金玉,劳勤心力耳目,节用水火材物。有土德之瑞,故号黄帝。

黄帝二十五子,其得姓者十四人。

黄帝居轩辕之丘,而娶于西陵之女,是为嫘祖。嫘祖为黄帝正妃,生二子,其后皆有天下:其一曰玄嚣,是为青阳,青阳降居江水;其二曰昌意,降居若水。昌意娶蜀山氏女,曰昌仆,生高阳,高阳有圣德焉。黄帝崩,葬桥山。

以上为第一段,写中国华夏各族的始祖黄帝,统一各部族,初创国家。

帝尧者，放勋。其仁如天，其知如神。就之如日，望之如云。富而不骄，贵而不舒。黄收纯衣，彤车乘白马。能明驯德，以亲九族。九族既睦，便章百姓。百姓昭明，合和万国。

乃命羲、和，敬顺昊天，数法日月星辰，敬授民时。分命羲仲，居郁夷，曰旸谷。敬道日出，便程东作。日中，星鸟，以殷中春。其民析，鸟兽字微，申命羲叔，居南交。便程南为，敬致。日永，星火，以正中夏。其民因，鸟兽希革。申命和仲，居西土，曰昧谷，敬道日入，便程西成。夜中，星虚，以正中秋。其民夷易，鸟兽毛毨。申命和叔，居北方，曰幽都。便在伏物。日短，星昴，以正中冬。其民燠，鸟兽氄毛。岁三百六十六日，以闰月正四时。信饬百官，众功皆兴。

尧曰："谁可顺此事？"放齐曰："嗣子丹朱开明。"尧曰："吁！顽凶，不用。"尧又曰："谁可者？"讙兜曰："共工旁聚布功，可用。"尧曰："共工善言，其用僻，似恭漫天，不可。"尧又曰："嗟，四岳，汤汤洪水滔天，浩浩怀山襄陵，下民其忧，有能使治者？"皆曰鲧可。尧曰："鲧负命毁族，不可。"岳曰："异哉，试不可用而已。"尧于是听岳用鲧。九岁，功用不成。

尧曰："嗟！四岳：朕在位七十载，汝能庸命，践朕位？"岳应曰："鄙德忝帝位。"尧曰："悉举贵戚及疏远隐匿者。"众皆言于尧曰："有矜在民间，曰虞舜。"尧曰："然，朕闻之。其何如？"岳曰："盲者子。父顽，母嚚，弟傲，能和以孝，烝烝治，不至奸。"尧曰："吾其试哉。"于是尧妻之二女，观其德于二女。舜饬下二女于妫汭，如妇礼。尧善之，乃使舜慎和五典，五典能从。乃遍入百官，百官时序。宾于四门，四门穆穆，诸侯远方宾客皆敬。尧使舜入山林川泽，暴风雷雨，舜行不迷。尧以为圣，召舜曰："女谋事至而言可绩，三年矣。女登帝位。"舜让于德不怿。正月上日，舜受终于文祖。文祖者，尧大祖也。

于是帝尧老，命舜摄行天子之政，以观天命。舜乃在璿玑玉衡，以齐七政。遂类于上帝，禋于六宗，望于山川，辩于群神。揖五瑞，择吉月日，见四岳诸牧，班瑞。岁二月，东巡狩，至于岱宗，祡，望秩于山川。遂见东方君长，合时月正日，同律度量衡，修五礼五玉三帛二生一死为挚，如五器，卒乃复。五月，南巡狩；八月，西巡狩；十一月，北巡狩；皆如初。归，至于祖祢庙，用特牛礼。五岁一巡狩，群后四朝。遍告以言，明试以功，车服以庸。肇十有二州，决川。象以典刑，流宥五刑，鞭作官刑，扑作教刑，金作赎刑。眚灾过，赦；怙终贼，刑。钦哉，钦哉，惟刑之静哉！

驩兜进言共工,尧曰不可而试之工师,共工果淫辟。四嶽举鲧治洪水,尧以为不可,嶽强请试之,试之而无功,故百姓不便。三苗在江淮、荆州数为乱。于是舜归而言于帝,请流共工于幽陵,以变北狄;放驩兜于崇山,以变南蛮;迁三苗于三危,以变西戎;殛鲧于羽山,以变东夷:四罪而天下咸服。

尧立七十年得舜,二十年而老,令舜摄行天子之政,荐之于天。尧辟位凡二十八年而崩。百姓悲哀,如丧父母。三年,四方莫举乐,以思尧。尧知子丹朱之不肖,不足授天下,于是乃权授舜。授舜,则天下得其利而丹朱病;授丹朱,则天下病而丹朱得其利。尧曰:"终不以天下之病而利一人",而卒授舜以天下。尧崩,三年之丧毕,舜让辟丹朱于南河之南。诸侯朝觐者不之丹朱而之舜,狱讼者不之丹朱而之舜,讴歌者不讴歌丹朱而讴歌舜。舜曰"天也!"夫而后之中国践天子位焉,是为帝舜。

　　以上为第二段,写尧的品德、功劳,以及选拔官吏及禅位的动人故事。

虞舜者,名曰重华。重华父曰瞽叟,瞽叟父曰桥牛,桥牛父曰句望,句望父曰敬康,敬康父曰穷蝉,穷蝉父曰帝颛顼,颛顼父曰昌意:以至舜七世矣。自从穷蝉以至帝舜,皆微为庶人。

舜父瞽叟盲,而舜母死,瞽叟更娶妻而生象,象傲。瞽叟爱后妻子,常欲杀舜,舜避逃;及有小过,则受罪。顺事父及后母与弟,日以笃谨,匪有解。

舜,冀州之人也。舜耕历山,渔雷泽,陶河滨,作什器于寿丘,就时于负夏。舜父瞽叟顽,母嚚,弟象傲,皆欲杀舜。舜顺适不失子道,兄弟孝慈。欲杀,不可得;即求,尝在侧。

舜年二十以孝闻。三十而帝尧问可用者,四嶽咸荐虞舜,曰可。于是尧乃以二女妻舜以观其内,使九男与处以观其外。舜居妫汭,内行弥谨。尧二女不敢以贵骄事舜亲戚,甚有妇道。尧九男皆益笃。舜耕历山,历山之人皆让畔;渔雷泽,雷泽上人皆让居;陶河滨,河滨器皆不苦窳。一年而所居成聚,二年成邑,三年成都。尧乃赐舜絺衣与琴,为筑仓廪,予牛羊。瞽叟尚复欲杀之,使舜上涂廪,瞽叟从下纵火焚廪。舜乃以两笠自捍而下,去,得不死。后瞽叟又使舜穿井,舜穿井为匿空旁出。舜既入深,瞽叟与象共下土实井,舜从匿空出,去。瞽叟、象喜,以舜为已死。象曰:"本谋者象。"象与其父母分,于是曰:"舜妻尧二女与琴,象取之。牛羊仓廪予父母。"象乃止舜宫居,鼓其琴。舜往见之。象鄂不怿,曰:"我思舜正郁陶!"舜曰:"然,尔其庶矣!"舜复事瞽叟爱弟弥谨。于是尧乃试舜五典百官,皆治。

舜入于大麓,烈风雷雨不迷,尧乃知舜之足授天下。尧老,使舜摄行天子政,巡狩。舜得举用事二十年,而尧使摄政,摄政八年而尧崩。三年丧毕,让丹朱,天下归舜。而禹、皋陶、契、后稷、伯夷、夔、龙、倕、益、彭祖自尧时而皆举用,未有分职。于是舜乃至于文祖,谋于四岳,辟四门,明通四方耳目,命十二牧论帝德,行厚德,远佞人,则蛮夷率服。舜谓四岳曰:"有能奋庸美尧之事者,使居官相事?"皆曰:"伯禹为司空,可美帝功。"舜曰:"嗟,然!禹,汝平水土,维是勉哉。"禹拜稽首,让于稷、契与皋陶。舜曰:"然,往矣。"舜曰:"弃,黎民始饥,汝后稷播时百谷。"舜曰:"契,百姓不亲,五品不驯,汝为司徒,而敬敷五教,在宽。"舜曰:"皋陶,蛮夷猾夏,寇贼奸轨,汝作士,五刑有服,五服三就;五流有度,五度三居:维明能信。"舜曰:"谁能驯予工?"皆曰垂可。于是以垂为共工。舜曰:"谁能驯予上下草木鸟兽?"皆曰益可。于是以益为朕虞。益拜稽首,让于诸臣朱虎、熊罴。舜曰:"往矣,汝谐。"遂以朱虎、熊罴为佐。舜曰:"嗟!四岳。有能典朕三礼?"皆曰伯夷可。舜曰:"嗟!伯夷,以汝为秩宗,夙夜维敬,直哉维静絜。"伯夷让夔、龙。舜曰:"然。以夔为典乐。教稚子,直而温,宽而栗,刚而毋虐,简而毋傲;诗言意,歌长言,声依永,律和声,八音能谐,毋相夺伦,神人以和。"夔曰:"於!予击石拊石,百兽率舞。"舜曰:"龙,朕畏忌谗说殄伪,振惊朕众,命汝为纳言,夙夜出入朕命,惟信。"舜曰:"嗟!女二十有二人,敬哉,惟时相天事。"三岁一考功,三考绌陟,远近众功咸兴。分北三苗。

此二十二人咸成厥功:皋陶为大理,平,民各伏得其实;伯夷主礼,上下咸让;垂主工师,百工致功;益主虞,山泽辟;弃主稷,百谷时茂;契主司徒,百姓亲和;龙主宾客,远人至;十二牧行而九州莫敢辟违;唯禹之功为大,披九山,通九泽,决九河,定九州,各以其职来贡,不失厥宜。方五千里,至于荒服。南抚交阯、北发,西戎、析枝、渠廋、氐、羌,北山戎、发、息慎,东长、鸟夷,四海之内咸戴帝舜之功。于是禹乃兴《九招》之乐,致异物,凤皇来翔。天下明德皆自虞帝始。

舜年二十以孝闻,年三十尧举之,年五十摄行天子事,年五十八尧崩,年六十一代尧践帝位,践帝位三十九年,南巡狩,崩于苍梧之野。葬于江南九疑,是为零陵。舜之践帝位，载天子旗，往朝父瞽叟，夔夔唯谨，如子道。封弟象为诸侯。舜子商均亦不肖，舜乃豫荐禹于天。十七年而崩。三年丧毕，禹亦乃让舜子，如舜让尧子。诸侯归之。然后禹践天子位。尧子丹朱，舜子商均，皆有疆土，以奉先祀。服其服，礼乐如之。以客见天子，天子弗臣，示不敢专也。

以上为第三段，写舜在经受了许多考验之后，登上帝位，广用贤才，完善了国家组织。

太史公曰：学者多称五帝，尚矣，然《尚书》独载尧以来；而《百家》言黄帝，其文不雅驯，荐绅先生难言之。孔子所传《宰予问五帝德》及《帝系姓》，儒者或不传。余尝西至空桐，北过涿鹿，东渐于海，南浮江、淮矣，至长老皆各往往称黄帝、尧、舜之处，风教固殊焉，总之不离古文者近是。予观《春秋》《国语》，其发明《五帝德》《帝系姓》章矣，顾弟弗深考，其所表见皆不虚。书缺有间矣，其轶乃时时见于他说。非好学深思，心知其意，固难为浅见寡闻道也。余并论次，择其言尤雅者，故著为本纪书首。

以上为作者论赞，说明《史记》断限起于黄帝的理由，以及述史资料的来源，选用原则，具有发凡起例的意义。

秦始皇本纪（节选）

【题解】秦始皇（公元前259—公元前210年），姓嬴名政，是我国历史上第一个专制主义中央集权封建国家秦王朝的建立者。本篇详尽地记载了秦始皇一生的事迹，由于二世短祚，亦附其事迹于后。因此，本篇记事上起公元前259年，秦始皇出生，下迄公元前207年秦二世之死，随即秦亡，实际上是秦王朝完整的编年史。在司马迁笔下，四十余年的重大政治事件，统一战争的复杂进程，都描述得脉络清楚，层次分明。对秦统一全国以后，在政治、经济、文化等方面所进行的重要改革，也作了如实的反映。特别对秦始皇由一个创建新王朝的英主到残暴帝王的转变过程，作了如实的叙述，从而为我们研究秦朝的历史，提供了极为珍贵的资料。

秦始皇帝者,秦庄襄王子也。庄襄王为秦质子于赵,见吕不韦姬,悦而取之,生始皇。以秦昭王四十八年正月生于邯郸。及生,名为政,姓赵氏。年十三岁,庄襄王死,政代立为秦王。当是之时,秦地已并巴、蜀、汉中,越宛有郢,置南郡矣;北收上郡以东,有河东、太原、上党郡;东至荥阳,灭二周,置三川郡。吕不韦为相,封十万户,号曰文信侯。招致宾客游士,欲以并天下。李斯为舍人,蒙骜、王、麃公等为将军。王年少,初即位,委国事大臣。

晋阳反,元年,将军蒙骜击定之。二年,麃公将卒攻卷,斩首三万。三年,蒙骜攻韩,取十三城。王齮死。十月,将军蒙骜攻魏氏畼、有诡。岁大饥。四年,拔畼、有诡。三月,军罢。秦质子归自赵,赵太子出归国。十月庚寅,蝗虫从东方来,蔽天。天下疫。百姓内粟千石,拜爵一级。五年,将军骜攻魏,定酸枣、燕、虚、长平、雍丘、山阳城,皆拔之,取二十城,初置东郡。冬雷。

六年,韩、魏、赵、卫、楚共击秦,取寿陵。秦出兵,五国兵罢。拔卫,迫东郡,其君角率其支属徙居野王,阻其山以保魏之河内。七年,彗星先出东方,见北方,五月见西方。将军骜死。以攻龙、孤、庆都,还兵攻汲。彗星复见西方十六日。夏太后死。八年,王弟长安君成蟜将军击赵,反,死屯留,军吏皆斩死,迁其民于临洮。将军壁死,卒屯留、蒲鹠反,戮其尸。河鱼大上,轻车重马东就食。嫪毐封为长信侯。予之山阳地,令毐居之。宫室车马衣服苑囿驰猎恣毐。事无小大皆决于毐。又以河西太原郡更为毐国。

以上为第一段,写秦始皇的出生及其亲政前的情况。

九年,彗星见,或竟天。攻魏垣、蒲阳。四月,上宿雍。己酉,王冠,带剑。长信侯毐作乱而觉,矫王御玺及太后玺以发县卒及卫卒、官骑、戎翟君公、舍人,将欲攻蕲年宫为乱。王知之,令相国、昌平君、昌文君发卒攻毐。战咸阳,斩首数百,皆拜爵,及宦者皆在战中,亦拜爵一级。毐等败走。即令国中:有生得毐,赐钱百万;杀之,五十万。尽得毐等。卫尉竭、内史肆、佐弋竭、中大夫令齐等二十人皆枭首,车裂以徇,灭其宗。及其舍人,轻者为鬼薪。及夺爵迁蜀四千余家,家房陵。是月寒冻,有死者。杨端和攻衍氏。彗星见西方,又见北方,从斗以南八十日。

十年,相国吕不韦坐嫪毐免。桓齮为将军。齐、赵来置酒。齐人茅焦说秦王曰:"秦方以天下为事,而大王有迁母太后之名,恐诸侯闻之,由此倍秦也"。秦王乃迎太后于雍而入咸阳,复居甘泉宫。

大索,逐客。李斯上书说,乃止逐客令。李斯因说秦王,请先取韩以恐他国,于是使斯下韩。韩王患之,与韩非谋弱秦。大梁人尉缭来,说秦王曰:"以秦之强,诸侯譬如郡县之君,臣但恐诸侯合从,翕而出不意,此乃智伯、夫差、湣王之所以亡也。愿大王毋爱财物,赂其豪臣,以乱其谋,不过亡三十万金,则诸侯可尽。"秦王从其计,见尉缭亢礼,衣服、食饮与缭同。缭曰:"秦王为人,蜂准,长目,挚鸟膺,豺声,少恩而虎狼心,居约易出人下,得志亦轻食人。我布衣,然见我常身自下我。诚使秦王得志于天下,天下皆为虏矣。不可与久游。"乃亡去。秦王觉,固止,以为秦国尉,卒用其计策。而李斯用事。

十一年,王翦、桓齮、杨端和攻邺,取九城。王翦攻阏与、橑杨,皆并为一军。翦将十八日,军归斗食以下,什推二人从军。取邺、安阳,桓齮将。十二年,文信侯不韦死,窃葬。"其舍人临者,晋人也逐出之;秦人六百石以上夺爵,迁;五百石以下不临,迁,勿夺爵。自今以来,操国事不道如嫪毐、不韦者籍其门,视此。"秋,复嫪毐舍人迁蜀者。当是之时,天下大旱,六月至八月乃雨。十三年,桓齮攻赵平阳,杀赵将扈辄,斩首十万。王之河南。正月,彗星见东方。十月,桓齮攻赵。

十四年,攻赵军于平阳,取宜安,破之,杀其将军。桓齮定平阳、武城。韩非使秦,秦用李斯谋,留非,非死云阳。韩王请为臣。十五年,大兴兵,一军至邺,一军至太原,取狼孟。地动。十六年九月,发卒受地韩南阳假守腾。初令男子书年。魏献地于秦。秦置丽邑。十七年,内史腾攻韩,得韩王安,尽纳其地,以其地为郡,命曰颍川。地动。华阳太后卒。民大饥。

十八年,大兴兵攻赵。王翦将上地,下井陉,端和将河内,羌瘣伐赵,端和围邯郸城。十九年,王翦、羌瘣尽定取赵地东阳,得赵王。引兵欲攻燕,屯中山。秦王之邯郸,诸尝与王生赵时母家有仇怨,皆阬之。秦王还,从太原、上郡归。始皇帝母太后崩。赵公子嘉率其宗数百人之代,自立为代王,东与燕合兵,军上谷。大饥。

二十年,燕太子丹患秦兵至国,恐,使荆轲刺秦王。秦王觉之,体解轲以徇,而使王翦、辛胜攻燕。燕、代发兵击秦军,秦军破燕易水之西。

二十一年,王贲攻荆。乃益发卒诣王翦军,遂破燕太子军,取燕蓟城,得太子丹之首。燕王东收辽东而王之。王翦谢病老归。新郑反。昌平君徙于郢。

大雨雪,深二尺五寸。

二十二年,王贲攻魏,引河沟灌大梁,大梁城坏,其王请降,尽取其地。

二十三年,秦王复召王翦,强起之,使将击荆。取陈以南至平舆,虏荆王。秦王游至郢陈。荆将项燕立昌平君为荆王,反秦于淮南。二十四年,王翦、蒙武攻荆,破荆军,昌平君死,项燕遂自杀。

二十五年,大兴兵,使王贲将,攻燕辽东,得燕王喜。还攻代,虏代王嘉。王翦遂定荆江南地;降越君,置会稽郡。五月,天下大酺。

二十六年,齐王建与其相后胜发兵守其西界,不通秦。秦使将军王贲从燕南攻齐,得齐王建。

以上为第二段,写嬴政亲政后粉碎嫪毒吕不韦集团和统一六国的经过。

秦初并天下,令丞相、御史曰:"异日韩王纳地效玺,请为藩臣,已而倍约,与赵魏合从畔秦,故兴兵诛之,虏其王。寡人以为善,庶几息兵革。赵王使其相李牧来约盟,故归其质子。已而倍盟,反我太原,故兴兵诛之,得其王。赵公子嘉乃自立为代王,故举兵击灭之。魏王始约服入秦,已而与韩、赵谋袭秦,秦兵吏诛,遂破之。荆王献青阳以西,已而畔约,击我南郡,故发兵诛,得其王,遂定其荆地。燕王昏乱,其太子丹乃阴令荆轲为贼,兵吏诛,灭其国。齐王用后胜计,绝秦使,欲为乱,兵吏诛,虏其王,平齐地。寡人以眇眇之身,兴兵诛暴乱,赖宗庙之灵,六王咸伏其辜,天下大定。今名号不更,无以称成功,传后世。其议帝号。"丞相绾、御史大夫劫、廷尉斯等皆曰:"昔者五帝地方千里,其外侯服夷服,诸侯或朝或否,天子不能制。今陛下兴义兵,诛残贼,平定天下,海内为郡县,法令由一统,自上古以来未尝有,五帝所不及。臣等谨与博士议曰:'古有天皇,有地皇,有泰皇,泰皇最贵。'臣等昧死上尊号,王为'泰皇'。命为'制',令为'诏',天子自称曰'朕'"。王曰:"去'泰',著'皇',采上古'帝'位号,号曰'皇帝'。他如议。"制曰"可"。追尊庄襄王为太上皇。制曰:"朕闻太古有号毋谥,中古有号,死而以行为谥。如此,则子议父,臣议君也,甚无谓,朕弗取焉。自今已来,除谥法。朕为始皇帝,后世以计数,二世、三世至于万世,传之无穷。"

始皇推终始五德之传,以为周得火德,秦代周德,从所不胜。方今水德之始,改年始,朝贺皆自十月朔。衣服、旄旌、节旗皆上黑,数以六为纪,符、法冠皆六寸,而舆六尺,六尺为步,乘六马。更名河曰"德水",以为水德之始。刚毅戾深,事皆决于法,刻削毋仁恩和义,然后合五德之数。于是急法,久者不赦。

丞相绾等言:"诸侯初破,燕、齐、荆地远,不为置王,毋以填之。请立诸子,唯上幸许。"始皇下其议于群臣,群臣皆以为便。廷尉李斯议曰:"周文、武所封子弟同姓甚众,然后属疏远,相攻击如仇雠,诸侯更相诛伐,周天子弗能禁止。今海内赖陛下神灵一统,皆为郡县,诸子功臣以公赋税重赏赐之,甚足易制。天下无异意,则安宁之术也。置诸侯不便。"始皇曰:"天下共苦战斗不休,以有侯王。赖宗庙,天下初定,又复立国,是树兵也,而求其宁息,岂不难哉!廷尉议是。"

分天下以为三十六郡,郡置守、尉、监。更名民曰"黔首"。大酺。收天下兵,聚之咸阳,销以为钟鐻,金人十二,重各千石,置廷宫中。一法度衡石丈尺。车同轨。书同文字。地东至海暨朝鲜,西至临洮、羌中,南至北向户,北据河为塞,并阴山至辽东。徙天下豪富于咸阳十二万户。诸庙及章台、上林皆在渭南。秦每破诸侯,写放其宫室,作之咸阳北阪上,南临渭,自雍门以东至泾、渭,殿屋复道周阁相属。所得诸侯美人钟鼓,以充入之。

二十七年,始皇巡陇西、北地,出鸡头山,过回中。焉作信宫渭南,已更命信宫为极庙,象天极。自极庙道通郦山,作甘泉前殿。筑甬道,自咸阳属之。是岁,赐爵一级。治驰道。

以上为第三段,写秦始皇改制,创建中央集权的国家机器。

二十八年,始皇东行郡县,上邹峄山。立石,与鲁诸儒生议,刻石颂秦德,议封禅望祭山川之事。乃遂上泰山,立石,封,祠祀。下,风雨暴至,休于树下,因封其树为五大夫。禅梁父。刻所立石,其辞曰:

皇帝临位,作制明法,臣下脩饬。二十有六年,初并天下,罔不宾服。亲巡远方黎民,登兹泰山,周览东极。从臣思迹,本原事业,祇诵功德。治道运行,诸产得宜,皆有法式。大义休明,垂于后世,顺承勿革。皇帝躬圣,既平天下,不懈于治。夙兴夜寐,建设长利,专隆教诲。训经宣达,远近毕理,咸承圣志。贵贱分明,男女礼顺,慎遵职事。昭隔内外,靡不清净,施于后嗣。化及无穷,遵奉遗诏,永承重戒。

于是乃并勃海以东,过黄、腄,穷成山,登之罘,立石颂秦德焉而去。

南登琅邪,大乐之,留三月。乃徙黔首三万户琅邪台下,复十二岁。作琅邪台,立石刻,颂秦德,明得意。曰:

> 维二十六年,皇帝作始。端平法度,万物之纪。以明人事,合同父子。圣智仁义,显白道理。东抚东土,以省卒士。事已大毕,乃临于海。皇帝之功,勤劳本事。上农除末,黔首是富。普天之下,抟心揖志。器械一量,同书文字。日月所照,舟舆所载。皆终其命,莫不得意。应时动事,是维皇帝。匡饬异俗,陵水经地。忧恤黔首,朝夕不懈。除疑定法,咸知所辟。方伯分职,诸治经易。举错必当,莫不如画。皇帝之明,临察四方。尊卑贵贱,不逾次行。奸邪不容,皆务贞良。细大尽力,莫敢怠荒。远迩辟隐,专务肃庄。端直敦忠,事业有常。皇帝之德,存定四极。诛乱除害,兴利致福。节事以时,诸产繁殖。黔首安宁,不用兵革。六亲相保,终无寇贼。欢欣奉教,尽知法式。六合之内,皇帝之土。西涉流沙,南尽北户,东有东海,北过大夏。人迹所至,无不臣者。功盖五帝,泽及牛马。莫不受德,各安其宇。

> 维秦王兼有天下,立名为皇帝,乃抚东土,至于琅邪。列侯武城侯王离、列侯通武侯王贲、伦侯建成侯赵亥、伦侯昌武侯成、伦侯武信侯冯毋择、丞相隗状、丞相王绾、卿李斯、卿王戊、五大夫赵婴、五大夫杨樛从,与议于海上。曰:"古之帝者,地不过千里,诸侯各守其封域,或朝或否,相侵暴乱,残伐不止,犹刻金石,以自为纪。古之五帝、三王,知教不同,法度不明,假威鬼神,以欺远方,实不称名,故不久长。其身未殁,诸侯倍叛,法令不行。今皇帝并一海内,以为郡县,天下和平。昭明宗庙,体道行德,尊号大成。群臣相与诵皇帝功德,刻于金石,以为表经。"

既已,齐人徐市等上书,言海中有三神山,名曰蓬莱、方丈、瀛洲,仙人居之。请得斋戒,与童男女求之。于是遣徐市发童男女数千人,入海求仙人。

始皇还,过彭城,斋戒祷祠,欲出周鼎泗水。使千人没水求之,弗得。乃西南渡淮水,之衡山、南郡。浮江,至湘山祠。逢大风,几不得渡。上问博士曰:"湘君何神?"博士对曰:"闻之,尧女,舜之妻,而葬此。"于是始皇大怒,使刑徒三千人皆伐湘山树,赭其山。上自南郡由武关归。

二十九年,始皇东游。至阳武博狼沙中,为盗所惊。求弗得,乃令天下大索十日。

登之罘,刻石,其辞曰:

> 维二十九年,时在中春,阳和方起。皇帝东游,巡登之罘,临照于海。从臣嘉观,原念休烈,追诵本始。大圣作治,建定法度,显著纲纪。外教诸侯,光施文惠,明以义理。六国回辟,贪戾无厌,虐杀不已。皇帝哀众,遂发讨师,奋扬武德。义诛信行,威旁达,莫不宾服。烹灭强暴,振救黔首,周定四极。普施明法,经纬天下,永为仪则。大矣哉!宇县之中,承顺圣意。群臣诵功,请刻于石,表垂于常式。

其东观曰:

> 维二十九年,皇帝春游,览省远方。逮于海隅,遂登之罘,昭临朝阳。观望广丽,从臣咸念,原道至明。圣法初兴,清理疆内,外诛暴强。武威旁畅,振动四极,禽灭六王。阐并天下,灾害绝息,永偃戎兵。皇帝明德,经理宇内,视听不怠。作立大义,昭设备器,咸有章旗。职臣遵分,各知所行,事无嫌疑。黔首改化,远迩同度,临古绝尤。常职既定,后嗣循业,长承圣治。群臣嘉德,祗诵圣烈,请刻之罘。

旋,遂之琅邪,道上党入。

> 以上为第四段,写秦始皇东巡封禅,立石颂功。

三十年,无事。

三十一年十二月,更名腊曰"嘉平"。赐黔首里六石米、二羊。始皇为微行咸阳,与武士四人俱,夜出逢盗兰池,见窘,武士击杀盗,关中大索二十日。米石千六百。

三十二年,始皇之碣石,使燕人卢生求羡门、高誓。刻碣石门。坏城郭,决通堤防。其辞曰:

> 遂兴师旅,诛戮无道,为逆灭息。武殄暴逆,文复无罪,庶心咸服。惠论功劳,赏及牛马,恩肥土域,皇帝奋威,德并诸侯,初一泰平。堕坏城郭,决通川防,夷去险阻。地势既定,黎庶无繇,天下咸抚。男乐其畴,女修其业,事各有序。惠被诸产,久并来田,莫不安所。群臣诵烈,请刻此石,垂著仪矩。

因使韩终、侯公、石生求仙人不死之药。始皇巡北边,从上郡入。燕人卢生使入海还,以鬼神事,因奏录图书,曰"亡秦者胡也"。始皇乃使将军蒙恬发兵三十万人北击胡,略取河南地。

三十三年,发诸尝逋亡人、赘婿、贾人略取陆梁地,为桂林、象郡、南海,以谪遣戍。西北斥逐匈奴。自榆中并河以东,属之阴山,以为四十四县,城河上为塞。又使蒙恬渡河取高阙、阳山、北假中,筑亭障以逐戎人。徙谪,实之初县。禁不得祠。明星出西方。

以上为第五段,写秦始皇求仙开边。

三十四年,谪治狱吏不直者,筑长城及南越地。

始皇置酒咸阳宫,博士七十人前为寿。仆射周青臣进颂曰:"他时秦地不过千里,赖陛下神灵明圣,平定海内,放逐蛮夷,日月所照,莫不宾服。以诸侯为郡县,人人自安乐,无战争之患,传之万世。自上古不及陛下威德。"始皇悦。博士齐人淳于越进曰:"臣闻殷、周之王千余岁,封子弟功臣,自为枝辅。今陛下有海内,而子弟为匹夫,卒有田常、六卿之臣,无辅拂,何以相救哉?事不师古而能长久者,非所闻也。今青臣又面谀以重陛下之过,非忠臣。"始皇下其议。丞相李斯曰:"五帝不相复,三代不相袭,各以治,非其相反,时变异也。今陛下创大业,建万世之功,固非愚儒所知。且越言乃三代之事,何足法也?异时诸侯并争,厚招游学。今天下已定,法令出一,百姓当家则力农工,士则学习法令辟禁。今诸生不师今而学古,以非当世,惑乱黔首。丞相臣斯昧死言:古者天下散乱,莫之能一,是以诸侯并作,语皆道古以害今,饰虚言以乱实,人善其所私学,以非上之所建立。今皇帝并有天下,别黑白而定一尊。私学而相与非法教,人闻令下,则各以其学议之。入则心非,出则巷议,夸主以为名,异取以为高,率群下以造谤。如此弗禁,则主势降乎上,党与成乎下,禁之便。臣请史官非秦记皆烧之。非博士官所职,天下敢有藏《诗》《书》、百家语者,悉诣守、尉杂烧之。有敢偶语《诗》《书》者弃市。以古非今者族。吏见知不举者与同罪。令下三十日不烧,黥为城旦。所不去者,医药、卜筮、种树之书。若欲有学法令,以吏为师。"制曰:"可"。

三十五年,除道,道九原抵云阳,堑山堙谷,直通之。于是始皇以为咸阳人多,先王之宫廷小。吾闻周文王都丰,武王都镐,丰、镐之间,帝王之都也。乃营作朝宫渭南上林苑中。先作前殿阿房,东西五百步,南北五十丈,上可以坐万人,下可以建五丈旗。周驰为阁道,自殿下直抵南山。表南山之颠以为阙;为复道,自阿房渡渭,属之咸阳,以象天极、阁道绝汉抵营室也。阿房宫未成;成,欲更择令名名之。作宫阿房,故天下谓之阿房宫。隐宫、徒刑者七十余万人,乃分作阿房宫,或作丽山。发北山石椁,乃写蜀、荆地材皆至。关中计宫三百,关外四百余。于是立石东海上朐界中,以为秦东门。因徙三万家丽邑,五万家云阳,皆复不事十岁。

卢生说始皇曰:"臣等求芝奇药仙者常弗遇,类物有害之者。方中,人主时为微行以辟恶鬼,恶鬼辟,真人至。人主所居而人臣知之,则害于神。真人者,入水不濡,入火不蒸,陵云气,与天地久长。今上治天下,未能恬倓,愿上所居宫毋令人知,然后不死之药殆可得也。"于是始皇曰:"吾慕真人,自谓'真人',不称'朕'。"乃令咸阳之旁二百里内宫观二百七十复道甬道相连,帷帐、钟鼓、美人充之,各案署不移徙。行所幸,有言其处者,罪死。始皇帝幸梁山宫,从山上见丞相车骑众,弗善也。中人或告丞相,丞相后损车骑。始皇怒曰:"此中人泄吾语。"案问莫服。当是时,诏捕诸时在旁者,皆杀之。自是后莫知行之所在。听事,群臣受决事,悉于咸阳宫。

侯生、卢生相与谋曰:"始皇为人,天性刚戾自用,起诸侯,并天下,意得欲从,以为自古莫及己。专任狱吏,狱吏得亲幸。博士虽七十人,特备员弗用。丞相诸大臣皆受成事,倚辨于上。上乐以刑杀为威,天下畏罪持禄,莫敢尽忠。上不闻过而日骄,下慑伏谩欺以取容。秦法,不得兼方,不验辄死。然候星气者至三百人,皆良士,畏忌讳谀,不敢端言其过。天下之事无小大皆决于上,上至以衡石量书,日夜有呈,不中呈不得休息。贪于权势至如此,未可为求仙药。"于是乃亡去。始皇闻亡,乃大怒曰:"吾前收天下书不中用者,尽去之。悉召文学方术士甚众,欲以兴太平,方士欲练以求奇药。今闻韩众去不报,徐市等费以巨万计,终不得药,徒奸利相告日闻。卢生等,吾尊赐之甚厚,今乃诽谤我,以重吾不德也。诸生在咸阳者,吾使人廉问,或为妖言以乱黔首。"于是使御史悉案问诸生。诸生传相告引,乃自除。犯禁者四百六十余人,皆坑之咸阳,使天下知之,以惩后。益发谪徙边。始皇长子扶苏谏曰:"天下初定,远方黔首未集,诸生皆诵法孔子,今上皆重法绳之,臣恐天下不安,唯上察之。"始皇怒,使扶苏北监蒙恬于上郡。

以上为第六段,写秦始皇焚书坑儒,横暴自是,终成孤家寡人。

三十六年,荧惑守心。有坠星下东郡,至地为石,黔首或刻其石曰:"始皇帝死而地分。"始皇闻之,遣御史逐问,莫服,尽取石旁居人诛之,因燔销其石。始皇不乐,使博士为《仙真人诗》,及行所游天下,传令乐人歌弦之。秋,使者从关东夜过华阴平舒道,有人持璧遮使者曰:"为吾遗滈池君。"因言曰:"今年祖龙死。"使者问其故,因忽不见,置其璧去。使者奉璧具以闻。始皇默然良久,曰:"山鬼固不过知一岁事也。"退言曰:"祖龙者,人之先也。"使御府视璧,乃二十八年行渡江所沉璧也。于是始皇卜之,卦得游徙吉。迁北河、榆中三万家,拜爵一级。

三十七年十月癸丑,始皇出游。左丞相斯从,右丞相去疾守。少子胡亥爱慕请从,上许之。十一月,行至云梦,望祀虞舜于九疑山。浮江下,观籍柯,渡海渚。过丹阳,至钱唐。临浙江,水波恶,乃西百二十里从狭中渡。上会稽,祭大禹,望于南海,而立石刻,颂秦德。其文曰:

> 皇帝休烈,平一宇内,德惠修长。三十有七年,亲巡天下,周览远方。遂登会稽,宣省习俗,黔首斋庄。群臣诵功,本原事迹,追首高明。秦圣临国,始定刑名,显陈旧章。初平法式,审别职任,以立恒常。六王专倍,贪戾慠猛,率众自强。暴虐恣行,负力而骄,数动甲兵。阴通间使,以事合从,行为辟方。内饰诈谋,外来侵边,遂起祸殃。义威诛之,殄熄暴悖,乱贼灭亡。圣德广密,六合之中,被泽无疆。皇帝并宇,兼听万事,远近毕清。运理群物,考验事实,各载其名。贵贱并通,善否陈前,靡有隐情。饰省宣义,有子而嫁,倍死不贞。防隔内外,禁止淫泆,男女絜诚。夫为寄豭,杀之无罪,男秉义程。妻为逃嫁,子不得母,咸化廉清。大治濯俗,天下承风,蒙被休经。皆遵度轨,和安敦勉,莫不顺令。黔首脩絜,人乐同则,嘉保太平。后敬奉法,常治无极,舆舟不倾。从臣诵烈,请刻此石,光垂休铭。

还过吴,从江乘渡。并海上,北至琅邪。方士徐市等入海求神药,数岁不得,费多,恐谴,乃诈曰:"蓬莱药可得,然常为大鲛鱼所苦,故不得至,愿请善射与俱,见则以连弩射之。"始皇梦与海神战,如人状。问占梦,博士曰:"水神不可见,以大鱼蛟龙为候。今上祷祠备谨,而有此恶神,当除去,而善神可致。"乃令入海者赍捕巨鱼具,而自以连弩候大鱼出射之。自琅邪北至荣成山,弗见。至之罘,见巨鱼,射杀一鱼。遂并海西。至平原津而病。

　　始皇恶言死，群臣莫敢言死事。上病益甚，乃为玺书赐公子扶苏曰："与丧，会咸阳而葬。"书已封，在中车府令赵高行符玺事所，未授使者。七月丙寅，始皇崩于沙丘平台。丞相斯为上崩在外，恐诸公子及天下有变，乃秘之，不发丧。棺载辒凉车中，故幸宦者参乘，所至上食。百官奏事如故，宦者辄从辒凉车中可其奏事。独子胡亥、赵高及所幸宦者，五六人知上死。赵高故尝教胡亥书及狱律令法事，胡亥私幸之。高乃与公子胡亥、丞相斯阴谋破去始皇所封书赐公子扶苏者，而更诈为丞相斯受始皇遗诏沙丘，立子胡亥为太子。更为书赐公子扶苏、蒙恬，数以罪，赐死。语具在《李斯传》中。行，遂从井陉抵九原。会暑，上辒车臭，乃诏从官令车载一石鲍鱼，以乱其臭。

　　行从直道至咸阳，发丧。太子胡亥袭位，为二世皇帝。九月，葬始皇郦山。始皇初即位，穿治郦山，及并天下，天下徒送诣七十馀万人，穿三泉，下铜而致椁，宫观、百官、奇器、珍怪徙臧满之。令匠作机弩矢，有所穿近者辄射之。以水银为百川江河大海，机相灌输，上具天文，下具地理，以人鱼膏为烛，度不灭者久之。二世曰："先帝后宫，非有子者，出焉不宜。"皆令从死，死者甚众。葬既已下，或言工匠为机，臧皆知之，臧重即泄。大事毕，已臧，闭中羡，下外羡门，尽闭工匠臧者，无复出者。树草木以象山。

　　以上为第七段，写秦始皇之死和沙丘政变。

项 羽 本 纪

　　【题解】《项羽本纪》是一篇破例为体的本纪，以名分论，本纪载朝代帝王，项羽未成帝业，名止霸王，司马迁为之立本纪，表现了他的卓越史识和独具匠心的编排。究其旨趣，要点有三。一曰纪实。项羽灭秦，分封十八王，"政由羽出"，故定名本纪以纪实，用以表彰项羽的灭秦之功。二曰通变。秦楚之际，变化剧烈，项羽是一中心人物。项羽定名本纪，编列在秦始皇、汉高祖之间，既符合"通古今之变"的历史序列，又是"见盛观衰"的一个关节点。因项羽是秦始皇者流，以惨酷并天下，以强力霸诸侯，故人心不附而骤兴骤亡。三代以德治天下，传世久远。汉行功德，卒并天下。始皇、项、刘三人本纪蝉联并编，上承三代，下启刘汉，构成强烈的对照和转折，用以说明残暴政治是不能持久的。三曰刘项对比。楚汉相争大事，项刘两纪，详此略彼，互见互补。项刘两人品格、功业、成败、兴衰，因蝉联并编而成强烈对比是十分鲜明的。

项籍者，下相人也，字羽。初起时，年二十四。其季父项梁，梁父即楚将项燕，为秦将王翦所戮者也。项氏世世为楚将，封于项。故姓项氏。

项籍少时，学书不成，去；学剑，又不成，项梁怒之。籍曰："书足以记名姓而已，剑一人敌，不足学，学万人敌。"于是项梁乃教籍兵法，籍大喜，略知其意，又不肯竟学。项梁尝有栎阳逮，乃请蕲狱掾曹咎书抵栎阳狱掾司马欣，以故事得已。项梁杀人，与籍避仇于吴中，吴中贤士大夫皆出项梁下。每吴中有大繇役及丧，项梁常为主办，阴以兵法部勒宾客及子弟，以是知其能。秦始皇帝游会稽，渡浙江，梁与籍俱观。籍曰："彼可取而代也。"梁掩其口，曰："毋妄言，族矣！"梁以此奇籍。籍长八尺余，力能扛鼎，才气过人，虽吴中子弟皆已惮籍矣。

以上为第一段，写项羽叔侄在国破家亡后的流离生活中蓄聚反秦力量，着重记叙项羽的粗疏与不凡。

秦二世元年七月，陈涉等起大泽中。其九月，会稽守通谓梁曰："江西皆反，此亦天亡秦之时也。吾闻先即制人，后则为人所制。吾欲发兵，使公及桓楚将。"是时桓楚亡在泽中。梁曰："桓楚亡，人莫知其处，独籍知之耳。"梁乃出，诫籍持剑居外待。梁复入，与守坐，曰："请召籍，使受命召桓楚。"守曰："诺。"梁召籍入。须臾，梁眴籍曰："可行矣！"于是籍遂拔剑斩守头。项梁持守头，佩其印绶。门下大惊，扰乱，籍所击杀数十百人。一府中皆慴伏，莫敢起。梁乃召故所知豪吏，谕以所为起大事，遂举吴中兵，使人收下县，得精兵八千人。梁部署吴中豪杰为校尉、候、司马。有一人不得用，自言于梁。梁曰："前时某丧，使公主某事，不能办，以此不任用公。"众乃皆伏。于是梁为会稽守，籍为裨将，徇下县。

广陵人召平于是为陈王徇广陵，未能下。闻陈王败走，秦兵又且至，乃渡江矫陈王命，拜梁为楚上柱国。曰："江东已定，急引兵西击秦！"项梁乃以八千人渡江而西。闻陈婴已下东阳，使使欲与连和俱西。陈婴者，故东阳令史，居县中，素信谨，称为长者。东阳少年杀其令，相聚数千人，欲置长，无适用，乃请陈婴。婴谢不能，遂强立婴为长，县中从者得二万人。少年欲立婴便为王，异军苍头特起。陈婴母谓婴曰："自我为汝家妇,未尝闻汝先古之有贵者。今暴得大名,不祥。不如有所属,事成犹得封侯,事败易以亡。非世所指名也。"婴乃不敢为王,谓其军吏曰："项氏世世将家,有名于楚,今欲举大事,将非其人不可。我倚名族,亡秦必矣。"于是众从其言,以兵属项梁。项梁渡淮,黥布、蒲将军亦以兵属焉。凡六七万人,军下邳。

当是时,秦嘉已立景驹为楚王,军彭城东,欲拒项梁。项梁谓军吏曰："陈王先首事,战不利,未闻所在。今秦嘉背陈王而立景驹,〔大〕逆无道。"乃进兵击秦嘉。秦嘉军败走,追之至胡陵。嘉还战一日,嘉死,军降。景驹走死梁地。项梁已并秦嘉军,军胡陵,将引军而西。章邯军至栗,项梁使别将朱鸡石、余樊君与战。余樊君死。朱鸡石军败,亡走胡陵。项梁乃引兵入薛,诛鸡石。项梁前使项羽别攻襄城,襄城坚守不下。已拔,皆坑之。还报项梁。项梁闻陈王定死,召诸别将,会薛计事。此时沛公亦起沛,往焉。

居鄛人范增,年七十,素居家,好奇计。往说项梁曰："陈胜败固当。夫秦灭六国,楚最无罪。自怀王入秦不反,楚人怜之至今,故楚南公曰,'楚虽三户,亡秦必楚'也。今陈胜首事,不立楚后而自立,其势不长。今君起江东,楚蜂午之将皆争附君者,以君世世楚将,为能复立楚之后也。"于是项梁然其言,乃求楚怀王孙心民间,为人牧羊,立以为楚怀王,从民所望也。陈婴为楚上柱国,封五县,与怀王都盱台。项梁自号为武信君。

居数月,引兵攻亢父,与齐田荣、司马龙且军救东阿,大破秦军于东阿。田荣即引兵归,逐其王假。假亡走楚,假相田角亡走赵。角弟田间故齐将,居赵不敢归。田荣立田儋子市为齐王。项梁已破东阿下军,遂追秦军,数使使趣齐兵,欲与俱西。田荣曰："楚杀田假,赵杀田角、田间,乃发兵。"项梁曰："田假为与国之王,穷来从我,不忍杀之。"赵亦不杀田角、田间以市于齐。齐遂不肯发兵助楚。

项梁使沛公及项羽别攻城阳,屠之。西破秦军濮阳东,秦兵收入濮阳。沛公、项羽乃攻定陶。定陶未下,去,西略地至雍丘,大破秦军,斩李由。还攻外黄,外黄未下。

项梁起东阿,西,比至定陶,再破秦军,项羽等又斩李由,益轻秦,有骄色。宋义乃谏项梁曰："战胜而将骄卒惰者败。今卒少惰矣,秦兵日益,臣为君畏之。"项梁弗听,乃使宋义使于齐。道遇齐使者高陵君显,曰："公将见武信君乎?"曰:"然。"曰:"臣论武信君军必败。公徐行即免死,疾行则及祸。"秦果悉起兵益章邯，击楚军，大破之定陶，项梁死。沛公、项羽去外黄攻陈留，陈留坚守，不能下。沛公、项羽相与谋曰："今项梁军破，士卒恐。"乃与吕臣军俱引兵而东。吕臣军彭城东，项羽军彭城西，沛公军砀。

章邯已破项梁军，则以为楚地兵不足忧，乃渡河击赵，大破之。当此时，赵歇为王，陈余为将，张耳为相，皆走入钜鹿。章邯令王离、涉间围钜鹿城，章邯军其南，筑甬道而输之粟。陈余为将，将卒数万人，而军钜鹿之北，此所谓河北之军也。

楚兵已破于定陶，怀王恐，从盱台之彭城，并项羽、吕臣军自将之。以吕臣为司徒，以其父吕青为令尹。以沛公为砀郡长，封为武安侯，将砀郡兵。

初，宋义所遇齐使者高陵君显在楚军，见楚王曰："宋义论武信君之军必败，居数日，军果败。兵未战而先见败征，此可谓知兵矣。"王召宋义与计事，而大悦之，因置以为上将军；项羽为鲁公，为次将，范增为末将，救赵。诸别将皆属宋义，号为卿子冠军。行至安阳，留四十六日不进。项羽曰："吾闻秦军围赵王钜鹿，疾引兵渡河，楚击其外，赵应其内，破秦军必矣。"宋义曰："不然。夫搏牛之虻不可以破虮虱，今秦攻赵，战胜则兵疲，我承其敝；不胜则我引兵鼓行而西，必举秦矣。故不如先斗秦、赵。夫被坚执锐，义不如公；坐而运策，公不如义。"因下令军中曰："猛如虎，很如羊，贪如狼，强不可使者，皆斩之！"乃遣其子宋襄相齐，身送之至无盐，饮酒高会。天寒大雨，士卒冻饥。项羽曰："将戮力而攻秦，久留不行。今岁饥民贫，士卒食芋菽，军无见粮，乃饮酒高会，不引兵渡河因赵食，与赵并力攻秦，乃曰'承其敝'。夫以秦之强，攻新造之赵，其势必举赵。赵举而秦强，何敝之承！且国兵新破，王坐不安席，扫境内而专属于将军，国家安危，在此一举。今不恤士卒而徇其私，非社稷之臣。"项羽晨朝上将军宋义，即其帐中斩宋义头，出令军中曰："宋义与齐谋反楚，楚王阴令羽诛之。"当是时，诸将皆慑服，莫敢枝梧。皆曰："首立楚者，将军家也。今将军诛乱。"乃相与共立羽为假上将军。使人追宋义子，及之齐，杀之。使桓楚报命于怀王，怀王因使项羽为上将军，当阳君、蒲将军皆属项羽。

项羽已杀卿子冠军，威震楚国，名闻诸侯。乃遣当阳君、蒲将军将卒二万渡河，救钜鹿，战少利。陈余复请兵，项羽乃悉引兵渡河，皆沉船、破釜甑、烧庐舍，持三日粮，以示士卒必死，无一还心。于是至则围王离，与秦军遇，九战绝其甬道，大破之，杀苏角，虏王离。涉间不降楚，自烧杀。

当是时,楚兵冠诸侯,诸侯军救钜鹿下者十余壁,莫敢纵兵。及楚击秦,诸将皆从壁上观。楚战士无不一以当十,楚兵呼声动天,诸侯军无不人人惴恐。于是已破秦军,项羽召见诸侯,将入辕门,无不膝行而前,莫敢仰视。项羽由是始为诸侯上将军,诸侯皆属焉。

章邯军棘原,项羽军漳南,相持未战。秦军数却,二世使人让章邯。章邯恐,使长史欣请事。至咸阳,留司马门三日,赵高不见,有不信之心。长史欣恐,还走其军,不敢出故道。赵高果使人追之,不及。欣至军,报曰:"赵高用事于中,下无可为者,今战能胜,高必疾妒吾功;战不能胜,不免于死。愿将军孰计之。"陈余亦遗章邯书曰:"白起为秦将,南征鄢、郢,北坑马服,攻城略地,不可胜计,而竟赐死。蒙恬为秦将,北逐戎人,开榆中地数千里,竟斩阳周。何者?功多,秦不能尽封,因以法诛之。今将军为秦将三岁矣,所亡失以十万数,而诸侯并起滋益多。彼赵高素谀日久,今事急,亦恐二世诛之,故欲以法诛将军以塞责,使人更代将军以脱其祸。夫将军居外久,多内郤,有功亦诛,无功亦诛。且天之亡秦,无愚智皆知之。今将军内不能直谏,外为亡国将,孤特独立而欲常存,岂不哀哉!将军何不还兵与诸侯为从,约共攻秦,分王其地,南面称孤;此孰与身伏鈇质,妻子为僇乎?"章邯狐疑,阴使候始成使项羽,欲约。约未成,项羽使蒲将军日夜引兵度三户,军漳南,与秦战,再破之。项羽悉引兵击秦军汙水上,大破之。

章邯使人见项羽,欲约。项羽召军吏谋曰:"粮少,欲听其约。"军吏皆曰:"善。"项羽乃与期洹水南殷虚上。已盟,章邯见项羽而流涕,为言赵高。项羽乃立章邯为雍王,置楚军中。使长史欣为上将军,将秦军为前行。

到新安,诸侯吏卒异时故繇使屯戍过秦中,秦中吏卒遇之多无状。及秦军降诸侯,诸侯吏卒乘胜多奴虏使之,轻折辱秦吏卒。秦吏卒多窃言曰:"章将军等诈吾属降诸侯。今能入关破秦,大善;即不能,诸侯虏吾属而东,秦必尽诛吾父母妻子。"诸将微闻其计,以告项羽。项羽乃召黥布、蒲将军计曰:"秦吏卒尚众,其心不服。至关中不听,事必危,不如击杀之,而独与章邯、长史欣、都尉翳入秦。"于是楚军夜击坑秦卒二十余万人新安城南。

以上为第二段,写项羽起义,南征北战,勇猛无敌,不愧是一个盖世英雄。这时期的项羽,尽管行军多暴,由于天下苦秦久矣,项羽反秦,仍然得到人民的拥护。钜鹿之战,项羽灭秦主力,被诸侯推为盟主。

行略定秦地。函谷关有兵守关,不得入。又闻沛公已破咸阳,项羽大怒,使当阳君等击关,项羽遂入,至于戏西。沛公军霸上,未得与项羽相见。沛公左司马曹无伤,使人言于项羽曰:"沛公欲王关中,使子婴为相,珍宝尽有之。"项羽大怒,曰:"旦日飨士卒,为击破沛公军。"当是时,项羽兵四十万,在新丰鸿门,沛公兵十万,在霸上。范增说项羽曰:"沛公居山东时,贪于财货,好美姬,今入关,财物无所取,妇女无所幸,此其志不在小。吾令人望其气,皆为龙虎,成五采,此天子气也。急击勿失。"

楚左尹项伯者,项羽季父也,素善留侯张良。张良是时从沛公,项伯乃夜驰之沛公军,私见张良,具告以事,欲呼张良与俱去,曰:"毋从俱死也。"张良曰:"臣为韩王送沛公,沛公今事有急,亡去不义,不可不语。"良乃入,具告沛公。沛公大惊,曰:"为之奈何?"张良曰:"谁为大王为此计者?"曰:"鲰生说我曰,'距关,毋内诸侯,秦地可尽王也'。故听之。"良曰:"料大王士卒足以当项王乎?"沛公默然,曰:"固不如也,且为之奈何?"张良曰:"请往谓项伯,言沛公不敢背项王也。"沛公曰:"君安与项伯有故?"张良曰:"秦时与臣游,项伯杀人,臣活之。今事有急,故幸来告良。"沛公曰:"孰与君少长?"良曰:"长于臣。"沛公曰:"君为我呼入,吾得兄事之。"张良出,要项伯。项伯即入见沛公。沛公奉卮酒为寿,约为婚姻,曰:"吾入关,秋毫不敢有所近,籍吏民,封府库,而待将军;所以遣将守关者,备他盗之出入与非常也。日夜望将军至,岂敢反乎?愿伯具言臣之不敢背德也。"项伯许诺,谓沛公曰:"旦日不可不早自来谢项王。"沛公曰:"诺。"于是项伯复夜去,至军中,具以沛公言报项王,因言曰:"沛公不先破关中,公岂敢入乎?今人有大功而击之,不义也,不如因善遇之。"项王许诺。

沛公旦日从百余骑来见项王,至鸿门,谢曰:"臣与将军戮力而攻秦,将军战河北,臣战河南,然不自意能先入关破秦,得复见将军于此。今者有小人之言,令将军与臣有郤。"项王曰:"此沛公左司马曹无伤言之,不然,籍何以至此?"项王即日因留沛公,与饮。项王、项伯东向坐,亚父南向坐。亚父者,范增也。沛公北向坐,张良西向侍。范增数目项王,举所佩玉玦以示之者三,项王默然不应。范增起,出召项庄,谓曰:"君王为人不忍,若入前为寿,寿毕,请以剑舞,因击沛公于坐,杀之。不者,若属皆且为所虏。"庄则入为寿。寿毕,曰:"君王与沛公饮,军中无以为乐,请以剑舞。"项王曰:"诺。"项庄拔剑起舞,项伯亦拔剑起舞,常以身翼蔽沛公,庄不得击。于是张良至军门,见樊哙。樊哙曰:"今日之事何如?"良曰:"甚急!今者项庄拔剑舞,其意常在沛公也。"哙曰:"此迫矣,臣请入,与之同命。"哙即带剑拥盾入军门。交戟之卫士欲止不内,樊哙侧其盾以撞,卫士仆地,哙遂入。披帷西向立,瞋目视项王,头发上指,目眦尽裂。项王按剑而跽曰:"客何为者?"张良曰:"沛公之参乘樊哙者也。"项王曰"壮士!赐之卮酒。"则与斗卮酒。哙拜谢,起,立而饮之。项王曰:"赐之彘肩。"则与一生彘肩。樊哙覆其盾于地,加彘肩上,拔剑切而啖之。项王曰:"壮士,能复饮乎?"樊哙曰:"臣死且不避,卮酒安足辞!夫秦王有虎狼之心,杀人如不能举,刑人如恐不胜,天下皆叛之。怀王与诸将约曰:'先破秦入咸阳者王之。'今沛公先破秦入咸阳,毫毛不敢有所近,封闭宫室,还军霸上,以待大王来。故遣将守关者,备他盗出入与非常也。劳苦而功高如此,未有封侯之赏,而听细说,欲诛有功之人。此亡秦之续耳,窃为大王不取也。"项王未有以应,曰:"坐!"樊哙从良坐。坐须臾,沛公起如厕,因招樊哙出。

沛公已出,项王使都尉陈平召沛公。沛公曰:"今者出,未辞也,为之奈何?"樊哙曰:"大行不顾细谨,大礼不辞小让。如今人方为刀俎,我为鱼肉,何辞为!"于是遂去。乃令张良留谢。良问曰:"大王来何操?"曰:"我持白璧一双,欲献项王;玉斗一双,欲与亚父,会其怒,不敢献。公为我献之。"张良曰:"谨诺。"当是时,项王军在鸿门下,沛公军在霸上,相去四十里。沛公则置车骑,脱身独骑,与樊哙、夏侯婴、靳强、纪信等四人持剑盾步走,从郦山下,道芷阳间行。沛公谓张良曰:"从此道至吾军,不过二十里耳。度我至军中,公乃入。"沛公已去,间至军中,张良入谢,曰:"沛公不胜杯杓,不能辞,谨使臣良奉白璧一双,再拜献大王足下;玉斗一双,再拜奉大将军足下。"项王曰:"沛公安在?"良曰:"闻大王有意督过之,脱身独去,已至军矣。"项王则受璧,置之坐上。亚父受玉斗,置之地,拔剑撞而破之,曰:"唉!竖子不足与谋,夺项王天下者,必沛公也,吾属今为之虏矣!"沛公至军,立诛杀曹无伤。

居数日,项羽引兵西屠咸阳,杀秦降王子婴,烧秦宫室,火三月不灭,收其货宝妇女而东。人或说项王曰:"关中阻山河四塞,地肥饶,可都以霸。"项王见秦宫室皆以烧残破,又心怀思欲东归,曰:"富贵不归故乡,如衣绣夜行,谁知之者?"说者曰:"人言楚人'沐猴而冠耳',果然。"项王闻之,烹说者。

项王使人致命怀王。怀王曰:"如约。"乃尊怀王为义帝。项王欲自王,先王诸将相,谓曰:"天下初发难时,假立诸侯后以伐秦。然身披坚执锐首事,暴露于野三年,灭秦定天下者,皆将相诸君与籍之力也。义帝虽无功,故当分其地而王之。"诸将皆曰:"善!"乃分天下,立诸将为侯王。

项王、范增疑沛公之有天下,业已讲解;又恶负约,恐诸侯叛之,乃阴谋曰:"巴、蜀道险,秦之迁人皆居蜀。"乃曰:"巴、蜀亦关中地也。"故立沛公为汉王,王巴、蜀、汉中,都南郑。而三分关中,王秦降将,以距塞汉王。

项王乃立章邯为雍王,王咸阳以西,都废丘。长史欣者,故为栎阳狱掾,尝有德于项梁;都尉董翳者,本劝章邯降楚。故立司马欣为塞王,王咸阳以东至河,都栎阳;立董翳为翟王,王上郡,都高奴。徙魏王豹为西魏王,王河东,都平阳。瑕丘申阳者,张耳嬖臣也,先下河南郡,迎楚河上,故立申阳为河南王,都雒阳。韩王成因故都,都阳翟。赵将司马卬定河内,数有功,故立卬为殷王,王河内,都朝歌。徙赵王歇为代王。赵相张耳素贤,又从入关,故立耳为常山王,王赵地,都襄国。当阳君黥布为楚将,常冠军,故立布为九江王,都六。鄱君吴芮率百越佐诸侯,又从入关,故立芮为衡山王,都邾。义帝柱国共敖将兵击南郡,功多,因立敖为临江王,都江陵。徙燕王韩广为辽东王。燕将臧荼从楚救赵,因从入关,故立荼为燕王,都蓟。徙齐王田市为胶东王。齐将田都从共救赵,因从入关,故立都为齐王,都临菑。故秦所灭齐王建孙田安,项羽方渡河救赵,田安下济北数城,引其兵降项羽,故立安为济北王,都博阳。田荣者,数负项梁,又不肯将兵从楚击秦,以故不封。成安君陈余弃将印去,不从入关,然素闻其贤,有功于赵,闻其在南皮,故因环封三县。番君将梅鋗功多,故封十万户侯。项王自立为西楚霸王,王九郡,都彭城。

以上为第三段,写项羽入关,并分封十八王。本段重点写鸿门宴,这是项羽事业的转折点,由反秦斗争转为楚汉相争。由于项羽缺乏政治经验,而又刚愎自用,思想守旧,第一个回合就打了败仗。

汉之元年四月,诸侯罢戏下,各就国。项王出之国,使人徙义帝,曰:"古之帝者地方千里,必居上游。"乃使使徙义帝长沙郴县,趣义帝行,其群臣稍稍背叛之,乃阴令衡山、临江王击杀之江中。韩王成无军功,项王不使之国,与俱至彭城,废以为侯,已又杀之。臧荼之国,因逐韩广之辽东,广弗听,荼击杀广无终,并王其地。

　　田荣闻项羽徙齐王市胶东,而立齐将田都为齐王,乃大怒,不肯遣齐王之胶东,因以齐反,迎击田都。田都走楚。齐王市畏项王,乃亡之胶东就国。田荣怒,追击杀之即墨。荣因自立为齐王,而西击杀济北王田安,并王三齐。荣与彭越将军印,令反梁地。陈余阴使张同、夏说说齐王田荣曰:“项羽为天下宰,不平。今尽王故王于丑地,而王其群臣诸将善地,逐其故主,赵王乃北居代,余以为不可。闻大王起兵,且不听不义,愿大王资余兵,请以击常山,以复赵王,请以国为扞蔽。”齐王许之,因遣兵之赵。陈余悉发三县兵,与齐并力击常山,大破之。张耳走归汉,陈余迎故赵王歇于代,反之赵。赵王因立陈余为代王。

　　是时,汉还定三秦。项羽闻汉王皆已并关中,且东,齐、赵叛之,大怒。乃以故吴令郑昌为韩王,以距汉。令萧公角等击彭越。彭越败萧公角等。汉使张良徇韩,乃遗项王书曰:“汉王失职,欲得关中,如约即止,不敢东。”又以齐、梁反书遗项王曰:“齐欲与赵并灭楚。”楚以此故,无西意,而北击齐。征兵九江王布。布称疾不往,使将将数千人行。项王由此怨布也。

　　汉之二年冬,项羽遂北至城阳,田荣亦将兵会战。田荣不胜,走至平原,平原民杀之。遂北烧夷齐城郭室屋,皆坑田荣降卒,系虏其老弱妇女。徇齐至北海,多所残灭。齐人相聚而叛之。于是田荣弟田横,收齐亡卒得数万人,反城阳。项王因留,连战未能下。

　　春,汉王部五诸侯兵凡五十六万人,东伐楚。项王闻之,即令诸将击齐,而自以精兵三万人,南从鲁出胡陵。四月,汉皆已入彭城,收其货宝美人,日置酒高会。项王乃西从萧,晨击汉军而东,至彭城,日中,大破汉军。汉军皆走。相随入谷、泗水,杀汉卒十余万人。汉卒皆南走山,楚又追击至灵壁东睢水上。汉军却,为楚所挤,多杀,汉卒十余万人,皆入睢水,睢水为之不流。围汉王三匝。于是大风从西北而起,折木发屋,扬沙石,窈冥昼晦,逢迎楚军。楚军大乱,坏散,而汉王乃得与数十骑遁去。欲过沛,收家室而西;楚亦使人追之沛,取汉王家;家皆亡,不与汉王相见。汉王道逢得孝惠、鲁元,乃载行。楚骑追汉王,汉王急,推堕孝惠、鲁元车下。滕公常下收载之,如是者三。曰:“虽急,不可以驱,奈何弃之!”于是遂得脱。求太公、吕后不相遇。审食其从太公、吕后间行,求汉王,反遇楚军。楚军遂与归,报项王,项王常置军中。

　　是时吕后兄周吕侯,为汉将兵居下邑,汉王间往从之,稍稍收其士卒。至荥阳,诸败军皆会。萧何亦发关中老弱未傅,悉诣荥阳,复大振。楚起于彭城,常乘胜逐北,与汉战荥阳南京、索间,汉败楚,楚以故不能过荥阳而西。

项王之救彭城,追汉王至荥阳。田横亦得收齐,立田荣子广为齐王。汉王之败彭城,诸侯皆复与楚而背汉。汉军荥阳,筑甬道,属之河,以取敖仓粟。

汉之三年,项王数侵夺汉甬道,汉王食乏,恐,请和,割荥阳以西为汉。项王欲听之。历阳侯范增曰:"汉易与耳,今释勿取,后必悔之。"项王乃与范增急围荥阳。汉王患之,乃用陈平计间项王。项王使者来,为太牢具,举欲进之,见使者,佯惊愕曰:"吾以为亚父使者,乃反项王使者!"更持去,以恶食食项王使者。使者归报项王,项王乃疑范增与汉有私,稍夺之权。范增大怒,曰:"天下事大定矣,君王自为之,愿赐骸骨归卒伍。"项王许之。行未至彭城,疽发背而死。

汉将纪信说汉王曰:"事已急矣,请为王诳楚为王,王可以间出。"于是汉王夜出女子荥阳东门被甲二千人,楚兵四面击之。纪信乘黄屋车,傅左纛,曰:"城中食尽,汉王降。"楚军皆呼万岁。汉王亦与数十骑从城西门出,走成皋。项王见纪信,问:"汉王安在?"信曰:"汉王已出矣。"项王烧杀纪信。

汉王使御史大夫周苛、枞公、魏豹守荥阳。周苛、枞公谋曰:"反国之王,难与守城。"乃共杀魏豹。楚下荥阳城,生得周苛。项王谓周苛曰:"为我将,我以公为上将军,封三万户。"周苛骂曰:"若不趣降汉,汉今虏若,若非汉敌也!"项王怒,烹周苛,并杀枞公。

汉王之出荥阳,南走宛、叶,得九江王布,行收兵,复入保成皋。汉之四年,项王进兵围成皋,汉王逃,独与滕公出成皋北门,渡河走修武,从张耳、韩信军。诸将稍稍得出成皋,从汉王。楚遂拔成皋,欲西。汉使兵距之巩,令其不得西。

是时,彭越渡河击楚东阿,杀楚将军薛公,项王乃自东击彭越。

汉王得淮阴侯兵,欲渡河南。郑忠说汉王,乃止壁河内。使刘贾将兵佐彭越,烧楚积聚。项王东击破之,走彭越。汉王则引兵渡河,复取成皋,军广武,就敖仓食。项王已定东海来,西,与汉俱临广武而军,相守数月。

当此时,彭越数反梁地,绝楚粮食,项王患之。为高俎,置太公其上,告汉王曰:"今不急下,吾烹太公。"汉王曰:"吾与项羽俱北面受命怀王,曰'约为兄弟',吾翁即若翁,必欲烹而翁,则幸分我一杯羹。"项王怒,欲杀之。项伯曰:"天下事未可知,且为天下者不顾家,虽杀之无益,祇益祸耳。"项王从之。

楚、汉久相持未决，丁壮苦军旅，老弱疲转漕。项王渭汉王曰："天下匈匈数岁者，徒以吾两人耳，愿与汉王挑战决雌雄，毋徒苦天下之民父子为也。"汉王笑谢曰："吾宁斗智，不能斗力。"项王令壮士出挑战。汉有善射者楼烦，楚挑战三合，楼烦辄射杀之。项王大怒，乃自被甲持戟挑战，楼烦欲射之，项王瞋目叱之，楼烦目不敢视，手不敢发，遂走还，入壁，不敢复出。汉王使人间问之，乃项王也。汉王大惊。于是项王乃即汉王，相与临广武间而语。汉王数之，项王怒，欲一战。汉王不听，项王伏弩射中汉王。汉王伤，走入成皋。

项王闻淮阴侯已举河北，破齐、赵，且欲击楚，乃使龙且往击之。淮阴侯与战，骑将灌婴击之，大破楚军，杀龙且。韩信因自立为齐王。项王闻龙且军破，则恐，使盱台人武涉往说淮阴侯。淮阴侯弗听。

是时，彭越复反，下梁地，绝楚粮。项王乃谓海春侯大司马曹咎等曰："谨守成皋，则汉欲挑战，慎勿与战，毋令得东而已。我十五日必诛彭越，定梁地，复从将军。"乃东行，击陈留、外黄。外黄不下，数日，已降。项羽怒，悉令男子年十五已上诣城东，欲坑之。外黄令舍人儿年十三，往说项王曰："彭越强劫外黄，外黄恐，故且降，待大王。大王至，又皆坑之，百姓岂有归心？从此以东，梁地十余城皆恐，莫肯下矣。"项王然其言，乃赦外黄当坑者。东至睢阳，闻之皆争下项王。

汉果数挑楚战，楚军不出。使人辱之，五六日，大司马怒，渡兵汜水。士卒半渡，汉击之，大破楚军，尽得楚国货赂。大司马咎、长史翳、塞王欣皆自刭汜水上。大司马咎者，故蕲狱掾，长史欣亦故栎阳狱吏，两人尝有德于项梁，是以项王信任之。当是时，项王在睢阳，闻海春侯军败，则引兵还。汉军方围钟离眛于荥阳东，项王至，汉军畏楚，尽走险阻。

是时，汉兵盛食多，项王兵疲食绝。汉遣陆贾说项王，请太公，项王勿听。汉王复使侯公往说项王，项王乃与汉约：中分天下，割鸿沟以西者为汉，鸿沟而东者为楚。项王许之，即归汉王父母妻子，军皆呼万岁。汉王乃封侯公为平国君，匿弗肯复见。曰："此天下辩士，所居倾国，故号为平国君。"项王已约，乃引兵解而东归。

汉欲西归，张良、陈平说曰："汉有天下太半，而诸侯皆附之。楚兵疲食尽，此天亡楚之时也，不如因其机而遂取之。今释弗击，此所谓'养虎自遗患'也。"汉王听之。汉五年，汉王乃追项王至阳夏南，止军，与淮阴侯韩信、建成侯彭越，期会而击楚军。至固陵，而信、越之兵不会。楚击汉军，大破之。汉王复入壁，深堑而自守，谓张子房曰："诸侯不从约，为之奈何？"对曰："楚兵且破，信、越未有分地，其不至固宜。君王能与共分天下，今可立致也。即不能，事未可知也。君王能自陈以东傅海，尽与韩信；睢阳以北至谷城，以与彭越：使各自为战，则楚易败也。"汉王曰："善。"于是乃发使者告韩信、彭越曰："并力击楚，楚破，自陈以东傅海与齐王，睢阳以北至谷城与彭相国。"使者至，韩信、彭越皆报曰："请今进兵。"韩信乃从齐往，刘贾军从寿春并行，屠城父，至垓下。大司马周殷叛楚，以舒屠六，举九江兵，随刘贾、彭越，皆会垓下，诣项王。

项王军壁垓下，兵少食尽，汉军及诸侯兵围之数重。夜闻汉军四面皆楚歌，项王乃大惊曰："汉皆已得楚乎？是何楚人之多也？"项王则夜起，饮帐中。有美人名虞，常幸从；骏马名骓，常骑之。于是项王乃悲歌慷慨，自为诗曰："力拔山兮气盖世，时不利兮骓不逝。骓不逝兮可奈何，虞兮虞兮奈若何！"歌数阕，美人和之。项王泣数行下，左右皆泣，莫能仰视。

于是项王乃上马骑，麾下壮士骑从者八百余人，直夜溃围南出，驰走。平明，汉军乃觉之，令骑将灌婴以五千骑追之。项王渡淮，骑能属者百余人耳。项王至阴陵，迷失道，问一田父，田父绐曰："左。"左，乃陷大泽中。以故汉追及之。项王乃复引兵而东，至东城，乃有二十八骑。汉骑追者数千人。项王自度不得脱，谓其骑曰："吾起兵至今八岁矣，身七十余战，所当者破，所击者服，未尝败北，遂霸有天下。然今卒困于此，此天之亡我，非战之罪也。今日固决死，愿为诸君快战，必三胜之，为诸君溃围、斩将、刈旗，令诸君知天亡我，非战之罪也。"乃分其骑以为四队，四向。汉军围之数重，项王谓其骑曰"吾为公取彼一将。"令四面骑驰下，期山东为三处。于是项王大呼驰下，汉军皆披靡，遂斩汉一将。是时，赤泉侯为骑将，追项王，项王瞋目而叱之，赤泉侯人马俱惊，辟易数里。与其骑会为三处。汉军不知项王所在，乃分军为三，复围之。项王乃驰，复斩汉一都尉，杀数十百人。复聚其骑，亡其两骑耳。乃谓其骑曰："何如？"骑皆伏曰："如大王言！"

于是项王乃欲东渡乌江。乌江亭长檥船待，谓项王曰："江东虽小，地方千里，众数十万人，亦足王也。愿大王急渡。今独臣有船，汉军至，无以渡。"项王笑曰"天之亡我，我何渡为！且籍与江东子弟八千人渡江而西，今无一人还，纵江东父兄怜而王我，我何面目见之？纵彼不言，籍独不愧于心乎？"乃谓亭长曰:"吾知公长者,吾骑此马五岁,所当无敌,尝一日行千里,不忍杀之,以赐公。"乃令骑皆下马步行,持短兵接战。独籍所杀汉军数百人。项王身亦被十余创。顾见汉骑司马吕马童曰:"若非吾故人乎?"马童面之,指王翳曰"此项王也。"项王乃曰:"吾闻汉购我头千金,邑万户,吾为若德。"乃自刎而死。王翳取其头,余骑相蹂践争项王,相杀者数十人。最其后,郎中骑杨喜、骑司马吕马童、郎中吕胜、杨武,各得其一体。五人共会其体,皆是。故分其地为五:封吕马童为中水侯,封王翳为杜衍侯,封杨喜为赤泉侯,封杨武为吴防侯,封吕胜为涅阳侯。

项王已死,楚地皆降汉,独鲁不下,汉乃引天下兵欲屠之,为其守礼义,为主死节,乃持项王头视鲁,鲁父兄乃降。始,楚怀王初封项籍为鲁公,及其死,鲁最后下,故以鲁公礼葬项王谷城。汉王为发哀,泣之而去。诸项氏枝属,汉王皆不诛。乃封项伯为射阳侯。桃侯、平皋侯、玄武侯皆项氏,赐姓刘。

以上为第四段,写楚汉相争始末,项羽的英雄本色和失败原因都描绘得极为鲜明生动。

太史公曰:吾闻之周生曰:"舜目盖重瞳子",又闻项羽亦重瞳子。羽岂其苗裔邪?何兴之暴也!夫秦失其政,陈涉首难,豪杰蜂起,相与并争,不可胜数。然羽非有尺寸,乘势起陇亩之中,三年,遂将五诸侯灭秦,分裂天下,而封王侯,政由羽出,号为"霸王",位虽不终,近古以来未尝有也。及羽背关怀楚,放逐义帝而自立,怨王侯叛己,难矣。自矜功伐,奋其私智而不师古,谓霸王之业,欲以力征经营天下,五年卒亡其国,身死东城,尚不觉寤而不自责,过矣。乃引"天亡我,非用兵之罪也",岂不谬哉!

以上为作者论赞,集中评论项羽的功过。

高祖本纪(节选)

【题解】本篇叙写了西汉开国皇帝刘邦一生的主要经历和他所成就的功业。因为刘邦的庙号为高祖,所以称《高祖本纪》。司马迁记事实录,叙刘邦之初起,则称刘季;及得沛,称沛公;及王汉,称汉王;即皇帝位后,才称上。刘邦原本是一个不事生产的普通人,他因秦末战乱之势登上政治舞台,顺应时势,结人心,连韩、彭,知人善任,恩威兼施,团结内部,分化敌人,歼灭了项羽,开创了汉家二百年的基业。刘邦既豁达大度,而又十分忌刻,尤其是晚年屠灭功臣,更表现了他的残忍。刘邦创业的成功和他的过失,作者都一一作了生动的记叙,既有歌颂,也有刺讥。本文节选至刘邦称帝为止。

高祖,沛丰邑中阳里人,姓刘氏,字季。父曰太公,母曰刘媪。其先,刘媪尝息大泽之陂,梦与神遇。是时雷电晦冥,太公往视,则见蛟龙于其上。已而有身,遂产高祖。

高祖为人,隆准而龙颜,美须髯,左股有七十二黑子。仁而爱人,喜施,意豁如也。常有大度,不事家人生产作业。及壮,试为吏,为泗水亭长,廷中吏无所不狎侮。好酒及色。常从王媪、武负贳酒,醉卧。武负、王媪见其上常有龙,怪之。高祖每酤留饮,酒雠数倍。及见怪,岁竟,此两家常折券弃债。

高祖常繇咸阳,纵观,观秦皇帝,喟然太息曰:"嗟乎!大丈夫当如此也!"

单父人吕公善沛令,避仇从之客,因家沛焉。沛中豪杰吏闻令有重客,皆往贺。萧何为主吏,主进,令诸大夫曰:"进不满千钱,坐之堂下。"高祖为亭长,素易诸吏,乃绐为谒曰:"贺钱万!"实不持一钱。谒入,吕公大惊,起,迎之门。吕公者,好相人,见高祖状貌,因重敬之,引入坐。萧何曰:"刘季固多大言,少成事。"高祖因狎侮诸客,遂坐上坐,无所诎。酒阑,吕公因目固留高祖。高祖竟酒,后。吕公曰:"臣少好相人,相人多矣,无如季相,愿季自爱。臣有息女,愿为季箕帚妾。"酒罢,吕媪怒吕公曰:"公始常欲奇此女,与贵人。沛令善公,求之不与,何自妄许与刘季?"吕公曰:"此非儿女子所知也。"卒与刘季。吕公女乃吕后也,生孝惠帝、鲁元公主。

高祖为亭长时,常告归之田。吕后与两子居田中耨,有一老父过请饮。吕后因餔之。老父相吕后曰:"夫人天下贵人。"令相两子,见孝惠,曰:"夫人所以贵者,乃此男也。"相鲁元,亦皆贵。老父已去,高祖适从旁舍来。吕后具言客有过,相我子母皆大贵。高祖问,曰:"未远。"乃追及,问老父。老父曰:"向者夫人、婴儿皆似君,君相贵不可言。"高祖乃谢曰:"诚如父言,不敢忘德。"及高祖贵,遂不知老父处。

高祖为亭长,乃以竹皮为冠,令求盗之薛治之,时时冠之。及贵常冠,所谓

"刘氏冠"乃是也。

高祖以亭长为县送徒郦山,徒多道亡。自度比至皆亡之。到丰西泽中,止饮,夜乃解纵所送徒,曰:"公等皆去,吾亦从此逝矣!"徒中壮士愿从者十余人。高祖被酒,夜径泽中,令一人行前。行前者还报曰:"前者大蛇当径,愿还。"高祖醉,曰:"壮士行,何畏!"乃前,拔剑击斩蛇。蛇遂分为两,径开。行数里,醉,因卧。后人来至蛇所,有一老妪夜哭。人问:"何哭?"妪曰:"人杀吾子,故哭之。"人曰:"妪子何为见杀?"妪曰:"吾子,白帝子也,化为蛇,当道。今为赤帝子斩之,故哭。"人乃以妪为不诚,欲告之。妪因忽不见。后人至,高祖觉。后人告高祖,高祖乃心独喜,自负。诸从者日益畏之。

秦始皇帝常曰:"东南有天子气。"于是因东游以厌之。高祖即自疑,亡匿,隐于芒、砀山泽岩石之间。吕后与人俱求,常得之。高祖怪问之。吕后曰:"季所居上常有云气,故从往,常得季。"高祖心喜。沛中子弟或闻之,多欲附者矣。

以上为第一段,写刘邦的身世、婚姻及不平凡的种种神奇事迹。

秦二世元年秋,陈胜等起蕲,至陈而王,号为"张楚"。诸郡县皆多杀其长吏以应陈涉。沛令恐,欲以沛应涉。掾、主吏萧何、曹参乃曰:"君为秦吏,今欲背之,率沛子弟,恐不听。愿君召诸亡在外者,可得数百人,因劫众,众不敢不听。"乃令樊哙召刘季。刘季之众已数十百人矣。

于是樊哙从刘季来。沛令后悔,恐其有变,乃闭城城守,欲诛萧、曹。萧、曹恐,逾城保刘季。刘季乃书帛射城上,谓沛父老曰:"天下苦秦久矣。今父老虽为沛令守,诸侯并起,今屠沛。沛今共诛令,择子弟可立者立之,以应诸侯,则家室完。不然,父子俱屠,无为也。"父老乃率子弟共杀沛令,开城门迎刘季,欲以为沛令。刘季曰:"天下方扰,诸侯并起,今置将不善,一败涂地。吾非敢自爱,恐能薄,不能完父兄子弟。此大事,愿更相推择可者。"萧、曹等皆文吏,自爱,恐事不就,后秦种族其家,尽让刘季。诸父老皆曰:"平生所闻刘季诸珍怪,当贵,且卜筮之,莫如刘季最吉。"于是刘季数让,众莫敢为,乃立季为沛公。祠黄帝,祭蚩尤于沛庭,而衅鼓,旗帜皆赤。由所杀蛇白帝子,杀者赤帝子,故上赤。于是少年豪吏如萧、曹、樊哙等皆为收沛子弟二三千人,攻胡陵、方与,还守丰。

　　秦二世二年，陈涉之将周章军西至戏而还。燕、赵、齐、魏皆自立为王。项氏起吴。秦泗川监平将兵围丰，二日，出与战，破之。命雍齿守丰，引兵之薛。泗川守壮败于薛，走至戚，沛公左司马得泗川守壮，杀之。沛公还军亢父，至方与，未战。陈王使魏人周市略地。周市使人谓雍齿曰："丰，故梁徙也。今魏地已定者数十城。齿今下魏，魏以齿为侯守丰。不下，且屠丰。"雍齿雅不欲属沛公，及魏招之，即反为魏守丰。沛公引兵攻丰，不能取。沛公病，还之沛。沛公怨雍齿与丰子弟叛之，闻东阳宁君、秦嘉立景驹为假王，在留，乃往从之，欲请兵以攻丰。是时秦将章邯从陈，别将司马夷将兵北定楚地，屠相，至砀。东阳宁君、沛公引兵西，与战萧西，不利。还收兵聚留，引兵攻砀，三日乃取砀。因收砀兵，得五六千人。攻下邑，拔之。还军丰。闻项梁在薛，从骑百余往见之。项梁益沛公卒五千人、五大夫将十人。沛公还，引兵攻丰。

　　从项梁月余，项羽已拔襄城还。项梁尽召别将居薛。闻陈王定死，因立楚后怀王孙心为楚王，治盱台。项梁号武信君。居数月，北攻亢父，救东阿，破秦军。齐军归，楚独追北，使沛公、项羽别攻城阳，屠之。军濮阳之东，与秦军战，破之。

　　秦军复振，守濮阳，环水。楚军去而攻定陶，定陶未下。沛公与项羽西略地至雍丘之下，与秦军战，大破之，斩李由。还攻外黄，外黄未下。

　　项梁再破秦军，有骄色。宋义谏，不听。秦益章邯兵，夜衔枚击项梁，大破之定陶，项梁死。沛公与项羽方攻陈留，闻项梁死，引兵与吕将军俱东。吕臣军彭城东，项羽军彭城西，沛公军砀。

　　章邯已破项梁军，则以为楚地兵不足忧，乃渡河，北击赵，大破之。当是之时，赵歇为王，秦将王离围之钜鹿城，此所谓河北之军也。

　　秦二世三年，楚怀王见项梁军破，恐，徙盱台，都彭城，并吕臣、项羽军自将之。以沛公为砀郡长，封为武安侯，将砀郡兵。封项羽为长安侯，号为鲁公。吕臣为司徒，其父吕青为令尹。

　　赵数请救，怀王乃以宋义为上将军，项羽为次将，范增为末将，北救赵。令沛公西略地入关。与诸将约，先入定关中者王之。

　　当是时，秦兵强，常乘胜逐北。诸将莫利先入关。独项羽怨秦破项梁军，奋，愿与沛公西入关。怀王诸老将皆曰："项羽为人僄悍猾贼。项羽尝攻襄城，襄城无遗类，皆坑之，诸所过无不残灭。且楚数进取，前陈王、项梁皆败，不如更遣长者扶义而西,告谕秦父兄。秦父兄苦其主久矣。今诚得长者往,毋侵暴,宜可下。今项羽慓悍,今不可遣。独沛公素宽大长者,可遣。"卒不许项羽,而遣沛公西略地,收陈王、项梁散卒。乃道砀至成阳,与杠里秦军夹壁,破秦二军。楚军出兵击王离,大破之。

沛公引兵西,遇彭越昌邑,因与俱攻秦军,战不利。还至栗,遇刚武侯,夺其军,可四千余人,并之。与魏将皇欣、魏申徒武蒲之军并攻昌邑,昌邑未拔。西过高阳。郦食其为监门,曰:"诸将过此者多,吾视沛公大人长者。"乃求见说沛公。沛公方踞床,使两女子洗足。郦生不拜,长揖,曰:"足下必欲诛无道秦,不宜踞见长者。"于是沛公起,摄衣谢之,延上坐。食其说沛公袭陈留,得秦积粟。乃以郦食其为广野君,郦商为将,将陈留兵,与偕攻开封,开封未拔。西与秦将杨熊战白马,又战曲遇东,大破之。杨熊走之荥阳,二世使使者斩以徇。南攻颍阳,屠之。因张良遂略韩地轘辕。

当是时,赵别将司马卬方欲渡河入关,沛公乃北攻平阴,绝河津。南,战洛阳东,军不利,还至阳城,收军中马骑,与南阳守齮战犨东,破之。略南阳郡。南阳守齮走,保城守宛。沛公引兵过而西。张良谏曰:"沛公虽欲急入关,秦兵尚众,距险。今不下宛,宛从后击,强秦在前,此危道也。"于是沛公乃夜引兵从他道还,更旗帜,黎明,围宛城三匝。南阳守欲自刭。其舍人陈恢曰:"死未晚也。"乃逾城见沛公,曰:"臣闻足下约,先入咸阳者王之。今足下留守宛。宛,大郡之都也,连城数十,人民众,积蓄多,吏人自以为降必死,故皆坚守乘城。今足下尽日止攻,士死伤者必多;引兵去宛,宛必随足下后。足下前则失咸阳之约,后又有强宛之患。为足下计,莫若约降,封其守,因使止守,引其甲卒与之西。诸城未下者,闻声争开门而待,足下通行无所累。"沛公曰:"善。"乃以宛守为殷侯,封陈恢千户。引兵西,无不下者。至丹水,高武侯鰓、襄侯王陵降西陵。还攻胡阳,遇番君别将梅鋗,与皆,降析、郦。遣魏人宁昌使秦,使者未来。是时章邯已以军降项羽于赵矣。

初,项羽与宋义北救赵,及项羽杀宋义,代为上将军,诸将黥布皆属;破秦将王离军,降章邯,诸侯皆附。及赵高已杀二世,使人来,欲约分王关中。沛公以为诈,乃用张良计,使郦生、陆贾往说秦将,啖以利,因袭攻武关,破之。又与秦军战于蓝田南,益张疑兵旗帜,诸所过毋得掠卤,秦人喜。秦军解,因大破之。又战其北,大破之。乘胜,遂破之。

汉元年十月,沛公兵遂先诸侯至霸上。秦王子婴素车白马,系颈以组,封皇帝玺符节。降轵道旁。诸将或言诛秦王。沛公曰:"始怀王遣我,固以能宽容,且人已服降,又杀之,不祥。"乃以秦王属吏,遂西入咸阳。欲止宫休舍,樊哙、张良谏,乃封秦重宝财物府库,还军霸上。召诸县父老豪杰曰:"父老苦秦苛法久矣,诽谤者族,偶语者弃市。吾与诸侯约,先入关者王之,吾当王关中。与父老约法三章耳:杀人者死,伤人及盗抵罪。余悉除去秦法。诸吏人皆案堵如故。凡吾所以来,为父老除害,非有所侵暴,无恐!且吾所以还军霸上,待诸侯至而定约束耳。"乃使人与秦吏行县乡邑,告谕之。秦人大喜,争持牛羊酒食献飨军士。沛公又让不受,曰:"仓粟多,非乏,不欲费人。"人又益喜,唯恐沛公不为秦王。

　　以上为第二段,写刘邦率众起义和攻入咸阳的经过。

　　或说沛公曰:"秦富十倍天下,地形强。今闻章邯降项羽,项羽乃号为雍王,王关中。今则来,沛公恐不得有此。可急使兵守函谷关,无内诸侯军,稍征关中兵以自益,距之。"沛公然其计,从之。十一月中,项羽果率诸侯兵西,欲入关,关门闭。闻沛公已定关中,大怒,使黥布等攻破函谷关。十二月中,遂至戏。沛公左司马曹无伤闻项王怒,欲攻沛公,使人言项羽曰:"沛公欲王关中,令子婴为相,珍宝尽有之。"欲以求封。亚父劝项羽击沛公。方飨士,旦日合战。是时项羽兵四十万,号百万。沛公兵十万,号二十万,力不敌。会项伯欲活张良,夜往见良,因以文谕项羽,项羽乃止。沛公从百余骑,驱之鸿门,见谢项羽。项羽曰:"此沛公左司马曹无伤言之,不然,籍何以生此!"沛公以樊哙、张良故,得解归。归,立诛曹无伤。

　　项羽遂西,屠烧咸阳秦宫室,所过无不残破。秦人大失望,然恐,不敢不服耳。

　　项羽使人还报怀王。怀王曰:"如约。"项羽怨怀王不肯令与沛公俱西入关,而北救赵,后天下约。乃曰:"怀王者,吾家项梁所立耳,非有功伐,何以得主约!本定天下,诸将及籍也。"乃佯尊怀王为义帝,实不用其命。

　　正月,项羽自立为西楚霸王,王梁、楚地九郡,都彭城。负约,更立沛公为汉王,王巴、蜀、汉中,都南郑。三分关中,立秦三将:章邯为雍王,都废丘;司马欣为塞王,都栎阳;董翳为翟王,都高奴。楚将瑕丘申阳为河南王,都洛阳。赵将司马卬为殷王,都朝歌。赵王歇徙王代。赵相张耳为常山王,都襄国。当阳君黥布为九江王,都六。怀王柱国共敖为临江王,都江陵。番君吴芮为衡山王,都邾。燕将臧荼为燕王,都蓟。故燕王韩广徙王辽东。广不听,臧荼攻杀之无终。封成安君陈余河间三县,居南皮。封梅鋗十万户。四月,兵罢戏下,诸侯各就国。

汉王之国,项王使卒三万人从,楚与诸侯之慕从者数万人,从杜南入蚀中。去辄烧绝栈道,以备诸侯盗兵袭之,亦示项羽无东意。至南郑,诸将及士卒多道亡归,士卒皆歌思东归。韩信说汉王曰:"项羽王诸将之有功者,而王独居南郑,是迁也。军吏士卒皆山东之人也,日夜跂而望归,及其锋而用之,可以有大功。天下已定,人皆自宁,不可复用。不如决策东向,争权天下。"

项羽出关,使人徙义帝。曰:"古之帝者地方千里,必居上游。"乃使使徙义帝长沙郴县,趣义帝行,群臣稍背叛之。乃阴令衡山王、临江王击之,杀义帝江南。项羽怨田荣,立齐将田都为齐王。田荣怒,因自立为齐王,杀田都而反楚;予彭越将军印,令反梁地。楚令萧公角击彭越,彭越大破之。陈余怨项羽之弗王己也,令夏说说田荣,请兵击张耳。齐予陈余兵,击破常山王张耳,张耳亡归汉。迎赵王歇于代,复立为赵王。赵王因立陈余为代王。项羽大怒,北击齐。

八月,汉王用韩信之计,从故道还,袭雍王章邯。邯迎击汉陈仓。雍兵败,还走;止战好畤,又复败,走废丘。汉王遂定雍地。东至咸阳,引兵围雍王废丘,而遣诸将略定陇西、北地、上郡。令将军薛欧、王吸出武关,因王陵兵南阳,以迎太公、吕后于沛。楚闻之,发兵距之阳夏,不得前。令故吴令郑昌为韩王,距汉兵。

二年,汉王东略地,塞王欣、翟王翳、河南王申阳皆降。韩王昌不听,使韩信击破之。于是置陇西、北地、上郡、渭南、河上、中地郡;关外置河南郡。更立韩太尉信为韩王。诸将以万人若以一郡降者,封万户。缮治河上塞。诸故秦苑囿园池,皆令人得田之。正月,虏雍王弟章平,大赦罪人。

汉王之出关至陕,抚关外父老,还,张耳来见,汉王厚遇之。二月,令除秦社稷,更立汉社稷。三月,汉王从临晋渡,魏王豹将兵从。下河内,虏殷王,置河内郡。南渡平阴津,至洛阳。新城三老董公遮说汉王以义帝死故。汉王闻之,袒而大哭。遂为义帝发丧,临三日。发使者告诸侯曰:"天下共立义帝,北面事之。今项羽放杀义帝于江南，大逆无道。寡人亲为发丧，诸侯皆缟素。悉发关内兵，收三河士，南浮江、汉以下，愿从诸侯王击楚之杀义帝者。"

是时项王北击齐，田荣与战城阳。田荣败，走平原。平原民杀之。齐皆降楚。楚因焚烧其城郭，系虏其子女。齐人叛之。田荣弟横立荣子广为齐王。齐王反楚城阳。项羽虽闻汉东，既已连齐兵，欲遂破之而击汉。汉王以故得劫五诸侯兵，遂入彭城。项羽闻之，乃引兵去齐，从鲁出胡陵，至萧，与汉大战彭城灵壁东睢水上，大破汉军，多杀士卒，睢水为之不流。乃取汉王父母妻子于沛，置之军中以为质。当是时，诸侯见楚强汉败，还，皆去汉复为楚。塞王欣亡入楚。

吕后兄周吕侯为汉将兵，居下邑。汉王从之，稍收士卒，军砀。汉王乃西过梁地，至虞。使谒者随何之九江王布所，曰："公能令布举兵叛楚，项羽必留击之。保留数月，吾取天下必矣。"随何往说九江王布，布果背楚。楚使龙且往击之。

汉王之败彭城而西，行使人求家室，家室亦亡，不相得。败后乃独得孝惠，六月，立为太子，大赦罪人。令太子守栎阳，诸侯子在关中者皆集栎阳为卫。引水灌废丘，废丘降，章邯自杀。更名废丘为槐里。于是令祠官祀天地、四方、上帝、山川，以时祀之。兴关内卒乘塞。

是时九江王布与龙且战，不胜，与随何间行归汉。汉王稍收士卒，与诸将及关中卒益出，是以兵大振荥阳，破楚京、索间。

三年，魏王豹谒归视亲疾，至即绝河津，反为楚。汉王使郦生说豹。豹不听。汉王遣将军韩信击，大破之，虏豹。遂定魏地，置三郡，曰河东、太原、上党。汉王乃令张耳与韩信遂东下井陉击赵，斩陈余、赵王歇。其明年，立张耳为赵王。

汉王军荥阳南，筑甬道属之河，以取敖仓。与项羽相距岁余。项羽数侵夺汉甬道，汉军乏食，遂围汉王。汉王请和，割荥阳以西者为汉。项王不听。汉王患之，乃用陈平之计，予陈平金四万斤，以间疏楚君臣。于是项羽乃疑亚父。亚父是时劝项羽遂下荥阳，及其见疑，乃怒，辞老，愿赐骸骨归卒伍，未至彭城而死。

汉军绝食，乃夜出女子东门二千余人，被甲，楚因四面击之。将军纪信乃乘王驾，诈为汉王，诳楚，楚皆呼万岁，之城东观，以故汉王得与数十骑出西门遁。令御史大夫周苛、魏豹、枞公守荥阳。诸将卒不能从者,尽在城中。周苛、枞公相谓曰:"反国之王,难与守城。"因杀魏豹。

汉王之出荥阳入关,收兵欲复东。袁生说汉王曰:"汉与楚相距荥阳数岁,汉常困。愿君王出武关,项羽必引兵南走,王深壁,令荥阳、成皋间且得休。使韩信等辑河北赵地,连燕、齐,君王乃复走荥阳,未晚也。如此则楚所备者多,力分,汉得休,复与之战,破楚必矣。"汉王从其计,出军宛、叶间,与黥布行收兵。

项羽闻汉王在宛,果引兵南。汉王坚壁不与战。是时彭越渡睢水,与项声、薛公战下邳,彭越大破楚军。项羽乃引兵东击彭越。汉王亦引兵北军成皋。项羽已破走彭越,闻汉王复军成皋,乃复引兵西,拔荥阳,诛周苛、枞公,而虏韩王信,遂围成皋。

汉王跳,独与滕公共车出成皋玉门。北渡河,驰宿修武。自称使者,晨驰入张耳、韩信壁,而夺之军。乃使张耳北益收兵赵地,使韩信东击齐。汉王得韩信军,则复振。引兵临河,南飨军小修武南,欲复战。郎中郑忠乃说止汉王,使高垒深堑,勿与战。汉王听其计,使卢绾、刘贾将卒二万人,骑数百,渡白马津,入楚地,与彭越复击破楚军燕郭西,遂复下梁地十余城。

淮阴已受命东,未渡平原。汉王使郦生往说齐王田广,广叛楚,与汉和,共击项羽。韩信用蒯通计,遂袭破齐。齐王烹郦生,东走高密。项羽闻韩信已举河北兵破齐、赵,且欲击楚,则使龙且、周兰往击之。韩信与战,骑将灌婴击,大破楚军,杀龙且。齐王广奔彭越。当此时,彭越将兵居梁地,往来苦楚兵,绝其粮食。

四年,项羽乃谓海春侯大司马曹咎曰:"谨守成皋。若汉挑战,慎勿与战,无令得东而已。我十五日必定梁地,复从将军。"乃行。击陈留、外黄、睢阳,下之。汉果数挑楚军,楚军不出。使人辱之五六日,大司马怒,渡兵汜水。士卒半渡,汉击之,大破楚军,尽得楚国金玉货赂。大司马咎、长史欣皆自刭汜水上。项羽至睢阳,闻海春侯破,乃引兵还。汉军方围钟离眛于荥阳东,项羽至,尽走险阻。

韩信已破齐,使人言曰:"齐边楚,权轻,不为假王,恐不能安齐。"汉王欲攻之。留侯曰:"不如因而立之,使自为守。"乃遣张良操印绶立韩信为齐王。项羽闻龙且军破,则恐,使盱台人武涉往说韩信。韩信不听。

　　楚汉久相持未决,丁壮苦军旅,老弱疲转饷。汉王、项羽相与临广武之间而语。项羽欲与汉王独身挑战。汉王数项羽曰:"始与项羽俱受命怀王,曰'先入定关中者王之',项羽负约,王我于蜀、汉,罪一。项羽矫杀卿子冠军而自尊,罪二。项羽已救赵,当还报,而擅劫诸侯兵入关,罪三。怀王约入秦无暴掠,项羽烧秦宫室,掘始皇帝冢,私收其财物,罪四。又强杀秦降王子婴,罪五。诈坑秦子弟新安二十万,王其将,罪六。项羽皆王诸将善地,而徙逐故主,令臣下争叛逆,罪七。项羽出逐义帝彭城,自都之,夺韩王地,并王梁、楚,多自与,罪八。项羽使人阴弑义帝江南,罪九。夫为人臣而弑其主,杀已降,为政不平,主约不信,天下所不容,大逆无道,罪十也。吾以义兵从诸侯诛残贼,使刑余罪人击杀项羽,何苦乃与公挑战!"项羽大怒,伏弩射中汉王。汉王伤匈,乃扪足曰:"虏中吾指!"汉王病创卧,张良强请汉王起行劳军,以安士卒,毋令楚乘胜于汉。汉王出行军,病甚,因驰入成皋。

　　病愈,西入关,至栎阳,存问父老,置酒,枭故塞王欣头栎阳市。留四日,复如军,军广武。关中兵益出。

　　当此时,彭越将兵居梁地,往来苦楚兵,绝其粮食。田横往从之。项羽数击彭越等,齐王信又进击楚。项羽恐,乃与汉王约,中分天下,割鸿沟而西者为汉,鸿沟而东者为楚。项王归汉王父母妻子,军中皆呼万岁,乃归而别去。

　　项羽解而东归。汉王欲引而西归,用留侯、陈平计,乃进兵追项羽。至阳夏南止军,与齐王信、建成侯彭越期会而击楚军。至固陵,不会,楚击汉军,大破之。汉王复入壁,深堑而守之。用张良计,于是韩信、彭越皆往。及刘贾入楚地,围寿春。汉王败固陵,乃使使者召大司马周殷举九江兵而迎武王,行屠城父,随刘贾、齐梁诸侯皆大会垓下。立武王布为淮南王。

　　五年,高祖与诸侯兵共击楚军,与项羽决胜垓下。淮阴侯将三十万自当之,孔将军居左,费将军居右,皇帝在后,绛侯、柴将军在皇帝后。项羽之卒可十万。淮阴先合,不利,却。孔将军、费将军纵,楚兵不利,淮阴侯复乘之,大败垓下。项羽卒闻汉军之楚歌,以为汉尽得楚地,项羽乃败而走,是以兵大败。使骑将灌婴追杀项羽东城,斩首八万,遂略定楚地。鲁为楚坚守不下。汉王引诸侯兵北,示鲁父老项羽头,鲁乃降。遂以鲁公号葬项羽谷城。还至定陶,驰入齐王壁,夺其军。

　　正月,诸侯及将相相与共请尊汉王为皇帝。汉王曰:"吾闻帝贤者有也,空言虚语,非所守也,吾不敢当帝位。"群臣皆曰:"大王起微细,诛暴逆,平定四海,有功者辄裂地而封为王侯。大王不尊号,皆疑不信。臣等以死守之。"汉王三让,不得已,曰:"诸君必以为便,便国家。"甲午,乃即皇帝位氾水之阳。

皇帝曰:"义帝无后。齐王韩信习楚风俗,徙为楚王,都下邳。立建成侯彭越为梁王,都定陶。故韩王信为韩王,都阳翟。徙衡山王吴芮为长沙王,都临湘。番君之将梅鋗有功,从入武关,故德番君。淮南王布、燕王臧荼、赵王敖皆如故。"

天下大定。高祖都洛阳,诸侯皆臣属。故临江王骧为项羽叛汉,令卢绾、刘贾围之,不下。数月而降,杀之洛阳。

五月,兵皆罢归家。诸侯子在关中者复之十二岁,其归者复之六岁,食之一岁。

高祖置酒洛阳南宫。高祖曰:"列侯诸将无敢隐联,皆言其情。吾所以有天下者何?项氏之所以失天下者何?"高起、王陵对曰:"陛下慢而侮人,项羽仁而爱人。然陛下使人攻城略地,所降下者因以予之,与天下同利也。项羽妒贤嫉能,有功者害之,贤者疑之,战胜而不予人功,得地而不予人利,此所以失天下也。"高祖曰:"公知其一,未知其二。夫运筹策帷帐之中,决胜于千里之外,吾不如子房;镇国家,抚百姓,给馈饷,不绝粮道,吾不如萧何;连百万之军,战必胜,攻必取,吾不如韩信。此三者,皆人杰也,吾能用之,此吾所以取天下也。项羽有一范增而不能用,此其所以为我擒也。"

高祖欲长都洛阳。齐人刘敬说,及留侯劝上入都关中,高祖是日驾,入都关中。六月,大赦天下。

> 以上为第三段,写楚汉战争经过,刘邦知人善任,由弱变强,终于并灭项羽,登上皇帝宝座。

二　十表选讲

【说明】《史记》十表用表格形式谱列某一时期的史事人物。年表前有一段文字概说,习惯称之为表序。《史记》十表序,每一篇都是简洁的史论。《汉兴以来将相名臣年表》无序,共九序。

司马贞曰:"《礼》有《表记》,而郑玄云'表,明也。'谓事微而不著,须表明也,故言表也"(《三代世表·索隐》)。赵翼说:"《史记》作十表,仿于周之谱牒,与纪传相为出入,凡列侯、将、相、三公、九卿功名表著者,既为立传,此外大臣无功无过者,传之不胜传,而又不容尽没,则予表载之,作史体裁,莫大于是(《廿二史劄记》卷一)。"准此,则"表"之义:

1. 表隐微之事,使之鲜明;

2. 扩大纪、传的记事范围;

3. 表与纪、传互为经纬,是联系纪、传的桥梁。

《十表》明确地划分古代三千年史为三个段落(上古、近古、今世),五个时期。表列如下:

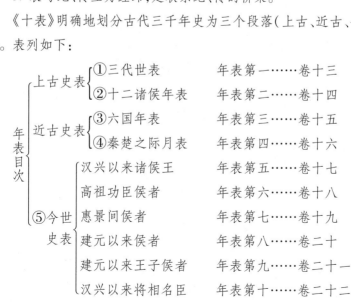

上古史表分为《三代世表》和《十二诸侯年表》两个时期。近古史表分为《六国年表》和《秦楚之际月表》两个时期。今世史表为一个时期。分期义例如下:

①《三代世表》,起黄帝,讫西周共和,表现积德累善得天下的古朴时代。

②《十二诸侯年表》,起共和,讫孔子卒,即公元前841—公元前476年,表现王权衰落的霸政时代。

以上两个时期为上古史。

③《六国年表》,起周元王元年,讫秦二世之灭,即公元前475—公元前207年,表现暴力征伐得天下的战国时代。

④《秦楚之际月表》,起陈涉发难,讫刘邦称帝,即公元前209—公元前201年,详著月表以表现五年之间,天下三嬗的剧烈变革时代。从秦亡至西汉统一是五年,但月表溯及陈涉发难。

以上两个时期是近古史。

⑤汉兴以来诸表,分类条析,表现大一统的今世时代。

本书选讲两篇表序。

六国年表序

【题解】《六国年表》表名六国,实谱八国。第一栏周,尊天下共主。第二栏秦,列于六国之前,日食灾异载于秦表而不载于周表,其义即以秦系天下之存亡,褒美秦统一之业。因此周、秦均不在"六国"数中,故表名"六国年表"。小国附属于宗主国。蜀与义渠附于秦表,因两国为秦所并。同理,郑附于韩表,代、中山附于赵表,鲁、蔡、杞、吴、越附于楚表,晋、卫附于魏表。

《六国年表》断限,上接《十二诸侯年表》之后,起周元王元年,下迄二世之灭,凡二百七十年。表序又从秦始封诸侯讲起,完整的勾勒了秦朝一代兴亡的历史线索,突出地表现了秦统一中国的历史地位。

太史公读《秦记》,至犬戎败幽王,周东徙洛邑,秦襄公始封为诸侯,作西畤用事上帝,僭端见矣。《礼》曰:"天子祭天地,诸侯祭其域内名山大川。"今秦杂戎、翟之俗,先暴戾,后仁义,位在藩臣而胪于郊祀,君子惧焉。及文公逾陇,攘夷狄,尊陈宝,营岐雍之间,而穆公修政,东竟至河,则与齐桓、晋文中国侯伯侔矣。是后陪臣执政,大夫世禄,六卿擅晋权,征伐会盟,威重于诸侯。及田常杀简公而相齐国,诸侯晏然弗讨,海内争于战功矣。三国终之卒分晋,田和亦灭齐而有之,六国之盛自此始。务在强兵并敌,谋诈用而从横短长之说起。矫称蜂出,誓盟不信,虽置质剖符犹不能约束也。秦始小国僻远,诸夏宾之,比于戎翟,至献公之后常雄诸侯。论秦之德义不如鲁卫之暴戾者,量秦之兵不如三晋之强也,然卒并天下,非必险固便形势利也,盖若天所助焉。

或曰"东方物所始生,西方物之成熟"。夫作事者必于东南,收功实者常于西北。故禹兴于西羌,汤起于亳,周之王也以丰、镐伐殷,秦之帝用雍州兴,汉之兴自蜀汉。

秦既得意,烧天下《诗》《书》,诸侯"史记"尤甚,为其有所刺讥也。《诗》《书》所以复见者,多藏人家,而"史记"独藏周室,以故灭。惜哉,惜哉!独有《秦记》,又不载日月,其文略不具。然战国之权变亦有可颇采者,何必上古。秦取天下多暴,然世异变,成功大。传曰"法后王",何也?以其近己而俗变相类,议卑而易行也。学者牵于所闻,见秦在帝位日浅,不察其终始,因举而笑之,不敢道,此与以耳食无异。悲夫!

余于是因《秦记》,踵《春秋》之后,起周元王,表六国时事,讫二世,凡二百七十年,著诸所闻兴坏之端。后有君子,以览观焉。

秦楚之际月表序

【题解】《秦楚之际月表》。起陈涉发难,迄刘邦称帝,即公元前209—公元前202年,共八年。《太史公自序》云:"八年之间,天下三嬗,事繁变众,故详著《秦楚之际月表》第四。"表序云"五年之间,号令三嬗",系指从秦亡至西汉统一是五年。表序重点讲楚汉相争,所以说"五年之间,号令三嬗"。三嬗,指陈涉、项羽、刘邦相继称王,政权由秦嬗楚陈涉,再由涉嬗项羽,三由项羽嬗刘邦。

表序追溯三代以来天下一统的艰难历程,分析秦楚之际"号令三嬗"的原因,结论"乡秦之禁,适足以资贤者",具有独到的见解。

太史公读秦楚之际,曰:初作难,发于陈涉;虐戾灭秦,自项氏;拨乱诛暴,平定海内,卒践帝祚,成于汉家。五年之间,号令三嬗,自生民以来,未始有受命若斯之亟也。

昔虞、夏之兴,积善累功数十年,德洽百姓,摄行政事,考之于天,然后在位。汤、武之王,乃由契、后稷修仁行义十余世,不期而会孟津八百诸侯,犹以为未可,其后乃放弑。秦起襄公,章于文、穆、献、孝之后,稍以蚕食六国,百有余载,至始皇乃能并冠带之伦。以德若彼,用力如此,盖一统若斯之难也。

秦既称帝,患兵革不休,以有诸侯也,于是无尺土之封,堕坏名城,销锋镝,鉏豪桀,维万世之安。然王迹之兴,起于闾巷,合从讨伐,轶于三代,向秦之禁,适足以资贤者为驱除难耳。故愤发其所为天下雄,安在无土不王。此乃传之所谓大圣乎?岂非天哉,岂非天哉!非大圣孰能当此受命而帝者乎?

三　八书选讲

【说明】《八书》载朝章国典,序礼乐损益,内容丰博,是分门别类的文化制度史。司马贞曰:"书者,五经六籍总名也。此之《八书》,记国家大体"(《礼书·索隐》)。范文澜曰:"《八书》之名,本于《尚书》"(《正史考略》史记条)。《尚书》是各种体载的公文档案汇编,略如后世的资料汇编,司马贞以"五经六籍总名"释之最确。司马迁因之以名"八书",也是十分恰当的。

《八书》为司马迁所创,《汉书》因之以作十志。因《汉书》已名"书",故班固改"书"为"志"。

《八书》目次:《礼书》第一,《乐书》第二,《兵书》第三,《律历书》第四,《天官书》第五,《封禅书》第六,《河渠书》第七,《平准书》第八。由于《礼书》《乐书》《兵书》三书亡缺,补缺者分《律历书》为《律书》《历书》补缺(依司马贞说),足《八书》之数,故今本《八书》中无《兵书》。补缺者又摘取荀子《礼论》及《议兵》补《礼书》,摘取《礼记·乐记》补《乐书》。补缺者既取成书补亡,示己不妄作,可证《礼》《乐》《律》三篇篇首"太史公曰"云云,当是补缺者搜求的史公遗文,文法语气也直是司马迁手笔。

本书选讲《河渠书》一篇。

河渠书

【题解】水利工程是发展农业的一个重要基础。传说大禹治水得天下,从此,历代帝王治水是国家的一项重大治政措施,但大规模的兴修水利是从汉武帝开始的。通渭,引汾,开褒斜之道,穿洛,塞河,都是大工程。公元前109年,汉武帝从泰山封禅回京,亲率百官临赴瓠子口塞河工程的现场,令从巡官员自将军以下与卒同负薪塞河,二十余年的黄河大决口,终于堵塞了。广大中原地区免除了水灾。这是人与自然斗争的一场伟大壮举。司马迁亲身经历了这场斗争,追想大禹治水的功业,回顾三代以来治水的经验,面对汉代治水的辉煌成就,感奋异常,创作了《河渠书》。

《夏书》曰:禹抑洪水十三年,过家不入门。陆行载车,水行载舟,泥行蹈毳,山行即桥。以别九州,随山浚川,任土作贡。通九道,陂九泽,度九山,然河菑衍溢,害中国也尤甚。唯是为务。故道河自积石历龙门,南到华阴,东下砥柱,及孟津、雒汭,至于大邳。于是禹以为河所从来者高,水湍悍,难以行平地,数为败,乃厮二渠以引其河。北载之高地,过降水,至于大陆,播为九河,同为逆河,入于渤海。九川既疏,九泽既洒,诸夏艾安,功施于三代。

　　　　以上为第一段,写夏禹治水的献身精神和伟大事业,功垂后世。

自是之后,荥阳下引河东南为鸿沟,以通宋、郑、陈、蔡、曹、卫,与济、汝、淮、泗会。于楚,西方则通渠汉水、云梦之野,东方则通鸿沟江淮之间。于吴,则通渠三江、五湖。于齐,则通菑济之间。于蜀,蜀守冰凿离碓,辟沫水之害,穿二江成都之中。此渠皆可行舟,有馀则用溉,百姓飨其利。至于所过,往往引其水益用溉田畴之渠,以万亿计,然莫足数也。

西门豹引漳水溉邺,以富魏之河内。而韩闻秦之好兴事,欲罢之,毋令东伐,乃使水工郑国间说秦,令凿泾水自中山西邸瓠口为渠,并北山东注洛三百馀里,欲以溉田。中作而觉,秦欲杀郑国。郑国曰:“始臣为间,然渠成亦秦之利也。”秦以为然,卒使就渠。渠就,用注填阏之水,溉泽卤之地四万馀顷,收皆亩一钟。于是关中为沃野,无凶年,秦以富强,卒并诸侯,因命曰郑国渠。

　　　　以上为第二段,写春秋战国之时,各国兴修水利发展生产的概况,表彰李冰、西门豹、郑国等人的功业。

汉兴三十九年,孝文时河决酸枣,东溃金堤,于是东郡大兴卒塞之。

其后四十有馀年,今天子元光之中,而河决于瓠子,东南注巨野,通于淮、泗。于是天子使汲黯、郑当时兴人徒塞之,辄复坏。是时武安侯田蚡为丞相,其奉邑食鄃。鄃居河北,河决而南则鄃无水灾,邑收多。蚡言于上曰:“江河之决皆天事,未易以人力为强塞,塞之未必应天。"而望气用数者亦以为然。于是天子久之不事复塞也。

是时郑当时为大农,言曰:"异时关东漕粟从渭中上,度六月而罢,而漕水道九百馀里,时有难处。引渭穿渠起长安,并南山下,至河三百馀里,径,易漕,度可令三月罢;而渠下民田万馀顷,又可得以溉田:此损漕省卒,而益肥关中之地,得谷。"天子以为然,令齐人水工徐伯表,悉发卒数万人穿漕渠,三岁而通。通,以漕,大便利。其后漕稍多,而渠下之民颇得以溉田矣。

其后河东守番系言:"漕从山东西,岁百馀万石,更砥柱之限,败亡甚多,而亦烦费。穿渠引汾溉皮氏、汾阴下,引河溉汾阴、蒲坂下,度可得五千顷。五千顷故尽河壖弃地,民茭牧其中耳,今溉田之,度可得穀二百万石以上。穀从渭上,与关中无异,而砥柱之东可无复漕。"天子以为然,发卒数万人作渠田。数岁,河移徙,渠不利,则田者不能偿种。久之,河东渠田废,予越人,令少府以为稍入。

其后人有上书欲通褒斜道及漕事,下御史大夫张汤。汤问其事,因言:"抵蜀从故道,故道多阪,回远。今穿褒斜道,少阪,近四百里;而褒水通沔,斜水通渭,皆可以行船漕。漕从南阳上沔入褒,褒之绝水至斜,间百馀里,以车转,从斜下下渭。如此,汉中之谷可致,山东从沔无限,便于砥柱之漕。且褒斜材木竹箭之饶,拟于巴蜀。"天子以为然,拜汤子卬为汉中守,发数万人作褒斜道五百馀里。道果便近,而水湍石,不可漕。

其后庄熊罴言:"临晋民愿穿洛以溉重泉以东万馀顷故卤地。诚得水,可令亩十石。"于是为发卒万馀人穿渠,自征引洛水至商颜山下。岸善崩,乃凿井,深者四十馀丈。往往为井,井下相通行水。水颓以绝商颜,东至山岭十馀里间。井渠之生自此始。穿渠得龙骨,故名曰龙首渠。作之十馀岁,渠颇通,犹未得其饶。

以上为第三段,写汉武帝因漕运而大兴水利,引渠灌田,其中有成功的经验,也有失败的教训。

自河决瓠子后二十馀岁,岁因以数不登,而梁楚之地尤甚。天子既封禅巡祭山川,其明年,旱,乾封少雨。天子乃使汲仁、郭昌发卒数万人塞瓠子决。于是天子已用事万里沙,则还自临决河,沉白马玉璧于河,令群臣从官自将军已下皆负薪寘决河。是时东郡烧草,以故薪柴少,而下淇园之竹以为楗。

天子既临河决,悼功之不成,乃作歌曰:"瓠子决兮将奈何?皓皓旰旰兮闾殚为河!殚为河兮地不得宁,功无已时兮吾山平。吾山平兮巨野溢,鱼沸郁兮柏冬日。延道弛兮离常流,蛟龙骋兮方远游。归旧川兮神哉沛,不封禅兮安知外!为我谓河伯兮何不仁,泛滥不止兮愁吾人?啮桑浮兮淮、泗满,久不反兮水维缓。"一曰:"河汤汤兮激潺湲,北渡污兮浚流难。搴长茭兮沈美玉,河伯许兮薪不属。薪不属兮卫人罪,烧萧条兮噫乎何以御水!颓林竹兮楗石菑,宣房塞兮万福来。"于是卒塞瓠子,筑宫其上,名曰宣房宫。而道河北行二渠,复禹旧迹,而梁、楚之地复宁,无水灾。

自是之后,用事者争言水利。朔方、西河、河西、酒泉皆引河及川谷以溉田;而关中辅渠、灵轵引堵水;汝南、九江引淮;东海引巨定;泰山下引汶水:皆穿渠为溉田,各万馀顷。佗小渠披山通道者,不可胜言。然其著者在宣房。

> 以上为第四段,写汉武帝封禅安外,关心民瘼,元封二年,亲率百官堵塞黄河瓠子缺口,取得成功。

太史公曰:余南登庐山,观禹疏九江,遂至于会稽太湟,上姑苏,望五湖;东窥洛汭、大邳,迎河,行淮、泗、济、漯洛渠;西瞻蜀之岷山及离碓;北自龙门至于朔方。曰:甚哉,水之为利害也!余从负薪塞宣房,悲《瓠子》之诗而作《河渠书》。

> 以上为史家评论,补充记载了作者对全国水利的考察,对汉武帝亲临塞河的赞叹,用以表明水利是国计民生的重大的问题。

四　三十世家选讲

【说明】司马贞曰:"系家者,记诸侯本系也,言其下及子孙常有国。故孟子曰:'陈仲子,齐之系家。'又董仲舒曰:'王者封诸侯,非官之也,得以代为家也'。"(《吴太伯世家·索隐》)刘知幾曰:"案世家之为义也,岂不以开国承家,世代相续。"又曰:"司马迁之记诸国也,其编次之体与本纪不殊,盖欲抑彼诸侯,异乎天子,故假以他称,名为世家。"(《史通》)卷二《世家》)即定名"世家"之义有三:

1. 记诸侯列国史。

2. 载传代家世。

3.《世家》与《本纪》同体,均编年纪事,因有别于天子等第而别名"世家"。

三十《世家》序列:第一吴太伯;二齐太公;三鲁周公;四燕召公;五管蔡,附曹世家;六陈杞;七卫康叔;八宋微子;九晋;十楚;十一越王勾践;十二郑;十三赵;十四魏;十五韩;十六田敬仲完;十七孔子;十八陈涉;十九外戚;二十楚元王;二十一荆燕;二十二齐悼惠王;二十三萧相国;二十四曹相国;二十五留侯;二十六陈丞相;二十七绛侯;二十八梁孝王;二十九五宗;三十三王。

本书选讲四篇世家。

越王勾践世家(节选)

【题解】越在今浙江境内,是古代一个偏远的小国,春秋初尚未通于上国,故略无世系。越兴起于春秋战国之际,相传是禹之苗裔。标题《越王勾践世家》,主要是记叙越王勾践报仇雪耻的故事。本文节选越王勾践自强不息,终灭强吴而称霸的事迹。

越王勾践,其先禹之苗裔,而夏后帝少康之庶子也。封于会稽,以奉守禹之祀。文身断发,披草莱而邑焉。后二十余世,至于允常。允常之时,与吴王阖庐战而相怨伐。允常卒,子勾践立,是为越王。

元年,吴王阖庐闻允常死,乃兴师伐越。越王勾践使死士挑战,三行,至吴陈,呼而自刭。吴师观之,越因袭击吴师,吴师败于檇李,射伤吴王阖庐。阖庐且死,告其子夫差曰"必毋忘越。"

三年,勾践闻吴王夫差日夜勒兵,且以报越,越欲先吴未发往伐之。范蠡谏曰:"不可。臣闻兵者凶器也,战者逆德也,争者事之末也。阴谋逆德,好用凶器,试身于所末,上帝禁之,行者不利。"越王曰:"吾已决之矣。"遂兴师。吴王闻之,悉发精兵击越,败之夫椒。越王乃以余兵五千人保栖于会稽。吴王追而围之。

越王谓范蠡曰:"以不听子故至于此,为之奈何?"蠡对曰:"持满者与天,定倾者与人,节事者以地。卑辞厚礼是遗之,不许,而身与之市。"勾践曰:"诺。"乃令大夫种行成于吴,膝行顿首曰:"君王亡臣勾践使陪臣种敢告下执事:勾践请为臣,妻为妾。"吴王将许之。子胥言于吴王曰:"天以越赐吴,勿许也。"种还,以报勾践。勾践欲杀妻子,燔宝器,触战以死。种止勾践曰:"夫吴太宰嚭贪,可诱以利,请间行言之。"于是勾践乃以美女宝器令种间献吴太宰嚭。嚭受,乃见大夫种于吴王。种顿首言曰:"愿大王赦勾践之罪,尽入其宝器。不幸不赦,勾践将尽杀其妻子,燔其宝器,悉五千人触战,必有当也。"嚭因说吴王曰:"越以服为臣,若将赦之,此国之利也。"吴王将许之。子胥进谏曰:"今不灭越,后必悔之。勾践贤君,种、蠡良臣,若反国,将为乱。"吴王弗听,卒赦越,罢兵而归。

勾践之困会稽也,喟然叹曰:"吾终于此乎?"种曰:"汤系夏台,文王囚羑里,晋重耳奔翟,齐小白奔莒,其卒王霸。由是观之,何遽不为福乎?"

吴既赦越,越王勾践反国,乃苦身焦思,置胆于坐,坐卧即仰胆,饮食亦尝胆也。曰:"女忘会稽之耻邪?"身自耕作,夫人自织,食不加肉,衣不重采,折节下贤人,厚遇宾客,振贫吊死,与百姓同其劳。欲使范蠡治国政,蠡对曰:"兵甲之事,种不如蠡;填抚国家,亲附百姓,蠡不如种。"于是举国政属大夫种,而使范蠡与大夫柘稽行成,为质于吴。二岁而吴归蠡。

勾践自会稽归七年,拊循其士民,欲用以报吴。大夫逢同谏曰:"国新流亡,今乃复殷给,缮饰备利,吴必惧,惧则难必至。且鸷鸟之击也,必匿其形。今夫吴兵加齐、晋,怨深于楚、越,名高天下,实害周室,德少而功多,必淫自矜。为越计,莫若结齐,亲楚,附晋,以厚吴。吴之志广,必轻战。是我连其权,三国伐之,越承其弊,可克也。"勾践曰:"善。"

居二年,吴王将伐齐。子胥谏曰:"未可。臣闻勾践食不重味,与百姓同苦乐。此人不死,必为国患。吴有越,腹心之疾,齐与吴,疥癣也。愿王释齐先越。"吴王弗听,遂伐齐,败之艾陵,虏齐高、国以归。让子胥。子胥曰:"王毋喜!"王怒,子胥欲自杀,王闻而止之。越大夫种曰:"臣观吴王政骄矣,请试尝之贷粟,以卜其事。"请贷,吴王欲与,子胥谏勿与,王遂与之,越乃私喜。子胥言曰:"王不听谏,后三年吴其墟乎!"太宰嚭闻之,乃数与子胥争越议,因谗子胥曰:"伍员貌忠而实忍人,其父兄不顾,安能顾王?王前欲伐齐,员强谏,已而有功,用是反怨王。王不备伍员,员必为乱。"与逢同共谋,谗之王。王始不从,王使子胥于齐,闻其托子于鲍氏,王乃大怒,曰:"伍员果欺寡人!"役反,使人赐子胥属镂剑以自杀。子胥大笑曰:"我令而父霸,我又立若,若初欲分吴国半予我,我不受,已,今若反以谗诛我。嗟乎,嗟乎,一人固不能独立!"报使者曰:"必取吾眼置吴东门,以观越兵入也!"于是吴任嚭政。

居三年,勾践召范蠡曰:"吴已杀子胥,导谀者众,可乎?"对曰:"未可。"

至明年春,吴王北会诸侯于黄池,吴国精兵从王,惟独老弱与太子留守。勾践复问范蠡,蠡曰:"可矣"。乃发习流二千人,教士四万人,君子六千人,诸御千人,伐吴。吴师败,遂杀吴太子。吴告急于王,王方会诸侯于黄池,惧天下闻之,乃秘之。吴王已盟黄池,乃使人厚礼以请成越。越自度亦未能灭吴,乃与吴平。

其后四年,越复伐吴。吴士民疲弊,轻锐尽死于齐、晋。而越大破吴,因而留围之三年,吴师败,越遂复栖吴王于姑苏之山。吴王使公孙雄肉袒膝行而前,请成越王曰:"孤臣夫差敢布腹心,异日尝得罪于会稽,夫差不敢逆命,得与君王成以归。今君王举玉趾而诛孤臣,孤臣惟命是听,意者亦欲如会稽之赦孤臣之罪乎?"勾践不忍,欲许之。范蠡曰:"会稽之事,天以越赐吴,吴不取。今天以吴赐越,越其可逆天乎?且夫君王早朝晏罢,非为吴邪?谋之二十二年,一旦而弃之,可乎?且夫天与弗取,反受其咎。'伐柯者其则不远',君忘会稽之厄乎?"勾践曰:"吾欲听子言,吾不忍其使者。"范蠡乃鼓进兵,曰:"王已属政于执事,使者去,不者且得罪。"吴使者泣而去。勾践怜之,乃使人谓吴王曰:"吾置王甬东,君百家。"吴王谢曰:"吾老矣,不能事君王!"遂自杀。乃蔽其面,曰:"吾无面以见子胥也!"越王乃葬吴王而诛太宰嚭。

勾践已平吴,乃以兵北渡淮,与齐、晋诸侯会于徐州,致贡于周,周元王使人赐勾践胙,命为伯。勾践已去,渡淮南,以淮上地与楚,归吴所侵宋地于宋,与鲁泗东方百里。当是时,越兵横行于江、淮东,诸侯毕贺,号称霸王。

赵武灵王胡服骑射(节自《赵世家》)

【题解】本文节自《赵世家》,写赵武灵王成功地推行胡服骑射改革的过程,篇题为编者所加。

武灵王元年,阳文君赵豹相。梁襄王与太子嗣,韩宣王与太子仓来朝信宫。武灵王少,未能听政,博闻师三人,左右司过三人。及听政,先问先王贵臣肥义,加其秩;国三老年八十,月致其礼。

三年,城鄗。四年,与韩会于区鼠。五年,娶韩女为夫人。

八年,韩击秦,不胜而去。五国相王,赵独否,曰:"无其实,敢处其名乎!"令国人谓己曰"君"。

九年,与韩、魏共击秦,秦败我,斩首八万级。齐败我观泽。十年,秦取我中都及西阳。齐破燕。燕相子之为君,君反为臣。十一年,王召公子职于韩,立以为燕王,使乐池送之。十三年,秦拔我蔺,虏将军赵庄。楚、魏王来,过邯郸。十四年,赵何攻魏。

十七年,王出九门,为野台,以望齐、中山之境。

十八年,秦武王与孟说举龙文赤鼎,绝膑而死。赵王使代相赵固迎公子稷于燕,送归,立为秦王,是为昭王。

十九年春正月,大朝信宫。召肥义与议天下,五日而毕。王北略中山之地,至于房子,遂之代,北至无穷,西至河,登黄华之上。召楼缓谋曰:"我先王因世之变,以长南藩之地,属阻漳、滏之险,立长城,又取蔺、郭狼,败林人于荏,而功未遂。今中山在我腹心,北有燕,东有胡。西有林胡、楼烦、秦、韩之边,而无强兵之救,是亡社稷,奈何? 夫有高世之名,必有遗俗之累。吾欲胡服。"楼缓曰:"善。"群臣皆不欲。

于是肥义侍,王曰:"简、襄主之烈,计胡、翟之利。为人臣者,宠有孝弟长幼顺明之节,通有补民益主之业,此两者臣之分也。今吾欲继襄主之迹,开于胡、翟之乡,而卒世不见也。为敌弱,用力少而功多,可以毋尽百姓之劳,而序往古之勋。夫有高世之功者,负遗俗之累;有独智之虑者,任骜民之怨。今吾将胡服骑射以教百姓,而世必议寡人,奈何?"肥义曰:"臣闻疑事无功,疑行无名。王既定负遗俗之虑,殆无顾天下之议矣。夫论至德者不和于俗,成大功者不谋于众。昔者舜舞有苗,禹袒裸国,非以养欲而乐志也,务以论德而约功也。愚者闇成事,智者睹未形,则王何疑焉。"王曰:"吾不疑胡服也,吾恐天下笑我也。狂夫之乐,智者哀焉;愚者所笑,贤者察焉。世有顺我者,胡服之功未可知也。虽驱世以笑我,胡地中山吾必有之。"于是遂胡服矣。

以上为第一段,写赵武灵王稳步推行胡服骑射的改革,经过十九年的长期蓄势,与心腹大臣密谋,而后借春节吉庆的氛围展开大讨论,统一思想。

使王繰告公子成曰:"寡人胡服,将以朝也,亦欲叔服之。家听于亲而国听于君,古今之公行也。子不反亲,臣不逆君,兄弟之通义也。今寡人作教易服而叔不服,吾恐天下议之也。制国有常,利民为本;从政有经,令行为上,明德先论于贱,而行政先信于贵。今胡服之意,非以养欲而乐志也;事有所止而功有所出,事成功立,然后善也。今寡人恐叔之逆从政之经,以辅叔之议。且寡人闻之,事利国者行无邪,因贵戚者名不累,故愿慕公叔之义,以成胡服之功。使繰谒之叔,请服焉。"公子成再拜稽首曰:"臣固闻王之胡服也。臣不佞,寝疾,未能趋走以滋进也。王命之,臣敢对,因竭其愚忠。曰:臣闻中国者,盖聪明徇智之所居也,万物财用之所聚也,贤圣之所教也,仁义之所施也,《诗》《书》礼乐之所用也,异敏技能之所试也,远方之所观赴也,蛮夷之所义行也。今王舍此而袭远方之服,变古之教,易古之道,逆人之心,而怫学者,离中国,故臣愿王图之也。"使者以报。王曰:"吾固闻叔之疾也,我将自往请之。"

王遂往之公子成家,因自请之,曰:"夫服者,所以便用也;礼者,所以便事也。圣人观乡而顺宜,因事而制礼,所以利其民而厚其国也。夫翦发文身,错臂左衽,瓯越之民也。黑齿雕题,却冠秫绌,大吴之国也。故礼服莫同,其便一也。乡异而用变,事异而礼易。是以圣人果可以利其国,不一其用;果可以便其事,不同其礼。儒者一师而俗异,中国同礼而教离,况于山谷之便乎?故去就之变,智者不能一;远近之服,贤圣不能同。穷乡多异,曲学多辩。不知而不疑,异于已而不非者,公焉而众求尽善也。今叔之所言者俗也,吾所言者所以制俗也。吾国东有河、薄洛之水,与齐、中山同之,无舟楫之用。自常山以至代、上党,东有燕、东胡之境,而西有楼烦、秦、韩之边,今无骑射之备。故寡人无舟楫之用,夹水居之民,将何以守河、薄洛之水;变服骑射,以备燕、三胡、秦、韩之边。且昔者简主不塞晋阳以及上党,而襄主并戎取代以攘诸胡,此愚智所明也。先时中山负齐之强兵,侵暴吾地,系累吾民,引水围鄗,微社稷之神灵,则鄗几于不守也。先王丑之,而怨未能报也。今骑射之备,近可以便上党之形,而远可以报中山之怨。而叔顺中国之俗以逆简、襄之意,恶变服之名以忘鄗事之丑,非寡人之所望也。"公子成再拜稽首曰:"臣愚,不达于王之义,敢道世俗之闻,臣之罪也。今王将继简、襄之意以顺先王之志,臣敢不听命乎!"再拜稽首。乃赐胡服。明日,服而朝。于是始出胡服令也。

赵文、赵造、周袑、赵俊皆谏止王毋胡服,如故法便。王曰:"先王不同俗,何古之法?帝王不相袭,何礼之循?伏羲、神农教而不诛,黄帝、尧、舜诛而不怒。及至三王,随时制法,因事制礼。法度制令各顺其宜,衣服器械各便其用。故礼也不必一道,而便国不必古。圣人之兴也不相袭而王,夏、殷之衰也不易礼而灭。然则反古未可非,而循礼未足多也。且服奇者志淫,则是邹、鲁无奇行也;俗辟者民易,则是吴、越无秀士也。且圣人利身谓之服,便事谓之礼。夫进退之节,衣服之制者,所以齐常民也,非所以论贤者也。故齐民与俗流,贤者与变俱。故谚曰'以书御者不尽马之情,以古制今者不达事之变'。循法之功,不足以高世;法古之学,不足以制今。子不及也。"遂胡服招骑射。

　　以上为第二段,写赵武灵王以理服人,以情动人,对宗室大臣做细微的说服工作,统一了认识,而后正式胡服招骑射。

二十年,王略中山地,至宁葭;西略胡地,至榆中。林胡王献马。归,使楼缓之秦,仇液之韩,王贲之梦,富丁之魏,赵爵之齐。代相赵固主胡,致其兵。

二十一年,攻中山。赵袑为右军,许钧为左军,公子章为中军,王并将之。

牛翦将车骑,赵希并将胡、代。赵与之陉,合军曲阳,攻取丹丘、华阳、鸱之塞。王军取鄗、石邑、封龙、东垣。中山献四邑和,王许之,罢兵。二十三年,攻中山。二十五年,惠后卒。使周祒胡服傅王子何。二十六年,复攻中山,攘地北至燕、代,西至云中、九原。

　　以上为第三段,写胡服骑射,增强了赵国的国力军力,扩展疆域,立竿见影。

外戚世家序(节自《外戚世家》)

【题解】《外戚世家》专载汉朝前期从高祖至武帝时各帝后妃的事迹,以展示宫廷中的权力角逐。名为世家,实为后妃类传。写后妃而定名"外戚世家",其义有二。一是后妃代代不绝,如世代相继。继位帝王及诸侯王都是后妃所生,汉朝天下,未尝不可以看作是他们的子孙相传。二是后妃之家因裙带而封侯,后妃干政更要张大外戚形势,而外戚则因后妃的际遇而升降。后妃与外戚,政治上实为一体。司马迁用"外戚世家"之名写后妃传记,寓意是深刻的。本篇以时间为序,主要是写吕太后、薄太后、窦太后、王太后、卫皇后等五后及其外戚的荣辱。栗姬、陈皇后、王夫人等穿插附见。栗姬骄贵,陈皇后忌妒,王夫人弄色,都没有好下场。本文摘选其序言,是全篇的纲领。作者用夏、商、周三代的兴衰实例证明后妃与外戚在政治上所起的重要作用。

自古受命帝王及继体守文之君,非独内德茂也,盖亦有外戚之助焉。夏之兴也以涂山,而桀之放也以末喜,殷之兴也以有娀,纣之杀也嬖妲己。周之兴也以姜原及大任,而幽王之禽也淫于褒姒。故《易》基《乾》《坤》,《诗》始《关雎》,《书》美釐降,《春秋》讥不亲迎。夫妇之际,人道之大伦也。礼之用,唯婚姻为兢兢。夫乐调而四时和,阴阳之变,万物之统也。可不慎与? 人能弘道,无如命何。甚哉,妃匹之爱,君不能得之于臣,父不能得之于子,况卑下乎! 既欢合矣,或不能成子姓;能成子姓矣,或不能要其终,岂非命也哉? 孔子罕称命,盖难言之也。非通幽明之变,恶能识乎性命哉?

太史公曰:秦以前尚略矣,其详靡得而记焉。汉兴,吕娥姁为高祖正后,男为太子。及晚节色衰爱弛,而戚夫人有宠,其子如意几代太子者数矣。及高祖崩,吕后夷戚氏,诛赵王,而高祖后宫唯独无宠疏远者得无恙。

留侯世家(节选)

【题解】张良年轻时是一个豪侠人物,他曾在博浪沙阻击秦始皇,失败后及时总结经验,隐姓埋名,静观时变,习谋画之术,投身于反秦的社会运动中,成长为一个深沉明智的机变人物,与年轻时的匹夫之勇相较,判若两人。他善于择主,忠心耿耿为刘邦谋画,替沛公解鸿门之危,荐韩信、彭越、黥布三雄以灭项羽,谏止刘邦立六国后,支持刘敬议迁都,这一系列谋画都直接关系着汉事业的兴亡成败,张良之智、仁、勇也在这一系列谋画的描写中得到生动的刻画。最后,他功成身退,能够明哲保身,也传为佳话。张良是中国历史上一个典型的"王者师"。

留侯张良者,其先韩人也。大父开地,相韩昭侯、宣惠王、襄哀王。父平,相釐王、悼惠王。悼惠王二十三年,平卒。卒二十岁,秦灭韩,良年少,未宦事韩。韩破,良家僮三百人。弟死不葬,悉以家财求客刺秦王,为韩报仇,以大父、父五世相韩故。

良尝学礼淮阳。东见仓海君。得力士,为铁椎重百二十斤。秦皇帝东游,良与客狙击秦始皇帝博浪沙中,误中副车。秦皇帝大怒,大索天下,求贼甚急,为张良故也。良乃更名姓,亡匿下邳。

以上为第一段,写青年张良毁家纾难,勇刺秦始皇的豪侠壮举。

良尝间从容步游下邳圯上,有一老父,衣褐,至良所,直堕其履圯下,顾谓良曰:"孺子,下取履!"良鄂然,欲殴之。为其老,强忍,下取履。父曰:"履我!"良业为取履,因长跪履之。父以足受,笑而去。良殊大惊,随目之。父去里所,复还,曰:"孺子可教矣。后五日平明,与我会此。"良因怪之,跪曰:"诺。"五日平明,良往。父已先在,怒曰:"与老人期,后,何也?"去,曰:"后五日早会。"五日鸡鸣,良往。父又先在,复怒曰:"后,何也?"去,曰:"后五日复早来。"五日，良夜未半往。有顷，父亦来，喜曰："当如是。"出一编书，曰："读此则为王者师矣。后十年兴。十三年孺子见我济北，谷城山下黄石即我矣。"遂去，无他言，不复见。旦日视其书，乃《太公兵法》也。良因异之，常习诵读之。

居下邳，为任侠。项伯常杀人，从良匿。

　　　　以上为第二段，写张良隐忍勤学，静观时变。

后十年，陈涉等起兵，良亦聚少年百余人。景驹自立为楚假王，在留，良欲往从之，道遇沛公。沛公将数千人，略地下邳西，遂属焉。沛公拜良为厩将。良数以《太公兵法》说沛公，沛公善之，常用其策，良为他人言，皆不省。良曰："沛公殆天授。"故遂从之，不去见景驹。

及沛公之薛，见项梁。项梁立楚怀王。良乃说项梁曰："君已立楚后，而韩诸公子横阳君成贤，可立为王，益树党。"项梁使良求韩成，立以为韩王。以良为韩申徒，与韩王将千余人西略韩地，得数城，秦辄复取之，往来为游兵颍川。

沛公之从雒阳南出轘辕，良引兵从沛公，下韩十余城，击破杨熊军，沛公乃令韩王成留守阳翟，与良俱南，攻下宛，西入武关。沛公欲以兵二万人击秦峣下军，良说曰："秦兵尚强，未可轻。臣闻其将屠者子，贾竖易动以利。愿沛公且留壁，使人先行，为五万人具食，益为张旗帜诸山上，为疑兵，令郦食其持重宝啖秦将。"秦将果叛，欲连和俱西袭咸阳，沛公欲听之。良曰："此独其将欲叛耳，恐士卒不从。不从必危，不如因其解击之。"沛公乃引兵击秦军，大破之。遂北至蓝田，再战，秦兵竟败。遂至咸阳，秦王子婴降沛公。

沛公入秦宫，宫室帷帐狗马重宝妇女以千数，意欲留居之。樊哙谏沛公出舍，沛公不听。良曰："夫秦为无道，故沛公得至此。夫为天下除残贼，宜缟素为资。今始入秦，即安其乐，此所谓'助桀为虐'。且'忠言逆耳利于行，毒药苦口利于病'，愿沛公听樊哙言。"沛公乃还军霸上。

项羽至鸿门下，欲击沛公，项伯乃夜驰入沛公军，私见张良，欲与俱去。良曰："臣为韩王送沛公，今事有急，亡去不义。"乃具以语沛公。沛公大惊，曰："为将奈何？"良曰："沛公诚欲背项羽邪？"沛公曰："鲰生教我拒关无内诸侯，秦地可尽王，故听之。"良曰："沛公自度能却项羽乎？"沛公默然良久，曰："固不能也。今为奈何？"良乃固要项伯。项伯见沛公。沛公与饮为寿，结宾婚。

令项伯具言沛公不敢背项羽,所以拒关者,备他盗也。及见项羽后解,语在《项羽》事中。

以上为第三段,写张良投身反秦,佐汉高祖灭项羽,屡建奇策。

汉元年正月,沛公为汉王,王巴蜀。汉王赐良金百溢,珠二斗,良具以献项伯。汉王亦因令良厚遗项伯,使请汉中地。项王乃许之,遂得汉中地。汉王之国,良送至褒中,遣良归韩。良因说汉王曰:“王何不烧绝所过栈道。示天下无还心,以固项王意。”乃使良还。行,烧绝栈道。

良至韩,韩王成以良从汉王故,项王不遣成之国,从与俱东。良说项王曰:“汉王烧绝栈道,无还心矣。”乃以齐王田荣反,书告项王。项王以此无西忧汉心,而发兵北击齐。

项王竟不肯遣韩王,乃以为侯,又杀之彭城。良亡,间行归汉王,汉王亦已还定三秦矣,复以良为成信侯,从东击楚。至彭城,汉败而还。至下邑,汉王下马踞鞍而问曰:“吾欲捐关以东等弃之,谁可与共功者?”良进曰:“九江王黥布,楚枭将,与项王有郄;彭越与齐王田荣反梁地:此两人可急使。而汉王之将独韩信可属大事,当一面。即欲捐之,捐之此三人,则楚可破也。”汉王乃遣随何说九江王布,而使人连彭越。及魏王豹反,使韩信将兵击之,因举燕、代、齐、赵。然卒破楚者,此三人力也。

张良多病,未尝特将也,常为画策臣。时时从汉王。

汉三年,项羽急围汉王荥阳,汉王恐忧,与郦食其谋桡楚权。食其曰:“昔汤伐桀,封其后于杞。武王伐纣,封其后于宋。今秦失德弃义,侵伐诸侯社稷,灭六国之后,使无立锥之地。陛下诚能复立六国后世,毕已受印,此其君臣百姓必皆戴陛下之德,莫不向风慕义,愿为臣妾。德义已行,陛下南向称霸,楚必敛衽而朝。”汉王曰:“善。趣刻印,先生因行佩之矣。”

食其未行,张良从外来谒。汉王方食,曰:“子房前!客有为我计桡楚权者。”具以郦生语告,曰:“于子房何如?”良曰:“谁为陛下画此计者?陛下事去矣。”汉王曰:“何哉?”张良对曰:“臣请藉前箸为大王筹之。”曰:“昔者汤伐桀而封其后于杞者,度能制桀之死命也。今陛下能制项籍之死命乎?”曰:“未能也。”“其不可一也。武王伐纣封其后于宋者,度能得纣之头也。今陛下能得项籍之头乎?”曰:“未能也。”“其不可二也,武王入殷,表商容之闾,释箕子之拘，封比干之墓。今陛下能封圣人之墓，表贤者之闾，式智者之门乎？"曰："未能也。""其不可三也。发钜桥之粟，散鹿台之钱，以赐贫穷。今陛下能散府库以赐贫穷乎？"曰："未能也。""其不可四矣。殷事已毕，偃革为轩，倒置干戈，覆以虎皮，以示天下不复用兵。今陛下能偃武行文，不复用兵乎？"曰："未能也。""其不可五矣。休马华山之阳，示以无所为。今陛下能休马无所用乎？"曰："未能也。""其不可六矣。放牛桃林之阴，以示不复输积。今陛下能放牛不复输积乎？"曰："未能也。""其不可七矣。且天下游士离其亲戚，弃坟墓，去故旧，从陛下游者，徒欲日夜望咫尺之地。今复六国，立韩、魏、燕、赵、齐、楚之后，天下游士各归事其主，从其亲戚，反其故旧坟墓，陛下与谁取天下乎？其不可八矣。且夫楚唯无强，六国立者复桡而从之，陛下焉得而臣之？诚用客之谋，陛下事去矣。"汉王辍食吐哺，骂曰："竖儒，几败而公事！"令趣销印。

汉四年，韩信破齐而欲自立为齐王，汉王怒。张良说汉王，汉王使良授齐王信印，语在《淮阴》事中。

其秋，汉王追楚至阳夏南，战不利而壁固陵，诸侯期不至，良说汉王，汉王用其计，诸侯皆至，语在《项籍》事中。

汉六年正月，封功臣。良未尝有战斗功，高帝曰："运筹策帷帐中，决胜千里外，子房功也。自择齐三万户。"良曰："始臣起下邳，与上会留，此天以臣授陛下。陛下用臣计，幸而时中，臣愿封留足矣，不敢当三万户。"乃封张良为留侯，与萧何等俱封。

上已封大功臣二十余人，其余日夜争功不决，未得行封。上在雒阳南宫，从复道望见诸将往往相与坐沙中语。上曰："此何语？"留侯曰："陛下不知乎？此谋反耳。"上曰："天下属安定，何故反乎？"留侯曰："陛下起布衣，以此属取天下，今陛下为天子，而所封皆萧、曹故人所亲爱，而所诛者皆生平所仇怨。今军吏计功，以天下不足遍封，此属畏陛下不能尽封，恐又见疑平生过失及诛，故即相聚谋反耳。"上乃忧曰："为之奈何？"留侯曰："上平生所憎，群臣所共知，谁最甚者？"上曰："雍齿与我故，数尝窘辱我。我欲杀之，为其功多，故不忍。"留侯曰："今急先封雍齿以示群臣，群臣见雍齿封，则人人自坚矣。"于是上乃置酒，封雍齿为什方侯，而急趣丞相、御史定功行封。群臣罢酒，皆喜曰："雍齿尚为侯，我属无患矣。"

刘敬说高帝曰："都关中。"上疑之。左右大臣皆山东人，多劝上都雒阳：

"雒阳东有成皋,西有殽黾,背河,向伊雒,其固亦足恃。"留侯曰:"雒阳虽有此固,其中小,不过数百里,田地薄,四面受敌,此非用武之国也。夫关中左殽函,右陇蜀,沃野千里,南有巴蜀之饶,北有胡苑之利,阻三面而守,独以一面东制诸侯。诸侯安定,河渭漕輓天下,西给京师;诸侯有变,顺流而下,足以委输。此所谓金城千里,天府之国也,刘敬说是也。"于是高帝即日驾,西都关中。

留侯从入关。留侯性多病,即道引不食谷,杜门不出岁余。

以上为第四段,写张良在巩固汉政权中的作用,以及他功成身退的品格。

五　七十列传选讲

【说明】司马贞曰:"列传者,谓序列人臣事迹,令可传于后世,故曰列传"(《伯夷列传·索隐》)。张守节曰:"其人行迹可序列,故云列传"(《伯夷列传·正义》)。

列者,陈也。列传,即众多人物之传。传,本为注经之名,司马迁借以传人,记功臣贤人死义之士的言行以注《本纪》,表示人臣拱卫主上。《太史公自序》云:"扶义俶傥,不令己失时,立功名于天下,作七十列传。"所以刘知几以《史》《汉》之纪传比于《春秋》之经传,议论是很精辟的。

七十《列传》分为四个类型:(1)个人专传,(2)二人以上合传,(3)不以人物命篇的类传,(4)附传。其列正传人物139人,附传人物92人①,加孔子弟子77人,总计308人。类传人物古今同传,以类相从;合传与类传为同一类型,或对照或连类,故合传人物往往打破时代界限,上溯下及。《白起王翦列传》《鲁仲连邹阳列传》《屈原贾生列传》等是下及;《扁鹊仓公列传》是上溯。《孟子荀卿列传》附列人物十一人,实质是一篇先秦的"诸子列传"。《汲郑列传》实质是汉代的"黄老列传"。匈奴、南越、东越、西南夷等周边民族史传分插在人物列传中,与相关的人物并列,等同天子臣民,此四海一家之观念,表现了司马迁民族一统的进步历史观。《大宛列传》所述为外国民族,单列于类传中。总之,七十《列传》具有组合义例。

由上分析,七十《列传》基本以时代为序排列,或以类连及,或对比见义。用八个字来概括是:"时代为序,以类相从。"赵翼评论《史记》篇目是"随得随编",其说绝不可信。"时代为序",勾勒历史发展的线索,是司马迁"通古今之

---

① 七十列传附传人物实多于正传人物,这里所列九十二人仅举其要,主要是因事或连类而附。至于附载的子孙、戚友,以及虽因事连类仅附其名者未计。

变"的思想反映;"以类相从"是司马迁"成一家之言"的一个方面,反映了他用历史类比法进行古今纵横排比论证,探寻治乱兴衰的规律,这也是一种先进的研究方法。古今类比,有利于吸取历史的经验和教训,即以古为鉴之意。我们掌握了司马迁的历史类比法,以此为解剖刀去阅读和研究《史记》,许多疑难问题,迎刃而解。例如合传、类传就是以某人物或以某时代为中心上溯或下及,是连类而附。《史记》各体的附记法,实质也是类比法的引申。

此外,《史记》命篇,司马迁不作统一标准。《汉书》列传一律以人物姓名命篇。司马迁以姓名、封爵、谥号、别名兼用,其义无法考实,但可以肯定司马迁决不是随意使用,而是根据当时所理解的善恶是非所表现的爱憎感情来决定命名的。例如"循吏"与"酷吏"两类传之命名尤为明显。又如汉初三雄,彭越、黥布皆以其名命篇,而韩信用"淮阴侯"之爵名命篇,表现了一种亲切感,示同情韩信。对石奋用"万石"之别号命篇,是口语化的反映。其他不必一一述论了。

本书选讲十三篇列传。

伯 夷 列 传

【题解】这是七十列传中的第一篇,夹叙夹议,是一篇提示义例的论传。列传借孤竹君的两个儿子伯夷、叔齐的高风亮节为议题,纠正了关于他们饿死无怨言的说法。列传还将伯夷、叔齐与许由、务光对照,指出伯夷、叔齐是由于孔子称颂而闻名后世的,示例七十列传中的人物也将因太史公之笔而垂名后世。司马谈临终遗言,"今汉兴,海内一统,明主贤君忠臣死义之士,余为太史而弗论载,废天下之史文,余甚惧焉,汝其念哉!"(《太史公自序》)司马迁创作七十列传就是为了实现这一神圣的使命。

夫学者载籍极博,犹考信于六艺,《诗》《书》虽缺,然虞、夏之文可知也。尧将逊位,让于虞舜。舜、禹之间,岳牧咸荐,乃试之于位,典职数十年,功用既兴,然后授政。示天下重器,王者大统,传天下若斯之难也。而说者曰尧让天下于许由,许由不受,耻之逃隐。及夏之时,有卞随、务光者。此何以称焉?太史公曰：余登箕山，其上盖有许由冢云。孔子序列古之仁圣贤人，如吴太伯、伯夷之伦详矣。余以所闻由、光义至高，其文辞不少概见，何哉？

以上为第一段，对儒家典籍不载许由等人事迹提出了疑问。

孔子曰："伯夷、叔齐，不念旧恶，怨是用希。""求仁得仁，又何怨乎？"余悲伯夷之意，睹轶诗可异焉。其传曰：

伯夷、叔齐，孤竹君之二子也。父欲立叔齐，及父卒，叔齐让伯夷。伯夷曰："父命也。"遂逃去。叔齐亦不肯立而逃之。国人立其中子。于是伯夷、叔齐闻西伯昌善养老，盍往归焉。及至，西伯卒，武王载木主，号为文王，东伐纣。伯夷、叔齐叩马而谏曰："父死不葬，爰及干戈，可谓孝乎？以臣弑君，可谓仁乎？"左右欲兵之。太公曰："此义人也。"扶而去之。武王已平殷乱，天下宗周。而伯夷、叔齐耻之，义不食周粟，隐于首阳山，采薇而食之。及饿且死，作歌。其辞曰："登彼西山兮，采其薇矣。以暴易暴兮，不知其非矣。神农、虞、夏忽焉没兮，我安适归矣？于嗟徂兮，命之衰矣！"遂饿死于首阳山。
由此观之，怨邪非邪？

以上为第二段，叙述了伯夷、叔齐的事迹，录《采薇》之歌对孔子称述伯夷"无怨"之说提出了质疑。

或曰："天道无亲，常与善人。"若伯夷、叔齐，可谓善人者非邪？积仁絜行如此而饿死！且七十子之徒，仲尼独荐颜渊为好学。然回也屡空，糟糠不厌，而卒早夭。天之报施善人，其何如哉？盗跖日杀不辜，肝人之肉，暴戾恣睢，聚党数千人横行天下，竟以寿终，是遵何德哉？此其尤大彰明较著者也。若至近世，操行不轨，专犯忌讳，而终身逸乐，富厚累世不绝。或择地而蹈之，时然后出言，行不由径，非公正不发愤，而遇祸灾者，不可胜数也。余甚惑焉，傥所谓天道，是邪非邪？

以上为第三段，以伯夷洁行遭困顿，盗跖恣睢寿终，联想到近世以来社会的种种不平，从而对惩恶佑善的天道提出了质疑。

子曰："道不同，不相为谋。"亦各从其志也。故曰："富贵如可求，虽执鞭之士,吾亦为之。如不可求,从吾所好。""岁寒,然后知松柏之后凋。"举世混浊,清士乃见。岂以其重若彼,其轻若此哉?

"君子疾没世而名不称焉。"贾子曰:"贪夫徇财,烈士徇名,夸者死权,众庶冯生。""同明相照,同类相求;云从龙,风从虎,圣人作而万物睹。"伯夷、叔齐虽贤,得夫子而名益彰。颜渊虽笃学,附骥尾而行益显。岩穴之士,趣舍有时若此,类名堙灭而不称,悲夫!闾巷之人,欲砥行立名者,非附青云之士,恶能施于后世哉?

　　以上为第四段,引前哲圣贤砥砺道德操行以自勉;但若立名后世,必附青云之士,慨叹世情,寄寓自己述史立言责任之重。

管晏列传

【题解】本篇是春秋时期齐国贤相管仲、晏婴二人的合传,两人都是齐国的大政治家。管仲名夷吾,字仲,死后谥敬,故又称管敬仲。管仲相齐四十多年,在政治、经济、军事等方面,进行了一系列的改革,使齐桓公成为春秋时期的第一个霸主。晏婴,字平仲,历仕齐灵公、庄公、景公三朝,使齐中兴,显名诸侯。两人都有著述流传,足以垂名后世,故管晏列传不载两人功业,仅载其几则轶事,用典型的生活片段来表现两人的思想境界,并突出知人荐贤的主题。篇末赞语,司马迁抒发了自己内心深处的无限感慨,寓意深刻。这表明《管晏列传》当作于司马迁受腐刑之后。

管仲夷吾者,颍上人也。少时常与鲍叔牙游,鲍叔知其贤。管仲贫困,常欺鲍叔,鲍叔终善遇之,不以为言。已而鲍叔事齐公子小白,管仲事公子纠。及小白立为桓公,公子纠死,管仲囚焉。鲍叔遂进管仲。管仲既用,任政于齐。齐桓公以霸,九合诸侯,一匡天下,管仲之谋也。

管仲曰:"吾始困时,尝与鲍叔贾,分财利多自与,鲍叔不以我为贪,知我贫也。吾尝与鲍叔谋事而更穷困,鲍叔不以我为愚,知时有利不利也。吾尝三仕三见逐于君,鲍叔不以我为不肖,知我不遭时也。吾尝三战三走,鲍叔不以我为怯,知我有老母也。公子纠败,召忽死之,吾幽囚受辱,鲍叔不以我为无耻,知我不羞小节而耻功名不显于天下也。生我者父母,知我者鲍子也。"

鲍叔既进管仲,以身下之。子孙世禄于齐,有封邑者十余世,常为名大夫。天下不多管仲之贤而多鲍叔能知人也。

管仲既任政相齐,以区区之齐在海滨,通货积财,富国强兵,与俗同好恶。故其称曰:"仓廪实而知礼节,衣食足而知荣辱,上服度则六亲固。四维不张,国乃灭亡。下令如流水之源,令顺民心。"故论卑而易行。俗之所欲,因而予之;俗之所否,因而去之。

其为政也,善因祸而为福,转败而为功。贵轻重,慎权衡。桓公实怒少姬,南袭蔡,管仲因而伐楚,责包茅不入贡于周室。桓公实北征山戎,而管仲因而令燕修召公之政。于柯之会,桓公欲背曹沫之约,管仲因而信之,诸侯由是归齐。故曰:"知与之为取,政之宝也。"

管仲富拟于公室,有三归、反坫,齐人不以为侈。管仲卒,齐国遵其政,常强于诸侯。后百余年而有晏子焉。

以上为第一段,写管鲍相知和鲍叔牙知贤、荐贤、让贤以成就管仲治齐的才能。

晏平仲婴者,莱之夷维人也。事齐灵公、庄公、景公,以节俭力行重于齐。既相齐,食不重肉,妾不衣帛。其在朝,君语及之,即危言;语不及之,即危行。国有道,即顺命;无道,即衡命。以此三世显名于诸侯。

越石父贤,在缧绁中。晏子出,遭之途,解左骖赎之,载归。弗谢,入闺。久之,越石父请绝。晏子懼然,摄衣冠谢曰:"婴虽不仁,免子于厄,何子求绝之速也?"石父曰:"不然。吾闻君子诎于不知己而信于知己者。方吾在缧绁中,彼不知我也。夫子既已感寤而赎我,是知己;知己而无礼,固不如在缧绁之中。"晏子于是延入为上客。

晏子为齐相,出,其御之妻从门间而窥其夫。其夫为相御,拥大盖,策驷马,意气扬扬,甚自得也。既而归,其妻请去。夫问其故。妻曰:"晏子长不满六尺,身相齐国,名显诸侯。今者妾观其出,志念深矣,常有以自下者。今子长八尺,乃为人仆御,然子之意自以为足,妾是以求去也。"其后夫自抑损。晏子怪而问之,御以实对。晏子荐以为大夫。

以上为第二段,写晏婴礼贤、荐贤和折节下士的高尚品德。

太史公曰：吾读管氏《牧民》《山高》《乘马》《轻重》《九府》，及《晏子春秋》，详哉其言之也。既见其著书，欲观其行事，故次其传。至其书，世多有之，是以不论，论其轶事。

管仲世所谓贤臣，然孔子小之。岂以为周道衰微，桓公既贤，而不勉之至王，乃称霸哉？语曰"将顺其美，匡救其恶，故上下能相亲也"。岂管仲之谓乎？

方晏子伏庄公尸哭之，成礼然后去，岂所谓"见义不为无勇"者邪？至其谏说，犯君之颜，此所谓"进思尽忠，退思补过"者哉！假令晏子而在，余虽为之执鞭，所忻慕焉。

以上为作者论赞，交代作传本意，赞扬管晏美德。

孙子吴起列传

【题解】本篇是孙武、孙膑、吴起三人的合传，庞涓附传。在古代，"子"是对人的尊称，在篇中"孙子"既称孙武，亦称孙膑。孙膑是孙武的后代。

孙子武者，齐人也。以《兵法》见于吴王阖庐。阖庐曰："子之十三篇，吾尽观之矣，可以小试勒兵乎？"对曰："可。"阖庐曰："可试以妇人乎？"曰："可。"于是许之，出宫中美女，得百八十人。孙子分为二队，以王之宠姬二人各为队长，皆令持戟。令之曰："汝知而心与左右手背乎？"妇人曰："知之。"孙子曰："前，则视心；左，视左手；右，视右手；后，即视背。"妇人曰："诺。"约束既布，乃设鈇钺，即三令五申之。于是鼓之右，妇人大笑。孙子曰："约束不明，申令不熟，将之罪也。"复三令五申而鼓之左，妇人复大笑。孙子曰："约束不明，申令不熟，将之罪也；既已明而不如法者，吏士之罪也。"乃欲斩左右队长。吴王从台上观，见且斩爱姬，大骇。趣使使下令曰："寡人已知将军能用兵矣。寡人非此二姬，食不甘味，愿勿斩也。"孙子曰："臣既已受命为将，将在军，君命有所不受。"遂斩队长二人以徇。用其次为队长，于是复鼓之。妇人左右前后跪起皆中规矩绳墨，无敢出声。于是孙子使使报王曰："兵既整齐，王可试下观之，唯王所欲用之，虽赴水火犹可也。"吴王曰："将军罢休就舍，寡人不愿下观。"孙子曰："王徒好其言，不能用其实。"于是阖庐知孙子能用兵，卒以为将。西破强楚，入郢，北威齐晋，显名诸侯，孙子与有力焉。

　　以上为第一段，写孙武吴宫教战和破楚威齐、晋的战功，赞扬他不畏权贵，执法如山的大将品德。

　　孙武既死，后百余岁有孙膑。膑生阿、鄄之间，膑亦孙武之后世子孙也。孙膑尝与庞涓俱学兵法。庞涓既事魏，得为惠王将军，而自以为能不及孙膑，乃阴使召孙膑。膑至，庞涓恐其贤于己，疾之，则以法刑断其两足而黥之，欲隐勿见。齐使者如梁，孙膑以刑徒阴见，说齐使。齐使以为奇，窃载与之齐。齐将田忌善而客待之。

　　忌数与齐诸公子驰逐重射。孙子见其马足不甚相远，马有上、中、下辈。于是孙子谓田忌曰："君弟重射，臣能令君胜。"田忌信然之，与王及诸公子逐射千金。及临质，孙子曰："今以君之下驷与彼上驷，取君上驷与彼中驷，取君中驷与彼下驷。"既驰三辈毕，而田忌一不胜而再胜，卒得王千金。于是忌进孙子于威王。威王问兵法，遂以为师。

　　其后魏伐赵，赵急，请救于齐。齐威王欲将孙膑，膑辞谢曰："刑余之人不可。"于是乃以田忌为将，而孙子为师，居辎车中，坐为计谋，田忌欲引兵之赵，孙子曰："夫解杂乱纷纠者不控捲，救斗者不搏撠，批亢捣虚，形格势禁，则自为解耳。今梁赵相攻，轻兵锐卒必竭于外，老弱罢于内。君不若引兵疾走大梁，据其街路，冲其方虚，彼必释赵而自救。是我一举解赵之围而收弊于魏也。"田忌从之，魏果去邯郸，与齐战于桂陵，大破梁军。

　　后十三岁，魏与赵攻韩，韩告急于齐。齐使田忌将而往，直走大梁。魏将庞涓闻之，去韩而归，齐军既已过而西矣。孙子谓田忌曰："彼三晋之兵素悍勇而轻齐，齐号为怯，善战者因其势而利导之。《兵法》，百里而趣利者蹶上将，五十里而趣利者军半至。使齐军入魏地为十万灶，明日为五万灶，又明日为三万灶。"庞涓行三日，大喜，曰："我固知齐军怯，入吾地三日，士卒亡者过半矣。"乃弃其步军，与其轻锐倍日并行逐之。孙子度其行，暮当至马陵。马陵道陕，而旁多阻隘，可伏兵，乃斫大树白而书之曰："庞涓死于此树之下。"于是令齐军善射者万弩，夹道而伏，期曰："暮见火举而俱发。"庞涓果夜至斫木下，见白书，乃钻火烛之。读其书未毕，齐军万弩俱发，魏军大乱相失。庞涓自知智穷兵败,乃自刭,曰:"遂成竖子之名!"齐因乘胜尽破其军,虏魏太子申以归。孙膑以此名显天下,世传其兵法。

　　以上为第二段,叙写孙膑的悲惨遭遇和他两败魏军,智斩庞涓的军事才能。

　　吴起者,卫人也,好用兵,尝学于曾子,事鲁君。齐人攻鲁,鲁欲将吴起,吴起取齐女为妻,而鲁疑之。吴起于是欲就名,遂杀其妻,以明不与齐也。鲁卒以为将。将而攻齐,大破之。

　　鲁人或恶吴起曰:"起之为人,猜忍人也。其少时,家累千金,游仕不遂,遂破其家。乡党笑之,吴起杀其谤己者三十余人,而东出卫郭门。与其母诀,啮臂而盟曰:'起不为卿相,不复入卫。'遂事曾子。居顷之,其母死,起终不归。曾子薄之,而与起绝。起乃之鲁,学兵法以事鲁君。鲁君疑之,起杀妻以求将。夫鲁小国,而有战胜之名,则诸侯图鲁矣。且鲁卫兄弟之国也,而君用起,则是弃卫。"鲁君疑之,谢吴起。

　　吴起于是闻魏文侯贤,欲事之。文侯问李克曰:"吴起何如人哉?"李克曰:"起贪而好色,然用兵司马穰苴不能过也。"于是魏文侯以为将,击秦,拔五城。

　　起之为将,与士卒最下者同衣食。卧不设席,行不骑乘,亲裹赢粮,与士卒分劳苦。卒有病疽者,起为吮之。卒母闻而哭之。人曰:"子卒也,而将军自吮其疽,何哭为?"母曰:"非然也。往年吴公吮其父,其父战不旋踵,遂死于敌。吴公今又吮其子,妾不知其死所矣。是以哭之。"

　　文侯以吴起善用兵,廉平,尽能得士心,乃以为西河守,以拒秦、韩。

　　魏文侯既卒,起事其子武侯。武侯浮西河而下,中流,顾而谓吴起曰:"美哉乎山河之固,此魏国之宝也!"起对曰:"在德不在险。昔三苗氏左洞庭,右彭蠡,德义不修,禹灭之。夏桀之居,左河济,右泰华,伊阙在其南,羊肠在其北,修政不仁,汤放之。殷纣之国,左孟门,右太行,常山在其北,大河经其南,修政不德,武王杀之。由此观之,在德不在险。若君不修德,舟中之人尽为敌国也。"武侯曰:"善。"

　　吴起为西河守,甚有声名。魏置相,相田文。吴起不悦,谓田文曰:"请与子论功,可乎?"田文曰:"可。"起曰:"将三军,使士卒乐死,敌国不敢谋,子孰与起?"文曰:"不如子。"起曰:"治百官,亲万民,实府库,子孰与起?"文曰:"不如子。"起曰:"守西河而秦兵不敢东向,韩赵宾从,子孰与起?"文曰:"不如子。"起曰:"此三者,子皆出吾下,而位加吾上,何也?"文曰:"主少国疑,大臣未附,百姓不信,方是之时,属之于子乎? 属之于我乎?"起默然良久,曰:"属之子矣。"文曰:"此乃吾所以居子之上也。"吴起乃自知弗如田文。

田文既死,公叔为相,尚魏公主,而害吴起。公叔之仆曰:"起易去也。"公叔曰:"奈何?"其仆曰:"吴起为人节廉而自喜名也。君因先与武侯言曰:'夫吴起贤人也,而侯之国小,又与强秦壤界,臣窃恐起之无留心也。'武侯即曰:'奈何?'君因谓武侯曰:'试延以公主,起有留心则必受之,无留心则必辞矣。以此卜之。'君因召吴起而与归,即令公主怒而轻君。吴起见公主之贱君也,则必辞。"于是吴起见公主之贱魏相,果辞魏武侯。武侯疑之而弗信也。吴起惧得罪,遂去,即之楚。

楚悼王素闻起贤,至则相楚。明法审令,捐不急之官,废公族疏远者,以抚养战斗之士。要在强兵,破驰说之言纵横者。于是南平百越;北并陈蔡,却三晋;西伐秦。诸侯患楚之强,故楚之贵戚尽欲害吴起。及悼王死,宗室大臣作乱而攻吴起,吴起走之王尸而伏之。击起之徒因射刺吴起,并中悼王。悼王既葬,太子立,乃使令尹尽诛射吴起而并中王尸者。坐射起而夷宗死者七十余家。

以上为第三段,写吴起的生平为人及其军事、政治才能。

太史公曰:世俗所称师旅,皆道《孙子》十三篇,《吴起兵法》,世多有,故弗论,论其行事所施设者。语曰"能行之者未必能言,能言之者未必能行"。孙子筹策庞涓明矣,然不能早救患于被刑。吴起说武侯以形势不如德,然行之于楚,以刻暴少恩亡其躯。悲夫!

以上为作者论赞,慨叹孙膑、吴起有过人之智,而不能救自己之难,发人深思。

伍子胥列传

【题解】伍子胥为报父兄冤死之仇,背楚,亲吴,借兵复仇,破楚鞭平王之尸,与忠君的封建正统思想不相容。司马迁却以愤惋之笔为伍子胥立传,称赞他"弃小义,雪大耻",表现了作者反暴政的民主性思想。

伍子胥者,楚人也,名员。员父曰伍奢,员兄曰伍尚。其先曰伍举,以直谏事楚庄王,有显,故其后世有名于楚。

楚平王有太子名曰建,使伍奢为太傅,费无忌为少傅。无忌不忠于太子建。平王使无忌为太子取妇于秦,秦女好,无忌驰归报平王曰:"秦女绝美,王可自取,而更为太子取妇。"平王遂自取秦女而绝爱幸之,生子轸。更为太子取妇。

无忌既以秦女自媚于平王,因去太子而事平王。恐一旦平王卒而太子立,杀己,乃因谗太子建。建母,蔡女也,无宠于平王。平王稍益疏建,使建守城父,备边兵。

顷之,无忌又日夜言太子短于王曰:"太子以秦女之故,不能无怨望,愿王少自备也。自太子居城父,将兵,外交诸侯,且欲入为乱矣。"平王乃召其太傅伍奢考问之。伍奢知无忌谗太子于平王,因曰:"王独奈何以谗贼小臣疏骨肉之亲乎?"无忌曰:"王今不制,其事成矣。王且见禽。"于是平王怒,囚伍奢,而使城父司马奋扬往杀太子。行未至,奋扬使人先告太子:"太子急去,不然将诛。"太子建亡奔宋。

无忌言于平王曰:"伍奢有二子,皆贤,不诛且为楚忧。可以其父质而召之,不然且为楚患。"王使使谓伍奢曰:"能致汝二子则生,不能则死。"伍奢曰:"尚为人仁,呼必来。员为人刚戾忍询,能成大事,彼见来之并禽,其势必不来。"王不听,使人召二子曰:"来,吾生汝父,不来,今杀奢也。"伍尚欲往,员曰:"楚之召我兄弟,非欲以生我父也,恐有脱者后生患,故以父为质,诈召二子。二子到,则父子俱死。何益父之死?往而令仇不得报耳。不如奔他国,借力以雪父之耻,俱灭,无为也。"伍尚曰:"我知往终不能全父命。然恨父召我以求生而不往,后不能雪耻,终为天下笑耳。"谓员:"可去矣!汝能报杀父之雠,我将归死。"尚既就执,使者捕伍胥。伍胥贯弓执矢向使者,使者不敢进,伍胥遂亡。闻太子建之在宋,往从之。奢闻子胥之亡也,曰:"楚国君臣且苦兵矣。"伍尚至楚,楚并杀奢与尚也。

以上为第一段,写伍子胥出奔的缘由,父兄蒙冤,矢志复仇。

伍胥既至宋,宋有华氏之乱,乃与太子建俱奔于郑。郑人甚善之。太子建又适晋,晋顷公曰:"太子既善郑,郑信太子。太子能为我内应,而我攻其外,灭郑必矣。灭郑而封太子。"太子乃还郑。事未会,会自私欲杀其从者,从者知其谋,乃告之于郑。郑定公与子产诛杀太子建。建有子名胜。伍胥惧,乃与胜俱奔吴。到昭关,昭关欲执之。伍胥遂与胜独身步走,几不得脱。追者在后。至江,江上有一渔父乘船,知伍胥之急,乃渡伍胥。伍胥既渡,解其剑曰:"此剑直百金,以与父。"父曰:"楚国之法,得伍胥者赐粟五万石,爵执珪,岂徒百金剑邪!"不受。伍胥未至吴而疾,止中道,乞食。至于吴,吴王僚方用事,公子光为将。伍胥乃因公子光以求见吴王。

久之,楚平王以其边邑钟离与吴边邑卑梁氏俱蚕,两女子争桑相攻,乃大怒,至于两国举兵相伐。吴使公子光伐楚,拔其钟离、居巢而归。伍子胥说吴王僚曰:"楚可破也。愿复遣公子光。"公子光谓吴王曰:"彼伍胥父兄为戮于楚,而劝王伐楚者,欲以自报其雠耳。伐楚未可破也。"伍胥知公子光有内志,欲杀王而自立,未可说以外事,乃进专诸于公子光,退而与太子建之子胜耕于野。

五年而楚平王卒。初,平王所夺太子建秦女生子轸,及平王卒,轸竟立为后,是为昭王。吴王僚因楚丧,使二公子将兵往袭楚。楚发兵绝吴兵之后,不得归。吴国内空,而公子光乃令专诸袭刺吴王僚而自立,是为吴王阖庐。阖庐既立,得志,乃召伍员以为行人,而与谋国事。

楚诛其大臣郤宛、伯州犁,伯州犁之孙伯嚭亡奔吴,吴亦以嚭为大夫。前王僚所遣二公子将兵伐楚者,道绝不得归。后闻阖庐弑王僚自立,遂以其兵降楚,楚封之于舒。阖庐立三年,乃兴师与伍胥、伯嚭伐楚,拔舒,遂禽故吴反二将军。因欲至郢,将军孙武曰:"民劳,未可,且待之。"乃归。

四年,吴伐楚,取六与灊。五年,伐越,败之。六年,楚昭王使公子囊瓦将兵伐吴。吴使伍员迎击,大破楚军于豫章,取楚之居巢。

九年,吴王阖庐谓子胥、孙武曰:"始子言郢未可入,今果何如?"二子对曰:"楚将囊瓦贪,而唐、蔡皆怨之。王必欲大伐之,必先得唐、蔡乃可。"阖庐听之,悉兴师与唐、蔡伐楚,与楚夹汉水而陈。吴王之弟夫概将兵请从,王不听,遂以其属五千人击楚将子常。子常败走,奔郑。于是吴乘胜而前,五战,遂至郢。己卯,楚昭王出奔。庚辰,吴王入郢。

昭王出亡,入云梦;盗击王,王走郧。郧公弟怀曰:"平王杀我父,我杀其子,不亦可乎!"郧公恐其弟杀王,与王奔随。吴兵围随,谓随人曰:"周之子孙在汉川者,楚尽灭之。"随人欲杀王,王子綦匿王,己自为王以当之。随人卜与王于吴,不吉,乃谢吴不与王。

始,伍员与申包胥为交,员之亡也,谓包胥曰:"我必覆楚。"包胥曰:"我必存之。"及吴兵入郢,伍子胥求昭王。既不得,乃掘楚平王墓,出其尸,鞭之三百,然后已。申包胥亡于山中,使人谓子胥曰:"子之报仇,其以甚乎!吾闻之,人众者胜天,天定亦能破人。今子故平王之臣,亲北面而事之,今至于僇死人,此岂其无天道之极乎!"伍子胥曰:"为我谢申包胥曰,吾日莫途远,吾故倒行而逆施之。"于是申包胥走秦告急,求救于秦。秦不许。包胥立于秦廷,昼夜哭,七日七夜不绝其声。秦哀公怜之,曰,"楚虽无道,有臣若是,可无存乎!"乃遣车五百乘救楚击吴。六月,败吴兵于稷。会吴王久留楚求昭王,而阖庐弟夫概乃亡归,自立为王。阖庐闻之。乃释楚而归,击其弟夫概。夫概败走,遂奔楚。楚昭王见吴有内乱,乃复入郢。封夫概于堂溪,为堂溪氏。楚复与吴战,败吴,吴王乃归。

后二岁,阖庐使太子夫差将兵伐楚,取番。楚惧吴复大来,乃去郢,徙于鄀。当是时,吴以伍子胥、孙武之谋,西破强楚,北威齐晋,南服越人。

以上为第二段,写伍子胥借吴兵报楚,鞭楚平王之尸。

其后四年,孔子相鲁。

后五年,伐越。越王勾践迎击,败吴于姑苏,伤阖庐指,军却。阖庐病创将死,谓太子夫差曰:"尔忘勾践杀尔父乎?"夫差对曰:"不敢忘。"是夕,阖庐死。夫差既立为王,以伯嚭为太宰,习战射。二年后伐越,败越于夫湫。越王勾践乃以余兵五千人栖于会稽之上,使大夫种厚币遗吴王太宰嚭以请和,求委国为臣妾。吴王将许之。伍子胥谏曰:"越王为人能辛苦。今王不灭,后必悔之。"吴王不听,用太宰嚭计,与越平。

其后五年,而吴王闻齐景公死而大臣争宠,新君弱,乃兴师北伐齐。伍子胥谏曰:"勾践食不重味,吊死问疾,且欲有所用之也。此人不死,此为吴患。今吴之有越,犹人之有腹心疾也。而王不先越而乃务齐,不亦谬乎!"吴王不听,伐齐,大败齐师于艾陵,遂威邹鲁之君以归。益疏子胥之谋。

其后四年,吴王将北伐齐,越王勾践用子贡之谋,乃率其众以助吴,而重宝以献遗太宰嚭。太宰嚭既数受越赂,其爱信越殊甚,日夜为言于吴王。吴王信用嚭之计。伍子胥谏曰:"夫越,腹心之病,今信其浮辞诈伪而贪齐。破齐,譬犹石田,无所用之。且《盘庚之诰》曰:'有颠越不恭,劓殄灭之,俾无遗育,无使易种于兹邑。'此商之所以兴。愿王释齐而先越;若不然,后将悔之无及。"而吴王不听,使子胥于齐。子胥临行,谓其子曰:"吾数谏王,王不用,吾今见吴之亡矣。汝与吴俱亡,无益也。"乃属其子于齐鲍牧,而还报吴。

吴太宰嚭既与子胥有隙,因谗曰:"子胥为人刚暴,少恩,猜贼,其怨望恐为深祸也。前日王欲伐齐,子胥以为不可,王卒伐之而有大功。子胥耻其计谋不用,乃反怨望。而今王又复伐齐,子胥专愎强谏,沮毁用事,徒幸吴之败以自胜其计谋耳。今王自行,悉国中武力以伐齐,而子胥谏不用,因辍谢,佯病不行。王不可不备,此起祸不难。且嚭使人微伺之,其使于齐也,乃属其子于齐之鲍氏。夫为人臣,内不得意,外倚诸侯,自以为先王之谋臣,今不见用,常鞅鞅怨望。愿王早图之。"吴王曰:"微子之言,吾亦疑之。"乃使使赐伍子胥属镂之剑,曰:"子以此死。"伍子胥仰天叹曰:"嗟乎!谗臣嚭为乱矣,王乃反诛我。我令若父霸。自若未立时,诸公子争立,我以死争之于先王,几不得立。若既得立,欲分吴国予我,我顾不敢望也。然今若听谀臣言以杀长者。"乃告其舍人曰:"必树吾墓上以梓,令可以为器;而抉吾眼悬吴东门之上,以观越寇之入灭吴也。"乃自刭死。吴王闻之大怒,乃取子胥尸盛以鸱夷革,浮之江中。吴人怜之,为立祠于江上,因命曰胥山。

以上为第三段,写伍子胥在吴受谗被诛。

太史公曰:怨毒之于人,甚矣哉!王者尚不能行之于臣下,况同列乎!向令伍子胥从奢俱死,何异蝼蚁。弃小义,雪大耻,名垂于后世,悲夫!方子胥窘于江上,道乞食,志岂尝须臾忘郢邪?故隐忍就功名,非烈丈夫孰能致此哉?白公如不自立为君者,其功谋亦不可胜道者哉!

以上为作者论赞,鲜明地称颂伍子胥雪耻是大义之举。

田 单 列 传

【题解】本传写齐将田单破燕光复齐国的经过,通篇写一"奇"字,表现了司马迁的兵略思想,即用兵打仗,要慎择良将,以计取,以奇胜。

田单者,齐诸田疏属也。湣王时,单为临菑市掾,不见知。及燕使乐毅伐破齐,齐湣王出奔,已而保莒城。燕师长驱平齐,而田单走安平,令其宗人尽断其车轴末而傅铁笼。已而燕军攻安平,城坏,齐人走,争途,以轊折车败,为燕所虏。唯田单宗人以铁笼故得脱,东保即墨。燕既尽降齐城,唯独莒、即墨不下。

燕军闻齐王在莒,并兵攻之。淖齿既杀湣王于莒,因坚守,距燕军,数年不下。燕引兵东围即墨。即墨大夫出与战,败死。城中相与推田单,曰:"安平之战,田单宗人以铁笼得全,习兵。"立以为将军,以即墨距燕。

> 以上为第一段,写田单以智能脱险,即墨军民立田单为将军,率众拒燕。

顷之,燕昭王卒,惠王立,与乐毅有隙。田单闻之,乃纵反间于燕,宣言曰:"齐王已死,城之不拔者二耳。乐毅畏诛而不敢归,以伐齐为名,实欲连兵南面而王齐。齐人未附,故且缓攻即墨以待其事。齐人所惧,唯恐他将之来,即墨残矣。"燕王以为然,使骑劫代乐毅。

乐毅因归赵,燕人士卒忿。而田单乃令城中人食必祭其先祖于庭,飞鸟悉翔舞城中,下食。燕人怪之。田单因宣言曰:"神来下教我。"乃令城中人曰:"当有神人为我师。"有一卒曰:"臣可以为师乎?"因反走。田单乃起,引还,东向坐,师事之。卒曰:"臣欺君,诚无能也。"田单曰:"子勿言也!"因师之。每出约束,必称神师。乃宣言曰:"吾唯惧燕军之劓所得齐卒,置之前行与我战,即墨败矣。"燕人闻之,如其言。城中人见齐诸降者尽劓,皆怒,坚守,惟恐见得。单又纵反间曰:"吾惧燕人掘吾城外冢墓,僇先人,可为寒心。"燕军尽掘垄墓,烧死人。即墨人从城上望见,皆涕泣,俱欲出战,怒自十倍。

田单知士卒之可用,乃身操版插,与士卒分功,妻妾编于行伍之间,尽散饮食飨士。令甲卒皆伏,使老弱女子乘城,遣使约降于燕,燕军皆呼万岁。田单又收民金,得千溢,令即墨富豪遗燕将,曰:"即墨即降,愿无虏掠吾族家妻妾,令安堵。"燕将大喜。许之。燕军由此益懈。

田单乃收城中得千余牛,为绛缯衣,画以五彩龙文,束兵刃于其角,而灌脂束苇于尾,烧其端。凿城数十穴,夜纵牛,壮士五千人随其后。牛尾热,怒而奔燕军。燕军夜大惊。牛尾炬火光明炫耀,燕军视之,皆龙文,所触尽死伤。五千人因衔枚击之,而城中鼓噪从之,老弱皆击铜器为声,声动天地。燕军大骇,败走。齐人遂夷杀其将骑劫。燕军扰乱奔走,齐人追亡逐北,所过城邑皆畔燕而归。

田单兵日益多,乘胜,燕日败亡,卒至河上,而齐七十余城皆复为齐。乃迎襄王于莒,入临菑而听政。襄王封田单,号曰安平君。

　　以上为第二段,写田单运用奇谋妙计,大破燕军于即墨,继而乘胜反击,恢复了齐国。

太史公曰:"兵以正合,以奇胜。善之者,出奇无穷。奇正还相生,如环之无端。"夫"始如处女,适人开户;后如脱兔,适不及拒",其田单之谓邪!

初,淖齿之杀湣王也,莒人求湣王子法章,得之太史嬓之家,为人灌园。嬓女怜而善遇之。后法章私以情告女,女遂与通。及莒人共立法章为齐王,以莒距燕,而太史氏女遂为后,所谓"君王后"也。

燕之初入齐,闻画邑人王蠋贤,令军中曰:"环画邑三十里无入!"以王蠋之故。已而使人谓蠋曰:"齐人多高子之义,吾以子为将,封子万家。"蠋固谢。燕人曰:"子不听,吾引三军而屠画邑!"王蠋曰:"忠臣不事二君,贞女不更二夫。齐王不听吾谏,故退而耕于野。国既破亡,吾不能存;今又劫之以兵为君将,是助桀为暴也。与其生而无义,固不如烹!"遂经其颈于树枝,自奋绝脰而死。齐亡大夫闻之,曰:"王蠋,布衣也,义不北面于燕,况在位食禄者乎!"乃相聚如莒,求诸子,立为襄王。

　　以上为作者论赞,补入太史嬓女和王蠋二人事迹衬托田单用奇。说明齐人未服,燕国亡齐难以得逞。

屈原列传(节自《屈原贾生列传》)

【题解】屈原与贾谊二人都有很高的识见,忠心为国而遭谗放逐,屈原自沉,贾谊悲死,这是专制制度压抑人才的悲剧。屈原所遇为昏君,贾谊所遇为明主,而遭遇则同,二人合传,前后映照,更能启人深思。本文节选屈原传。

屈原者,名平,楚之同姓也。为楚怀王左徒。博闻强志,明于治乱,娴于辞令。入则与王图议国事,以出号令;出则接遇宾客,应对诸侯。王甚任之。

上官大夫与之同列,争宠而心害其能。怀王使屈原造为宪令,屈平属草稿未定。上官大夫见而欲夺之,屈平不与,因谗之曰:“王使屈平为令,众莫不知,每一令出,平伐其功,以为‘非我莫能为’也。”王怒而疏屈平。

屈平疾王听之不聪也,谗谄之蔽明也,邪曲之害公也,方正之不容也,故忧愁幽思而作《离骚》。离骚者,犹离忧也。夫天者,人之始也;父母者,人之本也。人穷则反本,故劳苦倦极,未尝不呼天也;疾痛惨怛,未尝不呼父母也。屈平正道直行,竭忠尽智以事其君,谗人间之,可谓穷矣。信而见疑,忠而被谤,能无怨乎?屈平之作《离骚》,盖自怨生也。《国风》好色而不淫,《小雅》怨诽而不乱。若《离骚》者,可谓兼之矣。上称帝喾,下道齐桓,中述汤武,以刺世事。明道德之广崇,治乱之条贯,靡不毕见。其文约,其辞微,其志洁,其行廉,其称文小而其指极大,举类迩而见义远。其志洁,故其称物芳。其行廉,故死而不容。自疏濯淖污泥之中,蝉蜕于浊秽,以浮游尘埃之外,不获世之滋垢,皭然泥而不滓者也。推此志也,虽与日月争光可也。

以上为第一段,写屈原被谗遭疏斥而作《离骚》,以及对《离骚》的评价。

屈平既绌,其后秦欲伐齐,齐与楚从亲,惠王患之,乃令张仪佯去秦,厚币委质事楚,曰:“秦甚憎齐,齐与楚从亲,楚诚能绝齐,秦愿献商、於之地六百里。”楚怀王贪而信张仪,遂绝齐,使使如秦受地。张仪诈之曰:“仪与王约六里,不闻六百里。”楚使怒去,归告怀王。怀王怒,大兴师伐秦。秦发兵击之,大破楚师于丹、淅,斩首八万,虏楚将屈匄,遂取楚之汉中地。怀王乃悉发国中兵以深入击秦,战于蓝田。魏闻之,袭楚至邓。楚兵惧,自秦归。而齐竟怒不救楚,楚大困。

明年,秦割汉中地与楚以和。楚王曰:"不愿得地,愿得张仪而甘心焉。"张仪闻,乃曰:"以一仪而当汉中地,臣请往如楚。"如楚,又因厚币用事者臣靳尚,而设诡辩于怀王之宠姬郑袖。怀王竟听郑袖,复释去张仪。是时屈平既疏,不复在位,使于齐,顾反,谏怀王曰:"何不杀张仪?"怀王悔,追张仪不及。

其后诸侯共击楚,大破之,杀其将唐眜。

时秦昭王与楚婚,欲与怀王会。怀王欲行,屈平曰:"秦虎狼之国,不可信,不如毋行。"怀王稚子子兰劝王行:"奈何绝秦欢!"怀王卒行。入武关,秦伏兵绝其后,因留怀王,以求割地。怀王怒,不听。亡走赵,赵不内。复之秦,竟死于秦而归葬。

长子顷襄王立,以其弟子兰为令尹。楚人既咎子兰以劝怀王入秦而不反也。

屈平既嫉之,虽放流,睠顾楚国,系心怀王,不忘欲反,冀幸君之一悟,俗之一改也。其存君兴国而欲反覆之,一篇之中三致志焉。然终无可奈何,故不可以反,卒以此见怀王之终不悟也。人君无愚智贤不肖,莫不欲求忠以自为,举贤以自佐,然亡国破家相随属,而圣君治国累世而不见者,其所谓忠者不忠,而所谓贤者不贤也。怀王以不知忠臣之分,故内惑于郑袖,外欺于张仪,疏屈平而信上官大夫、令尹子兰。兵挫地削,亡其六郡,身客死于秦,为天下笑。此不知人之祸也。《易》曰:"井泄不食,为我心恻,可以汲。王明,并受其福。"王之不明,岂足福哉!

令尹子兰闻之大怒,卒使上官大夫短屈原于顷襄王,顷襄王怒而迁之。

以上为第二段,写楚怀王、顷襄王两代楚王昏庸无比,亲小人,远贤臣,两次放逐屈原,导致楚国兵败地削,怀王竟客死于秦。

屈原至于江滨,被发行吟泽畔。颜色憔悴,形容枯槁,渔父见而问之曰:"子非三闾大夫欤?何故而至此?"屈原曰:"举世混浊而我独清,众人皆醉而我独醒,是以见放。"渔父曰:"夫圣人者,不疑滞于物而能与世推移。举世混浊,何不随其流而扬其波?众人皆醉,何不餔其糟而啜其醨?何故怀瑾握瑜而自令见放为?"屈原曰:"吾闻之,新沐者必弹冠,新浴者必振衣,人又谁能以身之察察,受物之汶汶者乎! 宁赴常流而葬乎江鱼腹中耳,又安能以皓皓之白而蒙世俗之温蠖乎!"

乃作《怀沙》之赋。于是怀石遂自沉汨罗以死。

屈原既死之后,楚有宋玉、唐勒、景差之徒者,皆好辞而以赋见称;然皆祖屈原之从容辞令,终莫敢直谏。其后楚日以削,数十年竟为秦所灭。

自屈原沉汨罗后百有余年,汉有贾生,为长沙王太傅,过湘水,投书以吊屈原。

以上为第三段,写屈原放逐江南,行吟泽畔,伤痛国破而作《怀沙》之赋,自沉而死。

太史公曰:余读《离骚》《天问》《招魂》《哀郢》,悲其志。适长沙,观屈原所自沈渊,未尝不垂涕,想见其为人。及见贾生吊之,又怪屈原以彼其材,游诸侯,何国不容,而自令若是。读《鵩鸟赋》,同死生,轻去就,又爽然自失矣。

以上为作者论赞,以深沉的笔触表达了作者对屈原的无限钦敬与同情。

吕不韦列传

【题解】吕不韦是韩国的一位大投机商,他周游列国,洞察时势,寻求机缘,终于入秦成为相国,在政治上一试身手,集论《吕氏春秋》,为秦的统一事业立下大功,应该肯定是一位杰出的政治家,故司马迁为之立专传。统一中国的秦始皇,原来是通过吕不韦之手走上叱咤历史的舞台,所以本传详述其因缘始末。因偶然事变,而使历史呈现异采,本传是绝好的资材。

吕不韦者,阳翟大贾人也。往来贩贱卖贵,家累千金。

秦昭王四十年,太子死。其四十二年,以其次子安国君为太子。安国君有子二十余人。安国君有所甚爱姬,立以为正夫人,号曰华阳夫人。华阳夫人无子。安国君中男名子楚,子楚母曰夏姬,毋爱。子楚为秦质子于赵。秦数攻赵,赵不甚礼子楚。

　　子楚，秦诸庶孽孙，质于诸侯，车乘进用不饶，居处困，不得意。吕不韦贾邯郸，见而怜之，曰"此奇货可居"。乃往见子楚，说曰："吾能大子之门。"子楚笑曰："且自大君之门，而乃大吾门！"吕不韦曰："子不知也，吾门待子门而大。"子楚心知所谓，乃引与坐，深语。吕不韦曰："秦王老矣，安国君得为太子。窃闻安国君爱幸华阳夫人，华阳夫人无子，能立嫡嗣者独华阳夫人耳。今子兄弟二十余人，子又居中，不甚见幸，久质诸侯。即大王薨，安国君立为王，则子毋几得与长子及诸子旦暮在前者争为太子矣。"子楚曰："然。为之奈何？"吕不韦曰："子贫，客于此，非有以奉献于亲及结宾客也。不韦虽贫，请以千金为子西游，事安国君及华阳夫人，立子为嫡嗣。"子楚乃顿首曰："必如君策，请得分秦国与君共之。"

　　吕不韦乃以五百金与子楚，为进用，结宾客；而复以五百金买奇物玩好，自奉而西游秦，求见华阳夫人姊，而皆以其物献华阳夫人。因言子楚贤智，结诸侯宾客遍天下，常曰"楚也以夫人为天，日夜泣思太子及夫人"。夫人大喜。不韦因使其姊说夫人曰："吾闻之，以色事人者，色衰而爱弛。今夫人事太子，甚爱而无子，不以此时早自结于诸子中贤孝者，举立以为嫡而子之，夫在则重尊，夫百岁之后，所子者为王，终不失势，此所谓一言而万世之利也。不以繁华时树本，即色衰爱弛后，虽欲开一语，尚可得乎？今子楚贤，而自知中男也，次不得为嫡，其母又不得幸，自附夫人，夫人诚以此时拔以为嫡，夫人则竟世有宠于秦矣。"华阳夫人以为然，承太子间，从容言子楚质于赵者绝贤，来往者皆称誉。乃因涕泣曰："妾幸得充后宫，不幸无子，愿得子楚立以为嫡嗣，以托妾身。"安国君许之，乃与夫人刻玉符，约以为嫡嗣。安国君及夫人因厚馈遗子楚，而请吕不韦傅之，子楚以此名誉益盛于诸侯。

　　吕不韦取邯郸诸姬绝好善舞者与居，知有身。子楚从不韦饮，见而悦之，因起为寿，请之。吕不韦怒，念业已破家为子楚，欲以钓奇，乃遂献其姬。姬自匿有身，至大期时，生子政。子楚遂立姬为夫人。

　　秦昭王五十年，使王齮围邯郸，急，赵欲杀子楚。子楚与吕不韦谋，行金六百斤予守者吏，得脱，亡赴秦军，遂以得归。赵欲杀子楚妻子，子楚夫人赵豪家女也，得匿，以故母子竟得活。秦昭王五十六年，薨，太子安国君立为王，华阳夫人为王后，子楚为太子。赵亦奉子楚夫人及子政归秦。

　　秦王立一年，薨，谥为孝文王。太子子楚代立，是为庄襄王。庄襄王所母华阳后为华阳太后,真母夏姬尊以为夏太后。庄襄王元年,以吕不韦为丞相,封为文信侯,食河南雒阳十万户。

庄襄王即位三年,薨,太子政立为王,尊吕不韦为相国,号称"仲父"。秦王年少,太后时时窃私通吕不韦。不韦家僮万人。

当是时,魏有信陵君,楚有春申君,赵有平原君,齐有孟尝君,皆下士喜宾客以相倾。吕不韦以秦之强,羞不如,亦招致士,厚遇之,至食客三千人。是时诸侯多辩士,如荀卿之徒,著书布天下。吕不韦乃使其客人人著所闻,集论以为八览、六论、十二纪,二十余万言。以为备天地万物古今之事,号曰《吕氏春秋》。布咸阳市门,悬千金其上,延诸侯游士宾客有能增损一字者予千金。

以上为第一段,写吕不韦钓奇,投机政治成功,专秦国之政,招贤养士,著《吕氏春秋》,制造统一天下的舆论。

始皇帝益壮,太后淫不止。吕不韦恐觉祸及己,乃私求大阴人嫪毐以为舍人,时纵倡乐,使毐以其阴关桐轮而行,令太后闻之,以啗太后。太后闻,果欲私得之。吕不韦乃进嫪毐,诈令人以腐罪告之。不韦又阴谓太后曰:"可事诈腐,则得给事中。"太后乃阴厚赐主腐者吏,诈论之,拔其须眉为宦者,遂得侍太后。太后私与通,绝爱之。有身,太后恐人知之,诈卜当避时,徙宫居雍。嫪毐常从,赏赐甚厚,事皆决于嫪毐。嫪毐家童数千人,诸客求宦为嫪毐舍人千余人。

始皇七年,庄襄王母夏太后薨。孝文王后曰华阳太后,与孝文王会葬寿陵。夏太后子庄襄王葬芷阳,故夏太后独别葬杜东,曰"东望吾子,西望吾夫。后百年,旁当有万家邑"。

始皇九年,有告嫪毐实非宦者,常与太后私乱,生子二人,皆匿之。与太后谋曰"王即薨,以子为后"。于是秦王下吏治,具得情实,事连相国吕不韦。九月,夷嫪毐三族,杀太后所生两子,而遂迁太后于雍。诸嫪毐舍人皆没其家而迁之蜀。王欲诛相国,为其奉先王功大,及宾客辩士为游说者众,王不忍致法。

秦王十年十月,免相国吕不韦。及齐人茅焦说秦王,秦王乃迎太后于雍,归复咸阳,而出文信侯就国河南。

岁余,诸侯宾客使者相望于道,请文信侯。秦王恐其为变,乃赐文信侯书曰:"君何功于秦?秦封君河南,食十万户。君何亲于秦?号称仲父。其与家属徙处蜀!"吕不韦自度稍侵,恐诛,乃饮酖而死。秦王所加怒吕不韦、嫪毐皆已死,乃皆复归嫪毐舍人迁蜀者。

始皇十九年,太后薨,谥为帝太后,与庄襄王会葬茝阳。

以上为第二段,写吕不韦为了固宠,不择手段秽乱秦宫,终于事败自杀。

太史公曰:不韦及嫪毐贵,封号文信侯。人之告嫪毐,毐闻之。秦王验左右,未发。上之雍郊,毐恐祸起,乃与党谋,矫太后玺发卒以反蕲年宫。发吏攻毐,毐败亡走,追斩之好畤,遂灭其宗。而吕不韦由此绌矣。孔子之所谓"闻"者,其吕子乎?

以上为第三段,作者论赞,补充嫪毐发动宫廷政变被诛,指出吕不韦是一个猎取声名的政治人物。

荆轲列传(节自《刺客列传》)

【题解】《荆轲列传》从《史记·刺客列传》中节出。《刺客列传》依时间序列载述了春秋战国时期五名刺客的行事,即鲁之曹沫劫齐桓公,吴之专诸刺吴王僚,晋之豫让刺赵襄子,轵之聂政刺韩相侠累,燕之荆轲刺秦王政。上述五名刺客以曹沫、荆轲两人事迹意义最重大,皆抗御强国兼小,具有反暴的正义精神。荆轲之事写得最为精采。当时秦因进行统一战争,在快要进兵燕国之际,为免除燕国遭吞并之祸,荆轲受太子丹之遣,进入"不测之强秦"行刺秦王。司马迁以赞颂、同情的笔调,写出荆轲刺秦王的全过程。尽管荆轲的举动因悖于统一的历史潮流,因而无助于燕的命运,但他那种乐于扶助弱小、敢于反抗强暴、见义勇为、不怕牺牲的献身精神,则依然值得肯定。因而关于荆轲刺秦王的故事,不但广为流传于后世,而且还博得了人们的同情和赞扬。千百年来无数甘心为国捐躯的志士也都从荆轲的形象上吸取了精神力量。

荆轲者,卫人也。其先乃齐人,徙于卫,卫人谓之庆卿。而之燕,燕人谓之荆卿。荆卿好读书击剑以术说卫元君,卫元君不用。其后秦伐魏,置东郡,徙卫元君之支属于野王。

荆轲尝游过榆次,与盖聂论剑,盖聂怒而目之。荆轲出,人或言复召荆卿。盖聂曰:"曩者吾与论剑有不称者,吾目之;试往,是宜去,不敢留。"使使往之主人,荆卿则已驾而去榆次矣。使者还报,盖聂曰:"固去也,吾曩者目摄之!"

荆轲游于邯郸,鲁勾践与荆轲博,争道,鲁勾践怒而叱之,荆轲嘿而逃去,遂不复会。

荆轲既至燕,爱燕之狗屠及善击筑者高渐离。荆轲嗜酒,日与狗屠及高渐离饮于燕市,酒酣以往,高渐离击筑,荆轲和而歌于市中,相乐也,已而相泣,旁若无人者。荆轲虽游于酒人乎,然其为人沈深好书;其所游诸侯,尽与其贤豪长者相结。其之燕,燕之处士田光先生亦善待之,知其非庸人也。

以上为第一段,写荆轲出身、性格及交游。

居顷之,会燕太子丹质秦亡归燕。燕太子丹者,故尝质于赵,而秦王政生于赵,其少时与丹欢。及政立为秦王,而丹质于秦。秦王之遇燕太子丹不善,故丹怨而亡归。归而求为报秦王者,国小,力不能。其后秦日出兵山东以伐齐、楚、三晋,稍蚕食诸侯,且至于燕,燕君臣皆恐祸之至。太子丹患之,问其傅鞠武。武对曰:"秦地遍天下,威胁韩、魏、赵氏。北有甘泉、谷口之固,南有泾、渭之沃,擅巴、汉之饶,右陇、蜀之山,左关、殽之险,民众而士厉,兵革有余。意有所出,则长城之南,易水之北,未有所定也。奈何以见陵之怨,欲批其逆鳞哉!"丹曰:"然则何由?"对曰:"请入图之。"

居有间,秦将樊於期得罪于秦王,亡之燕。太子受而舍之。鞠武谏曰:"不可,夫以秦王之暴,而积怒于燕,足为寒心;又况闻樊将军之所在乎?是谓'委肉当饿虎之蹊'也,祸必不振矣!虽有管、晏,不能为之谋也。愿太子疾遣樊将军入匈奴以灭口。请西约三晋,南连齐、楚,北购于单于,其后乃可图也。"太子曰:"太傅之计,旷日弥久,心惛然,恐不能须臾。且非独于此也,夫樊将军穷困于天下,归身于丹,丹终不以迫于强秦而弃所哀怜之交,置之匈奴,是固丹命卒之时也。愿太傅更虑之。"

鞠武曰:"夫行危欲求安,造祸而求福,计浅而怨深,连结一人之后交,不顾国家之大害,此所谓'资怨而助祸'矣。夫以鸿毛燎于炉炭之上,必无事矣。

且以雕鸷之秦,行怨暴之怒,岂足道哉!燕有田光先生,其为人智深而勇沉,可与谋。"太子曰:"愿因太傅而得交于田先生,可乎?"鞠武曰:"敬诺。"

出见田先生,道"太子愿图国事于先生也"。田光曰:"敬奉教。"乃造焉。太子逢迎,却行为导,跪而蔽席。田光坐定,左右无人,太子避席而请曰:"燕、秦不两立,愿先生留意也。"田光曰:"臣闻骐骥盛壮之时,一日而驰千里;至其衰老,驽马先之。今太子闻光盛壮之时,不知臣精已消亡矣。虽然,光不敢以图国事,所善荆卿可使也。"太子曰:"愿因先生得交于荆卿,可乎?"田光曰:"敬诺。"即起趋出。太子送至门,戒曰:"丹所报,先生所言者,国之大事也,愿先生勿泄也!"田光俯而笑曰:"诺"。

偻行见荆卿曰:"光与子相善,燕国莫不知。今太子闻光壮盛之时,不知吾形已不逮也,幸而教之曰:'燕、秦不两立,愿先生留意也。'光窃不自外,言足下于太子也。愿足下过太子于宫。"荆轲曰:"谨奉教。"田光曰:"吾闻之:'长者为行,不使人疑之。'今太子告光曰:'所言者,国之大事也,愿先生勿泄。'是太子疑光也。夫为行而使人疑之,非节侠也。"欲自杀以激荆卿,曰:"愿足下急过太子,言光已死,明不言也。"因遂自刎而死。

> 以上为第二段,写燕国为救亡图存,寻找人才,以托国事,田光向太子丹推荐了荆轲。

荆轲遂见太子,言田光已死,致光之言。太子再拜而跪,膝行流涕。有顷而后言曰:"丹所以诫田先生毋言者,欲以成大事之谋也。今田先生以死明不言,岂丹之心哉!"荆轲坐定,太子避席顿首曰:"田先生不知丹之不肖,使得至前,敢有所道,此天之所以哀燕而不弃其孤也。今秦有贪利之心,而欲不可足也。非尽天下之地,臣海内之王者,其意不厌。今秦已虏韩王,尽纳其地。又举兵南伐楚,北临赵。王翦将数十万之众距漳、邺,而李信出太原、云中。赵不能支秦,必入臣;入臣,则祸至燕。燕小弱,数困于兵,今计举国不足以当秦。诸侯服秦,莫敢合从。丹之私计,愚以为诚得天下之勇士使于秦,窥以重利,秦王贪,其势必得所愿矣。诚得劫秦王,使悉反诸侯侵地,若曹沫之与齐桓公,则大善矣;则不可,因而刺杀之。彼秦大将擅兵于外,而内有乱,则君臣相疑,以其间,诸侯得合从,其破秦必矣。此丹之上愿,而不知所委命,唯荆卿留意焉!"

久之,荆轲曰:"此国之大事也,臣驽下,恐不足任使。"太子前,顿首,固请毋让,然后许诺。于是尊荆卿为上卿,舍上舍。太子日造门下,供太牢,具异物,间进车骑美女,恣荆轲所欲,以顺适其意。

久之,荆轲未有行意。秦将王翦破赵,虏赵王,尽收入其地。进兵北略地,至燕南界。太子丹恐惧,乃请荆轲曰:"秦兵旦暮渡易水,则虽欲长侍足下,岂可得哉!"荆轲曰:"微太子言,臣愿谒之。今行而毋信,则秦未可亲也。夫樊将军,秦王购之金千斤,邑万家,诚得樊将军首与燕督亢之地图,奉献秦王,秦王必悦见臣,臣乃得有以报。"太子曰:"樊将军穷困来归丹,丹不忍以己之私而伤长者之意,愿足下更虑之。"

荆轲知太子不忍,乃遂私见樊於期,曰:"秦之遇将军可谓深矣,父母宗族皆为戮没。今闻购将军首金千斤,邑万家,将奈何?"於期仰天太息流涕,曰:"於期每念之,常痛于骨髓,顾计不知所出耳!"荆轲曰:"今有一言可以解燕国之患,报将军之仇者,何如?"於期乃前曰:"为之奈何?"荆轲曰:"愿得将军之首,以献秦王,秦王必喜而见臣,臣左手把其袖,右手揕其匈,然则将军之仇报,而燕见陵之愧除矣。将军岂有意乎?"樊於期偏袒搤捥而进曰:"此臣之日夜切齿腐心也,乃今得闻教!"遂自刭。

太子闻之,驰往,伏尸而哭,极哀。既已不可奈何,乃遂盛樊於期首函封之。于是太子豫求天下之利匕首,得赵人徐夫人匕首,取之百金。使工以药焠之,以试人,血濡缕,人无不立死者。乃装为遣荆卿。燕国有勇士秦舞阳,年十三杀人,人不敢忤视。乃令秦舞阳为副。

荆轲有所待,欲与俱。其人居远,未来,而为治行。顷之,未发,太子迟之,疑其改悔,乃复请曰:"日已尽矣,荆卿岂有意哉?丹请得先遣秦舞阳。"荆轲怒。叱太子曰:"何太子之遣!往而不返者,竖子也。且提一匕首入不测之强秦,仆所以留者,待吾客与俱。今太子迟之,请辞决矣!"遂发。

太子及宾客知其事者,皆白衣冠以送之。至易水之上,既祖,取道,高渐离击筑,荆轲和而歌,为变徵之声。士皆垂泪涕泣。又前而为歌曰:"风萧萧兮易水寒,壮士一去兮不复还!"复为羽声慷慨,士皆瞋目,发尽上指冠。于是荆轲就车而去,终已不顾。

　　以上为第三段,写荆轲在太子丹的催逼下,带着樊於期头及督亢地图离燕去秦。

遂至秦,持千金之资币物,厚遗秦王宠臣中庶子蒙嘉。嘉为先言于秦王,曰:"燕王诚振怖大王之威,不敢举兵以逆军吏,愿举国为内臣,比诸侯之列,给贡职如郡县,而得奉守先王之宗庙。恐惧不敢自陈,谨斩樊於期之头,及献燕督亢之地图,函封,燕王拜送于庭,使使以闻大王。唯大王命之。"

秦王闻之,大喜。乃朝服,设九宾,见燕使者咸阳宫。荆轲奉樊於期头函,而秦舞阳奉地图匣,以次进。至陛,秦舞阳色变振恐。群臣怪之。荆轲顾笑舞阳,前谢曰:"北蕃蛮夷之鄙人,未尝见天子,故振慑。愿大王少假借之,使得毕使于前。"秦王谓轲曰:"取舞阳所持地图。"轲既取图奏之。秦王发图,图穷而匕首见。因左手把秦王之袖,而右手持匕首揕之。未至身,秦王惊,自引而起。拔剑,剑长,操其室;时惶急,剑坚,故不可立拔。荆轲逐秦王,秦王环柱而走。群臣皆愕,卒起不意,尽失其度。而秦法,群臣侍殿上者,不得持尺寸之兵,诸郎中执兵,皆陈殿下,非有诏召,不得上。方急时,不及召下兵,以故荆轲乃逐秦王。而卒惶急,无法以击轲,而以手共搏之。是时,侍医夏无且以其所奉药囊提荆轲也。秦王方环柱走,卒惶急,不知所为,左右乃曰:"王负剑!"负剑,遂拔,以击荆轲,断其左股。荆轲废,乃引其匕首以掷秦王;不中,中铜柱。秦王复击轲,轲被八创。轲自知事不就,倚柱而笑,箕倨以骂曰:"事所以不成者,以欲生劫之,必得约契以报太子也。"于是左右既前杀轲,秦王不怡者良久。已而论功赏群臣及当坐者各有差;而赐夏无且黄金二百镒,曰:"无且爱我,乃以药囊提荆轲也。"

于是秦王大怒,益发兵诣赵,诏王翦军以伐燕,十月而拔蓟城。燕王喜、太子丹等尽率其精兵,东保于辽东。秦将李信追击燕王急,代王嘉乃遗燕王喜书曰:"秦所以尤追燕急者,以太子丹故也。今王诚杀丹献之秦王,秦王必解,而社稷幸得血食。"其后李信追丹,丹匿衍水中,燕王乃使使斩太子丹,欲献之秦,秦复进兵攻之。后五年,秦卒灭燕,虏燕王喜。

其明年,秦并天下,立号为皇帝。于是秦逐太子丹、荆轲之客,皆亡。

高渐离变名姓,为人庸保,匿作于宋子。久之,作苦,闻其家堂上客击筑,彷徨不能去。每出言曰:"彼有善有不善。"从者以告其主,曰:"彼庸乃知音,窃言是非。"家丈人召使前击筑,一坐称善,赐酒。而高渐离念久隐畏约无穷时,乃退,出其装匣中筑与其善衣,更容貌而前。举坐客皆惊,下与抗礼,以为上客。使击筑而歌,客无不流涕而去者。宋子传客之,闻于秦始皇,秦始皇召见。人有识者,乃曰:"高渐离也。"秦始皇惜其善击筑,重赦之,乃矐其目,使击筑,未尝不称善。稍益近之。高渐离乃以铅置筑中,复进得近,举筑朴秦皇帝,不中。于是遂诛高渐离,终身不复近诸侯之人。

鲁勾践已闻荆轲之刺秦王,私曰:"嗟乎!惜哉其不讲于刺剑之术也!甚矣,吾不知人也!曩者吾叱之,彼乃以我为非人也!"

以上为第四段,具体写荆轲刺秦王,以及高渐离击秦王均遭失败的情况。

太史公曰:世言荆轲,其称太子丹之命,"天雨粟,马生角"也,太过。又言荆轲伤秦王,皆非也。始公孙季功、董生与夏无且游,具知其事,为余道之如是。自曹沫至荆轲五人,此其义或成或不成,然其立意较然,不欺其志,名垂后世,岂妄也哉!

以上为作者论赞,补充交待写荆轲故事的来源,以及写刺客列传的意向。

李将军列传

【题解】李广是西汉抗击匈奴战争时期涌现出来的著名将领,也是千百年来人民最喜爱的历史人物之一。他出生于"世世受射"的家庭,从小练就一身高强的射技。四十多年的戎马生涯把他锻炼成为临危不惧、胆略超群,治军简易、体恤士卒,颇受官兵爱戴的将领。李广立下卓越的战功,但"官不过九卿","无尺寸之功以得封邑",尤其是在最后一次汉与匈奴的决战中,人为造成了李广的悲剧,暴露了封建社会独裁政治摧残人才的弊端,由是作者寄寓了深深的同情,字里行间透露了无限的悲愤,使得《李将军列传》成为《史记》中的名篇,从而千古传颂不绝。这可以说是李广身后的荣名。

李将军广者,陇西成纪人也。其先曰李信,秦时为将,逐得燕太子丹者也。故槐里,徙成纪。广家世世受射。孝文帝十四年,匈奴大入萧关,而广以良家子从军击胡,用善骑射,杀首虏多,为汉中郎。广从弟李蔡亦为郎,皆为武骑常侍,秩八百石。尝从行,有所冲陷折关及格猛兽,而文帝曰:"惜乎,子不遇时!如令子当高帝时,万户侯岂足道哉!"

及孝景初立,广为陇西都尉,徙为骑郎将。吴楚军时,广为骁骑都尉,从太尉亚夫击吴楚军,取旗,显功名昌邑下。以梁王授广将军印,还,赏不行。徙为上谷太守,匈奴日以合战。典属国公孙昆邪为上泣曰:"李广才气,天下无双,自负其能,数与虏敌战,恐亡之。"于是乃徙为上郡太守。后广转为边郡太守,徙上郡。尝为陇西、北地、雁门、代郡、云中太守,皆以力战为名。

匈奴大入上郡,天子使中贵人从广勒习兵击匈奴。中贵人将骑数十纵,见匈奴三人,与战。三人还射,伤中贵人,杀其骑且尽。中贵人走广。广曰:"是必射雕者也。"广乃遂从百骑往驰三人。三人亡马步行,行数十里。广令其骑张左右翼,而广身自射彼三人者,杀其二人,生得一人,果匈奴射雕者也。已缚之上马,望匈奴有数千骑,见广,以为诱骑,皆惊,上山陈。广之百骑皆大恐,欲驰还走。广曰:"吾去大军数十里,今如此以百骑走,匈奴追射我立尽。今我留,匈奴必以我为大军之诱,必不敢击我。"广令诸骑曰:"前!"前未到匈奴陈二里所,止,令曰:"皆下马解鞍!"其骑曰:"虏多且近,即有急,奈何?"广曰:"彼虏以我为走,今皆解鞍以示不走,用坚其意。"于是胡骑遂不敢击。有白马将出护其兵,李广上马与十余骑犇射杀胡白马将,而复还至其骑中,解鞍,令士皆纵马卧。是时会暮,胡兵终怪之,不敢击。夜半时,胡兵亦以为汉有伏军于旁欲夜取之,胡皆引兵而去。平旦,李广乃归其大军。大军不知广所之,故弗从。

以上为第一段,写李广的家世和他在青年时代仕文景时的际遇与战功。

居久之,孝景崩,武帝立,左右以为广名将也,于是广以上郡太守为未央卫尉,而程不识亦为长乐卫尉。程不识故与李广俱以边太守将军屯。及出击胡,而广行无部伍行陈,就善水草屯,舍止,人人自便,不击刀斗以自卫,莫府省约文书籍事,然亦远斥候,未尝遇害。程不识正部曲行伍营陈,击刁斗,士吏治军簿至明,军不得休息,然亦未尝遇害。不识曰:"李广军极简易,然虏卒犯之,无以禁也;而其士卒亦佚乐,咸乐为之死。我军虽烦扰,然虏亦不得犯我。"是时汉边郡李广、程不识皆为名将,然匈奴畏李广之略,士卒亦多乐从李广而苦程不识。程不识孝景时以数直谏为太中大夫。为人廉,谨于文法。

后汉以马邑城诱单于,使大军伏马邑旁谷,而广为骁骑将军,领属护军将军。是时单于觉之,去,汉军皆无功。其后四岁,广以卫尉为将军,出雁门击匈奴。匈奴兵多,破败广军,生得广。单于素闻广贤,令曰:"得李广必生致之。"胡骑得广,广时伤病,置广两马间,络而盛卧广。行十余里,广详死,睨其旁有一胡儿骑善马,广暂腾而上胡儿马,因推堕儿,取其弓,鞭马南驰数十里,复得其余军,因引而入塞。匈奴捕者骑数百追之,广行取胡儿弓,射杀追骑,以故得脱。于是至汉,汉下广吏。吏当广所失亡多,为虏所生得,当斩,赎为庶人。

顷之,家居数岁。广家与故颍阴侯孙屏野居蓝田南山中射猎。尝夜从一骑出,从人田间饮。还至霸陵亭,霸陵尉醉,呵止广。广骑曰:"故李将军。"尉曰:"今将军尚不得夜行,何乃故也!"止广宿亭下。居无何,匈奴入杀辽西太守,败韩将军,后韩将军徙右北平。于是天子乃召拜广为右北平太守。广即请霸陵尉与俱,至军而斩之。

广居右北平,匈奴闻之,号曰:"汉之飞将军",避之数岁,不敢入右北平。

广出猎,见草中石,以为虎而射之,中石没镞,视之石也。因复更射之,终不能复入石矣。广所居郡闻有虎,尝自射之。及居右北平射虎,虎腾伤广,广亦竟射杀之。

广廉,得赏赐辄分其麾下,饮食与士共之。终广之身,为二千石四十余年,家无余财,终不言家产事。广为人长,猿臂,其善射亦天性也,虽其子孙他人学者,莫能及广。广讷口少言,与人居则画地为军陈,射阔狭以饮。专以射为戏,竟死。广之将兵,乏绝之处,见水,士卒不尽饮,广不近水;士卒不尽食,广不尝食。宽缓不苛,士以此爱乐为用。其射,见敌急,非在数十步之内,度不中不发,发即应弦而倒。用此,其将兵数困辱,其射猛兽亦为所伤云。

居顷之,石建卒,于是上召广代建为郎中令。元朔六年,广复为后将军,从大将军军出定襄,击匈奴。诸将多中首虏率,以功为侯者,而广军无功。后二岁,广以郎中令将四千骑出右北平,博望侯张骞将万骑与广俱,异道。行可数百里,匈奴左贤王将四万骑围广,广军士皆恐,广乃使其子敢往驰之。敢独与数十骑驰,直贯胡骑,出其左右而还,告广曰:"胡虏易与耳。"军士乃安。广为圆陈外乡,胡急击之,矢下如雨。汉兵死者过半,汉矢且尽。广乃令士持满毋发,而广身自以大黄射其裨将,杀数人,胡虏益解。会日暮,吏士皆无人色,而广意气自如,益治军。军中自是服其勇也。明日,复力战,而博望侯军亦至,匈奴军乃解去。汉军罢,弗能追。是时广军几没,罢归。汉法,博望侯留迟后期,当死,赎为庶人。广军功自如,无赏。

　　以上为第二段,写李广在抗匈战争中敢打硬仗的作风,突出写他善射,治军简易,胆略超群,很受官兵爱戴等名将风度,同时也写了李广心胸狭隘的缺点。

初,广之从弟李蔡与广俱事孝文帝。景帝时,蔡积功劳至二千石。孝武帝时,至代相。以元朔五年为轻车将军,从大将军击右贤王,有功中率,封为乐安侯。元狩二年中,代公孙弘为丞相。蔡为人在下中,名声出广下甚远,然广不得爵邑,官不过九卿,而蔡为列侯,位至三公。诸广之军吏及士卒或取封侯。广尝与望气王朔燕语,曰:"自汉击匈奴而广未尝不在其中。而诸部校尉以下,才能不及中人,然以击胡军功取侯者数十人,而广不为后人,然无尺寸之功以得封邑者,何也? 岂吾相不当侯邪? 且固命也?"朔曰:"将军自念,岂尝有所恨乎?"广曰:"吾尝为陇西守,羌尝反,吾诱而降,降者八百余人,吾诈而同日杀之。至今大恨独此耳。"朔曰:"祸莫大于杀已降,此乃将军所以不得侯者也。"

后二岁。大将军、骠骑将军大出击匈奴,广数自请行。天子以为老,弗许;良久乃许之,以为前将军。是岁,元狩四年也。

广既从大将军青击匈奴,既出塞,青捕虏知单于所居,乃自以精兵走之,而令广并于右将军军,出东道。东道少回远,而大军行水草少,其势不屯行。广自请曰:"臣部为前将军,今大将军乃徙令臣出东道,且臣结发而与匈奴战,今乃一得当单于,臣愿居前,先死单于。"大将军青亦阴受上诫,以为李广老。数奇,毋令当单于,恐不得所欲。而是时公孙敖新失侯,为中将军从大将军,大将军亦欲使敖与俱当单于,故徙前将军广。广时知之,固自辞于大将军。大将军不听,令长史封书与广之莫府,曰:"急诣部,如书。"广不谢大将军而起行,意甚愠怒而就部,引兵与右将军食其合军出东道。军亡导,或失道,后大将军。大将军与单于接战,单于遁走,弗能得而还。南绝幕,遇前将军、右将军。广已见大将军,还入军。大将军使长史持糒醪遗广,因问广、食其失道状,青欲上书报天子军曲折。广未对,大将军使长史急责广之幕府对簿。广曰:"诸校尉无罪,乃我自失道。吾今自上簿至莫府。"

广谓其麾下曰:"广结发与匈奴大小七十余战,今幸从大将军出接单于兵,而大将军又徙广部行回远,而又迷失道,岂非天哉!且广年六十余矣,终不能复对刀笔之吏。"遂引刀自刭。广军士大夫一军皆哭。百姓闻之,知与不知,无老壮皆为垂涕。而右将军独下吏,当死,赎为庶人。

以上为第三段,写李广一生血战不得封侯,晚年出征,遭受排斥,含泪自刭。

广子三人,曰当户、椒、敢,为郎。天子与韩嫣戏,嫣少不逊,当户击嫣,嫣走。于是天子以为勇。当户早死,拜椒为代郡太守,皆先广死。当户有遗腹子名陵。广死军时,敢从骠骑将军。广死明年,李蔡以丞相坐侵孝景园墙地,当下吏治,蔡亦自杀,不对狱,国除。李敢以校尉从骠骑将军击胡左贤王,力战,夺左贤王鼓旗,斩首多,赐爵关内侯,食邑二百户,代广为郎中令。顷之,怨大将军青之恨其父,乃击伤大将军,大将军匿讳之。居无何,敢从上雍,至甘泉宫猎。骠骑将军去病与青有亲,射杀敢。去病时方贵幸,上讳云鹿触杀之。居岁余,去病死。而敢有女为太子中人,爱幸,敢男禹有宠于太子,然好利,李氏陵迟衰微矣。

李陵既壮,选为建章监,监诸骑。善射,爱士卒。天子以为李氏世将,而使将八百骑。尝深入匈奴二千余里,过居延视地形,无所见虏而还。拜为骑都尉,将丹阳楚人五千人,教射酒泉、张掖以屯卫胡。

数岁,天汉二年秋,贰师将军李广利将三万骑击匈奴右贤王于祁连天山,而使陵将其射士步兵五千人出居延北可千余里,欲以分匈奴兵,毋令专走贰师也。陵既至期还,而单于以兵八万围击陵军。陵军五千人,兵矢既尽,士死者过半,而所杀伤匈奴亦万余人。且引且战,连斗八日,还未到居延百余里,匈奴遮狭绝道,陵食乏而救兵不到,虏急击招降陵。陵曰:"无面目报陛下。"遂降匈奴。其兵尽没,余亡散得归汉者四百余人。

单于既得陵,素闻其家声,及战又壮,乃以其女妻陵而贵之。汉闻,族陵母妻子。自是之后,李氏名败,而陇西之士居门下者皆用为耻焉。

以上为第四段,写李氏门第衰落,李陵降匈奴。

太史公曰:《传》曰"其身正,不令而行;其身不正,虽令不从"。其李将军之谓也? 余睹李将军悛悛如鄙人,口不能道辞。及死之日,天下知与不知,皆为尽哀。彼其忠实心诚信于士大夫也? 谚曰:"桃李不言,下自成蹊"。此言虽小,可以谕大也。

以上为作者论赞,高度评价李广的品格,寄予了无限的景仰。

循吏列传(节选)

【题解】守法循理之吏,称为循吏,俗称"清官"。循吏的特点,一是本身清廉,二是严格执法,保护良民,惩治奸佞。本篇所载循吏五人均汉以前人物,而酷吏传所载酷吏全为汉代人物,两相对照,适成鲜明对比。本文节选三人。

太史公曰:法令所以导民也,刑罚所以禁奸也。文武不备,良民惧然身修者,官未曾乱也。奉职循理,亦可以为治,何必威严哉?

公仪休者,鲁博士也。以高弟为鲁相。奉法循理,无所变更,百官自正。使食禄者不得与下民争利,受大者不得取小。

客有遗相鱼者,相不受。客曰:"闻君嗜鱼,遗君鱼,何故不受也?"相曰:"以嗜鱼,故不受也。今为相,能自给鱼;今受鱼而免,谁复给我鱼者? 吾故不受也。"

食茹而美,拔其园葵而弃之。见其家织布好,而疾出其家妇,燔其机,云"欲令农士工女安所雠其货乎"?

石奢者,楚昭王相也。坚直廉正,无所阿避。行县,道有杀人者,相追之,乃其父也。纵其父而还自系焉。使人言之王曰:"杀人者,臣之父也。夫以父立政,不孝也;废法纵罪,非忠也:臣罪当死。"王曰:"追而不及,不当伏罪,子其治事矣。"石奢曰:"不私其父,非孝子也;不奉主法,非忠臣也。王赦其罪,上惠也;伏诛而死,臣职也。"遂不受令,自刎而死。

李离者,晋文公之理也。过听杀人,自拘当死。文公曰:"官有贵贱,罚有轻重。下吏有过,非子之罪也。"李离曰:"臣居官为长,不与吏让位;受禄为多,不与下分利。今过听杀人,傅其罪下吏,非所闻也。"辞不受令。文公曰:

"子则自以为有罪,寡人亦有罪邪?"李离曰:"理有法,失刑则刑,失死则死。公以臣能听微决疑,故使为理。今过听杀人,罪当死。"遂不受令,伏剑而死。

太史公曰:孙叔敖出一言,郢市复。子产病死,郑民号哭。公仪子见好布而家妇逐。石奢纵父而死,楚昭名立。李离过杀而伏剑,晋文以正国法。

酷吏列传序(节自《酷吏列传》)

【题解】《酷吏列传》记叙西汉前期十二个酷吏,重点是载武帝一朝的酷吏,共十人,即宁成、周阳由、赵禹、张汤、义纵、王温舒、尹齐、扬仆、减宣、杜周。酷吏从政以严刑峻法为工具,惩治豪强,裁抑权贵,加强中央集权。在中国封建史上,暴君苛酷,则以酷吏为爪牙,所以酷吏专政,使普通老百姓也遭受更加严酷的压迫。司马迁以"酷"名传,指出酷吏"以酷烈为声","以恶为治",真是入木三分。但酷吏敢于打击豪强、贵戚,也有一定作用,司马迁在赞中也作了肯定。本文节选传序言。《古文观止》选取本文评曰:"意只是当任德而不当任刑,两引孔、老之言便见。又以秦法苛刻,汉治宽仁,两两相较,明示去取。"

孔子曰:"导之以政,齐之以刑,民免而无耻。导之以德,齐之以礼,有耻且格。"老氏称:"上德不德,是以有德;下德不失德,是以无德。法令滋章,盗贼多有。"太史公曰:信哉是言也!法令者治之具,而非制治清浊之源也。昔天下之网尝密矣,然奸伪萌起,其极也,上下相遁,至于不振。当是之时,吏治若救火扬沸,非武健严酷,恶能胜其任而愉快乎!言道德者,溺其职矣。故曰"听讼,吾犹人也,必也使无讼乎"。"下士闻道大笑之"。非虚言也。

汉兴,破觚而为圜,斫雕而为朴,网漏于吞舟之鱼,而吏治烝烝,不至于奸,黎民艾安。由是观之,在彼不在此。

游侠列传序(节自《游侠列传》)

【题解】游侠起于春秋战国时之剑客,四公子养士推波助澜,秦汉之际,社会动乱,于是游侠大兴。这一类人轻生仗义,排难解纷,扶危济困,是封建社会法制不健全,匹夫抗愤的一种形式。汉兴,全国统一,随着中央集权的统治加强,游侠遭受镇压,乃必然之势。

韩子曰:"儒以文乱法,而侠以武犯禁。"二者皆讥,而学士多称于世云。至如以术取宰相卿大夫,辅翼其世主,功名俱著于春秋,固无可言者。及若季次、原宪,闾巷人也,读书怀独行君子之德,义不苟合当世,当世亦笑之。故季次、原宪终身空室蓬户,褐衣疏食不厌。死而已四百余年,而弟子志之不倦。今游侠,其行虽不轨于正义,然其言必信,其行必果,已诺必诚,不爱其躯,赴士之厄困,既已存亡死生矣,而不矜其能,羞伐其德,盖亦有足多者焉。

且缓急,人之所时有也。太史公曰:昔者虞舜窘于井廪,伊尹负于鼎俎,傅说匿于傅险,吕尚困于棘津,夷吾桎梏,百里饭牛,仲尼畏匡,菜色陈、蔡。此皆学士所谓有道仁人也,犹然遭此灾,况以中材而涉乱世之末流乎?其遇害何可胜道哉?

鄙人有言曰:"何知仁义,已享其利者为有德。"故伯夷丑周,饿死首阳山,而文武不以其故贬王;跖、蹻暴戾,其徒诵义无穷。由此观之:"窃钩者诛,窃国者侯,侯之门仁义存。"非虚言也。

今拘学或抱咫尺之义,久孤于世,岂若卑论侪俗,与世沈浮而取荣名哉!而布衣之徒,设取予然诺,千里诵义,为死不顾世,此亦有所长,非苟而已也。故士穷窘而得委命,此岂非人之所谓贤豪间者耶?诚使乡曲之侠,予季次、原宪比权量力,效功于当世,不同日而论矣。要以功见言信,侠客之义又曷可少哉!

古布衣之侠,靡得而闻已。近世延陵、孟尝、春申、平原、信陵之徒,皆因王者亲属,藉于有土卿相之富厚,招天下贤者,显名诸侯,不可谓不贤者矣。比如顺风而呼,声非加疾,其势激也。至如闾巷之侠,修行砥名,声施于天下,莫不称贤,是为难耳。然儒、墨皆排摈不载。自秦以前,匹夫之侠,湮灭不见,余甚恨之。以余所闻,汉兴有朱家、田仲、王公、剧孟、郭解之徒,虽时扞当世之文罔,然其私义廉洁退让,有足称者。名不虚立,士不虚附。至如朋党宗强比周,设财役贫,豪暴侵凌孤弱,恣欲自快,游侠亦丑之。余悲世俗不察其意,而猥以朱家、郭解等令与暴豪之徒同类而共笑之也。

滑稽列传(节选)

【题解】本篇是滑稽人物淳于髡、优孟、优旃三人的合传。这三人,淳于髡出身于赘婿,优孟、优旃出身于优伶。这两种人在秦汉时处于社会底层,尤其是赘婿还受到法律歧视,常被征发戍边,等同罪犯。司马迁冲破世俗偏见,为他们立类传,称赞他们"不流世俗,不争势利,上下无所凝滞,人莫之害,以道之用"(《太史公自序》),这些看法是卓越史识的流露。本文节选淳于髡智谏齐威王的故事,表彰他的机智和爱国情怀。

孔子曰:"六艺于治一也。《礼》以节人,《乐》以发和,《书》以道事,《诗》以达意,《易》以神化,《春秋》以义。"太史公曰:天道恢恢,岂不大哉! 谈言微中,亦可以解纷。

淳于髡者,齐之赘婿也。长不满七尺,滑稽多辩,数使诸侯,未尝屈辱。齐威王之时喜隐,好为淫乐长夜之饮。沈湎不治,委政卿大夫。百官荒乱,诸侯并侵,国且危亡,在于旦暮,左右莫敢谏。淳于髡说之以隐曰:"国中有大鸟,止王之庭,三年不飞又不鸣,王知此鸟何也?"王曰:"此鸟不飞则已,一飞冲天;不鸣则已,一鸣惊人。"于是乃朝诸县令长七十二人,赏一人,诛一人,奋兵而出。诸侯振惊,皆还齐侵地。威行三十六年。语在《田完世家》中。

威王八年,楚大发兵加齐。齐王使淳于髡之赵请救兵,赍金百斤,车马十驷。淳于髡仰天大笑,冠缨索绝。王曰:"先生少之乎?"髡曰:"何敢!"王曰:"笑岂有说乎?"髡曰:"今者臣从东方来,见道傍有禳田者,操一豚蹄,酒一盂,祝曰:'瓯窭满篝,污邪满车,五谷蕃熟,穰穰满家。'臣见其所持者狭而所欲者奢,故笑之。"于是齐威王乃益赍黄金千溢,白璧十双,车马百驷。髡辞而行,至赵。赵王与之精兵十万,革车千乘。楚闻之,夜引兵而去。

威王大悦,置酒后宫,召髡赐之酒。问曰:"先生能饮几何而醉?"对曰:"臣饮一斗亦醉,一石亦醉。"威王曰:"先生饮一斗而醉,恶能饮一石哉! 其说可得闻乎?"髡曰:"赐酒大王之前,执法在傍,御史在后,髡恐惧俯伏而饮,不过一斗径醉矣。若亲有严客,髡帣韝鞠脆,侍酒于前,时赐余沥,奉觞上寿,数起,饮不过二斗径醉矣。若朋友交游,久不相见,卒然相睹,欢然道故,私情相语,饮可五六斗径醉矣。若乃州闾之会,男女杂坐,行酒稽留,六博投壶,相引为曹,握手无罚,目眙不禁,前有堕珥,后有遗簪,髡窃乐此,饮可八斗而醉二参。日暮酒阑,合尊促坐,男女同席,履舄交错,杯盘狼藉,堂上烛灭,主人留髡而送客,罗襦襟解,微闻芗泽,当此之时,髡心最欢,能饮一石。故曰酒极则乱,乐极则悲;万事尽然。言不可极,极之而衰。"以讽谏焉。齐王曰:"善。"乃罢长夜之饮,以髡为诸侯主客。宗室置酒,髡尝在侧。

太史公自序(节选)

【题解】《太史公自序》是《史记》一书的总序,《史记》原名《太史公书》,故称《太史公自序》。《太史公自序》概述了司马氏世系、家学渊源、《史记》成书经过、著述动机和全书意旨,是一篇内容丰富、学术价值很高的自传自注体论文。《自序》对于我们研究《史记》成书的历史条件和司马迁的"一家之言",是极其重要的资料。本篇节选《太史公自序》的自传及其著述动机部分,《史记》篇目提要部分文长删略。

昔在颛顼,命南正重以司天,北正黎以司地。唐虞之际,绍重黎之后,使复典之,至于夏商,故重黎氏世序天地。其在周,程伯休甫其后也。当周宣王时,失其守而为司马氏。司马氏世典周史。惠、襄之间,司马氏去周适晋。晋中军随会奔秦,而司马氏入少梁。

自司马氏去周适晋,分散,或在卫,或在赵,或在秦。其在卫者,相中山。在赵者,以传剑论显,蒯聩其后也。在秦者名错,与张仪争论,于是惠王使错将伐蜀,遂拔,因而守之。错孙靳,事武安君白起。而少梁更名曰夏阳。靳与武安君坑赵长平军,还而与之俱赐死杜邮,葬于华池。靳孙昌,昌为秦主铁官。当始皇之时,蒯聩玄孙卬,为武信君将而徇朝歌。诸侯之相王,王卬于殷。汉之伐楚,卬归汉,以其地为河内郡。昌生无泽,无泽为汉市长。无泽生喜,喜为五大夫,卒,皆葬高门,喜生谈,谈为太史公。

以上为第一段,追述家世,以世典周史而自豪。

太史公学天官于唐都,受《易》于杨何,习道论于黄子。太史公仕于建元、元封之间,愍学者之不达其意而师悖,乃论六家之要指曰:

《易大传》:"天下一致而百虑,同归而殊涂。"夫阴阳、儒、墨、名、法、道德,此务为治者也,直所从言之异路,有省不省耳。尝窃观阴阳之术,大祥而众忌讳,使人拘而多所畏;然其序四时之大顺,不可失也。儒者博而寡要,劳而少功,是以其事难尽从;然其序君臣父子之礼,列夫妇长幼之别,不可易也。墨者俭而难遵,是以其事不可遍循;然其强本节用,不可废也。法家严而少恩;然其正君臣上下之分,不可改矣。名家使人俭而善失真;然其正名实,不可不察也。道家使人精神专一,动合无形,赡足万物。其为术也,因阴阳之大顺,采儒墨之善,撮名法之要,与时迁移,应物变化,立俗施事,无所不宜,指约而易操,事少而功多。儒者则不然。以为人主天下之仪表也,主倡而臣和,主先而臣随。如此则主劳而臣逸。至于大道之要,去健羡,绌聪明,释此而任术。夫神大用则竭,形大劳则敝。形神骚动,欲与天地长久,非所闻也。

夫阴阳四时、八位、十二度、二十四节各有教令,顺之者昌,逆之者不死则亡。未必然也。故曰:"使人拘而多畏。"夫春生夏长,秋收冬藏,此天道之大经也,弗顺则无以为天下纲纪,故曰:"四时之大顺,不可失也。"

夫儒者以《六艺》为法,《六艺》经传以千万数,累世不能通其学,当年不能究其礼,故曰:"博而寡要,劳而少功"。若夫列君臣父子之礼,序夫妇长幼之别,虽百家弗能易也。

墨者亦尚尧舜道,言其德行曰:"堂高三尺,土阶三等,茅茨不翦,采椽不刮。食土簋,啜土刑,粝粱之食,藜藿之羹。夏日葛衣,冬日鹿裘。"其送死,桐棺三寸,举音不尽其哀。教丧礼,必以此为万民之率。使天下法若此,则尊卑无别也。夫世异时移,事业不必同,故曰"俭而难遵"。要曰强本节用,则人给家足之道也。此墨子之所长,虽百家弗能废也。

法家不别亲疏,不殊贵贱,一断于法,则亲亲尊尊之恩绝矣。可以行一时之计,而不可长用也,故曰"严而少恩"。若尊主卑臣,明分职不得相逾越,虽百家弗能改也。

名家苛察缴绕,使人不得反其意,专决于名而失人情,故曰"使人俭而善失真"。若夫控名责实,参伍不失,此不可不察也。

道家无为,又曰无不为,其实易行,其辞难知。其术以虚无为本,以因循为用。无成势,无常形,故能究万物之情。不为物先,不为物后,故能为万物主。有法无法,因时为业;有度无度,因物与合。故曰"圣人不朽,时变是守。虚者道之常也,因者君之纲"也。群臣并至,使各自明也。其实中其声者谓之端,实不中其声者谓之窾。窾言不听,奸乃不生,贤不肖自分,白黑乃形。在所欲用耳,何事不成。乃合大道,混混冥冥。光耀天下,复反无名。凡人所生者神也,所托者形也。神大用则竭,形大劳则敝,形神离则死。死者不可复生,离者不可复反,故圣人重之。由是观之,神者生之本也,形者生之具也。不先定其神〔形〕,而曰"我有以治天下",何由哉?

以上为第二段,论六家要旨。

太史公既掌天官,不治民。有子曰迁。

迁生龙门,耕牧河山之阳。年十岁则诵古文。二十而南游江、淮,上会稽,探禹穴,窥九疑,浮于沅、湘;北涉汶、泗,讲业齐鲁之都,观孔子之遗风,乡射邹、峄;厄困鄱、薛、彭城,过梁、楚以归。于是迁仕为郎中。奉使西征巴、蜀以南,南略邛、笮、昆明,还报命。

以上为第三段,写二十壮游,网罗天下放失旧闻。

是岁,天子始建汉家之封,而太史公留滞周南,不得与从事,故发愤且卒。而子迁适使反,见父于河洛之间。太史公执迁手而泣曰:"余先周室之太史也。自上世尝显功名于虞夏,典天官事。后世中衰,绝于予乎?汝复为太史,则续吾祖矣。今天子接千岁之统,封泰山,而余不得从行,是命也夫,命也夫!余死,汝必为太史;为太史,无忘吾所欲论著矣。且夫孝始于事亲,中于事君,终于立身。扬名于后世,以显父母,此孝之大者。夫天下称诵周公,言其能论歌文、武之德,宣周、邵之风,达太王、王季之思虑,爰及公刘,以尊后稷也。幽厉之后王道缺,礼乐衰,孔子修旧起废,论《诗》《书》,作《春秋》,则学者至今则之。自获麟以来四百有余岁,而诸侯相兼,史记放绝。今汉兴,海内一统,明主贤君忠臣死义之士,余为太史而弗论载,废天下之史文,余甚惧焉,汝其念哉!"迁俯首流涕曰:"小子不敏,请悉论先人所次旧闻,弗敢阙。"

卒三岁而迁为太史令,䌷史记石室金匮之书。五年而当太初元年,十一月甲子朔旦冬至,天历始改,建于明堂,诸神受纪。

太史公曰:"先人有言:'自周公卒五百岁而有孔子。孔子卒后至于今五百岁,有能绍明世,正《易传》,继《春秋》,本《诗》《书》《礼》《乐》之际?'意在斯乎!意在斯乎!小子何敢让焉。"

以上为第四段,写司马迁受父遗命。

上大夫壶遂曰:"昔孔子何为而作《春秋》哉?"太史公曰:"余闻董生曰:'周道衰废,孔子为鲁司寇,诸侯害之,大夫壅之。孔子知言之不用,道之不行也,是非二百四十二年之中,以为天下仪表,贬天子,退诸侯,讨大夫,以达王事而已矣。'子曰:'我欲载之空言,不如见之于行事之深切著明也。'夫《春秋》,上明三王之道,下辨人事之纪,别嫌疑,明是非,定犹豫,善善恶恶,贤贤贱不肖,存亡国,继绝世,补敝起废,王道之大者也。《易》著天地阴阳四时五行,故长于变;《礼》经纪人伦,故长于行;《书》记先王之事,故长于政;《诗》记山川溪谷禽兽草木牝牡雌雄,故长于风;《乐》乐所以立,故长于和;《春秋》辨是非,故长于治人。是故《礼》以节人,《乐》以发和,《书》以道事,《诗》以达意,《易》以道化,《春秋》以道义。拨乱世反之正,莫近于《春秋》。《春秋》文成数万,其指数千。万物之散聚皆在《春秋》。《春秋》之中,弑君三十六,亡国五十二,诸侯奔走不得保其社稷者不可胜数。察其所以,皆失其本已。故《易》曰'失之豪厘,差以千里'。故曰'臣弑君,子弑父,非一旦一夕之故也,其渐久矣'。故有国者不可以不知《春秋》,前有谗而弗见,后有贼而不知。为人臣者不可以不知《春秋》,守经事而不知其宜,遭变事而不知其权。为人君父而不通于《春秋》之义者,必蒙首恶之名。为人臣子而不通于《春秋》之义者,必陷篡弑之诛,死罪之名。其实皆以为善,为之不知其义,被之空言而不敢辞。夫不通礼义之旨,至于君不君,臣不臣,父不父,子不子。夫君不君则犯,臣不臣则诛,父不父则无道,子不子则不孝。此四行者,天下之大过也。以天下之大过予之,则受而弗敢辞。故《春秋》者,礼义之大宗也。夫礼禁未然之前,法施已然之后;法之所为用者易见,而礼之所为禁者难知。"

壶遂曰:"孔子之时,上无明君,下不得任用,故作《春秋》,垂空文以断礼义,当一王之法。今夫子上遇明天子,下得守职,万事既具,咸各序其宜,夫子所论,欲以何明?"

太史公曰:"唯唯,否否,不然。余闻之先人曰:'伏羲至纯厚,作《易·八卦》。尧舜之盛,《尚书》载之,礼乐作焉。汤武之隆,诗人歌之。《春秋》采善贬恶,推三代之德,褒周室,非独刺讥而已也。'汉兴以来,至明天子,获符瑞,封禅,改正朔,易服色,受命于穆清,泽流罔极,海外殊俗,重译款塞,请来献见者,不可胜道。臣下百官力诵圣德,犹不能宣尽其意。且士贤能而不用,有国者之耻;主上明圣而德不布闻,有司之过也。且余尝掌其官,废明圣盛德不载,灭功臣世家贤大夫之业不述,堕先人所言,罪莫大焉。余所谓述故事,整齐其世传,非所谓作也,而君比之于《春秋》,谬矣。"

于是论次其文。

以上为第五段,写司马迁答壶遂问,借以阐明《史记》效《春秋》而作。

七年而太史公遭李陵之祸,幽于缧绁。乃喟然而叹曰:"是余之罪也夫!是余之罪也夫!身毁不用矣。"退而深惟曰:"夫《诗》《书》隐约者,欲遂其志之思也。昔西伯拘羑里,演《周易》;孔子厄陈蔡,作《春秋》;屈原放逐,著《离骚》;左丘失明,厥有《国语》;孙子膑脚,而论兵法;不韦迁蜀,世传《吕览》;韩非囚秦,《说难》《孤愤》;《诗》三百篇,大抵贤圣发愤之所为作也。此人皆意有所郁结,不得通其道也,故述往事,思来者。"于是卒述陶唐以来,至于麟止,自黄帝始。

以上为第六段,司马迁引古人自况,发愤著书。"于是卒述陶唐以来,至于麟止",是司马谈断限的原计划。

维我汉继五帝末流,接三代绝业。周道废,秦拨去古文,焚灭《诗》《书》,故明堂石室金匮玉版图籍散乱。于是汉兴,萧何次律令,韩信申军法,张苍为章程,叔孙通定礼仪,则文学彬彬稍进,《诗》《书》往往间出矣。自曹参荐盖公言黄老,而贾生、晁错明申、商,公孙弘以儒显,百年之间,天下遗文古事靡不毕集太史公。太史公仍父子相续纂其职。曰:"於戏!余维先人尝掌斯事,显于唐虞,至于周,复典之,故司马氏世主天官。至于余乎,钦念哉!钦念哉!"网罗天下放失旧闻,王迹所兴,原始察终,见盛观衰。论考之行事,略推三代,录秦汉,上记轩辕,下至于兹,著十二本纪,既科条之矣。并时异世,年差不明,作十表。礼乐损益,律历改易,兵权山川鬼神,天人之际,承敝通变,作八书。二十八宿环北辰,三十辐共一毂,运行无穷,辅拂股肱之臣配焉,忠信行道,以奉主上,作三十世家。扶义俶傥,不令己失时,立功名于天下,作七十列传。凡百三十篇,五十二万六千五百字,为《太史公书》。序略,以拾遗补艺,成一家之言,厥协《六经》异传,整齐百家杂语,藏之名山,副在京师,俟后世圣人君子。第七十。

太史公曰:余述历黄帝以来至太初而讫,百三十篇。

以上为《太公史自序》之提要,概述《史记》全书内容以及司马迁修正后实际完成的断限:"余述历黄帝以来至太初而讫"。

责任编辑:刘松弢

图书在版编目(CIP)数据

《史记》导读/何梅琴 主编. —北京:人民出版社,2022.8
ISBN 978－7－01－025005－2

Ⅰ.①史… Ⅱ.①何… Ⅲ.①中国历史-古代史②《史记》-研究
 Ⅳ.①K204.2

中国版本图书馆 CIP 数据核字(2022)第 149355 号

《史记》导读

SHIJI DAODU

何梅琴 主编

人民出版社 出版发行
(100706 北京市东城区隆福寺街 99 号)

环球东方(北京)印务有限公司印刷 新华书店经销

2022 年 8 月第 1 版 2023 年 6 月北京第 2 次印刷
开本:710 毫米×1000 毫米 1/16 印张:21.25
字数:333 千字

ISBN 978－7－01－025005－2 定价:55.00 元

邮购地址 100706 北京市东城区隆福寺街 99 号
人民东方图书销售中心 电话 (010)65250042 65289539